T0145749

CONVERSATIONS CHRÉTIENNES

BIBLIOTHÈQUE DES TEXTES PHILOSOPHIQUES

Fondateur H. GOUHIER   Directeur J.-F. COURTINE

NICOLAS MALEBRANCHE

CONVERSATIONS CHRÉTIENNES

MÉDITATIONS SUR L'HUMILITÉ ET LA PÉNITENCE

LETTRE DE VAUGELADE

Présentation, édition et notes
par
Jean-Christophe BARDOUT

Avec la collaboration de J. ROGER et K. TREGO

PARIS
LIBRAIRIE PHILOSOPHIQUE J. VRIN
6, Place de la Sorbonne, V e
2010

© *Librairie Philosophique J. VRIN,* 2010
Imprimé en France

ISSN 0249-7972
ISBN 978-2-7116-2210-8

www.vrin.fr

AVERTISSEMENT

Cette nouvelle édition des *Conversations chrétiennes* a été établie sur la base de la 6ᵉ édition de 1702[1], dernière édition personnellement révisée et recommandée par Malebranche[2]. Nous avons également utilisé la 5ᵉ édition de 1695[3], qui nous a permis de rétablir quelques erreurs de la sixième, passées dans le texte donné au tome IV des *Œuvres complètes*, et, au besoin, la 4ᵉ édition, parue en 1693 à Cologne (notamment pour notre réédition de la lettre de Vaugelade, donnée en annexe). Notre texte se trouve donc le plus souvent identique au texte du tome IV des *Œuvres complètes* (*OC*), dont nous indiquons en marge la pagination. Nous signalons en notes les divergences par rapport au texte des *Œuvres complètes*. Contrairement aux principes éditoriaux suivis dans les *Œuvres complètes*, nous

---

1. Le volume est publié à Paris, sous le titre *Conversations chrétiennes, dans lesquelles on justifie la vérité de la religion et de la morale de Jésus-Christ, avec quelques méditations sur l'humilité et la pénitence*, par le P. Malebranche, prêtre de l'oratoire, nouvelle édition revue et augmentée, à Paris, chez Anisson, (10)-450 p.

2. Il existe un nouveau tirage de cette même 6ᵉ édition, daté de 1711, à l'adresse du libraire Michel David, éditeur chez qui on trouve, à cette date, tous les ouvrages de Malebranche, y compris ceux qui ont été imprimés par d'autres libraires, comme il est rappelé dans l'avertissement placé à la fin de la préface de la 6ᵉ édition de la *Recherche* (1712), *OC* I, 27. C'est toutefois à l'édition de 1702 (dont il a supervisé l'impression et corrigé les épreuves) que l'oratorien renvoie dans cet avertissement.

3. Publiée à Rouen chez Guillaume Behourt et la veuve de Louis Behourt.

n'avons pas cru devoir traiter comme des variantes ce qui relève manifestement de simples méprises typographiques.

Les références aux textes cités ou mentionnés par Malebranche dans ses propres notes ont été systématiquement vérifiées, mises à jour, et le cas échéant précisées ou complétées. Nous traduisons ou retraduisons en notes les textes que Malebranche cite dans leur langue originale. Pour ce qui est des traductions des citations de l'Écriture sainte, nous avons utilisé la traduction de Lemaître de Sacy [1] dont use Malebranche lui-même le plus souvent, lorsqu'il cite en français des passages de la Bible [2]. Conformément aux principes adoptés dans notre édition de la *Recherche de la vérité* (Vrin, 2006), l'orthographe a été modernisée ; nous avons respecté la syntaxe de Malebranche, même lorsque celle-ci présente des archaïsmes manifestes, notamment dans l'accord des pronoms.

Il nous a en revanche paru qu'une révision complète de la ponctuation s'imposait, tant au regard du texte de 1702 ou des *OC*, que du texte procuré dans la Bibliothèque de La Pléiade (*Œuvres de Malebranche*, Paris, Gallimard, t. I, 1979), qui demeure sur ce point très largement tributaire de la ponctuation des éditions anciennes. Nous avons donc procédé à une nouvelle ponctuation, en tentant de respecter au mieux le rythme propre de la phrase malebranchiste.

J'ai l'agréable devoir d'exprimer ici toute ma reconnaissance à Julia Roger et Kristell Trego pour leur rigueur et leur zèle sans faille. Je remercie en outre les Éditions Vrin pour leur confiance, et leur engagement dans cette entreprise de réédition des œuvres de Malebranche, en vue de les rendre ainsi accessibles au plus grand nombre.

---

1. Rappelons que le Nouveau Testament a paru à Mons, chez Gaspard Migeot, en 1667 (très propbablement imprimé à Amsterdam, par Daniel Elzevier). Voir la réédition sous le titre *La Bible, traduction de Louis-Isaac Lemaître de Sacy*, Paris, Robert Laffont, 1990.

2. Nous renvoyons aux indications complémentaires données dans l'index des citations bibliques des *OC*, 15-16.

ABRÉVIATIONS

Pour les livres de la Bible, nous renvoyons à la liste donnée au début du *Dictionnaire critique de théologie*, sous la direction de J.-Y. Lacoste, « Quadrige », Paris, PUF, 2ᵉ édition, 2002.

Adoration	Malebranche, *De l'adoration en esprit et en vérité*
AT	Descartes, *Œuvres*, Ch. Adam et P. Tannery (éds.), Paris, Vrin, 1964 et suivantes
BA	Saint Augustin, *Œuvres*, Bibliothèque Augustinienne, Paris, DDB-IEA, 1936 et suivantes
CC	Malebranche, *Conversations chrétiennes*
CP	Malebranche, *Considérations de piété*
Écl.	Malebranche, *Éclaircissements sur la Recherche de la vérité*
EMR	Malebranche, *Entretiens sur la métaphysique et la religion*
G	Bérulle, *Discours sur l'état et les grandeurs de Jésus*
MHP	Malebranche, *Méditations sur l'humilité et la pénitence*
OC	Malebranche, *Œuvres complètes*, Paris, Vrin, 1958 et suivantes
OP	Bérulle, *Œuvres de piété*
PL	*Patrologie Latine*, J.-P. Migne (éd.)
Prières	Malebranche, *Prières avant et après la sainte messe*
RV	Malebranche, *Recherche de la vérité*
TAD	Malebranche, *Traité de l'amour de Dieu*
SC	*Sources Chrétiennes*, Paris, Le Cerf, 1942 et suivantes

PRÉSENTATION

C'est en 1677, au moment où paraissaient la *Phèdre* de Racine et les *Opera posthuma* de Spinoza, que Malebranche, l'auteur déjà illustre de la *Recherche de la vérité* parue trois ans plus tôt, donnait au public ces *Conversations chrétiennes*, à la sollicitation de quelques amis, dont le duc de Chevreuse[1]. C'est seulement à partir de la 3ᵉ édition de 1685 qu'on voit apparaître la mention « par l'auteur de la *Recherche de la vérité* »; cette mention est remplacée par le nom de Malebranche (prêtre de l'Oratoire) à partir de la 4ᵉ édition (1693)[2]. Rappelons dès maintenant que les *Conversations* devaient très rapidement être augmentées des *Méditations sur l'humilité et sur la pénitence*[3], dont la lecture ne saurait en être dissociée. Les « petites méditations » seront presque constamment rééditées à la suite des *Conversations chrétiennes* (notamment dans les éditions III à VI), preuve de l'importance que Malebranche leur accordait, indice aussi qu'il les concevait comme la continuation naturelle des *Conversations chrétiennes*. On peut donc s'étonner du traitement que les éditeurs modernes réservent à ce texte, qui fut publié pour la dernière fois à la

1. La première édition paraît à Mons, chez Gaspard Migeot, sans nom d'auteur.
2. Pour l'histoire et la complexe chronologie des six éditions principales, on consultera les indications données par les éditeurs des *Œuvres complètes*, *OC* IV, p. I-VI.
3. Celles-ci paraissent pour la première fois, à la suite des *Conversations* elles-mêmes, dans le second tirage de la première édition (classé pour cette raison I*bis* par les éditeurs), imprimé, la même année, par les soins de l'éditeur bruxellois H. Fricx.

suite des *Conversations chrétiennes* par J.-P. Migne, au tome IV de ses *Démonstrations évangéliques* en 1843. Alors qu'André Robinet et Armand Cuvillier les publient à part (et dans un état imparfait) au tome XVII-1 des *Œuvres complètes*, Geneviève Rodis-Lewis n'a pas cru devoir les reprendre dans son édition des *Conversations chrétiennes* chez Gallimard (« La Pléiade », t. I).

Si la *Recherche de la vérité* est écrite en un français dont la pureté et la limpidité devaient rapidement faire ranger son auteur au rang des meilleurs écrivains de la France du Grand Siècle, l'ouvrage n'en reste pas moins imposant, par ses proportions, comme par la technicité de plusieurs développements. Ainsi que l'attestent certains témoignages, dont celui du Père André (l'un des principaux biographes de Malebranche), le besoin d'un livre qui fut plus court et d'un accès plus aisé se faisait sentir, avec d'autant plus d'urgence que l'oratorien ne cachait pas ses intentions apologétiques. Il convenait donc, pour toucher un public plus large et moins philosophe, d'abréger, sans pour autant céder aux prestiges de la simplification, et de recueillir « plusieurs beaux endroits pleins d'onction » de la *Recherche* qui pouvaient sembler « très propres pour démontrer la religion et la morale de Jésus-Christ »[1]. C'est donc au cours de l'été 1676, à Marine, l'une des résidences de campagne de l'Oratoire non loin de Pontoise, que Malebranche rédigea un ouvrage conforme aux sollicitations du duc de Chevreuse[2], ouvrage que le Père André présente ainsi : « pour

1. Voir *La vie du P. Malebranche*, avec l'histoire de ses ouvrages, par le P. André, publiée par le P. Ingold, Paris, Poussielgue, 1886, p. 30.

2. Voir encore le témoignage de Lelong dans son *Mémoire bibliographique sur Malebranche*, OC XX, 299 : « Dès 1676, étant à Marine, maison de l'Oratoire à trois lieues de Pontoise, il recueillit à la prière de M. le duc de Chevreuse tous les principes de la *Recherche de la vérité* qui regardaient la religion et en composa le livre des *Conversations chrétiennes* en dix Entretiens où il justifie la religion et la morale de J. C. Le P. M. [Malebranche] aimait assez cette forme d'ouvrage, il en a donné un semblable sur la métaphysique ; outre qu'il était moins gêné pour les matières qu'il y faisait entrer, et qu'il avait la liberté d'y représenter plusieurs fois les mêmes principes, afin qu'ils

donner un nouveau tour aux principes qu'il avait déjà établis dans la *Recherche*, il prit le style des conversations. Il crut que cette manière d'écrire, étant moins sérieuse et plus éloignée de la méthode ordinaire, serait plus du goût du commun des hommes, qui voudraient bien apprendre la philosophie, mais sans philosopher » [1].

DE LA *RECHERCHE* AUX *CONVERSATIONS*

Les *Conversations* ne sauraient cependant se réduire, tant s'en faut, à un abrégé ou à une sélection des meilleures pages de la *Recherche*. Une confrontation des deux ouvrages fait immédiatement apparaître des révisions fondamentales.

1. Avec les *Conversations*, nous sommes en présence d'un ouvrage à la fois plus ramassé, moins diffus, mais aussi moins technique [2]. Pour gagner en efficacité, et s'adapter à un public plus large, les *Conversations* renvoient à la *Recherche de la vérité* le lecteur soucieux d'approfondir ou d'accéder à d'autres arguments. C'est ainsi que les *Conversations* établissent beaucoup plus brièvement les principes de la théorie de la connaissance intellectuelle [3], qu'elles omettent l'examen détaillé des sens et des erreurs qui leur

devinssent plus familiers aux lecteurs qui les devaient avoir incessamment devant les yeux pour en bien entendre les suites ».

1. Sur de nombreux points tenant notamment à la chronologie des éditions, le témoignage du père André est largement sujet à caution, comme le rappelle André Robinet dans l'introduction du tome IV des *OC*.

2. Il n'est pas utile de s'arrêter à toutes « les difficultés de philosophie » (*CC* II, p. 36). Nous citons les *Conversations chrétiennes* en indiquant le numéro de l'Entretien en chiffres romains, suivi de la page du tome IV des *OC*, rappelée en marge de la présente édition. Nous ferons de même pour les *Méditations sur l'humilité et la pénitence* (*OC* XVII-1).

3. On mentionnera par exemple l'élision des analyses préparatoires à la démonstration positive de la « vision en Dieu », et notamment la réfutation des fausses théories de la connaissance qui occupe les chapitres II à V de la seconde partie du livre III de la *Recherche*.

sont propres[1], ou les longues et subtiles descriptions des différentes sortes d'imagination qu'on trouve au livre II. De même, rien ne rappelle ou ne résume le traité des passions que constitue le livre V[2]; hormis les considérations sur le rapport du fini à l'infini pour penser la fonction médiatrice du Christ, les mathématiques ne sont que très allusivement évoquées, alors que, comme du reste dans les ouvrages postérieurs, la méthode et ses règles ne font plus l'objet d'un exposé autonome[3].

2. Ces ellipses ne sauraient pourtant faire conclure, bien au contraire, à un rétrécissement de la réflexion et des finalités de l'ensemble. Dès leur première édition (entendons avant que Malebranche ne les enrichisse de plusieurs additions importantes), les *Conversations chrétiennes* constituent, selon la juste remarque de G. Rodis-Lewis dans sa présentation, le premier exposé d'ensemble de la pensée malebranchiste. Si la *Recherche* abordait déjà les questions morales et religieuses, c'est cependant aux *Conversations* qu'il revient de formuler pour la première fois les thèses décisives qui, sur la base d'un accès direct aux idées divines, autorisent cette extension du champ de l'évidence à de nouveaux domaines (dont plusieurs vérités

---

1. Il n'est pas utile de reprendre la critique des sens, déjà acquise au livre I de la *Recherche* auquel Théodore peut dès lors renvoyer pour les attendus théoriques des positions majeures.

2. La distinction entre inclinations (dont on ne rencontre que deux occurrences non signifiantes dans les *Conversations*) et passions n'est pas reprise.

3. Le plus souvent réduite à l'attention et à la requête de la clarté et de la distinction comme critérium du vrai (voir ainsi *CC* III, p. 66 avec renvoi à la *Recherche* touchant les causes de l'erreur) la méthode est immanente au développement de la vérité. Ainsi, à titre d'exemple, le premier Entretien livre un intermède méthodologique au beau milieu de l'analyse de la causalité (p. 20), qui complète les données initiales (p. 11-12) sur l'importance de l'attention. Il convient en tout premier lieu de libérer les conditions de possibilité de la manifestation de la vérité, qui est toujours déjà là, et, pour ainsi dire, se découvre à l'esprit, mais ne se construit pas par une activité autonome de celui-ci. Notons que notre texte ne fait aucune mention de la méthode. Pour se développer, la philosophie n'a pas davantage à suivre un ordre spécifique contraignant. Plusieurs points de départ sont possibles, comme le montrent les différents ouvrages de Malebranche.

révélées), si typique de la profonde transformation du cartésianisme que viendront confirmer les *Éclaircissements* de 1678[1]. Le lecteur des *Conversations* constate d'emblée l'intégration au discours philosophique de questions proprement théologiques (péché originel et corruption de la nature humaine, réparation de cette même nature par l'Incarnation du Verbe, preuve de la Trinité des personnes en Dieu), voire christologiques (élucidation de la fonction médiatrice du Christ, rôle de celui-ci dans la distribution des grâces) par exemple. Plus largement, il s'agit, tout en respectant parfaitement la raison et ses droits, de la mettre au service des vérités de la religion, jusqu'à vouloir en donner des preuves métaphysiques, selon le propos du sixième Entretien. Plus encore que les toutes premières éditions de la *Recherche*, les *Conversations* entendent justifier la conduite de Dieu dans son ouvrage, et démontrer enfin la conformité de la morale évangélique avec les conclusions d'une morale vraiment fondée en raison. On le voit, loin de restreindre les ambitions de la *Recherche*, notre texte élargit bien plutôt la perspective, en se fondant sur les acquis les plus originaux de celle-ci.

Ainsi que nous l'avons rappelé dans notre présentation, la *Recherche de la vérité* se fixe comme tâche première de mettre au jour les différentes causes d'erreur, et d'assigner à la connaissance humaine son véritable fondement. Sur cette base, et forte de ces acquis, la réflexion peut ensuite parcourir sereinement le champ du savoir, et s'orienter vers sa finalité première, en approfondissant à nouveaux frais la question religieuse et morale. Tel est précisément le but que s'assignent nos *Conversations*. En raison de l'intégration (au moins implicite) des principaux résultats de la *Recherche*, de la variété des thèmes abordés et de l'ouverture de nouveaux champs

---

1. Nous reviendrons sur la question du cartésianisme des *Conversations*. Bornons-nous à rappeler que, conformément à l'avertissement lui-même, de nombreux lecteurs virent dans ce texte un ouvrage à destination des cartésiens, issu de la plume de l'un d'entre eux, à l'instar du recenseur des *Mémoires de Trévoux* (1703) dont on lira le compte rendu (*OC* IV, 241).

d'investigation, notre texte constitue la première somme du malebranchisme, et annonce les accomplissements que représentent, au-delà des *Éclaircissements* de 1678, le *Traité de la nature et de la grâce* de 1680, les *Méditations chrétiennes* de 1683, et la majestueuse synthèse des *Entretiens sur la métaphysique et sur la religion* de 1688.

Les pages qui suivent ne sauraient prétendre à un commentaire exhaustif. Plus modestement, nous souhaitons simplement, après avoir rappelé les articulations majeures de l'ouvrage, proposer au lecteur quelques pistes et nous attarder sur le traitement de plusieurs thèmes significatifs.

Du « traité » au dialogue

En écrivant des « conversations » (tout comme plus tard des « entretiens ») Malebranche défère en apparence au goût du siècle, tant cette forme littéraire connaît à l'époque une vogue étonnante [1].

Mais la ferme critique que la *Recherche* adresse à la rhétorique [2], les peintures assez sombres de la société [3] et des conversations de

---

1. Mentionnons par exemple : Le Gallois, *Conversations de l'Académie de Monsieur l'abbé Bourdelot...* (Paris, 1672); Leibniz, *Conversation avec Sténon* (1677); Bernard Lamy, *Entretiens sur les sciences* (1706); P. Bouhours, *Entretiens d'Ariste et d'Eugène* (1671); Jacques Rohault, *Entretiens sur la philosophie* (1671); Fontenelle, *Entretiens sur la pluralité des mondes* (1686); Leibniz, *Entretien de Philarète et d'Ariste* (1712); Regnault, *Les entretiens d'Ariste et d'Eudoxe, ou Physique nouvelle en dialogue* (1729); Du Tertre (le dernier adversaire de Malebranche en 1715), *Entretiens sur la religion où l'on établit les fondements de la religion révélée contre les athées et les déistes* (1743), etc.

2. Les figures de rhétorique reposent sur la liaison des traces cérébrales et des idées; en d'autres termes, la rhétorique et son pouvoir dépendent entièrement de l'imagination, et non de la persuasion rationnelle (voir *RV* II, I, chap. V, § II, *OC* I, 222). L'air et la manière en imposent toujours, et nuisent à la saine évaluation des arguments (*RV* II, III, chap. I, § VI, *OC* I, 329).

3. Au titre des lois de l'union de l'âme et du corps, l'air du visage persuade beaucoup plus aisément que les paroles (*CC* IV, p. 103); le commerce du monde fait obstacle à la recherche de la vérité (*CC* V, p. 109).

salon[1], ainsi que la dénonciation des modes de communication de la société (fondés sur le primat du corps et le prestige des apparences) invitent à une certaine circonspection, et laissent deviner que l'oratorien infléchit profondément le genre littéraire auquel il recourt ici. Les remarques qui suivent voudraient souligner les équivoques constitutives du concept de conversation, et la manière dont Malebranche en pense la finalité dernière.

1. Évoquons tout d'abord la possible source d'inspiration (au moins littéraire) que représente le dialogue inachevé que Descartes rédigea sous le titre de *Recherche de la vérité*. Plusieurs similitudes, notamment dans la répartition des rôles respectifs des protagonistes des deux dialogues, suggèrent que Malebranche, qui a pu lire le texte de Descartes sous forme manuscrite[2], a pu s'en inspirer. Les deux textes mettent en effet en présence trois personnages, qui représentent trois types d'esprit bien distincts. Le dialogue cartésien met en scène Eudoxe, porte-parole du philosophe, soucieux de suivre uniquement ce que lui dicte la lumière naturelle, Épistémon, prototype de l'érudit sûr de lui mais qui risque à chaque instant de se laisser abuser par les préjugés ou les opinions apprises par cœur au cours de ses nombreuses lectures savantes, et Poliandre, honnête homme plein de bonne volonté, peu avancé en matière de philosophie, mais préservé des séductions du monde tout comme de la vaine érudition. Il jouera le rôle d'observateur et d'arbitre dans l'affrontement de deux conceptions largement antagonistes du savoir et de ses fins, et recueillera finalement le bénéfice de la nouvelle philosophie défendue par Eudoxe.

En apparence, l'économie du dialogue malebranchiste reprend assez fidèlement cette répartition des rôles. Notre texte met aux prises

---

1. Le risque fondamental de la conversation nous vient de l'amour-propre qui nous conduit à vouloir dominer nos interlocuteurs; le souci de la vérité le cède au pouvoir de la parole et des manières sur l'imagination (*RV* II, II, chap. III, § II, *OC* I, 282).

2. Rappelons qu'il ne fut publié qu'en 1701, à Amsterdam, chez Blaeu, dans les *Opuscula posthuma* de Descartes, tout comme les *Regulae*.

Théodore, porte-parole de Malebranche[1] (qui assume donc un rôle comparable à celui d'Eudoxe sans naturellement tenir les mêmes positions philosophiques), et Aristarque (nouvelle incarnation de la figure d'Épistémon), érudit raffiné et mondain, mais trop souvent prisonnier des jugements que lui dicte une imagination brillante[2]. Pour arbitrer leur débat, on fait intervenir un jeune homme, Éraste (p. 13), que les préjugés d'école et les conversations mondaines n'ont pas contaminé[3], qui est donc libre de tout préjugé et parfaitement raisonnable. Il s'inscrit ainsi dans la filiation du Poliandre cartésien)[4].

Mais, comme on peut s'y attendre, la comparaison des deux textes (sans même qu'il soit besoin d'entrer dans leur détail) rencontre immédiatement ses limites. Deux indices signifiants suffiront à nous en convaincre.

Tout d'abord, les titres respectifs suffisent à témoigner de divergences importantes ; à la *Recherche de la vérité par la lumière naturelle qui, toute pure, et sans emprunter le secours de la religion ni*

---

1. Sur l'identité indiscutable de Théodore et de Malebranche, voir *CC* III, p. 78, *CC* VII, p. 157-158, puis la *Lettre au Père Lamy*, *OC* XIV, 71.

2. Voir ainsi le jugement rétrospectif qu'Aristarque porte sur sa vie passée : « Toutes les études que j'ai faites n'ont servi qu'à corrompre ma raison. Je n'ai lu que pour paraître et pour parler, pour acquérir la qualité d'esprit fort et de savant homme » (*CC* X, p. 212) ; cf. *CC* V, p. 109 : « J'ai vécu par opinion ; je veux vivre par raison ». Cette antithèse résume les étapes du parcours d'Aristarque, et la double conversion (philosophique et religieuse), à laquelle il est convié au cours de ses Entretiens avec Théodore. Notons toutefois qu'Aristarque n'est imbu d'aucune philosophie déterminée, même s'il penche (dans une moindre mesure que son ami absent mais si souvent évoqué) pour le cartésianisme. Au titre même des recommandations cartésiennes, on doit éviter l'esprit de secte, dont les conversations laissent assez deviner que les cartésiens du temps ne sont pas indemnes.

3. L'équivalence, chez Éraste, entre la nature et la raison est notable. Nature et raison ne s'opposent pas ; c'est bien plutôt la vie sociale et ses prestiges qui dénaturent et étouffent la voix de la raison, selon le schème déployé dès la préface de la *Recherche*.

4. Il y aurait cependant en lui quelque chose d'Eudoxe, si on prête attention au fait qu'Éraste représente souvent le point de vue de la seule raison naturelle, qui ne prendrait pas en considération la révélation chrétienne.

de la philosophie, détermine les opinions que doit avoir un honnête homme, Malebranche substitue des *Conversations chrétiennes dans lesquelles on justifie la vérité de la religion et de la morale de Jésus-Christ.* À l'indépendance (au moins principielle) de la lumière naturelle cartésienne envers la religion, succède la mise en œuvre d'un projet de justification de cette même religion, au moyen d'une lumière qui, précisément, a perdu son caractère proprement « naturel », puisqu'elle sera bientôt identifiée à la raison divine.

En second lieu, le choix du nom des personnages n'est pas anodin. À Eudoxe (dont le nom suggère la possession de l'opinion droite fondée sur la suffisance de la lumière naturelle), succède Théodore, véritable don de Dieu parce qu'il sait renoncer à la suffisance de sa propre lumière, pour se faire le plus attentif auditeur du maître intérieur. Jusque dans le nom des personnages, se manifestent les divergences qui, d'emblée, séparent le cartésianisme du projet malebranchiste.

2. À en croire le Père André (dans la page de la *Vie* déjà citée), Malebranche aurait choisi la forme du dialogue pour toucher un public nouveau, peu rompu aux abstractions de la philosophie, mais très sensible aux charmes de la conversation. La *Recherche de la vérité* (livre I) avait longuement insisté sur le poids (voire la tyrannie) de nos sens, spécialement depuis la chute du premier homme. Puisque nous sommes devenus sensibles, et que notre union à un corps s'est, trop souvent, changée en une dépendance, il convient d'adapter la manifestation du vrai à notre condition actuelle ; il faut rendre la vérité sensible, et détourner les pouvoirs de l'imagination de leurs effets ordinaires ; comprenons qu'il faut parler aux hommes un langage qu'ils comprennent, pour les ramener ainsi à la vérité qu'ils ont peine à reconnaître et ne comprennent plus[1]. En sa vivante simplicité, mais aussi par le recours qu'elle permet à des effets de langage et des mises

---

1. Cette conception paradoxale du sensible comme propédeutique à la vérité intelligible tient, comme nous le rappellerons plus bas, une place éminente dans la christologie malebranchiste.

en situation propices à flatter l'imagination, la conversation met en œuvre une sorte de figuration sensible des vérités philosophiques et religieuses. Apparaît alors la situation paradoxale de la rhétorique : la dénonciation qu'en mène la *Recherche* en la pensant comme un obstacle imaginatif à la quête intellectuelle de la vérité n'interdit pas d'y recourir, dès lors qu'on sait l'orienter à sa véritable fin. Il s'agit, en un sens, de retourner les armes des libertins contre eux-mêmes, et d'enrôler l'imagination au service de la raison et de la religion. Tel est l'enseignement délivré par les considérations de méthode pour une bonne apologétique que l'on rencontre à la fin de plusieurs Entretiens. On observera à cet égard le retournement ironique de la situation dépeint au début du Ve (p. 109-110). En dépit de son estime et de sa confiance, Aristarque signifie clairement à Théodore que sa parole n'est pas ultime : elle n'est (ce qui est déjà beaucoup) qu'un vecteur vers la vérité[1]. La parole de Théodore vise d'abord à recréer les meilleures conditions d'accès à la vérité. La parole adressée par le philosophe au disciple stimule son attention, laquelle sera bientôt définie comme la cause occasionnelle de la connaissance intellectuelle (*CC* III, p. 69). Théodore fixe clairement les limites de sa fonction : sa parole, quel que soit le prestige mondain qu'on est tenté de lui conférer, doit se comprendre comme une cause occasionnelle de méditation. Les prestiges rhétoriques d'une parole aisée et fleurie ne visent alors qu'à la suppression de toute médiation rhétorique, voire même verbale, dans le colloque intérieur qui doit s'instituer[2] : « Si l'air de mon visage, si la manière de mes expressions fait effort sur votre imagination, sachez que ce n'est point dans le dessein de vous

---

1. La noétique de la vision en Dieu destitue le philosophe de toute posture magistrale : « Vous voilà, Aristarque, dans la meilleure disposition d'un véritable philosophe [...] N'écoutez et n'aimez en moi que la vérité, j'y consens. Je vous parle, mais je ne vous éclaire pas. Je ne suis pas votre lumière, je ne suis pas votre bien » (p. 110). Les locuteurs sont les porte-parole d'une vérité qu'ils ne détiennent pas, mais qui s'offre toujours à eux (*CC* I, p. 20 et 25).

2. Voir notamment *CC* II, p. 35.

imposer. [...] Si j'ai quelque dessein, c'est celui de réveiller votre attention par quelques expressions sensibles qui vous touchent et qui vous pénètrent ».

3. Or cette ambivalence de la rhétorique commande un second paradoxe, qui émerge au début du premier Entretien (p. 10-12). Les *Conversations chrétiennes* s'inaugurent en effet par le constat de l'insuffisance de toute conversation simplement humaine, quelles que soient la qualité et la situation des interlocuteurs. Ce constat s'opère en deux temps. Tout d'abord, dès sa première intervention, Aristarque exprime la vanité des conversations passées, toutes remplies du récit de ses hauts faits militaires. Indiquant d'une formule la double finalité ultime de tout l'ouvrage, il demande à Théodore « des biens solides et des vérités certaines » (*ibid.*, p. 10). Il se place donc dans une posture d'attente, en supposant que Théodore est en mesure de l'instruire. C'est précisément en réponse à cette demande que Théodore développe, en un contexte augustinien, sa conception de la véritable conversation. Aristarque ne doit pas attendre de sa conversation avec Théodore que ce dernier l'instruise véritablement [1] : invitant son interlocuteur à réfléchir sur sa propre déception, Théodore lui donne d'emblée à entendre que le dialogue authentique s'instituera à un tout autre niveau, et avec un autre interlocuteur : la conversation s'achève en conversion, mais aussi, sans jouer sur les mots, en humble méditation dans la solitude, à l'écart du monde ; le dialogue interhumain ne prend sens qu'en reconduisant chaque interlocuteur à un plus essentiel dialogue avec le maître intérieur [2]. Tout au long des Entretiens, et quel

---

1. En un sens, la pratique de la conversation chrétienne tend à sa propre suppression : l'exercice se meut donc aux limites d'une redoutable difficulté, puisque la parole humaine (de nature sensible et qui risque partant de mettre en branle la machine incontrôlable de l'imagination) peut toujours produire un résultat opposé à l'effet escompté : « Écoutez la raison, et suivez sa lumière ; mais n'obéissez jamais à l'effort sensible que l'imagination des autres fait sur votre esprit » (*CC* II, p. 55).

2. Seul le dialogue avec le Verbe accède au rang de conversation plénière. Comme le montre le Xe Entretien, le but de l'ouvrage consiste à déplacer le centre de gravité de la conversation, en passant de la conversation interhumaine (entre le philosophe et ses

que soit le sujet abordé, Théodore conduit ses deux amis (et principalement Aristarque) à prendre conscience de leur situation de
disciple. Il ne dirige les débats que pour mieux s'effacer derrière celui
qui lui parle, et qu'il sait mieux écouter que ses interlocuteurs du
moment. Dans ses conversations, la voix la plus audible est physiquement absente, mais plus intime à nous que nous-mêmes et nos
interlocuteurs[1].

On comprend dès lors en quel sens ces conversations reçoivent
l'épithète de chrétiennes : elles ne le sont pas seulement par leur objet
(la justification des vérités de la religion), mais, si l'on peut dire, et
plus fondamentalement, par les voies de leur mise en œuvre. C'est
en dernière analyse à un dialogue direct avec le maître intérieur, lui-
même identifié au Verbe éternel ou incarné dans la personne du Christ,
que nous sommes conviés[2].

Il suit de là que toute conversation authentiquement chrétienne
s'achèvera en méditation. Méditer, c'est, pour Malebranche, se mettre
à l'écoute du verbe, du maître intérieur, pour obtenir de lui les

auditeurs) à la conversation humano-divine, offerte à tout homme qui sait écouter la
parole intérieure. Voir ainsi comment Théodore oppose l'opacité et la distance du
dialogue (tout rempli de malentendus et d'équivoque) entre le prudent Éraste et le
bouillant Aristarque, à la transparence et à la limpidité des réponses obtenues à l'écoute
du Verbe, lorsqu'Éraste hésite à répondre pour mieux l'écouter (*CC* I, p. 24-25).

1. Le « maître fidèle », toujours prêt à répondre, est en nous, sans se confondre avec
nous. La présence à soi est médiatisée par la présence du maître intérieur (voir *CC* II,
p. 35). On notera une forte fréquence des schèmes auditifs dans les premières pages des
Conversations. La vérité est à la fois entendue et vue.

2. Aux conversations que retranscrit effectivement notre texte, on ajoutera les
Entretiens relatés entre Aristarque et son ami. Il n'est pas interdit de voir dans ce dernier
une figure du lecteur lui-même, comme le suggère F. de Buzon dans son commentaire
(*Malebranche, les Conversations chrétiennes*, Paris, PUF, 2004, p. 16). On peut alors
suggérer que l'auteur cherche ainsi à entrer en conversation avec son propre lecteur. En
dernière analyse, ces conversations mettraient en présence (directe ou indirecte) non pas
trois protagonistes, mais bel et bien cinq, si l'on veut bien y admettre (comment pourrait-
il en aller autrement?) le Verbe divin lui-même.

réponses qu'aucun homme, fût-il le plus grand des philosophes, ne saurait nous donner[1].

C'est ainsi que le Xe Entretien, en relatant les projets de retraite des uns et des autres, vient clore des conversations devenues inutiles, parce qu'elles conduisent chacun des protagonistes vers une plus intime conversation avec Dieu dans le silence des hommes.

LE PLAN DES *CONVERSATIONS*

La nature de notre texte, la relation d'une libre conversation entre trois interlocuteurs physiquement présents (sans compter le maître intérieur et l'ami d'Aristarque qu'il faut convertir), rend la formulation de son plan quelque peu délicate. Le style de la conversation implique en effet de nombreuses efflorescences, l'entrecroisement des thèmes, des répétitions, mais aussi des digressions, des parenthèses, l'esquisse d'arguments ensuite abandonnés, parfois repris, ou autrement formulés. Nous nous bornerons donc à marquer ici les articulations les plus remarquables du texte, reportant à plus tard l'examen de quelques points saillants.

Après avoir précisé les conditions générales du dialogue et esquissé la fonction des différents protagonistes, le premier Entretien entend démontrer l'existence de Dieu en recourant à la voie *a posteriori* : c'est à partir d'un effet quelconque (car tout effet y peut contribuer) qu'on va remonter à Dieu, dont on démontre qu'il est nécessairement la cause première et unique de cet effet. En raison de l'orientation apologétique des *Conversations*, et pour rendre la démonstration de l'existence de Dieu moins abstraite, et donc plus sensible, on choisit un effet éprouvé en nous-mêmes, le feu qui, dans une certaine mesure, produit en nous du plaisir, mais aussi une vive

---

1. C'est parce qu'il a préféré la retraite au commerce du monde et des livres que Descartes est un philosophe d'exception ; mais c'est parce qu'il n'a pas assez médité que sa métaphysique laisse encore à désirer (*CC* VII, p. 163-164).

douleur. La démonstration procède selon trois étapes principales qui conduisent vers la reconnaissance de l'unicausalité divine, et jettent ainsi les fondements de l'occasionnalisme.

1. On établit que les corps ne peuvent agir sur l'esprit. D'emblée, la démonstration de leur impuissance et l'analyse de la causalité prennent une coloration volontairement morale, puisque la mise en évidence de l'impuissance causale des corps se comprend comme leur incapacité à nous rendre heureux ou malheureux.

2. On montre, par deux arguments distincts mais convergents, que l'âme ne peut s'affecter elle-même de ses propres sentiments.

3. On établit alors que Dieu seul agit dans l'esprit à l'occasion de la présence et de la situation de notre corps et des corps extérieurs, selon des lois générales. Comme on le verra, le premier Entretien permet chemin faisant d'établir un certain nombre de conclusions connexes (touchant la nature du plaisir, la subjectivité des qualités sensibles, la question de l'amour du corps, l'essence de la cause efficiente, ou la nature de l'action divine).

Les conclusions auxquelles parvient ce premier Entretien ne vont pas de soi, et suscitent, chez Aristarque notamment, quelque résistance, et des difficultés que s'emploie à lever le second. Le débat tourne principalement autour du statut du plaisir, et d'une conséquence de la thèse de l'unicausalité divine que l'on vient d'établir : si Dieu cause en nous tous nos sentiments, et donc le plaisir, il nous pousse directement à aimer les corps qui semblent nous donner ces plaisirs. Montrer que Dieu est la seule véritable cause conduit à en faire la cause du plaisir, et, par voie de conséquence, de notre amour des biens sensibles. Or, par ailleurs, la foi nous apprend que nous ne devons pas aimer les corps comme de véritables biens : « Dieu peut-il m'exciter par le plaisir à m'unir aux objets sensibles, et me défendre en même temps de les aimer ? » (p. 36). La solution de cette difficulté mobilise une théorie de la finalité de la connaissance sensible et du plaisir, ainsi que plusieurs concepts et distinctions importants, notamment celle des deux sortes de biens (respectivement appropriés aux corps et aux esprits), et des deux sortes d'amour qu'on leur doit, amour d'instinct et de raison.

Mais, si Dieu produit le plaisir qui est senti à l'occasion des corps, ne peut-il pas être tenu pour responsable de la concupiscence de ces mêmes corps? Telle est la nouvelle objection sur laquelle rebondit la conversation (p. 39-40). Anticipant sur les Entretiens suivants (IV et V notamment), Théodore introduit le principe d'une distinction entre la première institution de la nature, et sa corruption actuelle en conséquence du péché originel. Seule l'Incarnation de Dieu dans un homme-Dieu permet d'expliquer la restauration de l'ordre originairement institué, sans pour autant compromettre l'immutabilité divine.

Mais, peut-on objecter, Dieu est infiniment sage et infiniment bon; il pouvait donc prévoir, et donc éviter le péché du premier homme et ses conséquences. N'y a-t-il pas flagrante contradiction entre l'affirmation de la perfection divine et le constat de l'imperfection du monde actuel? Il faut poser la question en toute sa généralité et sa radicalité : pourquoi Dieu a-t-il créé l'homme, et pourquoi l'a-t-il fait libre, et partant exposé à la possibilité du péché? Certes, il y a remédié par l'Incarnation de son Fils, mais n'eût-il pas été plus convenable de le prémunir de sa propre chute en le faisant d'emblée impeccable? Ne faut-il pas voir là un défaut de sagesse, et peut-être un argument contre l'existence d'un Créateur? La réponse (p. 43 *sq.*) se centre sur la liberté et ses motifs. Après le rappel de quelques éléments de réponse assez classiques, le texte introduit un ingrédient essentiel de la conceptualité malebranchiste, avec l'affirmation du principe dit de la simplicité des voies. Quels que soient les apparents défauts que l'homme trouve dans la conduite divine, Malebranche affirme que Dieu, au titre de la simplicité de son action, ne pouvait faire autre chose que ce qu'il a fait (p. 45). De cette simplicité, et du primat de sa perfection comme règle de sa volonté, il suit que Dieu n'a pas agit uniquement pour l'homme; seul le Christ, unique médiateur entre Dieu et l'homme (entendons entre l'infini et le fini) peut expliquer, en toute sa généralité, le dessein créateur (p. 50). La simplicité des voies confère au discours sur le Christ une dimension proprement métaphysique, et jette les fondements d'une véritable théodicée (p. 52-54). L'Entretien s'achève alors sur des considérations relatives à la méthode à suivre en matière d'apologétique, qui, elles-mêmes, commandent des réflexions sur la force des préjugés et le pouvoir de l'imagination.

Pour convertir, il faut pouvoir argumenter, prouver, sinon démontrer. Or on ne peut rien établir concernant la religion et la morale sans reconnaître rationnellement le plan de Dieu sur l'homme, autrement dit les fins qu'il a poursuivies en le créant (p. 59). Après avoir écarté l'objection relative à l'interdit cartésien de sonder les fins de Dieu en physique (Malebranche note d'ailleurs que Descartes eût reconnu la nécessité de les connaître pour la morale et la religion), Théodore pose le principe qui commande la suite du développement : Dieu se connaît et s'aime plus que tout ; il produit donc l'homme dont il est à la fois le principe et la fin. Dieu a créé les esprits pour le connaître et pour l'aimer. Une fois admis ce principe (dont Malebranche fait le fondement des vérités à venir)[1], il faut découvrir comment les esprits connaissent et aiment Dieu. Connaître les fins de Dieu consiste donc à déterminer la nature et le mode de fonctionnement des deux principales facultés de l'âme humaine, l'entendement et la volonté, pour reconnaître que Dieu est leur objet à la fois unique et ultime. Ainsi le texte conjoint ces deux questions en apparence assez éloignées, que sont la fin de l'homme et l'analyse de ses facultés psychiques.

Peut alors s'ouvrir l'étude de l'entendement, défini en son sens large de faculté de connaître, avec l'exposé de la doctrine dite de la vision en Dieu des idées (p. 61-78). Nous reviendrons sur cette partie du texte, largement révisée et enrichie au gré des rééditions des *Conversations* et des polémiques qu'eut à soutenir leur auteur. L'exposé ne se borne pas à réitérer les positions acquises dans le livre III de la *Recherche*. Malebranche avance des arguments originaux, et aborde des aspects moins développés dans son premier ouvrage. La réponse à des objections qui naissent de la conversation

---

1. Le début du IVe Entretien insiste sur son caractère fondateur pour l'apologétique qu'il entend mettre en œuvre. Si tous les préceptes de la morale chrétienne en dépendent (p. 87), c'est d'abord à la manifestation de la vérité de la religion chrétienne elle-même qu'il doit servir (*ibid.*).

fournit l'occasion d'affiner certains aspects, telle la connaissance spécifique des vérités contingentes et des existences, ou la fonction de la connaissance par sentiment dans l'économie de la noétique. Conformément au plan annoncé, le texte passe ensuite (p. 78-84) à l'étude de la volonté humaine, définie comme amour du bien en général ou du bien infini. De même que la connaissance humaine procède de l'auto-connaissance divine, de même la volonté humaine est un effet du vouloir infini de Dieu envers lui-même : « C'est donc l'amour que Dieu se porte à lui-même qui produit en nous notre amour » (p. 82).

Outre son intérêt anthropologique propre, la théorie de la connaissance et de la volonté déployée dans le IIIe Entretien s'inscrit dans le cadre problématique des preuves de la vérité de la religion chrétienne. Le IVe Entretien repart donc du principe (désormais établi) que Dieu a fait l'homme pour le connaître et l'aimer, afin d'en inférer les principes de la religion, à commencer par la mise en évidence d'un désordre dans la nature, concrétisé dans la réalité du péché originel. La preuve de cette réalité du péché (premier moment de l'Entretien, p. 88-95) est acquise par la mise en évidence de la contradiction entre l'amour de Dieu, et notre condition actuelle : nous sommes faits pour l'aimer, et nous n'y parvenons qu'à grand peine, alors que d'autres amours nous sollicitent beaucoup plus fortement. En d'autres termes, l'amour de Dieu est devenu difficile, quand nous en sommes aisément détournés par les biens sensibles. Il y a dans cette situation l'indice d'une contradiction, marque de l'inimitié entre l'homme et Dieu, consécutive à la désobéissance du premier homme. Le problème se complique dans la conceptualité malebranchiste, dans la mesure où Dieu est la seule cause véritable du plaisir que nous goûtons dans l'amour des corps : comment comprendre que Dieu produit en nous un plaisir qu'il désapprouve cependant[1] ? Comment comprendre qu'on

---

1. En raison de la soumission de la volonté divine aux lois de la nature, Dieu peut être conduit à produire en nous, à l'occasion des corps et de leurs divers rapports avec le nôtre, des sentiments qu'il réprouve. Voir les fortes formulations des *MHP* qui comparent le

souffre à bien faire et qu'on jouisse à mal faire ? Il y a dans cette contradiction la preuve d'un désordre, d'une corruption de l'ordre originairement institué par Dieu (p. 89). Notons dès maintenant que nous
avons affaire à une tentative pour établir rationnellement (et non pas
par des preuves scripturaires) la réalité du péché, dont le constat
implique de recourir à une cause réparatrice.

Après avoir longuement manifesté la réalité du péché originel, il
faut (en un second moment, p. 95-98) se demander pourquoi ce péché
a eu lieu, alors que le premier homme, par hypothèse, disposait de tout
ce dont il avait besoin. Malebranche aborde ainsi la question classique
des motifs du péché originel, dont il propose plusieurs explications
(attrait d'Adam pour les biens sensibles, volonté de s'égaler à Dieu,
excès d'amour pour sa femme, etc.) [1].

Reste cependant que cette révolte du premier homme contre
l'ordre institué fut un événement singulier. Afin qu'il conserve une
valeur explicatrice pour rendre compte de notre état actuel, il faut
expliquer le fait de sa transmission à l'ensemble de l'humanité, ce à
quoi s'attache un troisième moment de l'Entretien IV (p. 98-107). Dans
le prolongement des explications données au livre II de la *Recherche*,
Malebranche reprend une théorie pour ainsi dire physique de la transmission du péché originel, fondée sur la contagion des traces cérébrales des mères aux enfants au cours de la grossesse. Ces pages
présentent trois enjeux simultanés. Elles fournissent l'occasion de
préciser les orientations majeures d'une psychophysiologie qui repose
sur la corrélation des traces cérébrales et des idées. Elles reviennent
sur la généralité des lois de la nature dont l'enjeu est de disculper Dieu
de produire en nous la concupiscence. Enfin, elles insistent sur les
résistances que dressent l'imagination et la vive impression que font

---

voluptueux à un traître abusant de la bonté d'un souverain fidèle à la loi qu'il s'est
prescrite (p. 407-408).
    1. Voir *MHP*, p. 397. On notera que les réflexions sur l'état adamique relève d'abord
d'une spéculation proprement philosophique, visant à déterminer une essence, ou un type
humain parfait, indépendamment de toute contingence de nature historique.

sur nous la rhétorique et l'air assuré des libertins, négateurs du péché originel.

Notre texte, avec le Ve Entretien qui traite de la « réparation de la nature par Jésus-Christ », opère un véritable tournant. Une fois établie la réalité du péché, on peut entamer la preuve de la vérité de la religion qui, seule, résout la contradiction entre l'infinie perfection de Dieu et le renversement actuel de la nature créée par lui. Ces tentatives de preuves du christianisme se développent dans les Entretiens V et VI, avant que les deux suivants ne tirent de la religion ainsi établie, les linéaments d'une morale à la fois évangélique et conforme à la vraie philosophie. Avec le Ve Entretien, on entre donc dans le moment positif de l'apologétique, sans pour autant délaisser l'analyse philosophique, et plus spécialement métaphysique, comme on verra avec l'Entretien suivant. Cette tentative de preuve de la religion se décompose en trois moments bien distincts. Le Ve Entretien (dont la situation textuellement centrale illustre la centralité de celui dont il prouve l'existence) développe une preuve fondée sur la réalité du péché originel. Pour rétablir l'ordre perverti par le péché, ni les philosophies ou les religions païennes (ignorantes des vrais maux de l'homme), ni la solution déiste (qui récuse la nécessité d'un médiateur) ni l'islam (taxé d'accroître la concupiscence) ni le judaïsme (qui contient certes une loi sainte et juste mais ne donne pas le médiateur dont elle fait sentir le besoin) n'offrent une solution satisfaisante. Les trois preuves données dans les Entretiens V et VI insistent chacune plus particulièrement sur une des qualités reconnues à Jésus-Christ. La première (Entretien V, p. 113 sq.) montre qu'en raison de l'offense faite à Dieu par l'homme, et au titre de la justice, la seule victime digne de Dieu et capable de satisfaire ne peut être qu'un homme-Dieu, c'est-à-dire une personne qui conjoint en elle la nature finie de l'homme et l'infinité divine; on insiste alors sur la fonction réparatrice du Christ. Or, dans la mesure où personne ne peut se faire réparation à soi-même, il s'ensuit que la pluralité (puis la Trinité) des personnes en Dieu peut être inférée des précédentes conclusions (p. 124-125).

Le VIe Entretien juxtapose quant à lui deux séries de preuves : on trouve tout d'abord une preuve dite métaphysique (p. 132-136), fondée sur l'univocité des connaissances et des volontés humaine et divine. Le fini n'ayant par lui-même aucun rapport avec l'infini, la production d'un monde fini par un Dieu infini n'a de sens que si Dieu, qui n'aime que lui-même, se retrouve dans son propre ouvrage. Il ne le peut que si le monde est pour ainsi dire porté à l'infini par l'Incarnation du Verbe. On reconnaît là une thèse essentielle de la christologie male-branchiste : le péché de l'homme n'est pas le premier, ni l'unique, motif de l'Incarnation. En d'autres termes, Dieu se serait incarné même si l'homme n'avait jamais péché. Cette preuve insiste donc plus spécialement sur la fonction médiatrice du Christ. Viennent ensuite des arguments (plus traditionnels), fondés sur les faits, de nature histo-rique (p. 136-152). Il s'agit de confronter les trois grandes religions révélées, qui ont en commun de prescrire aux hommes une loi et de se prononcer au sujet de leur fin dernière. S'inscrivant ici dans une tradi-tion apologétique déjà très balisée, Malebranche affirme la prévalence du christianisme (dont les miracles sont plus attestés), et qui, seul, a compris et affirmé la destinée authentiquement spirituelle de l'homme.

Une fois établie l'existence et l'action de Dieu en toutes choses, la focalisation ultime de nos facultés cognitives et volitives sur l'être divin, la corruption de l'ordre naturel et la prééminence du christia-nisme comme la meilleure réponse possible à cette corruption, il reste à examiner, en un dernier moment des *Conversations*, la nature de la morale qui découle de la religion, et les conditions pratiques de sa mise en œuvre. Cet examen occupe les Entretiens VII à IX. La preuve de la valeur de la morale chrétienne s'établit en deux temps, conformé-ment à la distinction des deux facultés de l'âme mise en évidence dans le IIIe Entretien. On va d'abord montrer que la morale chrétienne contribue au mieux à la perfection de l'esprit et plus spécialement de l'entendement (Entretien VII), avant de souligner qu'elle convertit les cœurs, entendons qu'elle perfectionne la volonté (Entretien VIII). La perfection morale et l'accomplissement de la vertu impliquent la perfection de l'esprit. Il importe donc, en premier lieu, de souligner la conformité de la morale chrétienne à la raison philosophique. C'est ainsi que le début de l'Entretien VII rappelle les principes de la doctrine de la connaissance précédemment acquis (p. 155-159). C'est par son union à Dieu que notre esprit acquiert toute sa perfection. La perfection éthique suppose le décentrement préalable de l'esprit, et donc la démonstration, en métaphysique, qu'il n'est plus sa propre lumière. Dès lors, les conseils de Jésus-Christ qui recommande la mortification et la privation des biens sensibles, n'ont pas une simple valeur morale, mais contribuent directement au perfectionnement de l'esprit, en restaurant les conditions d'exercice de la pensée pure. Si la morale chrétienne semble ici se réduire à la privation des corps, c'est parce que la contagion de l'imagination constitue l'obstacle le plus puissant à la rectitude de nos jugements moraux, tant il est vrai que « si une mouche bourdonne à nos oreilles, les ténèbres se répandent dans notre esprit » (p. 159). Provenant en dernière analyse d'une même source (la raison à la fois divine et universelle), les recommandations de la philosophie (fondées sur l'analyse de nos facultés intellectuelles) et les conseils du Christ recommandant l'ascèse peuvent se rejoindre. Ainsi s'explique, par exemple, la présence d'un développement sur les vrais et les faux savants (p. 163-166), dans l'Entretien consacré aux questions morales.

Par ses rappels des acquis antérieurs et les conseils qu'il donne, le VIIe Entretien remplit, dans la démonstration de la vérité de la morale chrétienne, une fonction pour ainsi dire préparatoire. Si cette morale s'avère « très utile » pour perfectionner la capacité cognitive de l'esprit, elle se révèle en revanche « absolument nécessaire pour la conversion du cœur », c'est-à-dire pour orienter la volonté vers sa véritable fin. C'est précisément ce que s'attache à montrer le VIIIe Entretien. Jésus-Christ, redit-il, n'est pas venu pour nous rendre savants et faire de nous des philosophes, mais pour nous apprendre à bien vivre (p. 169). C'est dans cette perspective que se trouve reprise la question du statut et de la valeur du plaisir.

En dépit de sa beauté essentielle, et de sa séduction théorique, on peut se demander si la morale chrétienne peut réellement être mise en pratique, compte tenu du péché originel, bouleversement qui a changé l'union de l'âme au corps en dépendance. La réponse (qui se développe dans le IXᵉ Entretien) mobilise la doctrine malebranchiste de la grâce de Jésus-Christ, définie comme un plaisir capable de contrebalancer les plaisirs occasionnés par les biens sensibles : ainsi « celui auquel nous croyons nous donne la force de faire ce que nous faisons ; et ce que nous faisons est si au-dessus de nos forces que cela nous fait croire ce que nous croyons » (p. 185). La question traitée par l'Entretien IX s'inscrit dans le droit fil de la problématique des deux précédents. Une fois établie la valeur de la morale évangélique et sa conformité avec la considération rationnelle de l'ordre, il reste à déterminer comment on peut la mettre en pratique. C'est à cette fin que l'Entretien IX fait intervenir la grâce. L'homme d'aujourd'hui, soumis aux effets de la chute de ses premiers parents, est dominé par l'attrait du plaisir qui s'est rendu le maître de son cœur et captive sa volonté. Or, dans la mesure où le plaisir masque sa véritable origine et qu'il confond sa cause (Dieu) et son occasion (les corps), il convient de s'en priver pour ne plus être « attiré vers la terre » ; mais cela n'est pas suffisant pour nous rendre le goût du ciel, comme le montre la comparaison de l'esprit avec une balance (p. 187-189) dont les bassins représentent chacun les deux attraits contradictoires qui partagent l'homme. Au modèle de l'équilibre des deux bassins sans poids effectif (symbolisant une liberté parfaite et entièrement rationnelle), l'oratorien préfère (compte tenu de notre situation actuelle) le modèle du contrepoids au plaisir sensible : la grâce est elle-même un plaisir, une délectation prévenante, un « poids de l'âme » [1], agissant sur la volonté pour la faire tendre aux vrais biens. La discussion du modèle de la balance permet plusieurs mises au point, touchant notamment les rapports de la grâce

---

1. Voir *MHP*, p. 400-401 et 406. Elle est souvent définie comme une sainte concupiscence (*Adoration*, p. 433).

et de la liberté, ou la célèbre question disputée au sujet de la grâce efficace et suffisante. Il convient toutefois d'être plus précis, et de distinguer plusieurs sortes de grâce ; à la grâce de plaisir ou de sentiment (requise pour la plupart d'entre nous), Malebranche ajoute la grâce de lumière (suffisante aux justes), assimilée à l'union de l'esprit à la raison universelle, et enfin une grâce dite de joie, consécutive à la bonne disposition de l'âme.

La suite du texte développe le concept de prière naturelle, central dans la mise en place des lois de l'union de l'esprit à Dieu, puis aborde la manière dont la grâce est donnée aux hommes : on l'a vu, Dieu agit par les voies les plus simples, tant dans l'ordre de la nature que dans celui de la grâce (p. 197-198). La privation des biens sensibles demeure donc la meilleure des voies, en raison de la généralité de la conduite de Dieu, qui ne saurait multiplier ses miracles sans raison.

Plus largement, cet Entretien inaugure un ton nouveau, où le conseil spirituel l'emporte souvent sur l'analyse proprement conceptuelle. Le débat sur les modèles à suivre pour se conformer au mieux aux préceptes du Christ (saint Jean Baptiste notamment, p. 200-201) prépare, pour chacun des protagonistes, les révisions existentielles et les résolutions relatées dans le dernier Entretien.

LA PHILOSOPHIE DANS LES *CONVERSATIONS*

En raison de leur titre et de plusieurs sujets abordés, on peut se demander si les *Conversations chrétiennes* sont un livre de philosophie. Même si aucun commentateur n'en a sérieusement douté, il ne sera pas inutile, pour étayer une réponse affirmative, de faire le point sur le vocabulaire de la philosophie, non dénué d'équivoques sous la plume de notre auteur.

On peut sommairement discerner trois séries d'emplois des mots *philosophe(s)* et *philosophie(s)*.

1. Un premier groupe d'occurrences et de textes laisse affleurer un sens clairement négatif. Le philosophe ignore la vérité de la Révélation, ou en conteste les dogmes fondamentaux, tel Averroès, « philosophe impertinent » qui rejette l'Incarnation et l'eucharistie sans en comprendre le sens profond (*CC* III, p. 64-65)[1]. « Philosophe » revêt le sens de libertin, d'esprit fort, replié sur ses certitudes et partant imperméable à la vérité.

Dans le sillage de sa disqualification paulinienne, la philosophie est récusée par le Christ lui-même, qui n'est pas venu pour faire des philosophes, ni enseigner les règles de la logique (*CC* VIII, p. 169)[2].

Il y a de même de mauvaises philosophies. Lorsqu'elle n'est pas récusée pour son abstraction[3] ou son caractère paradoxal[4], la philosophie est disqualifiée comme incapable de penser correctement l'état actuel de la nature humaine, à l'instar des philosophies païennes (*CC* V, p. 111).

Si les *Conversations* ne nomment personne, la *Recherche* nous a appris ce qu'il faut penser tant de la philosophie d'Aristote et de ses prolongements médiévaux[5], que du stoïcisme, violemment dénoncé comme philosophie de l'orgueil[6].

---

1. On se demande ironiquement (*ibid.*, p. 65) si les philosophes voient en Dieu leurs chimères ; le discours du philosophe ordinaire (prototype du faux sage) incarne, contre toute attente, le complet dérèglement de l'imagination.

2. *Ibid.*, p. 166.

3. Voir ainsi *CC* IV, p. 103.

4. Aristarque éprouve ainsi les plus grandes difficultés à reconnaître que le soleil ne nous éclaire pas par lui-même, parce que ce sont là « des raisons de philosophie », contraires au sens commun (*CC* II, p. 35). Plus bas (*CC* VI, p. 130), l'ami d'Aristarque, qui se pique pourtant d'être philosophe, rejette les raisons d'aristarque en faveur de la religion, comme étant « de philosophie » (*ibid.*, p. 132).

5. Parmi les nombreuses pièces produites au procès du péripatétisme, les *Conversations* retiennent tout spécialement la conviction générale de l'efficace des causes secondes (stigmatisée en *RV* VI, II, chap. III), qui, pour Malebranche, représente un véritable paganisme de l'intelligence.

6. Voir notamment *RV* II, III, chap. IV, à propos de Sénèque.

À s'en tenir à cette première série d'occurrences, il semble que la démonstration de la vérité de la religion conduise à disqualifier la philosophie, jusqu'à en imposer l'abandon. Mais ce serait là méconnaître des usages fort différents, et restreindre singulièrement la perspective.

2. On mentionnera quelques occurrences relativement neutres, où le mot philosophie désigne un discours qui nous met certes en présence du vrai dieu, mais de manière insuffisante, ou plus assez efficace au regard de notre situation actuelle [1].

3. On relève enfin une série d'emplois positifs, qui convoquent notamment la notion de « vrais philosophes » (*CC* V, p. 110). Loin de prôner l'abandon de la philosophie, cette nouvelle acception (qu'il nous faut brièvement cerner) en autorise bien plutôt une réforme radicale. L'emblème en est Descartes, qui occupe une situation exceptionnelle, et représente le type du philosophe qui a su se prémunir des séductions de l'érudition pour bien méditer (*CC* VII, p. 163) [2]. Nous préciserons successivement le but à atteindre, les moyens d'y parvenir, et la question du rapport à la religion chrétienne.

L'opposition paradoxale des philosophes et du « véritable philosophe » nous renvoie à la différence fondamentale des sagesses poursuivies. Dès la *Recherche*, Malebranche avait distingué la Sagesse comme attribut divin, plus spécialement approprié à la seconde personne de la Trinité qu'est le Verbe, et identifiée finalement à l'entendement infini en qui résident les idées que nous y voyons [3], et les fausses sagesses, les pseudo-philosophies fondées sur

---

1. Voir notamment *CC* IV, p. 94, VIII, p. 173-174 ; la philosophie fait voir l'injustice, mais nous y laisse plongés (*MHP*, p. 411 ; cf. *RV* IV, X, *OC* II, 78-79). Le débat sur l'origine et la valeur du plaisir met aux prises le point de vue des sens et celui de la philosophie (intrinsèquement vrai), mais impuissant face au pouvoir du sensible (*CC* VIII, p. 177).

2. Descartes a su s'unir à Dieu, ce qui signifie qu'il a vu en Dieu les principales vérités de sa métaphysique ; la doctrine de l'*ego* est donc implicitement subvertie. L'imperfection qui affecte cependant sa métaphysique vise-t-elle l'égologie de la seconde méditation, incompatible avec les attendus de la « vision en Dieu » ?

3. *RV*, préface, *OC* I, 17 *sq.*

la suffisance de l'homme, et sa prétention à atteindre la vérité par les seules forces de son esprit[1].

Or la philosophie, et spécialement la métaphysique (entendue comme doctrine générale des idées), démontre que nous pouvons accéder à cette sagesse dans l'exercice naturel et ordinaire de nos facultés cognitives. Quête de la sagesse (philosophie) et vision en Dieu tendent dès lors à s'identifier[2]. L'union intellectuelle de l'entendement fini à la raison infinie est, à la lettre, philosophie, puisque cette union en constitue son unique moyen, et que la Sagesse ainsi atteinte est coessentielle à la sagesse divine. Une bonne philosophie reste donc possible, à condition d'en fixer les limites et les règles.

a) Malebranche reprend ici, en les résumant, de nombreuses recommandations longuement développées dans la *Recherche de la vérité*, et clairement héritée du cartésianisme. Relevons d'abord une série de conseils de tournure négative, ou, pour ainsi dire, purgative. Ceux-ci sont appelés par la conception malebranchiste du rôle respectif des facultés de l'esprit. On le sait, l'oratorien distingue très clairement un premier groupe de facultés (jugées incapables de contribuer positivement à la connaissance des vérités abstraites et universelles), constitué des sens, de l'imagination et de la mémoire. Facultés fonctionnellement liées au corps, elles ne parlent que pour lui, et interdisent le décentrement noétique et éthique constitutif du projet malebranchiste. Les *Conversations* se plaisent à rappeler que le bourdonnement d'une mouche peut ainsi nous détourner des plus abstraites et sérieuses méditations (*CC* VII, p. 159)[3]. À ces facultés, s'oppose

1. Cette prétention entend s'appuyer sur la thèse selon laquelle l'âme, qui est à soimême sa lumière, trouve en soi les idées de toutes choses, affirmation repoussée par la *Recherche* (III, II, chap. V, *OC* I, 433-434).

2. Dès sa préface, la *Recherche* faisait de la double orientation possible de l'esprit (information du corps et inclination vers le sensible d'une part, union à Dieu d'autre part) le critère discriminant entre philosophie païenne et véritable philosophie (*OC* I, 10-11).

3. Il faut apprendre à distinguer les impressions (toujours relatives au corps qui s'érige comme centre de perspective), et l'évidence des idées vues en Dieu, qui nous arrache à tout point de vue partiel, marqué de finitude (voir *CC* II, p. 55).

l'entendement pur, qui (à l'exception des mathématiques où l'imagination peut lui fournir une aide précieuse) est seul en mesure d'appréhender les idées et leurs différents rapports en Dieu. Les *Conversations* cherchent donc à écarter tout ce qui fait obstacle à l'exercice de l'entendement.

On retiendra donc une critique systématique des savants, que leur érudition livresque (science de mémoire) empêche de méditer sérieusement, à l'instar de l'Aristarque des premiers Entretiens [1].

On relève aussi une critique des voyages (*CC* I, p. 13) qui corrompent l'esprit, en le dispersant dans une spatialité sans consistance, incompatible avec la concentration en soi, requise pour l'écoute du maître intérieur. Se dessinent alors les traits d'une « nouvelle manière de philosopher », accessible à tout homme libre des préjugés et du fardeau de l'érudition, qui enchante Aristarque, tout comme la lecture du *Traité de l'homme* de Descartes paru en 1664 avait un jour enchanté le futur auteur de nos *Conversations*.

b) La vraie philosophie n'est donc pas la quête d'une sagesse humaine, mais la recherche de la plus parfaite union à la sagesse éternelle, seule source de savoir possible. Le vrai philosophe ne fait donc pas nombre avec les « philosophes » [2], et la vraie philosophie se moque des philosophies païennes, oublieuses de leur véritable fondement.

On reconnaît donc la bonne philosophie au fait qu'elle est en mesure de « prouver » la vérité de la religion chrétienne. C'est ce qu'atteste une dernière série d'occurrences, où être bon philosophe et

---

1. « J'appréhende fort, Aristarque, que vous n'ayez consulté votre imagination au lieu de consulter la raison, et que vous n'ayez cherché dans tous les recoins de votre mémoire quelque pièce justificative de vos préjugés » (*CC* II, p. 34). Dans la ligne du livre IV de la *Recherche* (chap. VII et VIII), Malebranche s'en prend aux faux savants (qui « font plus d'usage de leur mémoire et de leur imagination que de leur esprit », p. 162), qui sont aveugles à l'évidence, et prisonnier d'une conception cumulative du savoir prostitué par les « esprits forts » en instrument de domination sociale (*CC* II, p. 55-56; voir aussi *CC* VII, p. 162-166).

2. Voir *CC* III, p. 76-77. Le philosophe Théodore se voit prié de réfuter les « sentiments des philosophes », scolastiques notamment.

vrai chrétien sont devenus synonymes[1]. Ainsi, d'emblée, Aristarque énonce en ces termes sa résolution : « Philosophons je vous prie ; mais philosophons d'une manière chrétienne et solide. Instruisez-moi des vérités essentielles, et qui sont les plus capables de nous rendre heureux » (*CC* I, p. 14). De cette déclaration, on retiendra deux aspects particulièrement significatifs.

En premier lieu, notons la conjonction de la recherche d'un solide fondement en philosophie avec la reconnaissance (relativement énigmatique à ce stade) de son statut chrétien[2]. La recherche d'une philosophie solide paraît indissociable d'un philosopher « chrétiennement », entendons d'une manière de procéder à la lumière de la Révélation chrétienne. On peut dire que l'ensemble des *Conversations chrétiennes* cherchera à justifier cette équation, et le cercle (assumé par Malebranche) par lequel la philosophie prouve la religion, laquelle, à son tour, confère à la philosophie une consistance et une vérité inaccessibles à toutes les tentatives qui, dans le passé ou l'avenir, entendront séparer la philosophie des données révélées. On peut alors s'étonner que, sauf erreur, l'auteur des *Conversations chrétiennes* et des *Méditations chrétiennes et métaphysiques* n'ait jamais évoqué explicitement la philosophie chrétienne[3]. Pour de nombreux protagonistes du débat qui, dans les années 1930 prit corps autour de cette

---

1. Pour l'équivalence entre les « vrais chrétiens » et les « véritables philosophes », voir *RV* V, chap. II, *OC* II, 134.

2. Philosopher de manière solide, c'est procurer à la philosophie des principes inébranlables. Voir notamment le *Discours de la méthode* : « Puis, pour les autres sciences, d'autant qu'elles empruntent leurs principes de la philosophie, je jugeais qu'on ne pouvait avoir rien bâti, qui fût solide, sur des fondements si peu fermes » (AT VI, 8-9).

3. Entendons par là que l'expression « philosophie chrétienne » (que Malebranche pouvait pourtant lire dès le titre de la célèbre somme de textes augustiniens réunis par son confrère Ambrosius Victor, le Père André Martin) ne se rencontre pas sous sa plume. Il évoque cependant, à plusieurs reprises les « philosophes chrétiens », notamment dans un célèbre passage de la préface de la *Recherche*, où il mentionne « des philosophes chrétiens, qui doivent préférer l'esprit de Dieu à l'esprit humain, Moïse à Aristote, s. Augustin à quelque misérable commentateur d'un philosophe païen » (*OC* I, 9-10), sur lequel nous reviendrons brièvement plus bas, à propos des *MHP*.

notion de philosophie chrétienne difficile à cerner, il reste cependant indéniable que Malebranche fut l'un des plus typiques représentants de cette entreprise. Faut-il notamment considérer que la philosophie chrétienne tient lieu de théologie ou qu'elle prétend assumer certaines de ses tâches? Malebranche ne l'a jamais affirmé explicitement, mais on peut se le demander, sur la base d'un simple constat textuel : alors que bon nombre de questions abordées dans les *Conversations* relèvent, en droit, de la compétence du théologien, il n'est jamais question de théologie. Faut-il en conclure que la vraie philosophie peut s'en passer?

PHILOSOPHIE ET RÉVÉLATION

Le traitement des rapports entre la philosophie d'une part, la révélation chrétienne et la théologie qui entend l'expliciter d'autre part, a beaucoup évolué tout au long des quarante années qui séparent la première édition de la *Recherche*, des *Réflexions sur la prémotion physique* de 1715. Or il est indéniable que, dès leur première édition en 1677, les *Conversations* marquent un tournant important dans cette évolution, en rompant avec le séparatisme qui semblait encore dominer les deux premières éditions de la *Recherche*. Telle est du moins l'hypothèse de lecture que nous voudrions brièvement esquisser.

La position malebranchiste s'avère d'emblée complexe, voire paradoxale, puisqu'elle affirme l'autonomie méthodologique de la philosophie, tout en y faisant intervenir des questions et des thèmes traditionnellement réservés à la compétence des théologiens.

Les *Conversations* rendent patentes des tensions encore latentes dans la *Recherche*, en intégrant résolument des vérités révélées (ce que les scolastiques appelaient des *revelata*), et plus largement ce qu'on nomme les *revelabilia* (au sens ordinaire de ce terme)[1], à la

---

1. Nous entendons ici par les « révélables » des vérités qui concernent Dieu ou les fins dernières, vérités accessibles à la raison, mais qui n'en sont pas moins révélées. La

spéculation du philosophe. Elles le font en deux sens complémentaires. En premier lieu, des affirmations d'origine proprement scripturaires, voire certains dogmes (péché originel, Incarnation et rédemption, don de la grâce), deviennent objet de réflexion et d'analyse
philosophique. En second lieu, l'usage de ces dogmes ainsi que
l'introduction du révélable *modifient* sensiblement l'exercice même de
la rationalité, sans pour autant compromettre, aux yeux de l'oratorien,
le caractère proprement philosophique du discours mis en œuvre.

Pour prendre la mesure du virage induit par les *Conversations*, il
est utile de rappeler les termes du problème dans la *Recherche*.

Dès la préface, Malebranche fait intervenir, en philosophie, des
données révélées, alors même que, dans le même temps, il affirme
sans ambages une stricte séparation entre raison et foi, philosophie et
théologie[1]. Rappelons les données cardinales de la situation.

Prolongeant une posture notamment adoptée par Pascal et
Arnauld[2], Malebranche affirme une nette séparation entre philosophie
et théologie : « pour être fidèle il faut croire aveuglément, mais pour
être philosophe, il faut voir évidemment » (*OC* I, 62). La *Recherche*
distingue principiellement deux types de vérités irréductibles et deux

conception malebranchiste de la raison (après les *Conversations* et singulièrement avec
le Xe *Éclaircissement* de 1678 qui pense la raison humaine comme participation à la
raison universelle) permet de faire une large place à cette notion. Du même coup, il
s'ensuit que les *Conversations chrétiennes* font davantage œuvre d'apologétique, que de
théologie. C'est pourquoi notre texte, en dépit des usages indéniables qu'il fait des vérités
contenues dans l'Écriture, ne nous paraît pas relever de la théologie.

1. Il évoque ainsi le péché originel pour expliquer l'accroissement du poids du corps
et l'affaiblissement de l'union naturelle de notre esprit à Dieu (préface, *OC* I, 10-11).
Il recourt encore à l'Écriture sainte pour appuyer ou confirmer la thèse de la vision
en Dieu des idées (*RV* III, II, chap. VI, *OC* I, 444). Le XVe *Éclaircissement* tente de
confirmer la doctrine des causes occasionnelles en citant la Genèse à plusieurs reprises
(*OC* III, 233 *sq.*).

2. On songe par exemple aux *Fragments de préface pour le Traité du vide* de Pascal,
Œuvres complètes, Paris, Seuil, 1962, p. 230a-b, ou à l'*Examen d'un écrit qui a pour titre :
Traité de l'essence du corps et de l'union de l'âme avec le corps contre la philosophie de
M. Descartes*, qu'Arnauld rédige en 1680 (rééd. « Corpus », Paris, Fayard, 1999).

manières de s'y rapporter, d'où découle l'affirmation d'une différence radicale de méthode.

La philosophie, reposant sur l'évidence des idées claires et distinctes, et une démarche qui, souvent, entend procéder selon un ordre qui va du plus facile au plus complexe, refuse de se soumettre à une quelconque autorité. La recherche des autorités (philosophiques ou non) n'a pas de sens, et devient même un obstacle au progrès du savoir (*RV* II, II, chap. IV, *OC* I, 285-286). Alors que la théologie accumule des autorités tirées l'Écriture et de la tradition, la philosophie, tout comme les sciences de la nature ou les mathématiques, progresse par l'exercice de la raison naturelle, et ne voit dans l'accumulation des connaissances qu'une conséquence de ses progrès (*RV* II, II, chap. III, *OC* I, 282-283). La nouveauté qui est le plus souvent le signe de l'erreur en théologie peut devenir un critère de vérité en philosophie, à condition que la curiosité ne se dérègle pas et ne dégénère pas en désir incontrôlé d'inventer de nouveaux systèmes (*RV* II, II, chap. VII) [1].

La théologie, à l'inverse, qui s'appuie sur une révélation par hypothèse transcendante à la raison naturelle, et achevée une fois pour toutes, voit dans l'accumulation des autorités reconnues comme qualifiées par leur ancienneté et leur universalité (Révélation, Pères de l'Église, décisions des Conciles), un indice très probable de la vérité de ce qu'elle affirme [2]. La raison ne pouvant découvrir les vérités de la foi, ces dernières relèvent d'une croyance dont la vérité repose sur l'antiquité et la pluralité des suffrages qui s'y sont ralliés.

En théologie donc, la connaissance des sentiments des anciens, ceux des premiers Pères de l'Église notamment, importe au plus haut point. Le progrès dans la réflexion ne peut s'envisager qu'à la lumière de leurs affirmations, principalement lorsqu'on découvre entre eux un large consensus. En conséquence, la nouveauté comme telle, et l'exercice solitaire de la spéculation, risque de conduire à l'erreur,

1. Touchant l'inversion des critères épistémologiques, voir le texte très net de *RV* II, II, chap. V, *OC* I, 294.

2. Voir *RV* II, II, chap. V, *OC* I, 293-294.

c'est-à-dire, en théologie, à l'hérésie (*RV* III, I, chap. II, § III, *OC* I, 393-394).

Les scolastiques ont précisément ignoré cette différence structurelle et méthodologique, en appliquant au savoir philosophique une méthode et des critères de vérité ne valant que pour la théologie. En assujettissant ainsi la théologie à une philosophie jugée périmée, ils ont compromis l'avenir de la théologie et risqué son discrédit définitif, et ont tout autant mis la philosophie en péril, en la condamnant à n'être que la simple répétition d'une parole sans possibilité de progrès. Une sorte de chiasme semble donc régir les relations du philosophe et du théologien.

Mais, dès la *Recherche*, certains textes amorcent un déplacement radical de cette apparente ligne de démarcation du rationnel et du révélé. En effet notre raison n'est plus, comme pour Descartes, coupée de la raison divine par l'abîme infranchissable que creuse la création des vérités éternelles. La raison malebranchiste est participation à la raison universelle, illumination par le Verbe divin. Malebranche n'affirme donc pas simplement que, provenant ultimement de la même source, les vérités de raison ne contredisent pas celles de la religion : il va plus loin, en affirmant que « c'est la même Sagesse qui parle immédiatement par elle-même à ceux qui découvrent la vérité dans l'évidence des raisonnements, et qui parle par les saintes Écritures à ceux qui en prennent bien le sens » (*RV* VI, II, chap. VI, *OC* II, 381). Les vérités rationnelles et celles qui relèvent de la foi deviennent ainsi tangentiellement homogènes.

Il en découle un profond bouleversement des perspectives.

En premier lieu, l'intelligence humaine, pour ainsi dire dilatée jusqu'à l'infini, peut s'appliquer aux vérités de la foi pour les reprendre, les approfondir, et les retravailler en les intégrant progressivement, et autant que possible, à l'édifice même de la philosophie et au discours de la raison.

En second lieu, la foi et les vérités qu'elle propose, offrent une solution à des difficultés que, sans elles, la raison ne parvient pas à résoudre. « Aux yeux de Malebranche », note fort justement Ferdinand

Alquié, « les dogmes chrétiens ne sont pas seulement explicables, ils sont explicatifs »[1].

Limitons-nous à un unique exemple : l'âme est supérieure au corps et distincte de lui, la philosophie le démontre aisément, dans la lignée du cartésianisme notamment. Or l'expérience fait voir à l'évidence que l'âme dépend du corps, qu'elle lui est finalement soumise, voire qu'elle en est l'esclave. Il y a là une contradiction, une aporie insoluble si l'on refuse de recourir à une donnée non strictement rationnelle. En revanche, le bouleversement qu'a introduit le péché originel dans l'économie de la nature humaine (et la hiérarchie des substances permet d'élucider ce fait, d'en proposer une explication plausible, et, si on peut dire, rationnelle[2]).

Dans le traitement de cet exemple, on tend donc à penser la foi et la raison comme deux modalités distinctes mais convergentes, d'une seule et même révélation, visant une unique intelligibilité du réel.

Or les *Conversations chrétiennes*, une fois réglée la question de l'origine de l'erreur et mis en place les moyens de l'éviter (ce qui fut l'objet propre de la *Recherche de la vérité*), vont exploiter au mieux cette nouvelle conception de la raison, et cette compréhension renouvelée de son rapport au révélé. Sans pouvoir être ici exhaustifs, c'est ce que nous voudrions suggérer à partir d'un bref examen de l'avertissement, confirmé par quelques exemples pris au fil du texte.

1. C'est bien la lecture de la *Recherche* qui, dans le premier état de l'avertissement (réédité en tête du présent volume) lance le projet de ramasser les réflexions chrétiennes qui s'y trouvent dispersées, pour bâtir une justification de la religion et de la morale. D'emblée, l'écart avec la *Recherche* est implicitement marqué, puisque ce double objet des *Conversations* est pour ainsi dire un chantier ouvert par la *Recherche*, mais non bâti encore. Les acquis du premier ouvrage de Malebranche y sont nécessaires, mais certes pas suffisants.

---

1. *Malebranche et le rationalisme chrétien*, Paris, Seghers, 1977, p. 17.
2. Voir *RV* I, chap. V, § I, *OC* I, 75-76.

2. Il s'agit bien d'un projet de nature apologétique. Mais le vocabulaire n'est pas indifférent : on va justifier par des raisons claires. Justifier revient-il simplement à montrer que la religion et la morale sont justes et bonnes ? Malebranche (la suite le montrera) n'entend pas s'en tenir là : justifier par des raisons, c'est manifester l'essentielle vérité de la religion et de la morale, c'est-à-dire, pour le moins, leur conformité avec la raison [1].

3. Le développement relatif aux cartésiens montre bien dans quelle voie Malebranche entend s'engager. La manière de procéder (y compris dans les questions religieuses) se veut authentiquement philosophique : Malebranche se targue en effet de plaire aux cartésiens, parce qu'il suivra l'ordre que le cartésianisme recommande en philosophie : ne supposer aucune vérité pour en établir d'autres qui en dépendraient.

4. La phrase suivante franchit une étape, en affirmant cette fois directement la conformité de la religion à la raison. On verra qu'il convient d'entendre conformité en un sens fort, qui tient à la nouvelle conception que l'oratorien se fait de la raison comme raison à la fois humaine et divine. Cette exigence est d'autant plus urgente que les cartésiens admettent la seule raison pour règle de vérité (du moins Malebranche feint-il ici de le croire).

On devine donc que le cartésianisme jouit d'une situation exceptionnelle au regard des autres philosophies, dans l'apologétique malebranchiste. Si les preuves tirées des anciennes philosophies ne sont pas bonnes, du moins peut-on espérer que les preuves fondées sur le cartésianisme recueilleront plus de suffrages.

5. C'est peut-être à la suite d'objections diverses sur l'opportunité de forger une apologétique philosophique, et de surcroît fondée sur le cartésianisme, que Malebranche substitue un nouvel avertissement à partir de la 4e édition de 1693. Toutefois, le projet reste fondamentalement comparable. Le gain théorique le plus significatif réside dans

---

1. Voir *CC* IV, p. 87, qui montre bien que nous sommes en présence d'un projet de redoubler rationnellement ce qui peut, dans le même temps, être révélé.

les précisions que donne l'auteur (qui parle cette fois en son nom puisque la 4e édition est signée) au sujet de l'usage apologétique qu'il entend faire d'un cartésianisme refondu, et aménagé en fonction des nouvelles tâches qu'on va lui confier. Toute apologétique réussie suppose de parler à l'auditeur un langage qu'il peut entendre. Arrimer l'apologétique à une philosophie périmée aura pour conséquence de ruiner le projet. Les nouvelles philosophies peuvent donc tout aussi valablement être utilisées. C'est qu'il faut bien distinguer, Malebranche y insiste, l'unité et l'unicité intangible du révélé d'une part, les différentes manières possibles de l'expliquer (voire de le démontrer) d'autre part [1].

C'est ainsi qu'on doit convaincre les philosophes modernes (entendons ceux qui sont imbus de la « nouvelle philosophie ») en partant de leur propre système. Il y a donc un usage chrétien de la philosophie, mais pas une philosophie qui serait chrétienne par essence, à l'exclusion de toute autre ; il n'est pas de philosophie normative aux yeux du christianisme. L'idée d'une philosophie officielle (éventuellement garantie par l'autorité ecclésiale) semble ainsi très éloignée du projet malebranchiste.

Pour illustrer sa démarche, et l'ancrer dans une tradition déjà éprouvée, l'oratorien compare son projet avec deux grandes tentatives du passé : de même que Thomas d'Aquin a tiré de la philosophie d'Aristote tout le parti qu'il pouvait, et que saint Augustin en a usé de la sorte avec le platonisme, on peut risquer d'en faire encore ainsi avec la nouvelle philosophie, le cartésianisme, qui, après tout, fait de l'existence de Dieu et de l'immatérialité de l'âme les principales vérités que doit établir le métaphysicien.

Autrement dit, deux grands théologiens ont fait usage de deux philosophes pour expliquer les vérités de la foi. Malebranche entend donc en faire autant, en actualisant cependant les modalités de leur explication.

---

1. Ainsi, dans l'explication du péché originel, il faut bien séparer ce qui appartient au dogme et à la foi, et ce qui relève des explications qu'on en peut donner (*CC* IV, p. 106).

Mais deux distorsions affectent immédiatement l'analogie mise en œuvre avec Augustin et Thomas d'Aquin, dans leur rapport respectif à Platon et Aristote.

Alors qu'Augustin et Thomas (et singulièrement le second) sont des théologiens de métier, usant ainsi de la philosophie pour procurer au discours théologique éléments d'analyse conceptuelle et structures argumentatives, Malebranche ne fait pas mystère de son statut : il est philosophe, et n'entend pas être autre chose. Il ne revendique aucune compétence de théologien, et n'entend pas écrire un *De Trinitate*, ou une nouvelle *Somme théologique*. Il parle en philosophe, en utilisant à son profit les textes d'un autre philosophe.

Il ne se trouve donc pas dans la même situation que ses deux illustres devanciers.

Le fait qu'en dépit de cette différence (qui ne peut lui échapper) Malebranche entende se comparer à ces deux prédécesseurs théologiens est cependant révélateur. En un mot, il entend faire œuvre de théologie en philosophie, ou du moins faire tenir à la philosophie une fonction antérieurement dévolue à la théologie.

Un autre glissement, à notre sens convergent, doit être relevé. Alors qu'Augustin et Thomas ont expliqué les vérités essentielles aux platoniciens et aux aristotéliciens par leurs principes, Malebranche entend « essayer de les démontrer aux cartésiens, [...] en se servant des principes que ces philosophes reçoivent, et des raisons qui ne dépendent, [...] que du bon sens » (p. 5). Il ne s'agit plus seulement d'expliquer un donné reçu d'une source transcendante et tenue pour infaillible et hétérogène aux connaissances naturelles, mais bien de démontrer les vérités de la foi : l'on va mettre en œuvre une apologétique de nature proprement philosophique. Il n'est donc pas simplement question d'expliquer la religion par des principes de philosophie, mais bien de démontrer que la religion est indéniablement vraie, voire qu'elle est la « vraie philosophie », comme dira le *Traité de morale* (I, chap. II, § XI). Tel est du moins l'idéal qui gouverne la conception des relations entre philosophie et Révélation dans les *Conversations*.

Ce disant, Malebranche ouvre évidemment la carrière à une difficulté redoutable, tant le concept de démonstration qui est le sien dans ses ouvrages semble ne pas toujours pouvoir s'appliquer à des vérités que la raison seule ne pourrait produire. Il nous faudra donc comprendre ce que démontrer veut dire.

Remarquons enfin que, bien qu'il s'adresse aux cartésiens, Malebranche n'entend pas faire nombre avec eux. C'est qu'au regard du cartésianisme authentique, une complète refonte de la raison est à l'œuvre. Ayant démontré dès la *Recherche* que c'est une unique raison qui se révèle sous diverses manifestations, Malebranche développera dans les *Conversations* l'idée d'un commun enrichissement du rationnel et du révélé.

Si la raison peut servir à confirmer des vérités qui, pour certaines, sont aussi révélées, ces dernières, à leur tour, procurent à la philosophie de nouvelles possibilités, et de nouveaux horizons théoriques.

Tel est du moins le programme qu'entendent mettre en œuvre les *Conversations*, comme on va s'en assurer sur quelques exemples.

La fonction explicatrice des dogmes: péché originel et Incarnation (CC II, p. 39-42)

Un problème se pose relativement au statut du plaisir. En droit, c'est-à-dire dans l'économie de la nature telle que Dieu l'a voulue, les biens spirituels sont aimés en conséquence d'un libre choix dicté par la raison; l'amour de raison est plus méritoire, plus libre aussi qu'un amour simplement dicté par l'attrait du plaisir. Les biens corporels, en revanche, sont aimés par un plaisir sensible, ou par un instinct indépendant de toute activité rationnelle. Et pourtant, nous ne parvenons plus à aimer Dieu d'un amour intellectuel. Il est aujourd'hui nécessaire que nous ressentions une sorte de contre-plaisir (la grâce de sentiment) pour nous porter à l'amour de Dieu.

Or cette situation suscite une difficulté (p. 39-40): si, comme l'établit la philosophie occasionnaliste, Dieu est la cause efficiente du plaisir ressenti dans l'usage des biens sensibles, comment n'est-il pas, dans le même temps, l'auteur de la concupiscence, c'est-à-dire du désir que nous en avons? Mais si tel est le cas, Dieu se contredirait lui-même.

C'est pour faire droit à cette difficulté qu'il faut introduire la rupture historique du péché originel, qui a modifié l'ordre originairement institué par Dieu. Rappelons-le d'un mot : Dieu produit un sentiment dans l'âme chaque fois qu'un mouvement se produit dans le corps, et plus spécialement dans une partie du cerveau liée par une loi de la nature à cet effet. Mais, au titre de l'ordre hiérarchique des substances (l'esprit est ontiquement supérieur au corps) le premier homme pouvait détacher la part principale du cerveau du reste du corps ; il pouvait donc neutraliser, à volonté, les sollicitations sensibles, pour s'adonner à la méditation des vérités de l'esprit. Pour appuyer cette description, Malebranche fait remarquer que la méditation à laquelle nous pouvons encore nous adonner par instant représente une sorte d'écho affaibli de cet état habituel pour l'homme tel qu'il sortit des mains de son Créateur. Qu'il en soit ainsi, la philosophie nous le démontre, en établissant la hiérarchie des deux substances qui composent l'homme, et l'immutabilité des volontés divines. Or notre état présent nous révèle une situation bien différente : le corps domine sur l'esprit sans partage. Un événement s'est produit, qu'il faut intégrer à l'explication sous peine de devoir renoncer aux vérités précédemment établies par la raison. Cet événement, c'est la désobéissance du premier homme, qui s'est détourné de Dieu. Les lois de la nature se mirent alors à produire un effet inverse au premier, et le corps à dominer sur l'âme. Le rétablissement de l'ordre originaire, quant à lui, se fait par l'Incarnation du Verbe dans la personne du Christ, et par la distribution des grâces de sentiment capables de ramener l'homme à l'amour de Dieu. On voit ainsi comment l'anthropologie se déploie ici sur deux plans convergents mais nettement distincts : une analyse purement rationnelle permet de penser l'homme comme composé hiérarchisé de deux substances distinctes. La succession d'événements historiques, de ruptures, que la raison seule ne peut déduire, vient cependant compléter l'explication, et fait comprendre pourquoi ce que prescrivait la hiérarchie métaphysique s'est inversé. L'intégration de ces faits révélés au système d'explication procure à la raison une hypothèse qui lui permet de dépasser cette espèce d'antinomie entre raison et expérience, et de dissoudre l'aporie où elle est enfermée. En d'autres termes, l'analyse purement philosophique d'un problème semble requérir des éléments extérieurs, de nature révélée. Mais en retour, la raison se trouve renforcée dans son propre pouvoir explicatif. C'est ce qu'un second exemple va confirmer, avec la preuve de la réalité du péché originel.

La réalité du péché (CC IV, p. 88-90)

En la circonstance, la raison entend prouver la très grande probabilité d'un dogme révélé, qui, en retour, assurera à l'explication rationnelle d'un fait incontestable une plus grande cohérence et vraisemblance.

Une argumentation serrée (p. 89-90) établit le fait, puis propose la solution.

Une première contradiction se fait jour, exhibant le conflit classique entre la pureté de la volonté qui veut agir moralement, et la sollicitation des intérêts propres et plus immédiats. L'esprit est fait pour Dieu (voir Entretien III). Or il souffre en aimant Dieu et en accomplissant ce que l'ordre (sc. le fondement des vérités morales) lui enjoint de faire ; en revanche, il éprouve du plaisir lorsqu'il s'écarte de Dieu[1].

Mais les principes de l'occasionnalisme, en conséquence desquels on doit dire que c'est « Dieu qui nous fait souffrir », redoublent cette première contradiction d'une seconde, qui installe le désordre au cœur même de la volonté divine, et met directement en cause sa bonté infinie : Dieu ferait des créatures pour l'aimer, et les en punirait dans le même temps ? Voilà qui ne témoigne pas seulement d'une contradiction dans l'homme, mais d'un scandale métaphysique en Dieu : « Ce

---

1. Voir *MHP*, p. 398.

n'est pas seulement un désordre, c'est une contradiction. Cela ne peut être. Dieu ne se contredit pas, Dieu ne combat pas contre lui-même ».

Deux attributs divins, dont l'analyse métaphysique a précédemment démontré la réalité, interdisent cependant d'affirmer une telle distorsion dans la conduite divine. En premier lieu, un Dieu infiniment bon ne peut tolérer la souffrance de créatures qui le cherchent, et pis encore, les faire souffrir lorsqu'elles font effort vers lui. En second lieu, cette même perfection divine implique que Dieu agisse « par les voies les plus simples », et qu'il ne modifie pas sa conduite au gré de ses volontés arbitraires. La présente contradiction implique donc que, sans changer les lois qu'il s'est prescrites, Dieu agit en fonction d'un écart dans la conduite de l'homme, écart dont ce dernier est, en dernière analyse, le seul responsable : « nous ne sommes plus tels que Dieu nous a faits » (p. 90-91). Cette déformation, ou cette distorsion de l'homme au regard de sa propre essence, est précisément ce qui définit le péché originel et ses suites.

C'est pour y remédier que la suite du texte établit la nécessité d'une réparation valant pour la totalité de la nature humaine corrompue, réparation finalement opérée par l'Incarnation du Verbe.

Reste alors à expliquer, ce que s'assignent les pages suivantes, la manière dont le premier homme a pu pécher, et à établir que la concupiscence actuelle ne correspond pas au premier état de la nature. Or, en tout ce développement, on constate que la spéculation se meut sur un plan strictement rationnel [1].

En résumé, on voit comment la preuve rationnelle du péché originel est pour ainsi dire confirmée par sa propre fécondité explicative, et sa capacité à dénouer les contradictions d'une anthropologie qui entendrait s'en passer. On pourrait dire en un sens que Malebranche met en œuvre une conception hypothético-déductive de la théologie philosophique : les *revelata* fonctionnent comme des

---

1. On examinera en ce sens la discussion des objections, *ibid.*, p. 93-95.

hypothèses ; leur supposition permet des explications, dont la validité confirme en retour le bien-fondé de l'hypothèse.

Pluralité des personnes divines (CC V, p. 122-125)

C'est encore ce que permettrait d'établir le développement du Ve Entretien (p. 122-125) consacré à la démonstration de la pluralité puis de la Trinité des personnes en Dieu, dont nous résumerons brièvement les étapes.

1. Le problème à régler (énoncé p. 122) est simple, mais décisif : le monde créé, avec tous ses défauts, ne peut honorer Dieu. Le problème prend la forme d'un paradoxe : « nous sommes faits, et Dieu est sage ». Dieu nous a faits pour l'honorer, et l'honneur que nous pouvons lui rendre n'est pas digne de lui, d'autant que le péché originel a encore accru notre éloignement à son égard. Dans ces conditions, que penser de sa sagesse ? Comme plus haut lorsqu'il s'agissait de manifester la réalité du péché originel, l'argumentation met en évidence un paradoxe, une contradiction rationnellement insoluble, qui tient en l'occurrence à la distorsion entre la perfection du Créateur et l'imperfection du monde créé. À supposer qu'on écarte le facteur aggravant que représente le péché de nos premiers parents, nous sommes en présence d'une affirmation métaphysiquement certaine (l'infinie perfection du Créateur), et d'un fait d'expérience indubitable, l'imperfection du monde que nous découvrons en nous-mêmes, tout comme dans la nature. Or aucune de ces affirmations ne semble devoir être sacrifiée à l'autre.

2. On fait alors intervenir l'énoncé du projet de l'Incarnation (qui fait partie intégrante du plan divin sur le monde), comme nouvelle donne explicative. L'offense faite à Dieu est compensée par l'infinité du sacrifice, puisqu'une personne divine s'incarne et se trouve mise à mort.

3. Or cette hypothèse prouve (et ne présuppose pas) la pluralité des personnes divines. Le montrer conduit à une nouvelle formulation de l'ensemble du schéma (p. 123) : Dieu est infini (il n'agit que pour sa gloire) alors que le monde est fini, et ne peut donc le glorifier. En

toute rigueur, il ne peut être créé. Le monde doit donc être porté à une valeur infinie, ce que réalise l'Incarnation, puisqu'une personne divine assume une existence mondaine, et s'associe au plan général de la création. Par l'Incarnation, Dieu se retrouve en son ouvrage, et s'honore ainsi lui-même. Or le concept d'honneur, quel que soit le sens qu'on lui donne, implique le dédoublement de l'honoré et de celui qui rend honneur. On fait donc intervenir, comme un quasi-axiome de la raison, qu'une même personne ne peut s'honorer elle-même; il en découle que les personnes divines sont plusieurs (p. 124).

4. Une fois admise la pluralité des personnes, le passage à l'affirmation strictement trinitaire reste (en revanche) l'objet de la Révélation.

Cet exposé autorise deux conclusions, que Malebranche a lui-même formulées. En premier lieu, la raison nous conduit au seuil de l'affirmation de foi, et de la formulation dogmatique du Dieu à la fois un et trine. La raison est ici largement confirmée en sa fonction apologétique, puisqu'elle ne se borne pas à démontrer l'existence de Dieu pour préparer l'acte de Foi[1], mais entend rendre non contradictoire le mystère trinitaire : « Le mystère de la Trinité s'accommode parfaitement avec la raison, quoiqu'en lui-même il soit incompréhensible ». Malebranche maintient la transcendance du mystère, sans que son

---

1. Voir notamment les formules assez classiques de *CC* I, p. 14. Cf. *CC* VIII, p. 170, où « l'évidence de la raison » peut « s'accommoder avec la certitude de la foi ». Plus largement, le projet malebranchiste s'inscrit dans la perspective d'une recherche toujours souhaitable de l'intelligence de la foi, comme en témoignent, par exemple, les formules de *CC* IV, p. 87 : « vous le croyez déjà, mais vous le verrez clairement, lorsque je m'en servirai pour justifier les conseils que la Sagesse éternelle nous a donnés dans l'Évangile… ». Les précautions à l'encontre des libertins qui en imposent par leurs apparences, valent autant, de manière symétrique, contre les excès d'une dévotion qui négligerait les ressources apologétiques de la raison, à l'instar de ces « personnes de piété » déjà stigmatisées dans la *Recherche*, et derrière lesquelles il est permis de deviner la figure de Pascal. « Vous devez croire ce qui doit être cru, mais vous devez tâcher de voir ce qui peut, et par conséquent ce qui doit être vu. Car il faut que la foi nous conduise à l'intelligence : il ne faut pas céder la raison au parti ennemi de la vérité » (*CC* IV, p. 106).

incompréhensibilité nuise cependant à l'intégrité de la raison : mieux encore, il « s'accommode » avec elle ; ce que les lignes qui suivent explicitent immédiatement en montrant que la supposition de l'Incarnation (dont la Trinité est ici une conséquence) fournit à la conciliation rationnelle de la perfection divine avec l'imperfection du monde, un surcroît d'intelligibilité : « je veux dire qu'en le supposant, on peut accorder ensemble des faits qui se contredisent, et justifier la sagesse de Dieu, nonobstant le désordre de la nature et la permission du péché, ce qu'on ne peut faire assurément par toute autre voie » (p. 126). L'intervention de la Révélation décuple le pouvoir explicatif de la raison, en résolvant les apories qui condamnaient les philosophies païennes.

Des preuves métaphysiques (CC VI, p. 132-135)

Le projet (mis en œuvre à partir de la 4e édition de 1693) d'apporter des preuves métaphysiques de la religion (CC VI, p. 132-135) fournirait une ultime confirmation de la profonde mutation que l'oratorien impose à la conception de la rationalité héritée du cartésianisme. Nous nous limiterons à quelques remarques.

La métaphysique n'est plus conçue ici comme un discours préambulaire, et extérieur à la religion. Relève d'une démarche métaphysique la démonstration positive de la vraie religion, et non plus seulement la preuve de l'existence de Dieu[1]. On notera le passage du substantif à l'adjectif : ce n'est pas la métaphysique qui prouve, mais des preuves qui sont qualifiées comme « métaphysiques ». Ce glissement traduit, dans la perspective malebranchiste, l'étroite compénétration des deux plans discursifs. Les preuves sont métaphysiques parce qu'elles reposent strictement sur l'exercice d'une forme de

---

1. La métaphysique intervient directement dans le choix de la vraie religion. Ainsi la philosophie montre que le judaïsme ne peut être pris à la lettre, puisqu'elle montre que l'âme est immortelle, et que Moïse semble le nier (CC VI, p. 142 sq.). L'idée métaphysique de Dieu comme être infiniment parfait règle et garantit la valeur du discours et des analyses de l'action divine (CC V, p. 118-119).

pensée commune à tout entendement (fini ou infini) abstraction faite d'une quelconque relation au sensible, à l'ordre du corps[1], et, jusqu'à un certain point, abstraction faite de cet acte contingent que constitue la Révélation.

La preuve se donne en apparence une base scripturaire : Dieu veut être adoré en esprit et en vérité (Jn 4, 24)[2] ; mais le verset johannique arme une exégèse proprement philosophique, puisqu'il s'agit de montrer que le contenu positif de sa prescription (adorer Dieu en esprit) correspond précisément à l'exercice de la vraie philosophie. Adorer en esprit, c'est placer l'esprit comme il convient, en faire bon usage, c'est-à-dire bien juger de sa situation par rapport à Dieu[3]. Avant d'être un élan du cœur, ou un extrême abaissement de l'âme devant la transcendance de Dieu, l'adoration requiert de bien penser, c'est-à-dire de « penser comme Dieu pense ».

Pareille déclaration a de quoi surprendre, et appelle l'explicitation du « comme », qui introduit la comparaison entre pensée humaine et divine. Or, « penser comme Dieu pense », c'est accorder notre pensée à celle de Dieu, donc adopter, sur l'homme, le regard que Dieu même porte sur lui (p. 132-133). Il ne s'agit certes pas d'oser prétendre nous égaler à l'entendement divin, mais d'accéder à ce que nous sommes essentiellement dans notre rapport à l'infini. Or, on le comprend d'emblée, c'est la doctrine de la connaissance, et plus spécialement

1. Notons que le corps est d'emblée mis entre parenthèses : peu importe notre posture corporelle dans l'acte d'adoration ; celle-ci est l'affaire de l'esprit, dans sa relation essentielle à un autre Esprit d'une nature différente, mais qui exerce pareillement la pensée.

2. Le même verset johannique sert de point de départ à l'opuscule *De l'adoration* (p. 424).

3. Il faut porter de Dieu un jugement « digne de lui » ; Malebranche retrouve en un sens le projet cartésien de parler de Dieu « plus dignement que n'en parle le vulgaire, qui l'imagine presque toujours ainsi qu'une chose finie » (*à Mersenne*, 15 avril 1630, AT I, 146), mais par des voies qui peuvent apparaître comme diamétralement opposées, puisque l'univocité de la pensée (formellement récusée par l'affirmation de l'établissement par Dieu des vérités éternelles) constitue ici le soubassement technique du geste malebranchiste.

la thèse de la « vision en Dieu », telle qu'elle a été rappelée dans l'Entretien III, qui sert au mieux cette exigence, et la nécessité d'accéder à l'idée proprement divine du monde créé [1].

Une fois rappelées les conditions de possibilité noétiques de l'argumentation, le texte entre dans la démonstration proprement dite. L'infinie distance de l'infini et du fini exige une médiation, qui rende le fini désirable et productible par l'infini [2]. Or Dieu connaît évidemment cette distance, et la seule médiation qui puisse l'annuler. À partir de l'idée de l'infini vue en Dieu, nous pouvons déterminer ce qu'il peut ou ne peut pas vouloir : Dieu n'a pu créer un monde qui n'aurait avec lui aucun rapport, ce que serait cependant un univers purement fini, un monde dont la condition de créature suffirait à marquer à jamais l'insignifiante finitude. L'axiome métaphysique qui sous-tend en effet l'argumentation tient dans l'équivalence (quelque peu problématique) du fini et du néant, équivalence qui rend *ab initio* impossible toute relation du créateur à sa créature. La vision en Dieu nous introduisant pour ainsi dire au conseil de Dieu, nous pouvons être assurés que l'infini ne saurait désirer le fini pour lui-même, puisque le fini ne peut rien ajouter à l'infini. Pour être voulu, le fini doit porter en lui la possibilité de sa propre relation à l'infini, dont le texte rappelle, de manière significative, qu'il constitue l'attribut divin par excellence.

Dieu a donc prévu que le fini entre en relation avec l'infini ; pour une créature intelligente, ceci se traduit dans la possibilité de lui rendre un culte. Le culte digne du Dieu infini se définit comme la possibilité, pour le fini, de porter un jugement conforme à l'essence infinie. Or le fini ne se saisit et ne se juge désirable par l'infini, que dans la mesure où sa finitude porte déjà en soi la marque ineffaçable de l'infini.

---

1. On notera les formules qui statuent en vérité sur la pensée divine : « Dieu connaît qu'il est infini… » ; « Il sait aussi que le fini comparé à lui n'est rien… » (*ibid.*).

2. Voir *CC* II, p. 51 ; V, p. 119 : « du fini à l'infini la distance est infinie… » ; cf. *Adoration*, p. 425.

Une fois rappelées ces exigences proprement métaphysiques de la création, il apparaît que la seule religion possible contient, à titre d'affirmation fondamentale, le jugement que Dieu porte sur lui-même, c'est-à-dire la disproportion du fini et de l'infini, et la nécessaire médiation qui peut combler cette disproportion [1].

La vraie religion est donc la religion chrétienne, parce qu'elle pense la médiation, en affirmant l'Incarnation. Celle-ci implique que la médiation ne peut venir du fini, que c'est l'infini qui doit se finitiser, en divinisant toutefois le fini [2].

Le «défaut» des autres religions tient dans le fait qu'elles supposent, à l'inverse, qu'une créature peut, de soi, accéder à Dieu. Elles ne peuvent avoir été établies par lui, puisqu'elles contredisent ce qu'il peut vouloir, voire son essence même [3].

En conclusion, signalons deux questions que pose à notre sens la lecture de ces pages.

En premier lieu, d'un point de vue interne au malebranchisme, on peut se demander quel est le statut épistémologique du discours ici mis en œuvre. Comment et jusqu'où peut-il se concilier avec l'épistémologie de la vision en Dieu? De nombreux éléments utilisés dans ces pages ne relèvent pas de l'illumination de l'esprit par les idées divines. Certaines affirmations sont en effet contingentes, liées qu'elles sont au caractère historique, et temporellement déterminé de l'intervention de Dieu dans l'histoire. La théorie de la connaissance développée dans le troisième Entretien peut-elle assumer la tension que représente l'intégration à l'édifice de la philosophie de données contingentes, qui,

---

1. On notera le caractère nettement intellectualiste de la religion, et le rôle éminent de la notion de jugement. Ce cadre incite à limiter la portée des interprétations du malebranchisme comme une mystique qui tend au dépassement de l'exercice des facultés proprement intellectuelles de l'âme, au bénéfice de l'union d'amour déiforme.

2. Le Médiateur divinise son ouvrage et nous-mêmes, dans la mesure où son Incarnation est originairement comprise dans le plan du Créateur (voir *CC* II, p. 48; *Adoration*, p. 426).

3. Cf. *Adoration*, p. 429-430.

cependant, possèdent une certitude équivalente à des représentations évidentes ?

En second lieu, nos *Conversations* peuvent donner l'impression de reposer sur un cercle : la philosophie doit s'amender en accueillant en son sein les données de la Révélation. Mais, dans le même temps, la philosophie doit contribuer à confirmer, voire à prouver la religion qui la perfectionne. L'intervention des dogmes du christianisme en philosophie laisse ouverte le problème de l'intégrité de cette dernière. Une philosophie chrétienne (à supposer que le malebranchisme en soit une) est-elle encore une philosophie ? Certains l'ont admis, d'autres le refusent énergiquement. Notre texte du moins compte au nombre de ceux qui contribuent à poser le problème en toute son acuité.

EXISTENCE DE DIEU ET CAUSALITÉ

La démonstration de l'existence de Dieu qui prend place dans la première *Conversation* fournit un bon exemple de l'étroite et mutuelle implication des préoccupations philosophiques et religieuses. Le premier Entretien entend tout à la fois démontrer l'existence de Dieu en analysant l'essence de la causalité, et réfuter les religions païennes qui accordent indûment à la nature une puissance chimérique. L'existence de Dieu, premier objet de conversation, est donc indissociable d'une analyse serrée de la causalité, qui conduit à la démonstration de ce que les commentateurs ont pris l'habitude d'appeler l'occasionna-lisme. Rappelons les principales étapes de cette démonstration, sous ses deux aspects complémentaires, l'affirmation de ce que nous nommerons l'omnicausalité divine (Dieu est la seule cause propre-ment efficiente), et la mise en place des lois de la nature qui régissent le déploiement de cette efficience divine [1].

---

1. Le premier Entretien reprend et vulgarise les thèses déjà mises en œuvre dans le célèbre chapitre que la *Recherche* consacre à la plus dangereuse erreur des païens (VI, II, chap. III). La chose à démontrer est affirmée dès l'abord : « Dieu agit sans cesse dans tous

Les corps n'agissent pas sur l'esprit

Dans la perspective apologétique de ces *Conversations*, adressées, comme on dit, à un large public, Malebranche abandonne les preuves dites *a priori*[1], pour préférer des preuves sensibles. On ne saurait pour autant reconduire cette démarche à une banale reprise de la preuve *a contingentia mundi*, prenant pour point de départ un étant ou un phénomène empiriquement constatable dans la nature. Si toute créature peut faire connaître le Créateur (p. 15 et 20), l'effet qui sera finalement retenu est un sentiment de l'âme. Le point de départ n'est pas tant le feu existant hors de nous, que son effet sur nous (seul absolument indéniable). L'argumentation est d'emblée repliée sur une perception. Outre l'influence possible du cartésianisme[2], deux puissants motifs internes expliquent ce choix : l'existence des corps extérieurs est, comme on sait, rationnellement indémontrable. Malebranche ne peut donc en partir pour démontrer Dieu. L'esprit affecté (et non le corps pris en lui-même) constitue donc le seul véritable point d'appui possible de l'analyse. En second lieu, il semble beaucoup plus expédiant, dans une perspective de conversion morale, d'intéresser directement le lecteur en démontrant l'existence de Dieu par un fait qui nous touche immédiatement (p. 31).

La première position à examiner est celle du sens commun qui tient que le feu nous réchauffe et nous réjouit, en produisant réellement ce que nous sentons. Une première étape de l'argumentation

---

ses ouvrages, et par tous ses ouvrages » (*CC* I, p. 15). Le premier Entretien cherche à faire progressivement admettre ce paradoxe aux interlocuteurs, ce qui suppose la récusation des données immédiates d'une conscience spontanément « réaliste » en matière de jugements causaux.

1. Une note de la 6ᵉ édition renvoie au deuxième *Entretien sur la métaphysique* qui entend prouver l'existence de Dieu à partir de l'analyse de la nature et de certaines propriétés des idées. La longue addition de *CC* III (postérieure à la première édition des *EMR*) rappelle ces caractères de nos idées, qui sont nécessaires, éternelles, capables d'agir en nous, et donc « divines » (*CC* III, p. 69).

2. Si la *Méditation* III développe une preuve par les effets, n'oublions pas que l'effet retenu est une idée, un mode de l'esprit, et non pas un étant existant hors de nous.

(p. 15-20) entend donc établir que les corps ne sont pas les véritables causes des sentiments que nous croyons, à tort, éprouver du fait de leur action sur nous. La réfutation prend la forme d'un examen attentif de deux énoncés qui expriment les croyances communes : le feu cause en nous le plaisir ; si on le nie, reconnaissons au moins qu'il cause en nous la chaleur, source du plaisir[1]. Relevons un trait notable de la méthode malebranchiste : avant Berkeley, Malebranche considère qu'en métaphysique, le langage n'est pas neutre ; tout énoncé véhicule des options parfois implicites, qu'il s'agit précisément de clarifier.

On va donc établir que les corps ne produisent pas le plaisir qu'on leur impute (premier énoncé). Les attendus de la démonstration font apparaître, comme en négatif, certains caractères de ce que doit être une véritable cause. Nous en relèverons deux.

En premier lieu (et sans le démontrer encore), on affirme la supériorité ontique de l'esprit sur le corps. Il semble improbable que le feu, un corps, agisse sur un esprit, substance d'un rang « infiniment » supérieur. Autrement dit, tout agent est supérieur au patient ; toute cause est ontiquement supérieure à son effet, ou du moins, à l'étant sur lequel elle agit[2].

En second lieu, causer implique, outre la pure efficience, la connaissance de ce qui est effectué : le feu ne peut causer un effet, le plaisir, qu'il ne possède pas en lui, et qu'il ne connaît pas. C'est dire qu'une vraie cause ne se réduit pas à une efficience infinie mais aveugle. L'efficience présuppose la connaissance, ce qui implique qu'une véritable cause ne peut qu'être de nature spirituelle[3].

---

1. L'enjeu moral de ces énoncés est fortement souligné (p. 15) : si le feu produit du plaisir, il est pour nous un bien. L'enquête sur la causalité corporelle a pour ultime enjeu la question de la valeur des corps et du désir qu'ils nous inspirent, puisqu'il est admis (par l'oratorien comme par ses éventuels adversaires libertins) que le plaisir, en son épreuve actuelle, nous rend toujours heureux (*ibid.* ; *cf.* p. 23 et 26).

2. Malebranche souscrit donc implicitement à l'axiome cartésien de la cause, prescrivant qu'il y a au moins autant de réalité dans la cause que dans l'effet.

3. On a ici autant d'arguments qui seront repris par les apologistes chrétiens qui, au long du siècle des Lumières, s'opposeront aux doctrines matérialistes. Il en va de même

Mais, à défaut du plaisir, le feu produit bien en nous la chaleur, qualité qui lui est intrinsèque, alors que l'âme cause elle-même son propre plaisir (second énoncé). Cette nouvelle hypothèse contient deux éléments, dont le premier (le feu cause la chaleur) retiendra seul notre attention ici[1]. Il suffit de considérer un instant les multiples effets du feu pour comprendre que rien n'impose clairement de lui attribuer la chaleur. Au contact immédiat du feu, celle-ci se mue en douleur; en outre, la chaleur (insuffisamment analysée par les philosophes ordinaires) n'explique en rien de nombreux phénomènes attribués au feu, telle la rupture des parties d'un corps au cours de sa combustion, ou l'agitation des molécules d'un liquide porté à ébullition.

Autrement dit, le feu ne contient pas plus la chaleur (improprement définie comme une qualité) que la douleur. Ce constat engage Malebranche sur la voie de ce qu'on nomme communément la subjectivité des qualités sensibles. Il faut clairement distinguer la sphère des événements physiques (les mouvements des parties de la matière par exemple), et le monde des sentiments vécus, ce qu'illustre l'analyse de la piqure d'épine puis du chatouillement de la plume passée sur les lèvres (p. 17-18). À la lettre, le feu n'est pas chaud, mais produit des mouvements qui semblent coïncider avec des sentiments de chaleur ou de douleur. L'épine ne pique pas, mais produit dans le corps une lésion à laquelle correspond un sentiment de l'âme déterminé, une vive douleur.

Deux conclusions étroitement impliquées s'ensuivent. 1) Les corps ne causent aucun sentiment dans l'esprit, et ne peuvent partant nous rendre heureux ou malheureux. 2) Le paganisme est récusé

pour le sens à donner aux régularités phénoménales qui constituent la nature; doit-on les référer à l'*impetus* mécanique d'une cause nécessaire, ou à l'action constante et régulière d'un esprit souverainement parfait?

1. Le refus de la thèse selon laquelle l'âme serait cause de son plaisir (second élément de l'énoncé) présente des enjeux significatifs pour la question du corps propre, abordée plus bas.

(p. 19-20) qui postule que les éléments naturels (le feu) ou les astres tels le soleil sont en mesure de nous affecter, ce qui implique qu'ils nous sont supérieurs à titre de cause, puisque la cause est ontiquement supérieure à l'effet[1].

Les corps n'agissent pas sur les corps

Si les corps n'ont pas le pouvoir causal de produire des affections dans une substance hétérogène comme l'esprit, peuvent-ils au moins agir les uns sur les autres, puisque le feu ou l'épine semblent agir sur nos mains ? Une nouvelle étape est franchie avec la démonstration (p. 21 *sq.*) de leur complète impuissance causale. La démonstration met en évidence plusieurs aspects remarquables de la doctrine occasionnaliste.

Reprenant un topos déjà bien exploité dans la *Recherche*[2], Malebranche nous invite à bien discerner le témoignage des sens d'une part, de l'idée claire et distincte d'autre part. Si le mouvement (qui est un mode interne du corps) est sensible, la force productrice du mouvement ne l'est pas : elle n'est pas davantage concevable à partir de l'idée claire et distincte de la matière. Autrement dit, la force motrice est extérieure aux substances corporelles créées.

Puisque la force est extérieure aux corps, et qu'ils ne peuvent la transmettre, la régularité des mouvements naturels (ici affirmée et accordée par les trois interlocuteurs) fait signe vers une instance régulatrice et ordonnatrice, distincte du monde corporel. Il y a dans la nature des lois générales, constamment observées, pour régir les

---

1. La critique du paganisme se complète par le refus (contre Aristote) de l'automotricité des corps (autre argument pour les diviniser et en faire les causes imaginaires des biens et des maux) (p. 23).

2. Malebranche avait déjà montré, sur l'exemple du choc entre deux boules, que le choc et le mouvement qui s'ensuit sont perceptibles aux sens, mais que la force mouvante qui produit effectivement le mouvement ne l'est pas. En dépit des apparences et de la précipitation à juger, le témoignage des sens, pris au sérieux, confirme en dernière analyse la dissociation de la force mouvante et du mouvement.

relations causales entre les corps, et la transmission des mouvements. L'impuissance des corps nous renvoie donc à une volonté efficiente de leurs divers mouvements.

La résistance temporaire d'Aristarque (p. 22) pose le problème de l'interprétation d'un fait que tous accordent : la constance visible des effets, la répétition des phénomènes renvoie-t-elle à une nature aveugle, agissant nécessairement (option matérialiste) ou à une intelligence agissant librement ? Le débat avec les libertins est donc engagé, touchant le sens des régularités observables dans la nature. Or, pour Malebranche comme pour la plupart de ses contemporains, la perfection infinie de Dieu se marque bien davantage dans la simplicité et la régularité de son action, que dans la multiplication indéfinie des miracles. Dieu est d'autant plus parfait qu'il agit par les voies les plus simples.

L'esprit n'agit pas sur lui-même

Il ne suffit pas de montrer que les corps ne font rien ; il faut aussi reconnaître la vraie cause qui agit (p. 23). Pourquoi ne pas supposer, comme le sens commun nous y invite, que l'âme, à la présence des corps, produit en elle ses propres sentiments ? Nous reviendrons plus bas sur les aspects les plus intéressants de l'hypothèse, ici réfutée en trois temps.

1. Le primat chronologique des sentiments éprouvés est tel qu'il rend la supposition impossible. Il faudrait en effet supposer que l'âme, pour s'affecter comme il convient, connaît très exactement, et d'une connaissance rigoureusement objective, ce qui se passe dans son corps. Or l'épreuve de la douleur nous informe certes sur l'état de notre corps ; mais la perception du corps et de ses modalités objectives ne peut influer sur la douleur vécue.

2. L'hypothèse d'une connaissance instinctive, avancée par Aristarque pour sauver l'autonomie de l'homme et justifier des phénomènes réflexes, hypothèse qui ferait droit à la confusion intrinsèque de notre rapport cognitif au corps, est tout aussi improbable, puisque nous n'en avons aucune connaissance actuelle.

3. Puisque tout homme tend invinciblement au bonheur, il produirait sans cesse en lui du plaisir, et fuirait tout aussi constamment la douleur. Or tel n'est évidemment pas le cas. Il s'ensuit que l'auto-affection est insoutenable, et qu'il faut chercher ailleurs la cause de nos sensations, tout comme de nos sentiments, agréables ou pénibles.

De la « cause supérieure » à la toute-puissance divine

Les corps, tout comme les esprits, sont causalement impuissants. Il nous faut donc chercher une autre origine effective des sentiments de plaisir ou de douleur, et, plus largement, de toutes nos sensations. En un dernier moment de l'enquête menée dans le premier Entretien, Malebranche s'élève à l'affirmation centrale de sa doctrine : Dieu est la seule cause de toutes nos affections (au sens cognitif et affectif).

Cette assertion constitutive de l'occasionnalisme se déploie en plusieurs moments.

1. L'action requérant une perfection supérieure à la passion, il est inutile de démontrer que la cause efficiente de nos sentiments nous est supérieure. Les pages précédentes autorisent alors la généralisation qui suit immédiatement : produisant tous les sentiments en nous (sans même parler des mouvements de la nature matérielle), cette cause intervient au plus intime de nous-mêmes, en y causant une infinité de sentiments divers [1]. On voit alors le bénéfice qu'il y avait à se donner pour point de départ le moi et les affections qui impliquent manifestement les corps : quelle que soit la nature de cette cause, on sait qu'elle régit l'ensemble des événements, et que son influence ne se borne pas à régler les mouvements du ciel, comme le croient les philosophes païens, ou les libertins [2]. L'analyse métaphysique rejoint ici la figure

---

1. Conformément à la visée d'ensemble du premier Entretien, les lignes qui suivent dégagent l'enjeu éthique de cette omniprésence métaphysique de la cause : si elle agit sans cesse en nous, elle nous rend heureux ou malheureux ; c'est donc à elle que nous devons amour et crainte, comme la seule vraie cause de tout ce qui nous arrive.

2. *Ibid.*, p. 31.

biblique d'une providence infinie devant qui tous nos cheveux sont comptés (Mt 10, 29-30).

2. Cependant, il reste toujours loisible d'objecter qu'une cause finie, mais plus noble que nous, agit en nous. L'élimination de cette dernière hypothèse permet de mettre en évidence l'omniscience impliquée dans toute action causale, attribut qui ne peut convenir qu'à une cause infiniment parfaite. La conjonction de l'événement physique (la piqure corporelle) et de l'événement psychique (la douleur) implique, dans la cause, non seulement la science de ce qui advient, mais encore la prescience des deux séries d'événements mis en relation dans ce qui constitue l'union de notre âme et de notre corps. En un mot, la causalité d'un effet fini implique une science infinie [1]. Il reste à établir que l'agent ne peut tirer que de lui-même la science de ce qu'il doit causer. Le présupposé de toute l'argumentation est assez classique : Dieu ne tire pas du monde créé la science qu'il en a. En d'autres termes, ni l'âme, ignorant ce qui va lui arriver, ni le corps, existant et « agissant » sur nous, ne peuvent informer la cause efficiente de ce qu'elle doit produire. Elle doit donc le connaître à partir de sa propre science, ou, ce qui revient ici au même, de sa propre volonté efficace.

On soulignera l'originalité de l'argument ici employé : en toute rigueur, les corps n'agissent pas sur les esprits. Or la connaissance impliquant (c'est là une thèse fondamentale du malebranchisme) une forme d'action du connu sur le connaissant, le corps (dont on a démontré l'impuissance causale) ne peut en rien affecter un esprit, fini ou non [2]. En un mot, le monde des corps est invisible et inintelligible [3]. Seule l'idée que Dieu en a (et qu'il nous fait voir en lui) assure à l'esprit une possible représentation de la nature matérielle. C'est dire

---

1. « Ainsi, c'est l'homme qui veut remuer son bras, mais c'est Dieu seul qui peut et qui sait le remuer » (*MHP*, p. 392).

2. Aristarque le contestera au cours de sa dernière objection (p. 30) ce qui donne à Théodore l'occasion de préciser la noétique impliquée dans l'argumentation. Le lien organique entre occasionnalisme et « vision en Dieu » est donc tout à fait patent.

3. Cf. *CC* VII, p. 157.

que la mise en œuvre concrète de l'occasionnalisme implique la démonstration de l'omniscience divine [1].

L'existence de Dieu s'impose alors à l'esprit, non au terme d'un raisonnement métaphysique abstrait, mais à partir de la plus insignifiante piqure d'une épine : « s'il n'y avait point de Dieu, je ne serais point piqué, je ne sentirais rien, je ne verrais rien, je ne connaîtrais rien » (p. 29) [2].

Une fois établie l'omnicausalité divine, il restera à décliner les différentes causes occasionnelles qui en règlent l'exercice. Cette tâche sera menée à bien dans les conversations suivantes.

CAUSES OCCASIONNELLES ET CAUSE VÉRITABLE

Dès lors qu'on a démontré l'omnicausalité divine, il nous faut comprendre comment agit cette unique cause efficiente. Les conversations suivantes mettent progressivement en place le système de l'occasionnalisme, en déclinant les différentes causes occasionnelles ou naturelles (donc précisément non efficaces) de chaque effet ; celles-ci sont autant de raisons ou de causes déterminantes qui rendent intelligible l'action de la cause efficiente, et permettent de la soumettre à des lois générales [3].

---

1. Elle contient en outre une doctrine spécifique de la volonté divine comme source de connaissance, et non simplement de l'action créatrice ou conservatrice du monde.

2. L'existence de Dieu s'impose au terme de l'analyse de l'efficience ; celle-ci impose des réquisits (omniscience, autonomie cognitive) que seul un Dieu peut satisfaire.

3. « Dieu seul est la véritable cause et le véritable moteur tant des corps que des esprits, et [...] les causes naturelles ne sont que des causes occasionnelles, qui déterminent la véritable cause à agir en conséquence de ses volontés générales » (*CC* VII, p. 156). Précisons toutefois que les *Conversations* (en dépit des révisions dont elles font l'objet dans les rééditions successives) appartiennent à la première époque du malebranchisme, et que le système des causes occasionnelles ne s'étend pas encore à la totalité des modalités de l'action divine, ainsi qu'il en ira dans les écrits de la maturité. Ainsi Jésus-Christ n'est pas encore défini comme la cause occasionnelle de la distribution des grâces de

Rappelons quelques jalons.

Presque absent de la première conversation[1], le vocabulaire et le concept de cause occasionnelle sont mis en place dans la seconde, une fois acquis que Dieu seul est la cause réelle de tous les effets.

L'affirmation que Dieu seul est cause efficiente de nos sentiments conduit les protagonistes à se demander s'il n'est pas dès lors légitime de rechercher le plaisir sensible, que Dieu produit en nous. On le devine, l'occasionnalisme rend cette question d'autant plus urgente que Dieu est la seule cause, mais fournit aussi le moyen d'y répondre, en distinguant très clairement ce que fait la cause, et ce que « font » les occasions qui la déterminent à agir selon des lois générales, c'est-à-dire, parfois, contre ce qu'elle pourrait vouloir si elle ne se soumettait pas elle-même à sa propre légalité. Relisons ces quelques lignes qui mettent bien en évidence la structure du dispositif occasionnaliste : « Il faut aimer et craindre ce qui est capable de causer le plaisir et la douleur, c'est une notion commune que je ne combats point ; mais il faut bien prendre garde à ne pas confondre la véritable cause avec la cause occasionnelle [...] : il faut aimer et craindre la cause du plaisir et de la douleur, et l'on peut en chercher ou en éviter l'occasion, pourvu cependant qu'on ne le fasse point contre les ordres exprès de la cause véritable, et que l'on ne la contraigne point, en conséquence des lois naturelles qu'elle a établies et qu'elle suit constamment, à faire en nous ce qu'en un sens elle ne veut pas y faire » (*CC* II, p. 38). On relève dans ce texte plusieurs affirmations importantes.

---

sentiment dans le IXe Entretien. Concernant la structure générale de l'occasionnalisme, le texte le plus net se trouve en *CC* III, p. 77, avec, notamment, la distinction de la cause générale et des causes particulières.

1. On y rencontre une unique occurrence d'« occasion » (p. 27) où le corps est présenté comme l'occasion du plaisir. Cette première occurrence peut faire l'objet d'une lecture à un double niveau, banal ou technique : Banalement, le corps est, si on peut dire, une bonne occasion de plaisir ; techniquement (et en fonction des explications données dans les Entretiens suivants), le corps est l'occasion (c'est-à-dire la cause occasionnelle) qui détermine Dieu à produire dans l'âme des sentiments, selon la loi générale de l'union psychophysique.

1. Fidèle à une position constante, Malebranche tient que la quête du plaisir est consubstantielle à notre volonté. Le libertin, comme avant lui les païens, aime les corps, parce qu'il les tient pour les causes de ses plaisirs.

2. Mais précisément, l'analyse de la causalité (*CC* I) a montré que les corps n'agissent pas en nous. Ils ne sont donc pas la cause des plaisirs qu'on leur attribue. Le penser, c'est confondre deux causes très différentes, à savoir Dieu, cause efficiente du plaisir, et les corps, définis comme les causes occasionnelles, qui rendent raison de la production du plaisir en certaines circonstances.

3. On peut donc chercher le plaisir, mais sans contrevenir à la volonté de sa cause efficiente (aux « ordres exprès de la cause véritable »). Entendons : la cause occasionnelle constitue la raison qui déclenchera automatiquement (c'est-à-dire selon une loi générale de la nature) la production du plaisir si les circonstances sont réunies, si par exemple, nous sommes en présence d'un corps qui « agit » sur nous de la manière requise. En raison de la généralité et de la régularité des lois de la nature, Dieu peut alors se trouver conduit à produire un effet qu'il désapprouve, à faire en nous ce qu'il ne voudrait pas y faire, en produisant un plaisir moralement condamnable par exemple.

L'union de l'âme et du corps se définit donc par la corrélation réglée d'événements physiques (contact des corps avec le nôtre) et de faits psychiques (les sensations ou les sentiments agréables ou pénibles produits en conséquence).

Une fois exhibée la structure générale du schéma causal, la suite des *Entretiens* pourra, chemin faisant, assigner à chaque effet sa cause occasionnelle. Ainsi le troisième Entretien (p. 69), conformément à la doctrine constante de Malebranche, fera de l'attention la cause occasionnelle de la manifestation des idées divines à notre esprit. Le septième, plus largement, pensera Dieu comme unique principe de toutes les relations entre les créatures, spirituelles et corporelles (p. 157).

Les enjeux de cette doctrine de la causalité sont variés, et exercent leur influence sur bon nombre de philosophèmes présents dans notre texte.

Si, en métaphysique, cette assomption théologique de l'efficience (une des interprétations possibles du cartésianisme) représente l'accomplissement ultime de cette figure de la cause, elle laisse aussi deviner les prémisses d'une crise annoncée. Bientôt la raison rendue, ou la consécution réglée, viendront supplanter définitivement une efficience incapable d'assumer à soi seule toutes les fonctions de la causalité. L'intérêt historique de l'occasionnalisme est de contenir pour ainsi dire en lui les ferments de dissolution de l'efficience qu'il contribue par ailleurs (et pour un temps) à hypostasier.

Ceci se confirme en physique, où l'occasionnalisme permet de disjoindre la cause efficiente (en elle-même inconnaissable) et l'occasion, conçue comme l'opérateur de son déploiement, selon une régularité qui a la force d'une loi de nature. Autrement dit, la doctrine occasionnaliste de la causalité représente un pas important dans la genèse de la conception moderne du concept de loi de nature.

En théorie de la connaissance, la thèse de l'invisibilité du créé (les corps comme les autres esprits) permet non seulement d'élaborer une conception forte de la représentation, mais aussi (nous y reviendrons) d'ouvrir au concept d'existence une carrière nouvelle.

Enfin, nous avons insisté plus haut sur les enjeux éthiques et religieux de la doctrine.

CORPS PROPRE OU CORPS OBJET

La pensée de Malebranche contient une véritable philosophie de ce qu'on pourrait nommer, de manière anachronique, le corps propre, alors même que, paradoxalement, l'oratorien établit, dès le premier Entretien, que nous ne connaissons pas notre corps, et, pis encore, que celui-ci ne peut en rien nous affecter directement, puisque les corps n'agissent pas sur l'esprit. Tous les corps nous sont invisibles, et notre corps, auquel nous sommes unis par l'expérience d'une corrélation constante et déterminée entre ses modifications et nos sentiments, n'échappe pas à la règle. Or nous voudrions brièvement suggérer que cette invisibilité libère précisément les conditions de possibilité d'une théorie de la connaissance du corps qui le soustrait à toutes les formes de l'objectivité, sans pour autant le condamner à l'insignifiance. Pour le dire autrement, la phénoménalité du corps vécu ne doit plus rien à la visibilité d'un corps que sa causalité efficiente sur l'esprit lui rendrait visible[1]. La présence du corps se décèle dans la donation (jusqu'à un certain point anonyme) de divers sentiments sensés orienter nos conduites, et non pas dans le dévoilement d'une essence ou d'un objet scientifique nettement individualisé. Nous nous bornerons à quelques suggestions.

1. Rappelons tout d'abord les conditions noétiques de la réflexion malebranchiste. La présence phénoménale de notre corps n'est pas due à sa propre action sur nous. Le corps existant n'est pas la source ou le fondement du corps vécu. Nous l'avons rappelé, notre corps ne fait pas exception au régime commun de la connaissance de l'existence du créé : « vous ne sauriez pas que vous avez un corps, et qu'il y en a d'autres qui vous environnent, si celui qui le sait par lui-même […] ne vous l'apprenait » (*CC* I, p. 29). Or, on va le voir, la connaissance que Dieu nous donne de notre corps ne livre pas accès à l'essence intelligible d'un objet, mais à la réalité confuse d'un existant.

Relisons quelques séquences du premier Entretien, qui tire les enseignements de cette incognoscibilité de notre corps.

2. À la fin de l'Entretien (p. 30) Aristarque conteste le présupposé de ses interlocuteurs, et le refus de l'interaction âme-corps : « afin que les esprits connaissent les corps, il suffit qu'ils les pénètrent ». La discussion de cette assertion conduit Théodore à souligner l'opacité radicale de notre corps, induite par l'absence de toute relation causale.

---

1. Précisons que ces thèmes recevront de larges développements dans d'autres ouvrages, et notamment dans la lettre à Arnauld du 19 mars 1699, publiée au tome IX des *OC*.

Sommé de s'expliquer, Aristarque se trouve peu à peu obligé de céder du terrain, et d'admettre enfin que nous ignorons ce qui se passe dans notre propre corps. Ironiquement, Théodore renvoie Aristarque à son cartésianisme érudit, et lui enjoint de décrire son cerveau, plus spécialement la partie où s'opère la jonction du corps et de l'âme, la fameuse glande pinéale peu à peu abandonnée par les cartésiens eux-mêmes. L'ignorance de l'anatomie, confessée par Aristarque, ne peut lui servir d'excuse, et montre précisément que l'appréhension de notre propre corps n'a rien à voir avec une connaissance scientifique de ses mécanismes.

3. Mais allons plus loin : si Aristarque savait l'anatomie, il ne pourrait, pour autant, agir sur son corps, et en user comme d'une machine ou d'un outil laissé à sa libre disposition. On se souvient que la démonstration de l'occasionalisme a récusé l'hypothèse d'une auto-affection de l'âme. On ne peut, comme l'avait tenté Aristarque, soutenir que l'âme produit en elle le plaisir en fonction et en conséquence d'une disposition appropriée de son corps (*CC* I, p. 16). La première objection de Théodore porte précisément sur l'affirmation selon laquelle on a une connaissance adéquate du corps et de ses dispositions. Le plaisir éprouvé au contact de la douce chaleur du feu est premier, et précède toute intelligence claire et distincte de la situation physiologique actuelle du corps. En d'autres termes, nous ignorons ce qui se passe dans notre corps, et quels changements doivent se produire pour qu'advienne le plaisir. Notre corps est pour nous une réalité globale, non objective, dont le fonctionnement mécanique nous échappe, hormis au savant qui, dès lors, traite de son propre corps comme d'un objet dépouillé de toute spécificité comme il traiterait d'un autre corps.

C'est ce que confirme la reprise de cette hypothèse d'une auto-affection des sentiments de plaisir, relancée à dessein par Théodore lui-même (p. 23-24) : l'âme, sachant ce qui se passe dans son corps à un instant donné, agirait sur elle-même pour s'affecter en conséquence. Or Éraste refuse cette hypothèse, car l'âme qui souffre ou qui se réjouit, ne peut déterminer avec précision la nature des effets que produisent les corps sur le nôtre. L'âme ignore ce qui arrive à son corps, et ne peut donc s'affecter en conséquence d'un état corporel dont elle aurait, au préalable, une claire connaissance. L'expérience du corps vécu précède en droit la science du corps objet.

Plus largement, le phénomène perçu n'entretient aucune relation directe avec sa vraie cause, ou même sa cause occasionnelle. La lésion de l'épine rend raison de la production du sentiment de douleur, mais n'explique en rien la teneur intime et effective de cette même douleur[1]. En sa teneur propre, le contenu phénoménal perçu n'est pas, à proprement parler, fondé causalement. L'épreuve de la douleur est première, et précède toute science des mouvements requis dans le corps pour qu'elle soit produite en nous : « Je puis peut-être conclure par la douleur que je sens qu'il se passe dans mon corps quelque mouvement qui le blesse, mais il est évident que la connaissance de ces mouvements ne précède ni ne cause point ma douleur » (p. 24)[2].

Brèves remarques sur la connaissance humaine

La théorie malebranchiste dite de la vision en Dieu des idées est bien connue, et a fait l'objet d'analyses nombreuses et assez amples pour qu'il soit ici besoin de l'exposer pour elle-même. Me bornant aux rappels strictement nécessaires, je voudrais plutôt attirer l'attention sur quelques thèmes peut-être moins souvent abordés dans la littérature qui lui est consacrée. Rappelons d'emblée que l'exposé de l'Entretien troisième (p. 61-78) a connu de nombreuses révisions, et

---

1. L'épreuve concrète de la brûlure ne suppose pas la science objective de ce qu'elle modifie dans la structure de la chair : les enfants ne se brûlent-ils pas ?
2. On trouve un raisonnement similaire à propos du plaisir, pour récuser l'hypothèse d'une connaissance d'instinct, par laquelle l'âme pourrait s'affecter : « Éraste ne cause point en lui son plaisir, à cause qu'il reconnaît ou qu'il sent que le corps qu'il aime est bien disposé. Car il ne sait pas même que son corps est en bon état, par une autre voie que par le plaisir qu'il en ressent » (*ibid.*, p. 27).

s'est notamment vu enrichi, dans la cinquième édition, de la célèbre addition (p. 67-76), elle-même de nouveau révisée dans la dernière édition. Il en résulte une certaine hétérogénéité doctrinale, puisque les premières versions de la théorie côtoient des développements plus tardifs, mobilisant en particulier la doctrine de l'idée efficace, caractéristique de la dernière période de la carrière de l'oratorien [1].

Contrairement à une idée reçue un peu rapidement, le rationaliste Malebranche (qui avait longuement détaillé les erreurs des sens et de l'imagination dans la *Recherche de la vérité*, livres I et II[2]), a cependant contribué de manière décisive à reconnaître au sentiment une dimension authentiquement cognitive, annonçant les riches développements que lui donnera la pensée du siècle des Lumières.

Deux séquences, respectivement centrées sur la connaissance des existants (*CC* III, p. 67-68) et la finalité des sentiments (*CC* II, p. 36-39) retiendront plus spécialement notre attention, avant que nous revenions brièvement sur l'exposé de la connaissance intellectuelle.

L'existence invisible et le détour de la présence

Ainsi qu'on l'a rappelé au sujet du corps propre, l'invisibilité des corps, explicitement affirmée dès le premier Entretien (p. 27 *sq.*) modifie profondément la situation épistémique du sentiment. Alors qu'il admet finalement la connaissance en Dieu des vérités nécessaires et des règles morales, Aristarque se demande (*CC* III, p. 66), comment Dieu, être nécessaire, connaît nécessairement les natures et les vérités contingentes, qu'il peut créer.

---

1. Pour s'en tenir à un exemple, voir *CC* III, p. 75-76, où l'oratorien expose la différence entre concevoir, voir et sentir à partir du dispositif de l'idée efficace. À l'opposition foncière que marquaient les premières versions de la doctrine de la connaissance entre perception pure et perception sensible, succède l'affirmation d'une continuité, au gré des variations de l'efficace de l'idée sur l'esprit affecté. Sur cette évolution, on consultera la *Réponse à Regis* de 1693, rééditée au tome III de notre édition de la *Recherche de la vérité*, et notre présentation de ce texte.

2. Voir ici même, *CC* II, p. 36, et VII, p. 158.

La réponse de Théodore consiste à distinguer, pour Dieu, comme ultérieurement pour l'homme, la connaissance des essences (qui nous sont représentées par les idées divines), et celle des existences, qui dépendent de sa seule volonté. Dieu voit donc les essences dans sa sagesse, mais voit leur existence dans sa volonté, ainsi que l'ensemble des événements qui leur arrivent. La volonté a pour Dieu une fonction épistémique première, ce qui ne va pas sans infléchir la teneur de l'existence. Si le monde est créé à partir des idées contenues dans le Verbe, il reste que ces idées sont universelles, et que les singuliers existants ne sont pleinement connus que dans et par la volonté qui les effectue. Conjointe avec la doctrine de la vision en Dieu des idées, cette position implique que l'existence, en son fond, est en quelque sorte irrationnelle ; entendons par là qu'elle n'est pas représentable dans les idées divines, pourtant constitutives de la Raison universelle. L'oratorien tirera toutes les conséquences de cette nouvelle situation de l'existence dans les *Éclaircissements* de 1678, en démontrant que l'existence des corps est indémontrable [1]. Ces deux traits, invisibilité et extraterritorialité rationnelle donnent à l'existence une figure complexe et remarquable, dont nous ne pouvons ici que rappeler les principaux éléments.

1. Alors que nous voyons en Dieu même (et de manière univoque) [2] les idées archétypes qui nous représentent les essences des choses ainsi que les vérités éternelles et nécessaires, nous ne pouvons, de même, voir dans le Verbe l'existence de ces mêmes natures créées. Nous ne « voyons point les objets en eux-mêmes » (*CC* III, p. 76) répète Malebranche à satiété [3]. Contrairement au Verbe qui contient

1. Voir le VIe *Éclaircissement*, et sa célèbre critique de la preuve cartésienne.
2. Voir *CC* III, p. 69 ; les idées sont communes à tout esprit, fini ou infini (*ibid.*, p. 73).
3. *Ibid.*, p. 62, qui convoque, pour l'établir, l'argument de l'hallucination : on voit souvent (comme existants) des corps qui n'existent cependant pas, preuve que toute conception pour ainsi dire réaliste de la connaissance se contredit elle-même. On sera sensible (*ibid.*) à la différence entre voir et regarder, qui sert à penser la présence du monde intelligible à l'esprit, et le retrait du monde matériel. Voir encore *ibid.*, p. 72-73. Au chemin « le plus court » que veut emprunter Aristarque en croyant que nous voyons

les essences, la volonté divine, source des existences, nous est inaccessible[1]. Un abîme infranchissable sépare, cette fois, science divine et connaissance humaine de l'existant.

2. Nous n'appréhendons les choses comme existantes que par l'intermédiaire des sentiments dont Dieu nous affecte à l'occasion de leur existence physique dans le monde matériel, invisible à l'esprit[2]. L'exemple de la perception du soleil marque clairement la scission de l'essence et de l'existence[3]. L'idée vue en Dieu n'exhibe qu'une circularité essentielle, un intelligible dépourvu de toute actualité. Le sentiment vient pallier cette déficience, mais occulte définitivement l'existence (comme manière d'être d'une chose dans le monde), en s'y substituant complètement : le sentiment permet de garantir, de manière extrinsèque, que l'idée représente un existant actuellement posé dans le monde. Mais cette garantie prend la forme d'une simple marque ; le sentiment est, pour ainsi dire, le symptôme de l'existence, c'est-à-dire,

les objets en et par eux-mêmes, il faut préférer le détour par l'idée et le sentiment, seul fondement possible des jugements d'existence.

1. « Pour ce qui est des natures corruptibles et des vérités passagères, nous ne les connaissons pas dans la volonté de Dieu comme Dieu même, car sa volonté nous est inconnue » (*CC* III, p. 67) Cette thèse est à rapprocher de l'affirmation, maintes fois réitérée, que la cause efficiente, comme telle, est inconnaissable.

2. La subjectivation des qualités sensibles, notamment des couleurs par lesquelles nous individualisons les perceptions des corps (*CC* III, p. 76-77), renforce la clôture sur soi de la perception. En d'autres termes, la perception sensible ne porte en elle aucune intentionalité, comme l'atteste, par exemple, cette déclaration : « voir les corps, n'est autre chose qu'être modifié de diverses sensations de couleur par diverses parties de l'étendue intelligible » (*CC* III, p. 75). La doctrine de l'idée efficace alourdit l'énigme du monde, en le renvoyant à une sorte d'étrangeté radicale.

3. On notera que la très classique question des rapports entre essence et existence fait ici l'objet d'un traitement purement noétique. Leur distinction n'est concevable qu'à partir de la distinction, plus fondamentale, des facultés cognitives. Au regard de la situation médiévale et du traitement que recevait la question de la distinction de l'essence et de l'existence, nous sommes en présence d'une évolution significative, qui confirme que le problème de l'être et de ses sens ne peut désormais se poser qu'à partir de l'analyse de la connaissance.

précisément, le signe de ce qui ne se laisse jamais voir directement. La manifestation, pour nous, de l'existant ne repose cependant pas sur lui, mais sur Dieu, qui prend sur lui toute la charge de nous manifester le monde[1].

3. Ce mode d'être pour nous de l'existant invisible, Malebranche lui donne un nom, et le pense comme présence : parlant des natures corruptibles, il écrit : « mais nous les connaissons par le sentiment que Dieu cause en nous à leur présence » (*CC* III, p. 67)[2]. L'existence matérielle est occultée, mais le sentiment présentifie : il re-présente, au sens où il rend présent et manifeste ce qui ne peut plus l'être de son propre chef. La fonction départie au sentiment est étroitement liée au refus occasionnaliste de l'interaction réelle entre les corps et l'esprit[3].

4. Désormais supportée par un sentiment, la présence se comprend comme une effectivité sans contenu réellement intelligible[4], puisque l'intelligibilité est sise toute entière du côté de l'idée : « [...] dans toutes les connaissances sensibles que nous avons des natures corruptibles, il y a toujours idée pure et sentiment confus. L'idée éternelle est en Dieu, le sentiment passager est en nous ».

---

1. « Mais je n'ai ce sentiment que de Dieu, qui certainement peut le causer en moi, puisqu'il est tout-puissant, et qu'il voit dans l'idée qu'il a de mon âme que je suis capable de ce sentiment » (*CC* III, p. 67). On notera, à titre de confirmation, que la production du sentiment en nous implique que Dieu prenne en compte chaque situation individuelle, à chaque instant du temps. L'occasionnalisme fait ici sentir ses effets : la perception humaine (produite par Dieu) implique bien l'omniscience de sa cause efficiente. Voir les précisions que fournit l'analyse de ce qui advient lors de la perception d'une campagne richement colorée, p. 76.

2. « pas un des corps qui vous environnent ne sont point les véritables causes de ce que vous sentez à leur présence » (*CC* I, p. 23).

3. L'anéantissement du monde ne modifierait pas fondamentalement la teneur de nos perceptions, à condition que notre cerveau fût ébranlé (par une modification d'origine interne toujours possible) de la même manière qu'il l'est actuellement par les objets extérieurs (*ibid.*, p. 73).

4. « C'est l'idée qui représente l'essence de la créature, et le sentiment fait seulement croire qu'elle est existante » (*CC* III, p. 67).

5. La connaissance de l'existence relève donc d'une forme de croyance naturelle[1], dont notre texte livre un des exposés les plus précis qu'ait donnés Malebranche. Après avoir indiqué que le sentiment est à l'origine d'une croyance d'existence, Malebranche souligne l'illusion constitutive de ce même sentiment, doté d'une fonction pour ainsi dire existentifiante. Au moment où il occulte l'existence en son être extracogitatif, le sentiment offusque tout autant sa véritable provenance. Pour gagner sa consistance de croyance, il doit porter en lui une référence immédiate à la chose même dont l'être s'est néanmoins complètement retiré. En d'autres termes, le sentiment se fait passer pour la chose, en maintenant l'illusion d'une causalité réelle de celle-ci sur l'esprit. Une telle illusion ne se maintient qu'à la faveur de notre insensibilité à une présence pourtant autrement plus intime. Le détour par la présence n'est rendu possible que par l'effacement de Dieu, seul véritablement présent et actif dans tous nos sentiments[2].

Devenue invisible, l'existence se doit d'être paradoxalement manifestée par une tierce instance, mais donc, tout aussi bien, aliénée d'elle-même. L'existence est devenue un sentiment, qui, bientôt, se dira pleinement comme sentiment d'existence.

La finalité du sentiment

C'est à l'occasion d'une analyse du statut du plaisir, que le second Entretien (p. 36-39), se trouve conduit à préciser la finalité vitale, et pour ainsi dire existentielle des sentiments, par opposition à la finalité simplement théorique des idées pures.

L'anthropologie malebranchiste, nettement « dualiste », commande la distinction de deux sortes de biens (biens spirituels et corporels), et de deux voies d'accès à ces biens, reconnaissance claire

---

1. Il faut rester attentif au paradoxe de la sensation : c'est par une sensation qui ne doit rien aux corps que « nous jugeons de l'existence actuelle » de ces mêmes corps (*ibid.*, p. 76).

2. En sa teneur propre, le sentiment n'exhibe jamais sa vraie cause, Dieu, dont l'opération en nous n'est pas sensible (*CC* III, p. 68, et VIII, p. 182).

et évidente du bien de l'esprit par la raison, manifestation du bien convenable au corps par sentiment confus mais infaillible. Prolongeant des indications cartésiennes, Malebranche développe à l'envie l'idée selon laquelle il n'est pas nécessaire d'examiner longuement un fruit pour en reconnaître la bonté; le goût y suffit, qui nous en donne une « preuve courte et incontestable » (p. 37). Cette page formule donc une nette opposition entre connaître et sentir : Le sensible n'est pas de l'intelligible confus ou dévalué. Malebranche refuse donc de minimiser la positivité du sensible, et lui confère à l'inverse, une capacité signifiante que l'idée, en dépit de sa clarté et de sa visée essentielle, ne peut assumer.

La finalité de cet état est claire, et les arguments utilisés, très significatifs : Malebranche fait en premier lieu jouer une sorte de principe de subsidiarité : L'esprit, dont Dieu et les idées vues en lui demeurent l'objet immédiat[1], ne doit pas consacrer son attention à des substances inférieures à lui, alors que le sentiment, éprouvé du fait de son union à un corps, nous informe d'une manière tout à fait pertinente. Malebranche en donne une confirmation négative, en montrant que l'esprit, intrinsèquement limité, ne pourrait suffisamment connaître les multiples configurations corporelles, variable à chaque instant. La conservation de notre corps requiert un savoir que la considération objective des corps environnants ne saurait procurer. Bien que plus parfaite en soi, la connaissance par idées s'avère donc insuffisante et inadaptée.

Mais il y a plus : cette lacune reçoit une explication surprenante : alors que la connaissance claire et distincte saisit des rapports réels entre idées, qu'elle connaît ce qui est, le sentiment manifeste, dans les corps, « ce qui n'y est pas », sans pour autant être erroné (p. 37). Le sensible émerge alors en son autonomie, doté de ses significations propres, pour ainsi dire en décrochement par rapport à l'objectivité des idées, et du sens de l'être qu'elles portent en elles : il y a du sens qui

---

1. Voir *CC* IV, p. 94.

n'est pas de l'être, du moins tel que Malebranche le conçoit au travers de sa doctrine de l'essence [1]. Qui nous placerait à une juste distance du feu ? Faut-il attendre de philosopher pour se mettre à table ?, demande l'oratorien, dans une sorte de défi lancé aux prétentions d'une raison arrogante, éprise d'essences universelles.

En deçà de tout rapport objectif à l'ordre des choses, les sentiments nous signifient comment nous comporter dans l'urgence vitale de l'existence quotidienne [2]. Le sentir est « prévenant », au double sens du terme, et prédétermine la plupart de nos comportements. Ces pages contiennent donc l'esquisse d'une véritable phénoménologie de la perception.

Le sentiment exhibe un ordre de faits de significations irréductibles à l'objectivation dans une quelconque idéalité. Il exprime ce qui est proprement irreprésentable, a-logique, voire faux. Mais ce qui se révèle rationnellement faux n'en garde pas moins tout son sens dans la sphère investie par les sentiments confus que nous recevons de Dieu pour la seule conservation d'un corps inconnu, et pourtant indéniablement nôtre. Le sentiment s'inscrit d'emblée au-delà du vrai et du faux.

La recherche d'un nouveau fondement, la connaissance par idées dans les Conversations

Si la métaphysique cartésienne marque indéniablement une étape décisive dans la recherche de la vérité, elle reste, en son état actuel et définitif, quelque peu défaillante [3]. Malebranche n'a jamais véritable-

---

1. Ainsi, on sent dans les corps ce qui n'y est pas (*ibid.*, p. 38). À propos d'Adam, les *MHP* préciseront, p. 397 : « Il sentait aussi que les objets sensibles étaient son bien, mais il ne le connaissait pas, car on ne peut pas connaître ce qui n'est pas ».

2. Très marqué par l'analyse augustinienne de la curiosité, Malebranche assigne encore au sentiment la tâche de nous prémunir contre les fantasmes morbides que nous dicterait une passion indue pour l'anatomie (*ibid.*).

3. La nature complexe du rapport de Malebranche au cartésianisme a été parfaitement analysée par Ferdinand Alquié dans *Le cartésianisme de Malebranche*, Paris, Vrin,

ment marqué, touchant les *Meditationes de prima philosophia*, la nature de ses réserves. Tout laisse penser qu'elles sont multiples, puisqu'il récuse aussi bien (dans leur version cartésienne) le primat de la connaissance de l'âme sur celle du corps, les démonstrations *a priori* ou a posteriori de l'existence de Dieu, l'inhérence des idées à l'esprit humain, ou la preuve de l'existence du monde extérieur.

En métaphysique, il peut sembler que le premier désaccord (et peut-être le plus fondamental), tient à la conception même du fondement du savoir qu'il revient, par essence, à la métaphysique de mettre en œuvre. C'est ce que permet d'illustrer, parmi d'autres textes, l'exposé des *Conversations* (III, p. 61-78), dont nous rappellerons ici quelques aspects saillants.

1. Deux thèses gouvernent d'emblée l'ensemble du présent exposé. En premier lieu, la connaissance implique une action causale du connu sur le connaissant. Prolongeant l'héritage cartésien, Malebranche pense cette activité selon le schème de la cause efficiente. La visibilité relève d'une action, comme en témoigne l'équivalence entre « agir dans l'esprit, se rendre visible à l'esprit, éclairer l'esprit » (p. 61-62). En second lieu, la destruction occasionnaliste de toute relation causale transitive entre des étants finis conduit immanquablement à proclamer l'invisibilité des corps eux-mêmes, que vient confirmer l'expérience usuelle de l'illusion perceptive : on voit souvent des êtres inexistants[1]. Le monde vu n'est pas le monde regardé. Invisible en lui-même, le monde matériel ne devient sensible que par l'intermédiaire d'un monde intelligible tout différent[2].

1974. La grille de lecture mise en œuvre par F. Alquié ne recoupe pas directement le rapport spécifique à la métaphysique, mais fait apparaître d'autres lignes de démarcation, qui, pour ainsi dire, passent à l'intérieur du domaine de chaque discipline philosophique.

1. Voir *ibid.*, p. 64.

2. On notera un renversement significatif : alors que le texte évoque tout d'abord « le monde matériel et sensible » (comme d'ailleurs la première édition de la *Recherche*, *OC* II, 169 notamment), les lignes qui suivent (avec l'analyse de la perception du soleil), vont disjoindre définitivement matérialité et sensibilité : le sensible devient une variable, voire une adaptation de l'intelligible lui-même. Le soleil perçu par les sens n'est pas le

On sait à quelles redoutables difficultés conduira ce dédoublement du monde. Car, comme le redira bientôt le Xe *Éclaircissement*, le monde intelligible n'est pas une transposition spiritualisée du monde matériel. Alors que ce dernier est constitué de singularités matérielles (dont l'individuation, à ce niveau reste d'ailleurs quelque peu problématique), le monde intelligible se réduit à une série d'idées archétypes universelles[1]. La manière dont il assume dès lors sa fonction archétypale reste en question, ce qu'Arnauld ne se fera pas faute de souligner avec insistance.

2. Se pose alors la question de savoir où se trouve ce monde intelligible, seul objet immédiat de nos pensées. Dans un mouvement comparable à celui qu'opèrent les chapitres préparatoires de la seconde partie du livre III de la *Recherche*, mais ici concentré en quelques lignes, Malebranche identifie le monde intelligible à Dieu[2].

3. On rencontre alors le problème classique de l'extension de la « vision en Dieu ». On sait qu'après avoir affirmé qu'on voit toutes choses en Dieu au chapitre VI, le chapitre VII du livre III de la *Recherche* distingue quatre modes de connaissance, dont deux au

soleil matériel (puisque sa taille visuelle peut varier, contrairement au soleil matériel); c'est donc un soleil intelligible, rendu sensible par l'adjonction d'une sensation : le soleil qui est vu se réduit à un petit cercle intelligible, quand celui que l'on « regarde » est un million de fois plus grand que la terre. La doctrine de l'idée efficace donnera de nouveaux outils conceptuels pour penser cette étonnante solidarité, et, pour ainsi dire, ce pouvoir de « sensibilisation » de l'intelligible.

1. Le texte des *Conversations* ne fait plus état d'idées particulières, correspondant aux diverses réalités créées.

2. Cf. *MHP*, p. 393-394. Une fois éliminée l'hypothèse d'une action réelle des corps sur l'esprit, restait à mettre hors jeu l'hypothèse innéiste, qui peut elle-même revêtir plusieurs formes. L'argument décisif, ici, tient dans la finitude de l'âme (comme en *RV* III, II, chap. V), qui, de ce fait, ne peut se représenter toutes choses par elle-même (p. 62-63). L'identification du monde intelligible à Dieu est présente dès les premières éditions de la *Recherche* (*RV* V, chap. V, *OC* II, p. 169 notamment). Les éditions ultérieures tempéreront quelque peu une identification encore plus nettement affirmée dans la première (1675), où on lit : « Dieu voit dans lui-même qui est le monde intelligible », et non pas « Dieu voit dans lui-même, dans le monde intelligible qu'il renferme… ».

moins (connaissance de soi et d'autrui) excluent une vision des idées divines. Sur ce point délicat, force est de reconnaître que le présent exposé demeure singulièrement silencieux.

4. Mais la thèse de la « vision en Dieu » ne va pas sans poser une redoutable difficulté. Peut-on affirmer que nous voyons les essences des choses en Dieu, et que celles-ci nous sont représentées par ses propres perfections, sans être conduit à dire que nous voyons Dieu ici-bas, ce qu'excluent formellement plusieurs lieux scripturaires[1] ? La solution malebranchiste consiste, tout en reconnaissant qu'on ne voit, à proprement parler, que Dieu, à distinguer entre la vue de l'essence divine, et la vue des perfections divines, en tant qu'elles sont représentatives des créatures.

5. Avec l'affirmation que nous voyons toutes choses en Dieu, le savoir humain se dote d'un nouveau fondement inébranlable, puisque la science divine lui fournit une garantie immédiate. Le mouvement du présent texte est de ce point de vue, tout à fait significatif : « Car, quoique Dieu ne voie que lui, il est certain qu'il voit les créatures, lorsqu'il voit ce qui est en lui-même qui les représente. De même, quoique nous ne voyions que Dieu d'une vue immédiate et directe, nous pensons aux créatures, lorsque nous voyons en Dieu ce qui les représente » (p. 63-64, nous soulignons)[2]. Le « de même », ainsi que l'homologie de la fin des deux séquences respectivement consacrées à Dieu et à l'homme, marque bien que la structure noétique des deux formes de connaissance est comparable. Plus précisément, notre texte désigne l'idée vue en Dieu (par Dieu tout comme par l'homme) comme l'unique fondement de toute connaissance possible.

---

1. En termes techniques, la vision en Dieu semble se confondre avec la vision béatifique (vision de Dieu face à face), réservée aux anges, ou aux Bienheureux après la mort. Le Xe *Éclaircissement* reviendra longuement sur cette question (*OC* III, p. 157 *sq.*).

2. En dépit des dénégations réitérées de quelques commentateurs, le présent texte, parmi d'autres, soumet clairement Dieu lui-même à la représentation, comme le mode désormais déterminant de la connaissance humaine, du moins pour ce qui touche aux essences.

La philosophie se réapproprie un fondement qui, sous d'autres cieux et en d'autres temps, fut expressément compris comme celui de la théologie[1].

6. Aux yeux de Malebranche, se trouve ainsi conquis un point d'appui qui adosse directement notre entendement à l'infini. Mais l'essence de ce fondement va précisément faire débat; la longue addition centrale du troisième Entretien se fait l'écho, en le résumant, du différend qui, sur ce point, opposa longuement Malebranche à Arnauld. L'enjeu ne tient ici à rien de moins qu'à ce qui assure aux sciences leur certitude, mais aussi, implicitement, à la valeur du critère cartésien de la vérité.

Tentons de dégager les principales articulations de l'argumentation qui conduit à la réforme du fondement de la philosophie, et à la substitution d'un nouveau premier principe.

En écho aux longues polémiques avec Arnauld, et à la thèse défendue par ce dernier, Aristarque attaque le principe malebranchiste de la distinction des idées et des perceptions. Au nom d'une conception quasiment empiriste de la connaissance, il soutient que les idées sont des modes de l'âme, produites par l'ébranlement de nos organes sensoriels par les objets extérieurs. Or la *Recherche de la vérité* a déjà montré que la différence réelle entre l'idée (réalité éternelle et transcendante à l'esprit fini) et la perception (mode de l'esprit) constitue le fondement des sciences et de leur certitude. Attaquer ce point, rétorque Théodore, revient à tenir une position pyrrhonienne. Entendons par là que, si nous identifions les idées ou essences des choses et les perceptions de l'âme, rien ne vient dès lors garantir à nos perceptions une portée et une objectivité au-delà d'elles-mêmes. Nous nous trouvons enfermés sur nos perceptions, dont rien ne nous assure qu'elles correspondent à un objet quelconque, posé hors d'elles.

---

1. Rappelons que, selon Thomas d'Aquin, la *theologia sacra* est immédiatement subalternée à la science divine, comme auto-compréhension de Dieu, et qu'elle en tire sa certitude suréminente. Voir *Somme théologique*, Ia, q. 1, a. 2, resp.

Aristarque contre-attaque alors, non pas pour défendre le pyrrhonisme, mais au nom de ce qu'il n'est pas difficile d'identifier comme une position globalement cartésienne : « Est-ce que le premier principe des sciences n'est pas : que je puis affirmer d'une chose ce que je conçois clairement être renfermé dans l'idée qui la représente ? ». Le critère (purement psychologique) de la distinction de l'idée, un critère interne donc, vaut alors par lui-même, comme ultime garantie de la véracité de l'idée.

Or, par la voix de Théodore, Malebranche dénie à ce critère sa pertinence, ce qui a notamment pour conséquence d'autoriser un rapprochement (souvent opéré par la suite) entre un certain cartésianisme et une forme de pyrrhonisme [1]. Le principe cartésien se trouve destitué au profit d'un autre, pour ainsi dire plus principiel, puisque le principe (cartésien) de l'idée claire et distincte présuppose implicitement cet autre principe. Pour valoir (c'est-à-dire pour fonder la légitimité du passage de l'idée à la chose), le criterium de la clarté et de la distinction suppose, au contraire, l'éternité et l'immutabilité de l'idée, et, partant, son essentielle différence d'avec toute perception finie et passagère de l'âme (p. 68-69). Pour être assuré que l'idée représente la chose, autrement dit qu'elle possède la consistance d'une essence réelle, il convient que l'idée échappe à toute finitude : elle ne peut être le mode d'un entendement fini, mais se doit d'être une perfection de l'être infini [2].

Les idées possèdent donc des propriétés opposées à celle de l'esprit : Dans le cas contraire, on ne pourrait jamais être assuré que l'idée (simple perception et mode de l'âme) est conforme à l'idée

1. Une telle position interdit dès lors de dépasser le plan des idées ; la correspondance de l'idée à la chose devient impensable, et inexplicable, et son affirmation, un postulat gratuit et infondé : « Dites donc seulement que les choses vous paraissent telles, mais n'affirmez pas qu'elles sont effectivement telles qu'elles vous paraissent » (p. 69).

2. La différence de l'idée et de la perception reçoit donc le titre de « principe dont dépend la certitude des sciences » (p. 70).

conçue comme le modèle ou l'exemplaire à partir de laquelle Dieu produit les créatures.

Une fois acquis, le nouveau principe reçoit une nouvelle extension : en tant qu'opérateur de certitude, il vaut pour tout savoir qui y prétend ; il atteste dès lors de sa dimension métaphysique, en prétendant valoir pour toute science, à titre de condition *a priori* de possibilité : il s'étend ainsi à la morale, tout comme à la religion elle-même : « sans l'immutabilité des idées, il me paraît clair que le vrai et le faux, le juste et l'injuste n'ont plus rien de stable et de permanent, et que tout est incertain dans les sciences, dans la morale et même dans la religion » (p. 70).

Le problème central et déterminant devient alors la preuve de l'éternité des idées, ce qui revient à en établir, pour ainsi dire, la divinité. Or on se souvient que l'infini constitue l'attribut essentiel de Dieu[1]. C'est donc assez logiquement que le texte procède à une sorte de glissement de l'éternité à l'infinité : afin d'établir les caractères requis par les idées pour qu'elles puissent assumer leur fonction, il suffit de montrer qu'elles sont infinies, ce qui est fait (p. 73-74). L'argument central tient dans la mise en évidence de l'incapacité d'une réalité finie à représenter l'infini. La fonction représentative dépend désormais des propriétés ontiques du représentant. Si donc nous pensons l'infini, « il faut qu'il soit », entendons : l'idée est réellement infinie.

On peut ici noter l'équivoque qui affecte l'objet et la visée ultime de cette argumentation. Traditionnellement interprété comme la reformulation de l'argument *a priori*[2], l'argument, du moins sous la forme qu'il reçoit ici, n'établit directement que l'infinité, et la réalité de l'idée infinie. Le nerf de la preuve est bien connu, et se retrouve en d'autres lieux (notamment le premier *Entretien sur la métaphysique*) : le néant n'étant pas, il n'est pas non plus visible. Par conséquent, tout

---

1. *CC* II, p. 46, 47, 49, ou V, p. 119 ; *Adoration*, p. 425.

2. Malebranche entend reformuler et perfectionner la preuve cartésienne, notamment dans la *Recherche*, IV, chap. XI, § III, *OC* II, 96 *sq.*

ce qui est visible (entendons visible au sens large, c'est-à-dire aussi aux yeux de l'esprit) est, tout autant qu'il est visible [1]. En conséquence, si on voit l'infini, celui-ci ne peut être rendu visible par le biais d'une réalité finie. L'idée de l'infini est donc elle-même infinie. Par conséquent, l'axiome de l'invisibilité du néant implique la position de l'infini dans l'être, et non seulement dans l'horizon de la pensée (p. 74).

Remarquons que la formulation malebranchiste de l'argument que Kant dira ontologique identifie la démonstration de l'infinité d'un concept et la position d'une existence. Du moins la formulation malebranchiste de l'argument ouvre-t-elle (beaucoup plus clairement que sa version cartésienne) la porte à la réflexion kantienne, et à la caractérisation de l'argument comme une tentative pour penser l'existence comme la perfection (voire comme le prédicat) d'une essence.

Les *Conversations chrétiennes* représentent bien plus qu'un texte de transition entre la *Recherche de la vérité* et ses *Éclaircissements*. Elles marquent une étape décisive dans la genèse du système, puisqu'elles dessinent, pour la première fois aussi nettement, la figure de la philosophie qu'on retrouvera dans les œuvres de la pleine maturité.

Si de nombreuses thèses de la *Recherche de la vérité* expliquent la grande postérité de Malebranche à l'époque des Lumières, nos *Conversations* frayent la voie d'un autre rationalisme, en permettant, pour ainsi dire, l'entrée du Christ en philosophie. Avant les grandioses constructions de l'idéalisme allemand, ces *Conversations* marquent un jalon important dans le développement des christologies modernes.

Jean-Christophe BARDOUT

1. Il y a une stricte corrélation entre l'entité et la capacité représentative.

CONVERSATIONS CHRÉTIENNES

DANS LESQUELLES ON JUSTIFIE LA VÉRITÉ DE LA RELIGION
ET DE LA MORALE DE JÉSUS-CHRIST

Comme il est bon de convaincre toute sorte de personnes des vérités de la religion, je ne crois pas qu'on puisse trouver mauvais que dans ce petit ouvrage je parle aux philosophes modernes le langage qu'ils entendent, et que j'y suive les principes qu'ils reçoivent. S. Thomas s'est servi des sentiments d'Aristote, et s. Augustin de ceux de Platon, pour prouver, ou plutôt pour expliquer, aux sectateurs de ces philosophes les vérités de la foi, et, si je ne me trompe, il est permis à la Chine de tirer de Confucius, philosophe du pays, des preuves de la vérité de nos dogmes. La charité veut qu'on persuade en toutes les manières possibles les vérités qui conduisent à la possession des vrais biens. Mais, pour persuader promptement les gens, il faut nécessairement leur parler selon leurs idées, un langage qu'ils entendent bien, et qu'ils écoutent volontiers. L'expérience apprend assez qu'il n'est pas possible de convaincre un cartésien par les principes d'Aristote, ni un péripatéticien par ceux de Descartes; le plus court et le plus sûr moyen pour convertir qui que ce soit et lui faire goûter les vérités révélées, c'est de se servir des sentiments qu'il embrasse. Être péripatéticien ou platonicien, gassendiste ou cartésien, c'est là un défaut, car ce n'est pas assez craindre l'erreur que de se rendre à l'autorité des hommes qui y sont sujets, mais c'est un défaut que l'Église souffre dans ses enfants, pourvu qu'ils reçoivent avec respect les vérités catholiques. Ce sont ces vérités essentielles au salut qu'il faut tâcher de répandre dans tous les esprits. On les a expliquées | aux sectateurs de Platon et 5 d'Aristote par les principes de ces philosophes, et je veux essayer de les démontrer aux cartésiens, et même à ceux qui ne sont prévenus d'aucune opinion, en me servant des principes que ces philosophes reçoivent, et des raisons qui ne dépendent, ce me semble, que du bon sens. Au reste, je soumets toutes mes pensées à l'autorité infaillible de l'Église, et je proteste devant Dieu que je suis prêt de souscrire à toutes ses décisions. C'est qu'il me paraît évident que l'infaillibilité est renfermée dans l'idée que j'ai d'une société divine dont Jésus-Christ est le chef, et que je ne puis pas comprendre qu'une telle société puisse devenir la maîtresse de l'erreur, si son divin chef ne l'abandonne, ce que je sais certainement qu'il ne fera jamais, ce que je sais, dis-je, non seulement par l'autorité de ses promesses, mais encore par des preuves de raison qui me paraissent évidentes.

[…]

9 | Dans la *Recherche de la vérité*, imprimée à Paris en 1700, j'avais averti que, de toutes les éditions que l'on avait faites de ces *Conversations chrétiennes*, en France et ailleurs, la plus exacte était celle de Rouen en 1695. Mais je crois devoir dire maintenant que celle-ci, dont j'ai corrigé moi-même les feuilles de l'impression, lui est préférable en toutes manières.

Entretien I

Qu'il y a un Dieu, et qu'il n'y a que lui qui agisse véritablement
en nous, et qui puisse nous rendre heureux ou malheureux

Aristarque : Il faut que je vous déclare, mon cher Théodore, que je ne suis point content de nos conversations passées. Je vous ai entretenu de mes voyages, et de quelques aventures de mes dernières campagnes ; vous les savez, ne m'en demandez pas davantage. Vous me dîtes hier une parole qui me pénétra de telle manière que je suis insensible à toutes les choses qui jusqu'ici m'ont extrêmement agité : j'en reconnais le vide et le néant ; je veux des biens solides et des vérités certaines.

Théodore : Rendez grâces, Aristarque, à votre libérateur, à celui qui rompt vos liens, et qui change votre cœur. J'ai parlé longtemps à vos oreilles ; mais enfin celui qui me donnait des paroles vous en a fait comprendre le sens. Vous commencez à voir la vérité, et vous l'aimez ; vous souhaitez même de la voir plus clairement. Que vous l'aimerez alors bien plus ardemment !

Ne pensez pas, je vous prie, que ce qui vous éclaire et qui fait naître en vous l'ardeur que vous sentez présentement soit une parole dite en l'air, une parole qui ne frappe que le corps, | ou cet homme extérieur et **11** sensible qui est incapable d'intelligence*. Combien de fois vous ai-je dit ces mêmes vérités, sans que vous en ayez été convaincu? Je les disais alors à vos oreilles, mais la lumière de la vérité ne luisait pas dans votre esprit; ou plutôt, puisque cette lumière nous est toujours présente, elle luisait dans votre esprit, mais elle n'éclairait pas votre esprit. Étant hors de vous-même, vous écoutiez un homme qui ne parlait qu'au corps. Vous fermiez les yeux à la lumière de la vérité qui vous pénètre. Vous étiez dans les ténèbres, puisque vous n'étiez point tourné vers celui qui seul est capable de les dissiper.

Apprenez donc, mon cher Aristarque, à rentrer dans vous-même, à être attentif à la vérité intérieure qui préside à tous les esprits, à demander et à recevoir les réponses de notre maître commun**. Car, sans cela, je vous avertis que toutes mes paroles seront stériles et infructueuses, semblables à celles que je vous ai déjà dites, desquelles à peine vous avez quelque souvenir.

ARISTARQUE : Je veux bien faire tous mes efforts pour vous suivre, mais j'appréhende que je ne le puisse pas, car j'ai même de la peine à bien comprendre ce que vous me dites actuellement.

THÉODORE : Dans la passion présente qui vous anime, vous ne manquerez pas d'être attentif à tout ce que je vous dirai, mais vous ne

---

* Nolite putare quemquam hominem discere aliquid ab homine, admonere possumus per strepitum vocis nostrae : si non sit intus qui doceat inanis fit strepitus noster (Augustin, in [I] Joan.). [Tractatus in Ioannis Epistulam ad Parthos, III, 13 (BA LXXVI, 176; SC LXXV, 210) : « N'allez pas penser que l'homme apprenne quelque chose de l'homme. Nous pouvons avertir par le bruit de notre voix : si n'est pas au-dedans de nous celui qui enseigne, vain est le bruit que nous faisons »; comme dans la Recherche (préface, OC I, 23), Malebranche suit la leçon « quemquam hominem », qu'adopte aussi la BA.]

** Ubique Veritas praesides omnibus consulentibus te, simulque respondes omnibus etiam diversa consulentibus; liquide tu respondes, sed non liquide omnes audiunt (Augustin, Conf., livre X, chap. XXVI) [Confessiones, X, XXVI, 37 (BA XIV, 206-208). « Tu sièges partout, vérité, pour tous ceux qui te consultent, et tu réponds à tous à la fois, même s'ils te consultent sur des sujets différents. Tu réponds clairement, mais tous n'entendent pas clairement »]. Voyez la préface des Entretiens sur la métaphysique imprimés en 1696 [OC XII, 15. Voir également RV, préface, OC I, 14].

le comprendrez pas toujours. Il est difficile que votre attention puisse être assez pure et assez forte, et votre intention assez désintéressée, pour être toujours récompensé de la vue claire et distincte de la vérité.

L'attention de l'esprit est la prière naturelle que nous faisons à la vérité intérieure, afin qu'elle se découvre à nous. Mais cette | souve- **12** raine vérité ne répond pas toujours à nos désirs, parce que nous ne savons pas trop bien comment il la faut prier.

Nous l'interrogeons souvent sans savoir ce que nous lui demandons, comme lorsque nous voulons résoudre des questions dont nous ne connaissons pas les termes.

Nous l'interrogeons, et nous lui tournons le dos, sans vouloir attendre ses réponses, comme lorsque l'inquiétude nous prend, et que notre imagination s'irrite de ce que nous pensons à des choses qui n'ont point de rapport au bien du corps.

Nous l'interrogeons, et nous faisons effort pour la corrompre, lorsque nos passions nous agitent, et que pour les justifier nous voulons que ses réponses s'accordent avec les sentiments que ces mêmes passions nous inspirent.

Enfin, nous l'interrogeons, nous écoutons ses réponses, et nous ne les comprenons pas, lorsque nos préjugés nous préoccupent, que notre esprit est rempli de fausses idées, et que notre imagination est toute salie d'une infinité de traces obscures et confuses, qui nous représentent sans cesse toutes choses par rapport à nous. Alors Dieu parle et le corps aussi, la raison et l'imagination, l'esprit et les sens. Il se fait un bruit confus, et l'on n'entend rien ; les ténèbres se mêlent avec la lumière, et l'on ne voit rien. Car on ne peut pas toujours discerner ce que Dieu nous dit immédiatement et par lui-même, pour nous unir à la vérité, d'avec ce qu'il nous dit par notre corps, pour nous unir aux objets sensibles.

Les différentes occupations de votre vie ont rempli votre esprit d'un grand nombre de préjugés, surtout la lecture de certains auteurs, et le commerce que vous avez eu avec ceux qui les admirent. Car je le sais, Aristarque, vous avez beaucoup étudié les livres de certains savants, qui font gloire de douter de toutes choses, et qui cependant parlent décisivement des plus obscures. Et j'appréhende fort qu'à leur exemple vous ne prétendiez dans la suite que je vous prouve des **13** notions communes, et que je reçoive | pour principes des sentiments qui sont entièrement inconnus à la plupart des hommes.

Il est encore assez difficile que les voyages que vous avez faits ne vous aient trop répandu au-dehors, et ne vous aient rendu l'esprit trop dissipé et trop cavalier pour écouter avec attention des choses dont vous n'avez point ouï parler parmi des voyageurs, ni parmi des gens de guerre.

Vous ne croyez pas présentement que vos études et vos voyages vous aient corrompu l'esprit et vous aient préoccupé de beaucoup de sentiments peu raisonnables. Vous avez vos raisons pour ne les pas croire, et je ne veux point encore vous en convaincre. Mais, afin que, dans la suite de nos conversations, nous ayons quelque personne qui puisse en quelque manière accorder les petits différends qui pourront naître de la variété de nos idées, prenons pour troisième un jeune homme que le commerce du monde n'ait point gâté, afin que la nature ou plutôt la raison toute seule parle en lui, et que nous puissions reconnaître lequel de nous deux est préoccupé. Il me semble qu'Éraste qui nous écoutait ces jours passés serait fort propre à ce dessein. Je remarquais, par l'air de son visage, qu'il rentrait souvent en lui-même pour confronter nos sentiments avec ceux de sa conscience, et assurément il approuvait toujours les opinions qui étaient les plus raisonnables, quoiqu'il demeurât comme interdit et comme surpris sans rien juger, lorsqu'il vous entendait dire certaines choses que vous avez lues dans les livres.

ARISTARQUE : Vous lui faites bien de l'honneur à mes dépens, mais je n'y trouve rien à redire. Ce jeune homme est si aimable qu'outre les liens de la parenté j'ai toutes les raisons du monde de me réjouir de l'estime que vous faites de son esprit. Je consens à tout ; mais le voici qui entre fort à propos.

ÉRASTE : Vous plaît-il, Messieurs, me faire la même grâce que vous me fîtes ces jours passés ? Voulez-vous bien me souffrir ici ?

| ARISTARQUE : Très volontiers, Éraste ; nous pensions même à **14** vous envoyer quérir.

Je viens, Théodore, de vous dire ma résolution, et vous l'approuvez. Philosophons je vous prie ; mais philosophons d'une manière chrétienne et solide. Instruisez-moi des vérités essentielles, et qui sont les plus capables de nous rendre heureux.

Comment prouveriez-vous qu'il y a un Dieu ? Car je crois que c'est par là que nous devons commencer.

THÉODORE : L'existence de Dieu se peut prouver en mille manières, car il n'y a aucune chose qui ne puisse servir à la démontrer, et je m'étonne qu'un homme comme vous, si savant dans la lecture des Anciens, et si habile en toutes manières, semble n'en être pas convaincu.

ARISTARQUE : J'en suis convaincu par la foi ; mais je vous avoue que je n'en suis pas pleinement convaincu par la raison.

THÉODORE : Si vous dites les choses comme vous les pensez, vous n'en êtes peut-être convaincu ni par la raison, ni par la foi. Car ne voyez-vous pas que la certitude de la foi vient de l'autorité d'un Dieu qui parle, et qui ne peut jamais tromper ? Si donc vous n'êtes pas convaincu par la raison qu'il y a un Dieu, comment serez-vous convaincu qu'il a parlé ? Pouvez-vous savoir qu'il a parlé, sans savoir qu'il est ? Et pouvez-vous savoir que les choses qu'il a révélées sont vraies, sans savoir qu'il est infaillible, et qu'il ne nous trompe jamais ?

ARISTARQUE : Je n'examine pas si fort les choses, et la raison pour laquelle je le crois, c'est parce que je le veux croire, et qu'on me l'a dit ainsi toute ma vie. Mais voyons vos preuves.

THÉODORE : Votre foi me paraît bien humaine, et vos réponses sont bien cavalières. Je voulais vous apporter les preuves de l'existence de Dieu les plus simples et les plus naturelles*, mais je reconnais par la disposition de votre esprit qu'elles ne seraient | pas à votre égard des **15** plus convaincantes. Il vous faut des preuves sensibles.

---

* Voyez les *Entretiens sur la métaphysique*, IIe Entretien, n. 5 [*OC* XII, 53-54].

Voici bien des objets qui nous environnent; duquel voulez-vous que je me serve pour vous prouver qu'il y a un Dieu? de ce feu qui nous réjouit? de cette lumière qui nous éclaire? de la nature des paroles par le moyen desquelles nous nous entretenons? Car, comme je viens de vous dire, il n'y a aucune créature qui ne puisse servir à faire connaître le Créateur, pourvu qu'on la considère avec toute l'attention dont on est capable, et qu'on ne forme point de jugements précipités.

Dieu agit sans cesse dans tous ses ouvrages, et par tous ses ouvrages. C'est lui qui nous éclaire par cette lumière qui nous environne, c'est lui qui nous réjouit par ce feu qui nous échauffe, et c'est lui qui nous entretient, lorsque nous pensons nous entretenir les uns les autres. Dieu ne produit et ne conserve aucune créature, qui ne puisse le faire connaître à ceux qui font bon usage de leur raison. Je vais vous le faire voir. Cependant, Éraste, prenez garde que l'un de nous deux ne vous préoccupe.

Répondez-moi, Aristarque, qu'est-ce que le feu fait en vous?

ARISTARQUE : Il m'échauffe et me réjouit.

THÉODORE : Le feu cause donc en vous du plaisir?

ARISTARQUE : Je l'avoue.

THÉODORE : Ce qui cause en nous quelque plaisir nous rend en quelque manière heureux, car le plaisir actuel rend actuellement heureux.

ARISTARQUE : Il est vrai.

THÉODORE : Ce qui nous rend en quelque manière heureux est en quelque manière notre bien; cela est en quelque manière au-dessus de nous; cela mérite en quelque manière de l'amour et une espèce de respect ou d'attention. Qu'en pensez-vous, | Éraste? Le feu est-il en quelque manière au-dessus de vous? Le feu peut-il agir en vous? Peut-il causer en vous du plaisir qu'il n'a pas, qu'il ne sent pas, qu'il ne connaît pas, et le causer en vous, c'est-à-dire dans un esprit, dans un être infiniment au-dessus de lui?

ÉRASTE : Je ne le pense pas.

THÉODORE : Voyez donc, Aristarque, ce que vous avez à répondre.

ARISTARQUE : Vous concluez trop vite, et je vois où vous allez. Je distingue : le feu cause la chaleur, mais il ne cause pas le plaisir. Le plaisir est un sentiment agréable que l'âme cause en elle-même. Lorsque son corps est bien disposé, elle s'en réjouit, et sa joie est son plaisir. Mais le feu cause cette chaleur que nous sentons, car, comme il la contient en lui-même, il peut la répandre au-dehors.

THÉODORE : Concevez-vous bien, Éraste, ce que nous dit Aristarque ? Est-ce votre âme qui cause en elle son plaisir ; et le cause-t-elle lorsqu'elle connaît que son corps est bien disposé ? Savez-vous bien quels sont les changements qui arrivent présentement à votre corps ? Le plaisir, que vous avez à vous chauffer, attend-il à naître en vous que vous ayez reconnu ce qui se passe dans vos mains ? Attend-il aussi les ordres de votre âme ; et sentez-vous que cela dépende de vous, comme l'effet dépend de sa cause ? Comprenez-vous bien aussi que le feu contient effectivement cette chaleur que vous sentez, cette chaleur que vous ne sentez que lorsque vos mains sont hors du feu ? Car, lorsque vos mains sont dans le feu, qui, selon le sentiment d'Aristarque, contient la chaleur, vous ne la sentez point, mais une douleur très grande, qui apparemment n'est pas dans le feu.

Lorsque vous rentrez en vous-même pour consulter votre raison, concevez-vous bien clairement que la matière soit capable de quelques modifications différentes des mouvements et des figures ? Croyez-vous que c'est par la chaleur que le feu sépare | les parties du 17 bois, lorsqu'il les brûle ? Que c'est par la chaleur qu'il agite les parties de l'eau, lorsqu'il la fait bouillir ? Que c'est par la chaleur qu'il rend fluides les métaux, lorsqu'il les fond ? Qu'il fait sortir l'eau de la boue, lorsqu'il la sèche ? Qu'il pousse avec violence les boulets de canon, et qu'il renverse par les mines les murailles des villes et les tours les plus élevées ? Enfin, avez-vous jamais reconnu dans le feu quelque effet qui prouve qu'il a de la chaleur ?

ÉRASTE : Il est vrai que je ne comprends pas que cette chaleur que je sens soit capable de produire aucun des effets que vous venez de dire ; et je ne vois pas même qu'il y ait de rapport entre cette chaleur et aucune des choses que fait le feu. J'ai assez reconnu par les effets que le feu a du mouvement, mais je n'ai point encore reconnu qu'il eût ni chaleur, ni douleur, ni rien de ce que je sens à sa présence.

THÉODORE : Vous penserez, Aristarque, à ce qu'Éraste vient de dire. Mais écoutez cependant les réponses qu'il me va faire.

Si j'appuyais cette épine sur votre main, qu'y ferais-je, Éraste ?

ÉRASTE : Comme elle est pointue, je m'imagine que vous y feriez un trou.

THÉODORE : Qu'y ferais-je encore ?

ÉRASTE : Si je ne dois dire que ce que je sais, vous n'y feriez[1] rien davantage.

THÉODORE : Mais que sentiriez-vous ?

ÉRASTE : Peut-être que je sentirais quelque douleur.

THÉODORE : Ce *peut-être* est bien judicieux. Mais, si je passais cette plume sur vos lèvres, qu'y ferais-je ?

ÉRASTE : Vous en ébranleriez les fibres.

THÉODORE : Qu'y ferais-je encore ?

ÉRASTE : Rien davantage assurément.

18 | THÉODORE : Mais que sentiriez-vous ?

ÉRASTE : Je n'en sais rien. Faites-en l'expérience… Je sens une espèce de plaisir ambigu qui inquiète beaucoup, et qu'on peut appeler chatouillement.

THÉODORE : Que pensez-vous, Aristarque, des réponses d'Éraste ? Sont-elles justes ? En peut-on tirer directement quelque fausse conséquence ? Il ne dit que ce qu'il conçoit clairement, que ce qu'il entend de son maître intérieur. Il le consulte fidèlement : voyez comment il s'applique.

Continuons, Éraste : qu'est-ce que le feu produit dans votre main ?

ÉRASTE : Attendez, Monsieur… J'ai vu mettre beaucoup de bois dans la cheminée : ce bois n'y est plus, il en est donc sorti.

ARISTARQUE : Il est brûlé, il est anéanti.

---

1. Nous intégrons la correction indiquée dans les *errata*.

ÉRASTE : Bon ! *anéanti*… Je ne l'ai pas vu sortir. Il faut donc qu'il en soit sorti en des parties invisibles. Il n'a pu en sortir sans qu'il ait changé de place, c'est-à-dire sans mouvement. Le bois se divise donc sans cesse, et ses parties se meuvent de la cheminée vers mes mains. Ces parties sont des corps : elles heurtent contre mes mains. M'y voici, Théodore : le feu ébranle assurément les fibres de mes mains.

THÉODORE : Est-ce là tout, Éraste ?

ÉRASTE : C'est tout ce que je connais. Je n'assure que ce que je conçois clairement. Ai-je tort ?

THÉODORE : Mais quoi, ne sentez-vous rien ?

ÉRASTE : Je sens de la chaleur.

THÉODORE : Approchez-vous du feu… encore, encore quelque peu ; que sentez-vous ?

ÉRASTE : De la douleur.

| THÉODORE : C'est assez. D'où vient cette chaleur qui vous plaît, et **19** cette douleur qui vous cuit, cette chaleur qui vous rend plus content et plus heureux, cette douleur qui vous inquiète, et qui vous rend en quelque façon malheureux ?

ÉRASTE : Je ne le sais pas.

THÉODORE : Croyez-vous que le feu soit au-dessus de vous, et qu'il vous rende heureux ou malheureux ?

ÉRASTE : Non certainement, je ne le crois point. Je ne crois ici que ce que je conçois. Je vois bien que le feu peut remuer diversement les fibres de ma main, car les corps en mouvement peuvent, ce me semble, remuer ceux qu'ils rencontrent ; mais ils ne peuvent communiquer des sentiments qu'ils n'ont pas. Est-ce qu'une épine verse la douleur par le petit trou qu'elle fait dans la chair ? Est-ce qu'une plume répand le chatouillement sur les lèvres, lorsqu'elle y passe ? Non, Théodore, je ne crois pas que, de tous les corps qui m'environnent, il y en ait aucun qui puisse me rendre plus heureux ou plus malheureux.

THÉODORE : Courage, Éraste, je vois bien que vous n'adorerez pas le feu, ni même le soleil. Vous êtes déjà plus sage que ces fameux Chaldéens, que ces illustres brachmanes, et que nos anciens druides qui adoraient le soleil.

ÉRASTE : Quoi ! Il y a eu des hommes assez fous pour regarder le feu et le soleil comme des divinités ?

THÉODORE : Oui, Éraste : non quelques hommes ou quelques nations, mais presque toutes les nations, et les plus renommées, comme les Grecs, les Perses, les Romains, et plusieurs autres. Vous le demanderez à Aristarque : il a lu les bons livres. Il vous entretiendra pendant plusieurs jours des différentes manières dont différents peuples ont adoré le feu et le soleil.

ÉRASTE : Je ne me soucie pas beaucoup de savoir les folies des autres. Continuez, s'il vous plaît, de m'interroger.

20   THÉODORE : Je suis à vous, Éraste. Mais vous, Aristarque, | avez-vous comparé vos réponses avec celles d'Éraste ? Avez-vous remarqué comment il s'applique ? Il consulte le maître qui l'enseigne dans le plus secret de sa raison, il ne répond qu'après lui, il n'assure que ce qu'il voit, et c'est pour cela que je vous défie de tirer directement aucune fausse conséquence de ses réponses. Mais, si vous y prenez garde, celles que vous m'avez faites auparavant sur les mêmes demandes peuvent justifier en quelque manière la religion de ceux qui mettent le feu ou le soleil entre les divinités. Car, si le feu ou le soleil peut vous récompenser et vous punir, vous rendre heureux ou malheureux par le plaisir ou la douleur, il faut qu'il soit au-dessus de vous, il faut qu'il ait puissance sur vous, et vous devez lui être soumis, parce que c'est une loi inviolable que les choses inférieures soient soumises aux supérieures. Je ne vous en dis pas davantage ; je vous assure seulement que les païens n'ont jamais raisonné comme Éraste, et qu'apparemment ils ont raisonné comme vous, puisqu'on voit par leur religion qu'ils ont tiré les mêmes conséquences que je viens de tirer de vos réponses.

Voyez-vous, Aristarque, quand c'est Dieu qui parle, quand c'est la vérité intérieure qui répond, il n'y a point de créature qui ne conduise au Créateur : vous comprendrez bien ceci dans la suite. Mais, quand nous jugeons cavalièrement de toutes choses, sans consulter d'autre maître que notre imagination et nos sens, ou ce qui reste dans notre mémoire de la lecture des livres que certains faux savants ont composés, il nous est impossible de nous approcher de Dieu.

ARISTARQUE : Je ne puis vous exprimer la joie que je ressens dans cette nouvelle manière de philosopher. Je me réjouis de voir que les enfants et les ignorants sont les plus capables de la véritable sagesse, et je suis ravi d'apprendre d'Éraste des vérités auxquelles je n'avais jamais pensé. Ses réponses m'instruisent beaucoup plus que les grands raisonnements de nos philosophes, et il me semble que chacune de ses paroles, lorsque | j'y suis fort attentif, répand dans mon esprit une **21** lumière pure, qui n'éblouit point par son éclat, et qui dissipe cependant toutes mes ténèbres.

THÉODORE : Je continue donc, Aristarque, d'interroger Éraste, puisque vous êtes si content de l'entendre.

Écoutez, mon cher Éraste, vous venez de dire que le feu pouvait remuer diversement les parties de votre main parce que les corps peuvent agir sur les corps. Vous pensez donc que les corps ont la force de remuer ceux qu'ils rencontrent.

ÉRASTE : Mes yeux me le disent, mais mon esprit ne me le dit pas encore, car je n'ai pas examiné cette question.

THÉODORE : Eh bien, répondez-moi. Un corps a-t-il la force de se remuer lui-même ?

ÉRASTE : Je ne le crois pas.

THÉODORE : La force qui meut les corps n'est donc point dans ces mêmes corps.

ÉRASTE : Je ne sais.

THÉODORE : Prenez garde, Éraste : je ne parle pas du mouvement. Le transport local d'un corps, ou le mouvement d'un corps, est une manière d'être de ce corps par rapport à ceux qui l'environnent : je n'en parle pas, mais de la force qui le cause. Je vous demande si cette force est quelque chose de corporel, et s'il est en la puissance des corps de la communiquer.

ÉRASTE : Je ne le pense pas, car, si c'était quelque chose de corporel, elle ne pourrait pas se remuer elle-même. Cela me paraît

évident. Non, Théodore, je ne crois pas que les corps communiquent à
22 ceux qu'ils rencontrent une force qu'ils n'ont pas | eux-mêmes * : il
faut qu'une intelligence s'en mêle, et une même intelligence, et, de
plus, que ses volontés soient constantes, puisque les mouvements se
communiquent toujours de la même manière. Je crois que le Créateur a
établi certaines lois générales, selon lesquelles il règle l'épanchement
de la force qui meut les corps.

Aristarque : Je pense qu'Éraste va trop vite, et qu'il se perd. Car il
me semble que les choses qui se font toujours de la même manière se
font par une action aveugle, *caeco impetu naturae* [1].

Théodore : Vous vous trompez, Éraste ne se perd pas; et vous
avez tort d'attribuer à une impétuosité aveugle d'une nature imaginaire ce qui vient de l'immutabilité de l'auteur de tous les êtres, et de la
simplicité de ses voies **. Je vois bien que vous ne savez pas que la
marque d'un ouvrier excellent est de produire des effets admirables,
en agissant toujours de la même manière, et par les voies les plus
simples. Je ne veux pas vous conduire à Dieu par ce chemin : il est trop
difficile, et il ne le fait pas considérer d'une manière aussi utile pour la
morale que celle que je veux prendre. Je veux seulement vous le faire
23 découvrir comme le seul auteur de la félicité des justes et de la | misère
des impies, en un mot, comme le seul capable d'agir en nous. Car non
seulement je dois vous prouver qu'il est, de quoi certainement on ne
doute guère, mais je dois aussi vous démontrer qu'il est notre bien en
toutes manières, vérité importante que l'on ne connaît point assez.

---

* Voyez le III e chapitre de la II e partie du livre [VI] de la *Recherche de la vérité*
[*OC* II, 309-320], et l'*Éclaircissement* sur ce même chapitre [XV e *Écl.*, *OC* III, 203-252].

** Voyez les *Entretiens sur la métaphysique et sur la religion*, Entretiens X, XI, XII
[*OC* XII, 223-306]. La fausse délicatesse de certains critiques m'oblige à dire ici que je ne
cite point mes autres ouvrages, comme ayant quelque autorité décisive, ce qui serait
impertinent à moi; mais je n'y renvoie que pour ne pas répéter ce que je crois avoir
suffisamment expliqué ailleurs. Cette conduite est autorisée, et, si je ne me trompe, elle
est conforme au bon sens.

1. « par une aveugle impulsion de la nature ».

Revenons à Éraste. Vous êtes persuadé, mon cher Éraste, que ni le feu, ni le soleil, ni pas un des corps qui vous environnent ne sont point les véritables causes de ce que vous sentez à leur présence, et vous êtes en cela plus sage que tous ceux qui ont adoré le feu et le soleil. Vous ne croyez pas même que les corps aient en eux la force qui remue ceux qu'ils rencontrent, et vous êtes encore en cela plus éclairé que ceux qui ont adoré les cieux et les éléments, et tous ces corps qu'Aristote appelle divins, à cause qu'il croyait qu'ils avaient eux-mêmes la force de se mouvoir, et de produire par leur mouvement tous les biens et tous les maux dont les hommes sont capables. Mais il ne suffit pas de savoir que les corps ne font rien en vous ; il faut aussi reconnaître la véritable cause de tout ce qui se produit en vous. Vous sentez de la chaleur et de la douleur à la présence du feu. Ce n'est point le feu qui produit cette chaleur et cette douleur en vous. Qui sera-ce donc, Éraste ?

Éraste : Je vous avoue que je n'en sais rien.

Théodore : N'est-ce point votre âme qui agit en elle-même, qui s'afflige, par exemple, lorsque le feu sépare les parties du corps qu'elle anime et qu'elle aime, ou qui se réjouit lorsque le même feu produit dans son corps un mouvement modéré, propre à entretenir la vie et la circulation du sang ?

Éraste : Je ne le pense pas.

Théodore : Et pourquoi ?

Éraste : C'est que l'âme ne sait point que le feu ébranle ou sépare les fibres de son corps. Je sentais de la chaleur et de | la douleur, avant 24 que j'eusse appris par les réflexions que je viens de faire ce que le feu est capable de produire sur mon corps ; et je ne pense pas que les enfants et les paysans, qui ne savent rien de ce que le feu fait en eux, soient exempts de douleur lorsqu'ils se brûlent. De plus, je ne sais point quel est ce mouvement modéré, propre à entretenir la vie et la circulation du sang, et, si j'attendais à sentir de la chaleur jusqu'à ce que je le susse, je n'en sentirais peut-être de ma vie. Enfin, quand je me brûle sans y prendre garde et par surprise, je sens la douleur avant toutes choses. Je puis peut-être conclure par la douleur que je sens qu'il se passe dans mon corps quelque mouvement qui le blesse, mais il est évident que la connaissance de ces mouvements ne précède ni ne cause point ma douleur.

THÉODORE : Vos raisons, Éraste, sont tout à fait solides. Mais qu'en pensez-vous, Aristarque ?

ARISTARQUE : Elles me paraissent assez vraisemblables.

Cependant, Éraste, que savez-vous si votre âme n'a point une certaine connaissance d'instinct, qui lui découvre en un moment tout ce qui se passe dans son corps ? Répondez, Éraste… répondez donc. Cela est étrange ! Vous ne répondez jamais promptement.

ÉRASTE : Je ne comprends pas, Monsieur, votre pensée. Mais tout ce que je puis vous dire, c'est que, lorsque je connais actuellement quelque chose, je sais que je la connais, car je ne suis pas distingué de moi-même. Si mon âme avait actuellement quelque connaissance d'instinct, ou telle autre qu'il vous plaira, car je n'entends pas bien ce mot, je le saurais. Cependant, à présent que je m'approche du feu, je ne sais point que j'aie la connaissance de la grandeur des mouvements qui se produisent actuellement dans ma main, quoique j'y sente tantôt quelque douleur, et tantôt une espèce de plaisir ou de chatouillement. Il n'y a donc point actuellement dans mon âme de connaissance d'instinct, ni aucune autre. Je ne sais si vous êtes content.

ARISTARQUE : Pas trop.

25 | THÉODORE : Voulez-vous que je vous dise d'où vient que vous n'êtes pas fort content ? C'est qu'Éraste a fait une réponse claire et évidente à une objection qui ne l'était pas. Si vous entendiez clairement ce que vous objectez, Éraste vous répondrait clairement et promptement tout ensemble. Si vous voulez donc être content de ses réponses, pensez bien à ce que vous lui demanderez. Il ne peut pas vous répondre promptement et clairement, lorsqu'il ne vous entend pas, et que peut-être vous ne vous entendez pas vous-même. Il fait tous ses efforts pour ne répondre qu'après avoir interrogé la vérité intérieure, et qu'elle lui a répondu. Mais elle ne lui répond jamais, quand il ne sait ce qu'il lui demande. Cependant vous voulez qu'il vous réponde, et qu'il le fasse promptement. S'il vous répondait, il vous tromperait, car ce serait lui uniquement, et non la vérité, qui vous répondrait par lui.

Je continue de l'interroger, afin que vous voyiez la manière dont il me semble qu'il s'y faut prendre, et que ses réponses vous instruisent de la vérité que nous cherchons.

Écoutez, Éraste. Je me suis obligé de prouver l'existence de Dieu par l'effet que le feu semble produire en nous ; mais, pour cela, il est de la dernière conséquence de savoir que ce n'est point l'âme qui cause en elle-même ses propres sensations. Voyez si vous n'avez point encore quelque autre preuve, je ne dis pas plus solide, mais plus convaincante pour Aristarque. Pensez-y… Pourquoi souffrez-vous quelquefois de la douleur : y prenez-vous plaisir ?

ÉRASTE : Je vous entends, Théodore. Je ne suis pas à moi-même la cause de mon bonheur ni de ma misère. Si j'étais la cause du plaisir que je sens, comme je l'aime ce plaisir, j'en produirais toujours en moi. Et au contraire, si j'étais la cause de la douleur que je souffre, comme je la hais, je ne la produirais jamais en moi. Je vois bien qu'il y a une cause supérieure qui agit sur moi, et qui peut me rendre heureux ou malheureux, puisque je ne | puis agir en moi, et que les corps ne produisent **26** point en moi les sentiments dont je suis frappé.

ARISTARQUE : Vous n'y êtes pas, Éraste. Vous aimez votre corps. Vous savez où vous sentez qu'il lui arrive du bien ou du mal. Vous vous en réjouissez donc, ou vous vous en affligez. C'est là votre plaisir, c'est là votre douleur. La cause de ces sentiments n'est que la connaissance que vous avez de ce qui se passe en vous.

ÉRASTE : Tout ce que me dit Aristarque m'embarrasse et me jette dans les ténèbres. Je vous prie Théodore de les dissiper.

THÉODORE : Je ne m'en étonne pas, Éraste. Tout ce qu'il vous dit est faux ou obscur, et paraît cependant assez vraisemblable.

Ne rentrerez-vous jamais dans vous-même, Aristarque ? Comment, je vous prie, concevez-vous qu'Éraste aime son corps ? Ce qu'il y a dans Éraste, qui est capable d'aimer, vaut mieux que le corps d'Éraste : Éraste le sait fort bien. Le corps d'Éraste ne peut agir sur son âme ; Éraste le sait. Son corps ne peut être son bien, il le sait : il ne l'aime donc pas à proprement parler. Mais voici le secret. Éraste aime le plaisir, car il veut être heureux, et tout plaisir rend en quelque manière heureux. Comme donc il sent du plaisir lorsque son corps est bien disposé, cela l'oblige à penser à son corps, et à le défendre lorsqu'on le blesse. Pensez-vous que les ivrognes aiment leur corps, lorsqu'ils le remplissent de vin? Pensez-vous que les débauchés aiment leur corps, lorsqu'ils ruinent leur santé? N'est-ce pas plutôt qu'ils aiment le plaisir présent dont ils jouissent dans leurs débauches? Ceux qui mortifient leur corps, l'aiment-ils lorsqu'ils le déchirent, le haïssent-ils? Vous ne le pensez pas. Qu'aiment-ils donc autre chose que les plaisirs dont ils espèrent de jouir un jour? Que haïssent-ils au contraire, sinon les douleurs éternelles qu'ils appréhendent de souffrir?

27 | Cependant je vous avoue que nous aimons notre corps. Oui, nous ne l'aimons que trop. Mais c'est à cause du plaisir dont il est l'occasion. Et, si nous sommes si appliqués à le conserver, c'est que nous craignons naturellement la douleur, c'est que nous voulons invinciblement être heureux. Le plaisir, la douleur, nos divers sentiments sont le principe de l'amour aveugle, de l'amour d'instinct, de l'amour naturel et nécessaire que nous avons pour notre corps. Donc le plaisir prévenant précède l'amour. Car, puisque le plaisir produit l'amour, certainement il ne le suppose pas comme vous le prétendez. Donc Éraste ne cause point en lui son plaisir, à cause qu'il reconnaît ou qu'il sent que le corps qu'il aime est bien disposé. Car il ne sait pas même que son corps est en bon état, par une autre voie que par le plaisir qu'il en ressent. Il est vrai que, lorsque nous sentons par le plaisir ou par la douleur que notre corps est bien ou mal disposé, nous sommes émus de joie ou de tristesse. Mais, si vous y faites réflexion, vous verrez bien que cette tristesse et cette joie, qui suivent notre connaissance, sont bien différentes des douleurs et des plaisirs prévenants dont nous parlons. Il y a donc, Aristarque, quelque autre cause de nos plaisirs et de nos douleurs que nous-mêmes. En demeurez-vous d'accord?

ARISTARQUE : J'en suis présentement persuadé.

THÉODORE : Or cette cause est supérieure à nous, puisqu'elle agit en nous. Cette cause s'applique sans cesse à nous, puisqu'elle agit sans cesse en nous. Cette cause peut nous punir ou nous récompenser, nous rendre heureux ou malheureux, puisque le plaisir nous est agréable, et que la douleur nous déplaît et nous inquiète. Si donc cette cause était Dieu, nous saurions que Dieu ne se contente pas de régler les mouvements des cieux, mais qu'il se mêle aussi de nos affaires. Nous saurions qu'il règle tout ce qui se passe en nous, et qu'ainsi nous devons le craindre, l'aimer, et suivre ses ordres pour être heureux. Car, puisqu'il s'applique à nous, il demande quelque chose de nous, et, si nous ne | lui **28** rendons pas ce qu'il demande de nous, il n'est pas concevable qu'il nous récompense et qu'il nous rende heureux.

ARISTARQUE : Je l'avoue. Mais comment prouveriez-vous que ce n'est point quelque ange ou quelque démon qui se mêle de notre conduite, et qui agisse en nous ? Comment prouveriez-vous qu'il y a un Être infiniment puissant et qui renferme en soi toutes les perfections imaginables ? Cela me paraît difficile.

THÉODORE : Cela est difficile par la voie que j'ai prise. Mais, lorsque nous reconnaissons une puissance supérieure qui agit en nous, nous n'avons pas de peine à la considérer comme souveraine, et à lui donner toutes les perfections, dont nous avons quelque idée. Cependant il faut tâcher de vous convaincre pleinement. Écoutez aussi, Éraste :

Dès que l'on nous pique, nous sentons de la douleur. Cette douleur ne sort point de l'épine qui nous pique ; ce n'est point notre âme qui la cause en nous : c'est une puissance supérieure. Vous en convenez. Cette puissance doit savoir le moment que l'épine pique notre corps, afin de pouvoir dans ce moment produire la douleur dans notre âme. Mais comment le saura-t-elle ? Pensez-y… Elle ne le saura pas de nous, car nous n'en savons encore rien. Elle ne le saura pas de l'épine, car l'épine ne peut pas agir dans l'esprit de cette puissance, elle ne peut pas s'appliquer à lui, elle ne peut pas se représenter à lui. Car enfin l'épine n'est ni visible, ni intelligible par elle-même, puisqu'il n'y a point de rapport entre les corps et les esprits, et que les corps étant des substances inefficaces, des substances purement passives, ils ne peuvent modifier les esprits. De qui donc cette puissance supérieure apprendra-t-elle le moment que l'épine nous pique ? Si vous dites qu'elle l'apprendra de quelque autre intelligence, je vous ferai les mêmes questions, et la difficulté reviendra | toujours. Il faut donc qu'il **29** y ait une intelligence qui apprenne dans elle-même, et par elle-même, en quel moment l'épine nous pique, et cette intelligence ne peut être que Dieu, c'est-à-dire un être dont la puissance est infinie, et dont la volonté seule est la cause de toutes choses. Car enfin il n'y a que celui dont les volontés sont efficaces qui voie dans lui-même et par lui-même l'existence et le mouvement des corps, puisque, ne pouvant ignorer ses propres volontés, il est le seul qui découvre en lui-même, le nombre, la figure, et la situation des corps, et généralement tout ce qui leur arrive, puisque rien ne leur arrive que par l'efficace de ses volontés. Il faut donc que tout ce qu'il y a d'intelligences soient éclairées par le Créateur. Et comme vous verrez clairement, si vous y pensez sérieusement : vous ne sauriez pas que vous avez un corps, et qu'il y en a d'autres qui vous environnent, si celui qui le sait par lui-même, ou par la connaissance qu'il a de l'efficace de ses volontés, ne vous l'apprenait *. Comprenez-vous ces choses, Éraste ?

ÉRASTE : Clairement ce me semble. Voici votre raisonnement. Ce qui cause de la douleur n'est ni l'âme qui sent, ni l'épine qui pique ; c'est une puissance supérieure. Cette puissance doit au moins savoir le moment auquel l'épine pique. Elle ne peut l'apprendre de l'épine, puisque les corps ne peuvent éclairer les esprits, qu'ils ne sont ni visibles ni intelligibles par eux-mêmes, et qu'il n'y a aucun rapport entre un corps et un esprit, aucune efficace dans les corps sur les esprits. Elle ne peut donc apprendre que par elle-même, c'est-à-dire par la connaissance de sa propre volonté, qui crée et qui meut l'épine, et dont la puissance est infinie, puisqu'elle est capable de créer. Il y a donc un Dieu ; et, s'il n'y avait point de Dieu, je ne serais point piqué, je ne sentirais rien, je ne verrais rien, je ne connaîtrais rien.

THÉODORE : Fort bien. Mais que pensez-vous de ces raisons, Aristarque ?

30   ARISTARQUE : Je pense que vous et votre écho Éraste raisonnez | en l'air. Le fondement de votre preuve est qu'il n'y a point de rapport

---

* Ceci se comprendra mieux par le troisième Entretien.

entre les corps et les esprits ; d'où vous concluez qu'un ange ne peut voir un corps immédiatement et par lui-même. À quoi je réponds, qu'afin que les esprits connaissent les corps, il suffit qu'ils les pénètrent.

THÉODORE : Que voulez-vous dire : *Il suffit qu'ils les pénètrent* ? Assurément, Éraste ne vous entend pas. Mais, sans vous demander des éclaircissements qui pourraient peut-être vous embarrasser et vous déplaire, votre âme *pénètre*-t-elle votre corps ? *Pénètre*-t-elle votre cœur, votre cerveau, la partie principale où elle fait sa résidence ?

ARISTARQUE : Je le crois.

THÉODORE : Dites-moi donc. Comment votre cerveau est-il composé, ou comment est faite cette partie principale dans laquelle votre âme réside ?

ARISTARQUE : Je ne sais pas l'anatomie.

THÉODORE : Comment, vous ne savez pas l'anatomie ? Faut-il que vous cherchiez dans des livres, ou dans la tête des autres hommes que vous ne *pénétrez* pas, comment le cerveau que votre âme *pénètre* est composé ? À quoi sert donc à un esprit de *pénétrer* un corps ?

ARISTARQUE : Je vous avoue que je n'ai rien à répondre. Cependant il me semble que si un esprit pénètre un corps, il le doit connaître ; mais peut-être qu'il y a quelque chose qui l'en empêche, que je ne sais pas.

THÉODORE : Si cela était, Aristarque, ce quelque chose serait le Dieu que nous cherchons. Je ne m'arrête pas à vous le prouver, car je ne veux pas prouver l'existence de Dieu par des effets imaginaires. Vous y penserez vous-même à loisir. Mais je vous conseille plutôt de faire réflexion sur les choses que je viens de dire, et j'espère que vous reconnaîtrez certainement qu'il y a un Dieu, je veux dire, un être dont la volonté est puissance, et | puissance infinie, puisqu'elle est capable **31** de créer. Que ce Dieu ne se promène pas dans les cieux pour parler comme les libertins, mais que sa providence s'étend à toutes choses, et qu'il agit sans cesse en nous. Que c'est même lui qui nous donne les sentiments agréables ou désagréables que nous avons des objets sensibles, et que lui seul par conséquent peut nous rendre heureux ou malheureux. Enfin vous connaîtrez Dieu de la manière qui nous est la plus utile pour la morale. Vous tomberez même d'accord que Dieu n'a rien fait qui ne puisse servir à démontrer son existence, quoiqu'il soit plus utile pour la morale, de la démontrer par quelque chose qui se passe en nous.

Une des raisons pour lesquelles vous avez de la peine à entrer dans mes sentiments, est que vous n'avez peut-être jamais pensé sérieusement aux choses dont je vous ai entretenu, car je ne vois pas que mes preuves soient éloignées et difficiles à comprendre : j'en prends à témoin Éraste. Ainsi, afin que dans la suite vous soyez préparé sur les sujets dont nous nous entretiendrons, je crois que nous devons en convenir.

ARISTARQUE : C'est à vous, Théodore, à régler toutes choses. Vous savez que ma résolution est de ne chercher que les vérités essentielles, et qui peuvent nous rendre plus sages et plus heureux. Je ne vous en dis pas davantage.

THÉODORE : Cela étant, Aristarque, voici l'ordre que je crois devoir garder dans nos Entretiens : retenez-le bien, afin d'y penser à loisir, et disposez-vous à me faire toutes les objections possibles.

Comme je crois avoir suffisamment démontré qu'il y a un Dieu qui agit sans cesse en nous, et qui peut nous rendre heureux ou malheureux par le plaisir et par la douleur, dont il est seul la cause véritable, je n'en apporterai point d'autres preuves, et je me contenterai de résoudre vos difficultés. Mais je vous prouverai que le dessein de Dieu dans la création de l'homme a été que l'homme le connût et l'aimât, que Dieu n'a conservé l'homme que dans ce même dessein, enfin que ce dessein est si inviolable, que les pécheurs et les damnés mêmes l'exécutent en 32 un | sens ; je veux dire qu'ils n'effaceront jamais en eux l'idée de Dieu, et qu'ils n'arrêteront jamais cette impression que Dieu donne à tous les esprits pour aimer le bonheur qui ne se trouve qu'en lui.

Ayant supposé pour principe que, Dieu agissant toujours pour lui-même, on ne peut être heureux si l'on résiste à ses volontés, ni malheureux si l'on y obéit, je démontrerai de quelle manière Dieu veut être connu et aimé, comment nous pouvons résister à ses ordres, et, ce qui est plus étrange, comment nous sommes capables de l'offenser.

Je ferai voir que nous naissons tous dans le désordre, que le péché habite en nous, que l'esprit est esclave de la chair, en un mot que notre nature est corrompue, et qu'elle a besoin d'un Réparateur, que nos désordres nous éloignent de Dieu, et nous rendent ses ennemis, et que nous avons besoin d'un Médiateur.

J'expliquerai ensuite les qualités que doit avoir notre Médiateur pour nous réconcilier avec Dieu, et pour satisfaire à sa justice, et je montrerai que Jésus-Christ les a toutes, et qu'il n'y a que lui qui les ait.

Enfin, j'expliquerai quels sont les remèdes qui peuvent guérir l'aveuglement de notre esprit, et la malice de notre cœur, et je ferai voir qu'ils se trouvent tous dans les préceptes de l'Évangile et dans la grâce de Jésus-Christ.

Ainsi, Aristarque, vous verrez qu'il n'y a qu'un homme-Dieu, qui puisse mériter à l'homme quelque rapport et quelque société avec Dieu, qu'il n'y a que le sang de Jésus-Christ qui puisse nous purifier de nos péchés, qu'il n'y a que sa grâce qui nous | fasse vaincre nos **33** passions, qu'il n'y a que ses préceptes qui puissent nous conduire à cette sagesse et à cette félicité que vous désirez, et que tout ce que nous avons à faire dans cette vie, c'est d'étudier la morale de l'Évangile, c'est d'aimer, d'écouter, et de suivre Jésus-Christ, *Qui nous a été donné de Dieu*, comme dit s. Paul[*], *pour être notre sagesse, notre justice, notre sanctification, et notre rédemption, afin que celui qui se glorifie ne se glorifie que dans le Seigneur.*

[*] 1 Co 1, 30.

Objections et Réponses

Aristarque : Qu'il y a longtemps, Théodore, que nous sommes dans l'impatience de vous revoir! Nous eûmes besoin de vous presque dès le moment que vous nous eûtes quittés. Nous n'avons pu nous accorder, Éraste et moi, sur les choses que vous nous dîtes hier, car il m'est venu dans l'esprit des difficultés qui me paraissent insurmontables. Nous n'avons fait que disputer; mais enfin Éraste dit qu'il ne m'entend pas, et qu'il n'a plus rien à me répondre.

Théodore : Il n'y a que la Vérité qui puisse parfaitement réunir les esprits, et, si vous n'êtes pas d'accord, il faut qu'il y ait quelqu'un de vous deux qui ne la consulte pas. J'appréhende fort, Aristarque, que vous n'ayez consulté votre imagination au lieu de consulter la raison, et que vous n'ayez cherché dans tous les recoins de votre mémoire quelque pièce justificative de vos préjugés.

N'est-il pas vrai que vous n'avez guère médité les choses que je vous dis hier, et qu'au lieu de les examiner à la lumière de la vérité, vous avez voulu les accorder avec les opinions qui vous sont restées de la lecture des Anciens? N'apprendrez-vous jamais à penser, et ne comprendrez-vous jamais que vous avez dans vous-même un maître fidèle toujours prêt à vous répondre, si vous l'interrogez avec respect, c'est-à-dire dans le silence de vos sens et de vos passions, et sans prévention pour quelque autre?

| Vous dites que vous avez eu besoin de moi; mais quoi! N'avez-vous point de honte d'avoir recours à un homme pour être éclairé? Ne voyez-vous pas que, si je suis capable de vous instruire, ce n'est pas que je répande la lumière dans votre esprit, mais plutôt que je vous fais

rentrer dans vous-même, et que je vous tourne vers la même Vérité qui m'éclaire? D'où vient que nous sommes quelquefois de même senti-ment, si ce n'est parce que nous rentrons l'un et l'autre dans nous-mêmes, et que là nous écoutons celui qui fait les mêmes réponses à tous les hommes? Et d'où vient que vous avez tant disputé avec Éraste, si ce n'est parce que vous avez dit à Éraste des choses que la vérité qu'il consulte ne lui disait pas, et qu'elle ne vous avait jamais dites? Je vous prie donc, Aristarque, ne disputons point. Que la Vérité préside au milieu de nous; et faites tous vos efforts pour ne me faire que des objections, que vous conceviez clairement, et qu'Éraste puisse comprendre.

ARISTARQUE : J'ai peut-être fait à Éraste des objections dont toute la difficulté venait de l'ignorance où nous sommes de bien des choses; et peut-être que, n'étant pas fort accoutumé à méditer, je lui ai proposé mes anciens préjugés comme de nouvelles vérités qui se présentaient à moi par la force de la méditation. Mais de bonne foi je lui ai fait des difficultés qui me paraissent appuyées sur des principes évidents, et qui sont reçus de tous les hommes. Les voici.

Vous nous avez dit qu'il n'y a que Dieu qui puisse agir dans notre âme, et que tous les corps qui nous environnent sont incapables de causer en nous les sentiments que nous en avons. Mais quoi? Le soleil n'est-il pas assez éclatant pour être visible? Pensez-vous que je me puisse persuader par des raisons de philosophie que ce n'est pas le soleil qui m'éclaire après toutes les expériences que j'en ai? Et quand vous m'auriez persuadé que le feu ne répand point la chaleur ou la douleur que je sens à son approche, pensez-vous pouvoir conclure que le soleil ne répand pas la lumière, et dire en général, comme vous faites, que tous les corps qui nous environnent sont incapables de causer en nous les sentiments que nous en avons?

36 | THÉODORE : Cessez, Aristarque, cessez de consulter vos sens, si vous voulez entendre les réponses de la Vérité. Elle habite dans le plus secret de la raison. Lisez à votre loisir le premier livre de la *Recherche de la vérité*, si vous voulez vous instruire plus à fond des erreurs des sens touchant les qualités sensibles, car je ne prétends pas m'arrêter à vous expliquer toutes les difficultés de philosophie qui pourraient vous embarrasser. Il suffit présentement que vous sachiez qu'il y a un Dieu, et qu'il est le seul qui puisse causer en vous le plaisir et la douleur que vous sentez par l'entremise des corps. Vous le croyiez, ce me semble, hier; le croyez-vous aujourd'hui?

ARISTARQUE : J'en doute par cette raison que, si Dieu causait en moi le plaisir que je sens dans l'usage des biens sensibles, il semble que Dieu me porterait à les aimer, ou à m'y unir comme à de vrais biens. Car le plaisir est le caractère du bien : c'est un instinct de la nature qui nous porte à aimer ce qui le cause, ou, si vous le voulez, ce qui semble le causer. Cependant la foi m'apprend que Dieu ne veut pas que j'aime les corps. Dieu peut-il m'exciter par le plaisir à m'unir aux objets sensibles, et me défendre en même temps de les aimer? Voilà ma difficulté, jugez-en.

THÉODORE : Elle est solide, et il est de la dernière conséquence de la résoudre, car on peut tirer de sa solution la plupart des véritables principes de la morale. Voici mon système*. Comprenez-le bien, et jugez-en.

Étant composés d'un esprit et d'un corps, nous avons deux sortes de biens à rechercher, ceux de l'esprit et ceux du corps. Nous pouvons aussi reconnaître si une chose est bonne ou mauvaise, par deux moyens : par l'usage de l'esprit seul et par l'usage de l'esprit joint au corps. Nous pouvons reconnaître le bien de l'esprit par une connaissance claire et évidente de l'esprit seul; nous pouvons aussi découvrir le bien du corps par un sentiment confus. Je reconnais par l'esprit que la justice est aimable; je | m'assure aussi par le goût qu'un tel fruit est **37** bon. La beauté de la justice ne se sent pas, car elle est inutile à la perfection du corps; la bonté du fruit ne se connaît pas, car un fruit ne peut être utile à la perfection de l'esprit.

Comme les biens du corps ne méritent pas l'application de l'esprit que Dieu n'a fait que pour lui, et que Dieu ne veut pas que l'on

---

*Il est tiré du cinquième chapitre du premier livre de la *Recherche de la vérité* [*OC* I, 148 *sq.*].

s'occupe de tels biens, il faut que l'esprit les connaisse sans examen, et par la preuve courte et incontestable du sentiment. Le pain est propre à la nourriture, et les pierres n'y sont pas propres, la preuve en est convaincante, et le seul goût en a fait tomber d'accord tous les hommes.

Si l'esprit ne voyait dans les corps que ce qui y est [1], sans y sentir ce qui n'y est pas, leur usage nous serait très pénible et très incommode, car qui s'aviserait d'examiner avec soin quelle serait la nature de tous les corps qui nous environnent, afin de s'y unir ou de s'en séparer ? Qui nous avertirait de nous mettre à table et de nous en retirer ? Qui nous placerait à une juste distance du feu ? Et ne serions-nous pas souvent en peine de savoir si nous ne nous brûlons point, au lieu de nous chauffer ? Enfin n'arriverait-il pas quelquefois que nous nous donnerions la mort par inadvertance, par chagrin, ou même par curiosité, pour apprendre l'anatomie, si peut-être nous ne la savions pas aussi parfaitement que nous le souhaiterions ?

Il est donc très raisonnable que Dieu nous porte au bien du corps et qu'il nous éloigne du mal par les sentiments prévenants de plaisir et de douleur. Car enfin s'il fallait que les hommes examinassent les configurations de quelque fruit, celles de toutes les parties de leur corps, et les rapports différents qui résultent des unes avec les autres, pour juger si dans la chaleur présente de leur sang, et dans mille autres dispositions de leurs corps, ce fruit serait bon actuellement pour leur nourriture, il est visible que des choses qui sont indignes de l'application de leur esprit en rempliraient entièrement la capacité ; et cela même assez inutilement, car apparemment on ne conserverait pas longtemps sa vie par cette seule voie.

38 | Aristarque : J'avoue que cette conduite est très sage et très digne de son auteur, mais cependant nous sentons du plaisir dans l'usage des biens sensibles. Pourquoi donc ne les aimerons-nous pas ?

---

1. Les *OC*, suivies par l'édition de la Pléiade, omettent « y » ; nous corrigeons d'après l'édition de 1702, p. 49.

THÉODORE : Parce qu'ils ne sont pas aimables. Vous êtes raisonnable, et votre raison ne vous représente point les corps comme votre bien. Si les objets sensibles contenaient en eux ce que vous sentez dans leur usage, s'ils étaient la véritable cause de votre plaisir et de votre douleur, vous pourriez les aimer et les craindre ; mais votre raison ne vous le dit pas, comme je vous le prouvai hier. Vous pouvez vous y unir par le corps, mais vous ne devez pas vous y unir par l'esprit ; vous pouvez manger d'un fruit, mais il ne vous est pas permis de l'aimer d'un amour libre. Car un esprit en mouvement vers les corps, substances inférieures à lui, se dégrade et se corrompt. De même vous devez éviter une épée, vous devez éviter le feu, mais vous ne devez pas craindre ces choses.

Il faut aimer et craindre ce qui est capable de causer le plaisir et la douleur, c'est une notion commune que je ne combats point ; mais il faut bien prendre garde à ne pas confondre la véritable cause avec la cause occasionnelle. Je vous le redis encore : il faut aimer et craindre la cause du plaisir et de la douleur, et l'on peut en chercher ou en éviter l'occasion, pourvu cependant qu'on ne le fasse point contre les ordres exprès de la cause véritable, et que l'on ne la contraigne point, en conséquence des lois naturelles qu'elle a établies et qu'elle suit constamment, à faire en nous ce qu'en un sens elle ne veut pas y faire. Car il ne faut pas imiter les voluptueux, qui font servir Dieu à leur sensualité, et qui l'obligent, en conséquence des lois naturelles qu'il a établies, à les récompenser d'un sentiment de plaisir dans le temps même qu'ils l'offensent, parce que c'est là la plus grande injustice qui se puisse commettre.

| Voyez-vous, Aristarque : le bien du corps ne peut être aimé que **39** par instinct ; le bien de l'esprit peut et doit être aimé par raison. Le bien du corps ne peut être aimé que par instinct, et d'un amour aveugle, parce que l'esprit ne peut pas même voir clairement que le bien du corps soit un vrai bien, car il ne peut voir clairement ce qui n'est pas. Il ne peut voir clairement que les corps soient au-dessus de lui, qu'ils puissent agir en lui, le punir ou le récompenser, le rendre plus heureux et plus parfait. Mais le bien de l'esprit doit être aimé par raison. Dieu

veut être aimé d'un amour de choix, d'un amour éclairé, d'un amour méritoire, d'un amour digne de lui et digne de nous. Nous voyons clairement que Dieu est notre bien, qu'il est au-dessus de nous, qu'il peut agir en nous, qu'il peut nous récompenser et nous rendre non seulement plus heureux, mais encore plus parfaits que nous ne sommes. Cela ne suffit-il pas à un esprit qui n'est point corrompu, afin qu'il aime Dieu?

Ainsi, Dieu ne devait pas en créant l'homme se faire aimer de lui par l'instinct du plaisir. Il ne devait pas se servir de cette espèce d'artifice, ni faire effort contre la liberté d'une créature raisonnable, et diminuer le mérite de son amour. Car le premier homme devait et pouvait demeurer uni à Dieu sans le secours d'un plaisir prévenant, quoique, à présent, le plaisir nous soit ordinairement nécessaire pour remédier à l'aveuglement dont le péché nous a frappés, et pour résister à l'effort que la concupiscence fait sans cesse contre la raison.

Je vous le répète encore, Aristarque, afin que vous vous en souveniez : il fallait que le plaisir prévenant, et non pas la lumière de la raison, nous portât au bien du corps, puisque la raison ne peut même se représenter les corps qui nous environnent comme des biens. Mais il ne fallait pas que Dieu se servît du plaisir prévenant comme d'une espèce d'artifice pour se faire aimer du premier homme, puisqu'il suffisait qu'il éclairât sa raison, étant le seul et unique bien des esprits, car l'homme juste et sans concupiscence peut suivre sa lumière et obéir à la Raison.

ARISTARQUE : Je demeure d'accord que toutes ces choses sont bien pensées, mais il y a encore dans votre système une difficulté qui m'embarrasse. C'est qu'il me semble que vous confondez la 40 | concupiscence avec l'institution de la nature, et que, faisant Dieu auteur du plaisir que nous sentons dans l'usage des biens sensibles, vous le faites aussi auteur de la concupiscence, puisqu'elle n'est autre chose que ce plaisir considéré comme faisant effort contre la raison.

THÉODORE : Prenez garde, Aristarque, voici l'institution de la nature.

Dieu a fait l'esprit et le corps de l'homme, et il a voulu, pour la conservation de son ouvrage, que toutes les fois qu'il y aurait dans le corps certains mouvements, il résultât dans l'âme certains sentiments, pourvu que ces mouvements se communiquassent jusqu'à une certaine partie du cerveau, laquelle je ne vous déterminerai pas. Mais, parce que les volontés de Dieu sont efficaces, il n'est jamais arrivé de mouvement dans cette partie du cerveau de qui que ce soit, qu'il n'ait été touché de quelque sentiment; et, parce que ses volontés sont immuables, celle-ci n'a point été changée par le péché du premier homme. Cependant, comme avant le péché, et dans le temps où toutes choses étaient parfaitement bien réglées, il n'était pas juste que le corps détournât l'esprit de penser à ce qu'il voulait, l'homme avait nécessairement ce pouvoir sur son corps qu'il détachait, pour ainsi dire, la partie principale du cerveau d'avec le reste du corps, et qu'il empêchait sa communication ordinaire avec les nerfs qui servent au sentiment, toutes les fois qu'il voulait s'appliquer à la vérité, ou à quelque autre chose qu'au bien du corps. Nous éprouvons encore en nous quelque reste de ce pouvoir, lorsque nous faisons de grands efforts d'esprits, et que l'impression des objets sensibles est fort légère. Car nous empêchons par la force de la méditation que cette impression ne se communique jusqu'à la principale partie du cerveau dont je parle. Ainsi Adam pouvait d'abord se servir du goût pour discerner les choses qui étaient utiles à la conservation du corps, et continuer ensuite de manger sans goût et sans aucun plaisir, parce que le plaisir qu'il sentait dans l'usage des biens sensibles ne faisait jamais effort contre ses désirs ; il l'avertissait seulement avec | respect de ce **41** qu'il devait faire pour le bien du corps. Adam pensait donc à ce qu'il voulait, et, dans le temps même qu'il dormait, on peut dire que son esprit veillait. Car enfin on ne peut pas croire que, dans l'état de la justice originelle, il y eût un si grand désordre dans le plus admirable des ouvrages de Dieu, que l'esprit fût soumis au corps. Voilà quelle est l'institution de la nature ; en voici la corruption.

Le premier homme, s'éloignant peu à peu de la présence de Dieu, en laissant remplir la capacité de son esprit de quelques plaisirs sensibles, ou des sentiments de sa propre excellence, ou bien de quelques autres idées qui effaçaient, à cause de la limitation de son esprit, le souvenir de son devoir et de sa dépendance, tomba enfin dans la désobéissance au commandement de Dieu, et alors il perdit le pouvoir qu'il avait sur son corps. Car il n'est pas juste que le pécheur domine sur quoi que ce soit, et que Dieu suspende les lois de la communication des mouvements en faveur d'un méchant et d'un rebelle. Voilà donc la concupiscence dont nous parlons*. Car, les mouvements des objets sensibles se communiquant jusqu'au cerveau, et y laissant même des traces profondes, il est nécessaire, en conséquence des lois générales de l'union de l'âme et du corps, qu'il résulte dans l'âme des sentiments et des mouvements qui la portent même malgré elle aux objets sensibles.

ARISTARQUE : Fort bien; mais pourquoi Dieu continue-t-il de vouloir que les traces du cerveau et les agitations des esprits animaux soient accompagnées des sentiments et des mouvements de l'âme, puisque cela nous empêche présentement de l'aimer, et de nous appliquer à la vérité pour laquelle nous sommes faits ?

THÉODORE : Mais pourquoi, Aristarque, voulez-vous que la 42 volonté de Dieu dépende de celle du premier homme ? Vous | avez vu que l'institution de la nature est parfaitement bien réglée, et vous voulez que cette institution change à cause de la mutabilité de la volonté d'Adam. Ne savez-vous pas que l'inconstance de la volonté est une marque de petitesse d'intelligence, et que Dieu est incapable de repentir ? Tout ce que Dieu a voulu, il le veut encore, et, parce que sa volonté est efficace, il le fait. Dieu aime mieux servir quelque temps à l'injustice des hommes, pour parler comme l'Écriture**, et les récompenser, pour ainsi dire, par le plaisir qu'ils sentent dans leurs débauches, que de changer les lois générales de l'union de l'âme et du corps

---

* Je ne parle pas ici de la difficulté que nous avons de nous mettre en la présence de Dieu, et dans la pente involontaire que nous avons à nous représenter sans cesse à nous-mêmes, quoiqu'on puisse dire que tout cela vient du corps.

** Is 43, 24.

qu'il a très sagement établies. Et les hommes sont si indignes de Dieu après la rébellion de leur Père, qu'il est juste en un sens que Dieu les repousse incessamment de lui, et qu'il leur donne une espèce de récompense, lorsqu'ils s'en éloignent, mais une récompense qui ne dure pas, une récompense trompeuse, une récompense de péché, qui engraisse la victime pour le sacrifice, et qui prépare les pécheurs pour le jour terrible de la vengeance du Seigneur.

Il ne fallait donc pas que la volonté de Dieu dépendît de celle du premier homme. Il fallait que les lois générales de la nature subsistassent après le péché, et que celui dont la sagesse n'a point de bornes rétablît d'une manière digne de lui l'ordre des choses que le libre arbitre avait renversées. Il l'a fait, Aristarque, selon le décret éternel qui établit l'ordre de la grâce, par le grand dessein de l'Incarnation de son Fils, par ce grand ouvrage de miséricorde qui est au-dessus de tous ses autres ouvrages, et qui lui rend infiniment plus d'honneur que toute cette économie de la nature, que l'on admire avec tant de raison, et qui représente si vivement la sagesse infinie de son Auteur.

| ÉRASTE : Permettez-moi, Théodore, de vous proposer la difficulté **43** la plus grande que j'aie sur tout ce que vous venez de nous dire. Dieu est infiniment sage : il a prévu éternellement toutes les suites qu'aurait l'ordre des choses qu'il devait établir; il a prévu le péché du premier homme, avant que le premier homme fût formé. Pourquoi donc l'a-t-il fait; ou pourquoi l'a-t-il fait libre, et ne l'a-t-il pas attaché à son devoir par des plaisirs prévenants? Enfin pourquoi a-t-il établi un ordre qui devait se renverser, et une nature qui devait se corrompre? Il a remédié, je le veux, de la manière la plus sage qui se puisse, à la corruption de la nature; mais n'y aurait-il pas eu plus de sagesse d'en faire une incapable de corruption, ou de prévenir la chute du premier homme? Je vous prie de me dire si ces choses ne peuvent point faire douter raisonnablement qu'il y ait une intelligence infinie qui règle tout?

THÉODORE : Mais quand je ne vous répondrais pas, Éraste, que pourriez-vous directement conclure de mon silence? Que je ne saurais pas les desseins de Dieu, et rien davantage. Je vous ai démontré évidemment en ne raisonnant, ce me semble, que sur des idées claires, qu'il y a un Dieu, et qu'il n'y a que lui qui agisse véritablement en nous. Croyez ce que vous avez vu, et ne vous aveuglez pas volontairement en opposant à la lumière de la vérité des objections qui ne peuvent naître que des ténèbres et de l'obscurité de notre esprit. Quand on voit évidemment une vérité, il ne faut pas cesser de la croire, aussitôt qu'on nous propose une difficulté que nous ne pouvons résoudre.

Cependant, Éraste, quoique je ne me flatte pas de savoir les desseins de Dieu, je tâcherai de vous satisfaire en peu de paroles, car je ne veux pas m'engager à vous dire tout ce que l'on peut penser sur cette matière.

Dieu a fait l'homme parce qu'il l'a voulu; et il l'a voulu, parce que l'homme est meilleur que le néant, et qu'il est plus capable que le néant de l'honorer.

Dieu a fait l'homme libre, parce que la volonté de l'homme est 44 faite pour aimer le bien. Or, l'homme ne pouvant aimer que | ce qu'il voit, si Dieu ne l'avait pas fait libre, ou, ce qui est la même chose, si Dieu le portait infailliblement et nécessairement vers tout ce qui a l'apparence du bien, ou vers tout ce que l'homme sujet à l'erreur peut considérer comme un bien, on peut dire que Dieu serait la cause du péché et des mouvements déréglés de la volonté.

Dieu a fait l'homme libre, et l'a laissé à lui-même sans le déterminer par aucun plaisir prévenant, parce que Dieu veut être aimé par raison, puisque nous sommes raisonnables. Il veut être aimé d'un amour éclairé, d'un amour digne de lui et digne de nous, d'un amour méritoire et qu'il puisse récompenser, et pour d'autres raisons que j'ai déjà dites. Il a bien prévu que l'homme cesserait de l'aimer, il est vrai; mais il en tire sa gloire. La honte du libre arbitre rend honneur à Dieu en toutes manières, et l'homme, ne pouvant se fier sur ses propres forces, se sent obligé par justice de rendre à Dieu toute la gloire de ses actions.

45 | ARISTARQUE : Voilà des raisons qui me frappent.

THÉODORE : Mais vous, Éraste, qu'en pensez-vous ?

ÉRASTE : Pour moi je vous avoue que je n'en suis pas tout à fait content. Car il me semble que Dieu pouvait faire mériter au premier homme sa récompense sans blesser sa liberté. Comme Dieu prévoyait les occasions où Adam usant de sa liberté pécherait, et celles où il ne pécherait pas, il pouvait empêcher sa chute en le conduisant par une providence particulière. Il pouvait aussi le convaincre de sa faiblesse en mille manières, sans le laisser actuellement tomber dans un péché qui a corrompu tous ses descendants.

THÉODORE : Il est vrai, Éraste, que Dieu le pouvait ; mais assurément il ne le devait pas, agissant en Dieu, agissant d'une manière qui porte le caractère de ses attributs. Il n'est pas vrai que Dieu dût par une providence particulière empêcher la chute du premier homme, et lui faire tous les biens que notre amour-propre, qui ne sera jamais la règle des volontés divines, nous représente qu'il devait faire à sa créature. Car voici le principe, méditez-le bien, Éraste : quoique fort simple, il est fort fécond.

La loi de Dieu ne lui vient point d'ailleurs, elle est écrite dans sa propre substance. La règle inviolable de sa conduite, c'est l'ordre immuable de ses propres attributs, car sa volonté n'est que l'amour qu'il leur porte. Ainsi Dieu agit toujours selon ce qu'il est : il ne se dément jamais. Quand il agit, il prononce pour ainsi dire au-dehors le jugement éternel qu'il porte de ses divines perfections. Car, comme il se glorifie de les posséder, comme il se complaît dans ce qu'il est, il ne peut vouloir, ni agir par conséquent, que selon ce qu'il est. Il faut qu'il s'exprime par sa conduite ; et, afin qu'il se complaise dans son ouvrage, il faut que son ouvrage lui réponde pour ainsi dire que son Auteur est Dieu.

Les hommes n'agissent pas toujours selon ce qu'ils sont. Ils ne prononcent pas toujours par leurs actions, et encore moins par leurs paroles, le jugement qu'ils portent d'eux-mêmes. Mais | c'est qu'ils **46** ont honte de leurs mauvaises qualités. Il faut bien qu'ils se masquent devant le monde, puisqu'ils ne veulent pas qu'on les reconnaisse. Mais, supposons qu'un poète par exemple se complaise uniquement dans sa qualité de poète, qu'il en fasse tout le sujet de sa propre gloire, qu'il ait honte de toutes les autres qualités qu'il possède, assurément un poète de ce caractère ne pensera jour et nuit qu'à faire et qu'à réciter des vers. (Ceci, Éraste, n'est que pour vous rendre attentif à ce que je vous dis, et pour vous le rendre sensible.) Or Dieu ne se glorifie que dans ses attributs. Il se complaît uniquement dans les qualités qu'il possède. Il aurait honte de n'être pas ce qu'il est. Mais de plus il se suffit pleinement à lui-même, et il ne trouve point en lui de défaut qu'il veuille cacher. Il est donc évident qu'il ne peut ni vouloir ni agir que selon ce qu'il est. Comprenez bien, Éraste, ce grand principe. Il est de la dernière conséquence. Car il suit de là que pour faire agir Dieu en Dieu, Il faut consulter l'idée de Dieu et la suivre, et que, si on se consulte soi-même, si on juge de Dieu par soi-même, on ne manquera pas de vouloir donner à Dieu des desseins et une conduite humaine, comme vous pourriez bien faire.

ÉRASTE : Ce principe, que Dieu doit agir selon ce qu'il est, me paraît dans la dernière évidence. Mais qu'en pouvez-vous conclure ?

THÉODORE : Quoi, Éraste, vous ne voyez pas où je vais ? Prenez garde : l'infinité est un attribut de la Divinité, et son attribut essentiel. Or entre le fini et l'infini y concevez-vous quelque rapport ? Adam, cette noble et excellente créature, comparée à Dieu, se doit-elle compter pour quelque chose ?

ÉRASTE : Il est vrai que le rapport du fini avec l'infini ne peut mieux s'exprimer que par zéro. Je compte pour rien Adam et tout cet univers quand je le compare avec Dieu. Car l'univers est fini, et Dieu est infini, et infini en toutes manières.

THÉODORE : Quoi, Éraste, vous comptez pour rien le fini comparé 47 | à l'infini, tout cet univers comparé à Dieu ; et vous ne voyez pas la conséquence que je veux tirer de ce principe ? Ne diriez-vous point cela par préjugé, ou parce que vous l'avez ouï dire souvent ? Avez-vous de ce principe autant d'évidence que de ceux des mathématiques ?

ÉRASTE : Oui, certainement. Car les mathématiciens mêmes conviennent que l'expression la plus exacte, l'exposant le plus juste du rapport du fini comparé à l'infini, c'est le zéro, et que ce rapport doit être compté pour rien. Un grain de sable a un rapport très réel avec toute la terre : il ne faudrait pas cinquante chiffres pour exprimer ce rapport. Mais mille millions de millions de chiffres qui diviseraient

l'unité feraient encore une fraction trop grande, que dis-je ?, infiniment trop grande pour exprimer le rapport de tout l'univers avec
l'infini, et à plus forte raison avec Dieu, être infini en tout sens et en
tout genre de perfections, être infiniment infini.

THÉODORE : Voilà le principe expliqué clairement et mathémati-
quement. Mais prenez garde, Éraste : Dieu n'agit que par sa volonté,
et par conséquent il n'agit que par l'amour qu'il porte à ses attributs,
et surtout à son infinité, attribut essentiel de la divinité. Cela étant
certain, comment voulez-vous donc que Dieu ait empêché la chute du
premier homme par une providence particulière ? Ne suffisait-il pas de
lui avoir donné tant d'excellentes qualités en le créant, et de l'avoir fait
libre, afin qu'il aimât le vrai bien par raison, comme le vrai bien doit
être aimé, et qu'il pût mériter sa récompense par le bon usage de sa
liberté ? Pourquoi l'Être infini s'intéresser si fort à la conservation du
fini, et s'abaisser à une providence particulière, de peur de perdre un
culte profane, je veux dire un culte fini, et que Dieu a dû compter pour
rien par rapport à son infinie majesté ? Une telle conduite n'aurait-elle
pas marqué sensiblement que Dieu prenait en Adam un peu trop de
complaisance, et qu'il y avait entre Dieu et lui quelque rapport considérable ? Le fini comparé à l'infini n'est rien. Dieu se complaît uniquement dans son infinité, dans sa divinité; il ne peut se démentir.
Comment voulez-vous donc qu'il marque par sa conduite envers le
premier homme | qu'il le compte pour quelque chose, je dis pour **48**
quelque chose qui l'oblige à agir envers lui, comme agissent les causes
particulières et les intelligences bornées ?

Dieu, mon cher Éraste, agit toujours selon ce qu'il est, toujours en
Dieu. Il crée le premier homme, et il lui donne avec une profusion
digne de la divinité tous les biens imaginables. Mais ne pensez pas
pour cela qu'il mette effectivement sa complaisance dans une pure
créature, et qu'il la compte pour quelque chose par rapport à lui. Dieu
se souvient toujours de ce qu'elle est et de ce qu'il est lui-même; et,
quoiqu'il voie que son ouvrage va périr, jaloux de sa gloire, tout plein
de lui-même, de sa dignité, de sa divinité, de son infinité, il demeure
immobile, et déclare par là qu'il est infini, puisqu'il compte pour rien

par rapport à lui la plus noble de ses créatures. Il déclare par là, mon cher Ariste[1], que, quand il a créé le premier Adam, il pensait au second, et que, quand il a formé Ève, il avait en vue son Église. Il déclare par là que son grand dessein n'est point l'homme terrestre, l'homme profane, l'homme dans l'état naturel, et qui n'a rien de divin ou d'infini, mais cet homme-Dieu en qui il a mis sa complaisance, et ses enfants adoptés et divinisés en leur chef. Car prenez garde à ceci : Dieu ne se repent jamais de ses desseins, et, selon le langage de l'Écriture, il s'est *repenti d'avoir fait l'homme**. Dieu n'est point changeant, et il a aboli la loi des juifs et détruit leur temple. Mais il ne se repentira jamais d'avoir établi Jésus-Christ son souverain prêtre. Le règne de Jésus, le temple qu'il construit à la gloire de son Père durera éternellement. C'est que voilà véritablement le dessein de Dieu.

Lorsque Dieu, dans les saintes Écritures, parle de l'éternité du sacerdoce et de la royauté de Jésus-Christ, il la confirme par un serment solennel. *Juravit Dominus et non poenitebit eum : tu es sacerdos in aeternum secundum ordinem Melchisedech**... Semel juravi in sancto meo, si David mentiar; semen ejus in aeternum* **49** *manebit, et thronus ejus sicut sol in conspectu meo***.* | C'est, Éraste, que le véritable dessein de Dieu, son dessein éternel et irrévocable, est Jésus-Christ et son Église. *Per memetipsum juravi, dicit Dominus : in semine tuo benedicentur omnes Gentes†.* C'est que Dieu n'aime les

---

* Gn 6 [6].

** Ps 109 [4] [« Le Seigneur a juré, et son serment demeurera immuable, que vous êtes le prêtre éternel selon l'ordre de Melchisédech » (v. 5, Bible de Sacy)].

*** Ps 88 [36-38] [« J'ai fait à David un serment irrévocable par mon saint nom, et je ne lui mentirai point : que sa race demeurera éternellement. Et son trône sera éternel en ma présence comme le soleil » (v. 35-36, Bible de Sacy)].

† Gn 22, 16 [« Je jure par moi-même, dit le Seigneur (…) : je vous bénirai et je multiplierai votre race » (v. 16-17, Bible de Sacy)].

1. Il s'agit d'un lapsus, Théodore s'adressant ici à Éraste. Ce lapsus apparaît dans la 5e édition de 1695 (p. 44), et s'explique probablement par une confusion avec l'Ariste des *Entretiens sur la métaphysique*, publiés pour la première fois cinq ans plus tôt, en 1688. Dans l'édition de 1693, p. 75, on lit : « il déclare par là que ».

hommes, il ne se complaît dans le culte qu'ils lui rendent, il n'est porté à les combler de ses bénédictions, qu'à cause de ce Fils de David et d'Abraham, qui de toute éternité a été l'objet de son amour et le sujet de sa complaisance.

Voilà donc, Éraste, pourquoi Dieu n'a pas dû empêcher la chute du premier homme par une providence particulière à son égard, lui ayant donné d'abord toutes les grâces et toutes les qualités qui conviennent à la nature humaine, et cela avec une magnificence digne de la divinité. Un culte qui n'a rien que de fini, tel qu'était celui d'Adam, n'ayant point de rapport avec l'infini, Dieu, pour soutenir dignement le caractère de la divinité, et prononcer par sa conduite le jugement qu'il porte de ce qu'il est, devait, en laissant tomber l'homme par la faute de l'homme, déclarer que son véritable dessein était l'Incarnation de son Fils. Êtes-vous content de cette raison, Éraste? Pensez-y. Elle n'est pas tirée de fort loin, comme vous le voyez. Elle dépend immédiatement de ce principe que Dieu doit toujours agir en Dieu, agir selon ce qu'il est, sans jamais démentir son attribut essentiel, son infinité, et que le fini comparé avec l'infini doit être compté pour rien. Car enfin, pensez-y sérieusement, la volonté de Dieu n'est point une impression qui lui vienne d'ailleurs et qui le porte ailleurs : elle n'est et ne peut être que l'amour qu'il se porte à lui-même et à ses divines perfections. Or Dieu n'agit que par sa volonté, que par des motifs, par conséquent, que ses attributs lui présentent. Il est donc clair que son action doit nécessairement porter le caractère de la divinité.

Éraste : Il me semble que ce que vous venez de me dire est évident et conforme à ce que j'ai déjà lu dans s. Paul, qui parle de Jésus-Christ avec tant d'amour et de dignité ; et je me trouve fort soulagé de la peine que ma difficulté me faisait. Mais il faudra que j'y pense encore, car je sens quelque peine à me persuader | que le premier et le principal des **50** desseins de Dieu soit l'Incarnation de son Fils.

Théodore : J'appréhende fort, Éraste, que ce ne soit l'amour-propre qui vous inspire cette peine que vous sentez à vous rendre à ce qui vous paraît évident. Ne serait-ce point que vous voudriez que Dieu eût tout fait pour l'homme ?

ÉRASTE : Vous y êtes. Mais quoi ? Est-ce que cela n'est pas vrai ?

THÉODORE : Non, dans le sens que suggère l'amour-propre. Dieu a tout fait pour l'homme ; il lui a même en un sens assujetti toutes choses* : *Omnia vestra sunt***, dit s. Paul. Mais l'homme est fait pour Jésus-Christ, les membres pour le chef : *Vos autem Christi* [1]. Enfin tout est pour Dieu, le chef et son Église ; *Christus autem Dei* [2]. Dieu a diverses fins, qui sont toutes sagement subordonnées, les moins nobles aux plus nobles, et qui toutes se terminent à lui : *Universa propter semetipsum operatus est Dominus****. On peut dire peut-être que l'âme est faite pour le corps. Mais ce serait une extravagance de penser que l'âme n'est faite que pour le corps, que l'âme est subordonnée aux corps, dans les desseins du Créateur. Ce petit mot *pour* est susceptible de bien des sens.

Encore un coup, Éraste : saisissez bien ce que je viens de vous dire. Dieu n'agit que par sa volonté, qui certainement n'est que l'amour qu'il se porte à lui-même et à ses divines perfections. Il ne peut dans ses desseins avoir d'autre fin, d'autres motifs, que ceux qu'il trouve écrits dans sa substance en caractères éternels, dans l'ordre immuable de ses attributs. Il ne peut rien aimer, rien vouloir, que selon cet ordre qui est son inviolable loi, car il n'aime ses créatures que selon le rapport qu'elles y ont, et par leur nature et par leur sainteté. En un mot, 51 Dieu agit toujours pour sa gloire, | pour cette gloire, dis-je, qu'il ne tire que de lui-même, que du rapport de son ouvrage avec ses divins attributs, et le principal de ses desseins est celui dont il en tire davantage. Mais ne tire-t-il pas plus de gloire de son Fils que de tout le reste de ses ouvrages ? Il a dans son Fils un Adorateur, un Sacrificateur, une Victime, dont la dignité est infinie. Car son Fils est un Dieu qui l'adore, c'est un Dieu qui lui obéit, c'est un Dieu qui meurt pour

---

* Ps 8 [7].
** 1 Co 3 [22] [« Tout est à vous » (Bible de Sacy »)].
*** Pr 16, 4 [« Le Seigneur a tout fait pour lui » (Bible de Sacy)].

1. 1 Co 3, 23 : « Et vous êtes à Jésus-Christ » (Bible de Sacy).
2. *Ibid.* : « Et Jésus-Christ est à Dieu » (Bible de Sacy).

honorer sa sainteté et sa justice. Mais, supposé même que le monde n'ait point de bornes, quel honneur en reviendrait-il à son Auteur? Supposé que tous les esprits soient incessamment occupés à louer celui qui leur donne l'être, quelle proportion y a-t-il entre les créatures et le Créateur, entre les louanges des esprits bienheureux et la grandeur infinie de Dieu, si ce n'est que les louanges des saints reçoivent une espèce de grandeur et de dignité infinie en Jésus-Christ, par qui, comme chante l'Église*, les anges louent la majesté divine, les Dominations l'adorent, etc. Car l'Église sait bien que ce n'est que par Jésus-Christ, qu'on peut rendre à Dieu un honneur digne de lui, un culte qui rende hommage à son infinie majesté.

ÉRASTE: Je le crois ainsi, Théodore. Mais Dieu ne pouvait-il pas mettre Jésus-Christ à la tête de son ouvrage, l'établir son souverain prêtre et le seigneur de toutes ses créatures, sans laisser tomber le premier homme dans ce funeste péché qui l'a soumis avec justice au démon et toute sa postérité?

THÉODORE: Il le pouvait assurément; mais je crois vous avoir déjà prouvé qu'il ne le devait pas en agissant en Dieu, ou d'une manière qui portât le caractère de la divinité, de son infinité. Vous croyez, Éraste, par la foi, et vous devez croire, par les raisons que je viens de vous dire, que, du fini à l'infini la distance étant infinie, nous ne pouvons point avoir d'accès auprès de Dieu et de société avec lui que par Jésus-Christ, que, Dieu ne pouvant être adoré dignement, divinement, que par Jésus-Christ, ce n'est aussi que par Jésus-Christ que Dieu se complaît dans le culte que nous lui rendons. Mais, cela supposé, ne fallait-il pas que Jésus-Christ fût établi chef de son Église, et que nous | ne reçussions que par son influence tout ce que nous avons de justice **52** et de sainteté?

Dieu, mon cher Éraste, a permis le péché qui nous a mis dans un état pire que le néant même; mais c'est afin que son Fils travaillât sur le néant, non de l'être, mais de la sainteté. C'est afin qu'il tirât de ce

* Préface du canon de la messe.

néant un monde nouveau, et que nous fussions tous en lui de nouvelles créatures, par l'effet d'une grâce qui ne suppose point en nous de mérite. C'est afin que par lui nous fussions divinisés, élevés à la qualité d'enfants de Dieu, comme parle l'Écriture [1], tirés de notre état profane, de l'incapacité naturelle à la créature d'avoir avec Dieu, l'Être infini, quelque société et quelque rapport. Dieu nous a laissés tomber dans les fers du démon; mais c'est afin que son Fils eût l'honneur de nous en tirer, et de faire servir l'enfer à la solennité de son triomphe. Il nous a laissés dans ces fers quatre mille ans; mais c'était pour nous faire mieux sentir notre impuissance, et nous faire soupirer après notre libérateur : tout cela pour nous lier le plus étroitement qu'il était possible à notre divin chef, à celui par qui seul nous pouvons rendre à la divinité des honneurs divins : tout cela pour anéantir la créature en présence du Créateur, et que celui qui se glorifie ne se glorifie que dans le Seigneur. Vous avez lu, mon cher Éraste, les épîtres de s. Paul, et vous devez y avoir remarqué tout ce que je viens de vous dire.

ÉRASTE : Je suis en repos, Théodore, et je sens présentement un grand calme dans mon esprit. Comme nous ne pouvons avoir de rapport à Dieu que par Jésus-Christ, Dieu, pour nous lier à notre divin Chef, a voulu que nous lui eussions des obligations infinies : celle d'être tirés d'un état pire que le néant même, avec celle d'être élevés à la dignité de ses enfants.

THÉODORE : Je vous expliquerai peut-être ces choses plus amplement dans quelque autre Entretien. Ce que j'ai dit suffit pour vous faire juger qu'encore que Dieu ait prévu la chute de l'homme, il n'a pas dû changer de dessein, puisque cette chute a été l'occasion de ce grand ouvrage, si digne de la grandeur et de la miséricorde de Dieu, **53** et si admirable en toutes manières : *O felix culpa!* | chante l'Église, *quae talem ac tantum meruit habere Redemptorem* [2].

---

1. Jn 1, 12 ; 1 Jn 3, 1 ; Rm 8, 16 et 21.
2. Exultet.

Cependant, Éraste, quand tout ce que je viens de vous dire, ne serait pas certain, vous ne devez pas facilement croire que Dieu a dû changer de dessein, à cause qu'il a prévu le péché du premier homme, et le désordre de la nature. Pensez-vous, Éraste, que, si Dieu ne faisait qu'un homme, il en fit un monstre : je veux dire qu'il le fît avec deux têtes, dont l'une ne lui servirait de rien, et ne ferait que l'embarrasser, ou avec un bras de nul usage, qui sortirait du milieu de son front, et qui flotterait incessamment sur son visage ? Pensez-vous qu'une semblable créature serait un ouvrage digne d'une intelligence infiniment sage et infiniment puissante ? Cependant il y a des monstres, et je ne crois pas que ces petits dérèglements de la nature doivent diminuer l'estime que vous avez de son Auteur : non seulement parce que ces monstres, quelque imparfaits qu'ils soient en eux-mêmes, ne rendent point le monde fort imparfait ; mais principalement parce que ces monstres sont des suites de la communication qui est entre l'imagination de la mère et le fruit qu'elle porte dans son sein, et que cette communication est très sagement établie pour la formation ou pour l'accroissement de l'enfant.

Dieu avait bien prévu que cette communication causerait quelquefois du désordre. Mais, voyant que son utilité serait infiniment plus grande pour l'accomplissement de son ouvrage, que ce petit désordre qu'elle y causait, il n'a pas dû changer de dessein. Il est vrai que Dieu pouvait y remédier, en établissant pour ces rencontres particulières quelques nouvelles lois du mouvement ; mais Dieu ne multiplie pas ainsi ses volontés. Il convient à la profondeur de sa prescience et de sa sagesse d'agir toujours par les voies les plus simples, et de n'employer qu'un très petit nombre de lois naturelles, pour produire un très grand nombre d'ouvrages admirables.

Et je ne crois pas qu'on doive penser que Dieu ait d'autres voies de produire son ouvrage, aussi simples et aussi parfaites | que celles dont **54** il s'est servi, par lesquelles il pourrait le faire plus parfait qu'il n'est, et tel que nous voudrions qu'il fût : cela n'est peut-être pas vrai. Dieu agit apparemment de la manière la plus digne de lui qui se puisse, je veux dire que son ouvrage est autant parfait qu'il le peut être par rapport aux voies dont il se sert pour le produire, et, si nous pensons y découvrir des défauts, outre que nous nous trompons souvent, cela peut venir de la simplicité des moyens dont il s'est servi pour le former, et de la liaison que tous les corps ont les uns avec les autres[*].

Penseriez-vous, Éraste, que Dieu, tout sage et tout puissant qu'il est, ne pût entièrement remplir par un nombre fini de petites boules le moindre espace que nous puissions déterminer ? Cependant, si vous y faites réflexion, vous reconnaîtrez bientôt que cela n'est pas possible, et que, les boules qui se touchent laissant un espace triangulaire, il faut pour l'emplir autre chose que des boules. Mais d'où vient cette impossibilité ? Ce n'est pas de quelque défaut de sagesse ou de puissance du côté de la cause ; c'est du rapport que les corps ont les uns avec les autres. Il y a un tel enchaînement dans toutes les parties qui composent le monde, qu'on a quelque sujet de penser qu'il y a peut-être contradiction que l'homme soit plus parfait qu'il n'est par rapport aux corps qui l'environnent, et qu'il n'est peut-être pas possible qu'il ait des ailes et qu'il soit en même temps aussi bien composé qu'il l'est par rapport à la société et aux besoins de la vie présente.

Ainsi, Éraste, comme vous ne devez pas penser que Dieu a dû abandonner le dessein qu'il a eu de former des hommes par la génération ordinaire, à cause que les hommes semblent n'être pas parfaits, et que par cette voie il s'engendre quelquefois des monstres, vous ne devez pas aussi vous imaginer que Dieu, ayant prévu le péché de **55** l'homme, ait dû prendre un autre dessein, | quand même il n'aurait point réparé le désordre de la nature par une voie aussi digne de sa sagesse qu'est l'Incarnation de son Fils.

Éraste : J'avoue, Théodore, que ce que vous dites est très raisonnable, et que ceux-là manquent de force et de fermeté d'esprit, qui abandonnent des vérités évidentes lorsqu'on leur propose des

---

[*] Dans le *Traité de la nature et de la grâce* [Ier Discours, *OC* V, 11-13], et dans les *Méditations chrétiennes* que j'ai composées depuis cet ouvrage, je parle plus positivement et plus clairement. On peut lire aussi sur cela les *Entretiens sur la métaphysique et sur la religion*, Entretien neuvième.

difficultés qu'ils ne peuvent résoudre, quoique ces difficultés n'aient point d'autre fondement que l'ignorance et la faiblesse de l'esprit humain. Et cela me persuade que la plupart de ceux qu'on appelle dans le monde esprits forts, tels que sont quelques-uns de ceux qui se sont trouvés ici ces jours passés, n'ont pas autant de force d'esprit qu'Aristarque se l'imagine.

THÉODORE : Vous ne vous trompez pas, Éraste : ces Messieurs ont souvent l'imagination forte et la raison faible, le cerveau abondant en esprits animaux et l'esprit vide d'idées, j'entends d'idées claires. Cette abondance d'esprits les rend fiers et décisifs, et le défaut d'idées les aveugle. Ces esprits forts sont ordinairement de petits esprits, qui ont plus d'orgueil que de lumière. Comme ils ont l'esprit petit, ils n'embrassent et ne retiennent pas facilement les preuves des vérités même les plus communes ; et leur orgueil les fait décider des questions qu'il est absolument impossible de résoudre. Prenez bien garde à ne vous pas épouvanter avec eux des petites difficultés qu'ils se font contre l'existence de Dieu et contre l'immortalité de l'âme ; et ne vous laissez jamais étourdir par l'air et par la manière dont ils débitent leurs décisions téméraires. Écoutez la raison, et suivez sa lumière ; mais n'obéissez jamais à l'effort sensible que l'imagination des autres fait sur votre esprit. M'entendez-vous bien, Éraste ?

ÉRASTE : Parfaitement : vous ne voulez pas que je pense et que je vive par opinion, mais que je pense et que je vive par raison. Vous voulez que j'évite avec soin la contagion des esprits, qui se communique par les manières de ceux qui nous parlent. Je le fais autant que je puis, et je ne crains pas que nos prétendus | esprits forts m'ébranlent **56** par toutes les figures et tout ce mouvement dont ils animent les pauvres raisons qu'ils apportent contre les preuves de l'existence de Dieu que vous nous avez expliquées.

THÉODORE : Et vous, Aristarque, êtes-vous pleinement convaincu qu'il y a une cause supérieure à vous, infiniment sage et infiniment puissante, et surtout incessamment agissante en nous ? N'avez-vous plus de doute raisonnable à me proposer ? Je sais bien que vous n'êtes pas délivré de l'épouvante que vos héros vous ont inspirée, et que vous êtes toujours agité par quelques idées et par quelques sentiments confus, qui troubleront longtemps votre imagination pour justifier les raisonnements de vos esprits forts. Mais votre raison est-elle éclairée ? La lumière qui s'y répand à proportion que vous êtes attentif à mes paroles, est-ce une lumière pure qui persuade par évidence ? N'y aurait-il point quelque éclat éblouissant qui vous convainquît par impression ? Car, comme je suis pénétré de ce que je vous dis, j'appréhende que l'air et la manière dont je vous parle ne fasse effort sur votre esprit. J'appréhende qu'au lieu de consulter la vérité intérieure, vous ne sortiez hors de vous-même pour m'écouter, et qu'il ne vous arrive d'être persuadé lorsque je vous parle, et de douter aussitôt que je ne vous parlerai plus.

ARISTARQUE : Vous m'avez dit plusieurs choses qui m'ont paru solides ; mais je n'en demeure pas d'accord, parce que je n'y ai pas assez pensé. J'y penserai, et…

THÉODORE : Fort bien, Aristarque ; mais prenez garde qu'afin que ma démonstration de l'existence de Dieu subsiste, il n'est point nécessaire que toutes les choses que je viens de vous dire soient incontestables. Je les ai peut-être expliquées trop légèrement, pour prétendre que vous n'y trouviez point de difficulté ; et je ne devais pas m'y étendre davantage, parce que, ne vous les disant que pour répondre à vos objections, je n'étais point obligé d'en établir la certitude, mais seulement d'en montrer la possibilité. Je vous en convaincrai peut-être 57 dans la suite. Cependant, | si vous êtes bien persuadé de leur possibilité, vous devez croire que vos objections ne détruisent point les preuves que j'ai apportées pour l'existence d'un être infiniment puissant, et qui opère incessamment en nous.

ARISTARQUE : Quand je pense à toutes les choses que vous nous dîtes hier, je ne puis douter de l'existence d'un Dieu, qui règle tout ce qui se fait dans le monde. Mais, quand je fais réflexion qu'il y a d'habiles gens qui en doutent, et que M.** et plusieurs autres personnes très savantes et très spirituelles m'ont assuré qu'ils avaient besoin de foi pour le croire, il me reste quelque appréhension que vos preuves ne soient point certaines. Je consulterai M.** pour savoir ce qu'il en pense.

THÉODORE : Vous consulterez le Dieu d'Accaron, au lieu de consulter le Dieu d'Israël. N'êtes-vous pas content des réponses claires et évidentes que la Vérité intérieure vous rend ? Pourquoi consulter encore ce misérable ami ? Il vous a troublé, il vous troublera de nouveau. Son air est contagieux, son imagination est dominante ; et si vous n'y prenez garde…

ARISTARQUE : J'y prendrai garde, et il me semble que je le convertirai.

THÉODORE : Vous le convertirez, Aristarque ! Je le souhaite. Mais pensez-vous que Dieu lui parle comme à vous ; ou plutôt pensez-vous qu'il rentre comme vous dans lui-même pour l'écouter ? Il y a si longtemps qu'il se bouche les oreilles qu'il en est devenu sourd. Vous parlerez à ses oreilles ; mais vous ne parlerez pas à son esprit. Ne savez-vous pas qu'il tient à trop de choses, et que ses passions dont il suit aveuglément les mouvements l'ont rendu esclave de tout ce qui l'environne ? Cet air dominant et fier, ce désir de passer pour bel esprit, et pour esprit fort, sa manière insolente et cavalière de parler des choses de la religion, tout cela ne marque-t-il pas assez qu'il reçoit sans cesse les inspirations secrètes de l'esprit d'orgueil ? Dans le temps que vous lui parlerez, il se rira de votre simplicité : il vous éblouira par un langage d'imagination ; et vous aurez la confusion de | vous voir abattu à ses pieds, et la vérité traitée indignement par ce **58** petit troupeau, qui lui applaudit sans cesse.

Si vous êtes résolu, Aristarque, de tenter sa conversion, je vous conseille de le prendre seul, de lui parler sans émotion, de l'interroger sans cesse comme ayant besoin de sa lumière, et de le faire insensiblement rentrer dans lui-même, afin qu'il puisse écouter la vérité sans que ses passions s'y opposent. Lorsqu'on veut convaincre les hommes, il faut toujours dédommager leur amour-propre, et les instruire en sorte qu'ils s'imaginent nous régenter. Il faut prendre l'air de disciple, et les interroger avec adresse et avec simplicité, afin que, se plaisant à nous instruire, et par là à prendre sur nous quelque supériorité, ils rentrent dans eux-mêmes pour recevoir les réponses que nous leur demandons. Mais, lorsque nous avons reçu d'eux-mêmes les réponses qu'ils se sont efforcés de nous trouver, il faut les leur représenter à tous moments, car, n'ayant cherché ces réponses que pour nous, que pour flatter leur vanité, ils n'y pensent plus dès qu'ils s'en sont déchargés.

La Vérité est un meuble fort inutile pour la plupart des hommes : elle ne fait que les embarrasser. Mais, lorsqu'elle est de leur invention, et que par ce titre elle leur appartient, l'amour-propre la souffre volontiers, et ils y trouvent je ne sais quel agrément qui les gagne malgré l'incommodité qu'ils en reçoivent. Ainsi, lorsque vous aurez reçu quelque bonne réponse de plusieurs interrogations que vous aurez faites à votre ami, vous pourrez vous en servir pour le convaincre. Il ne la désavouera pas si vous ne l'irritez ; et peut-être que, son amour-propre trahissant heureusement ses passions endormies, il se réjouira à la vue d'une lumière qu'il ne pouvait souffrir quelque temps auparavant.

ARISTARQUE : Je vous remercie, Théodore, de ces avis ; j'en profiterai assurément. L'impatience qui s'excite en moi, par l'espérance de rendre service à mon ami, m'oblige de rompre notre Entretien : il faut que je me satisfasse promptement.

THÉODORE : Je loue votre zèle et la sincérité de votre amitié. Courage, Aristarque, je souhaite que vous reveniez content… Pour vous, Éraste, ayez soin de repasser dans votre esprit les choses que nous avons dites, et de vous en entretenir avec Aristarque, dès qu'il sera de retour.

De l'ordre de la nature dans la création de l'homme,
et des deux facultés de l'âme, l'entendement et la volonté

Théodore : Hé bien, Aristarque, vous avez en partie converti votre
homme : Éraste vient de me faire le narré de l'Entretien que vous avez
eu avec lui. Je sais même qu'il veut entrer dans notre petit commerce
sans y paraître, et qu'il souhaite que vous lui rendiez compte de la suite
de nos conversations. Appliquez-vous donc, s'il vous plaît, par
l'amitié que vous avez pour lui, afin que vous puissiez lui démontrer
toutes choses avec quelque exactitude.

Aristarque : Vous me prenez par mon faible, car je suis
extrêmement sensible à l'amitié, et il me semble que j'ai une double
ardeur de connaître la vérité dans le dessein que j'ai de la communiquer à mon ami. Continuons donc, je vous prie. Je suis persuadé
qu'il y a un Dieu, je veux dire, un Être infiniment parfait, dont la
sagesse et la puissance n'ont point de bornes, et dont la providence
s'étend non seulement jusqu'à nous, mais jusqu'aux atomes de la
matière. Je me souviens de vos preuves et j'en suis convaincu.

Théodore : Je ne puis rien démontrer de la véritable religion, ni de
la véritable morale, que je ne connaisse les fins de Dieu, non pas
toutes, Aristarque, mais seulement celles qu'il a dans la création et
dans la conservation de notre être.

Aristarque : Ah, Théodore, cherchez quelque autre principe.
| Mon ami est cartésien, il rejette entièrement de sa philosophie la 60
recherche des causes finales ; et, quoiqu'il soit convaincu présentement qu'il y a un Dieu, il ne manquera pas de me dire, que nous ne

devons point tant présumer de nous-mêmes, que de croire que Dieu nous ait voulu faire part de ses conseils [1].

THÉODORE : Votre ami ne vous dira pas cela, s'il est bon cartésien. La connaissance des causes finales est assez inutile pour la physique, ainsi que Descartes le prétend, mais elle est absolument nécessaire pour la religion. Pouvez-vous obéir à Dieu si vous ne connaissez pas ses volontés ? Espérez-vous de lui plaire, et qu'il vous rende heureux si vous ne lui obéissez pas ? Vous vous imaginez peut-être qu'on ne peut rien connaître par la raison du dessein de Dieu sur les hommes, mais vous vous trompez. Ne pensez pas trop à votre ami, pensez à ce que je vais vous dire.

Vous êtes persuadé que Dieu est sage, et vous lui attribuez toutes les perfections dont vous avez quelque idée. Dieu aime donc davantage ce qui est le plus aimable. Il s'aime donc plus que toutes choses. Il est donc à lui-même la fin de toutes ses actions. Dieu est donc la fin de la création et de la conservation de notre être. La faculté que nous avons de connaître, c'est-à-dire notre esprit, celle que nous avons d'aimer, ou notre volonté, sont donc faites et sont conservées pour connaître et pour aimer Dieu, supposé, comme vous n'en doutez pas, qu'elles aient été faites pour connaître et pour aimer. Trouvez-vous quelque obscurité dans tout ceci ? Prenez-y garde : c'est le principe de ce que nous dirons dans la suite.

ARISTARQUE : Cela me paraît aussi évident que les principes les plus certains de la physique.

THÉODORE : Cela l'est même davantage. La communication des mouvements est certaine, l'expérience nous l'apprend. Cependant, cette communication des mouvements pourrait n'être pas. Elle cessera apparemment en partie après la Résurrection, du moins à l'égard de 61 nos corps, afin qu'ils soient incorruptibles. Mais | Dieu ne cessera jamais de vouloir que nous le connaissions et que nous l'aimions. Or, puisque cela vous paraît évident, comment se peut-il faire qu'il y ait

---

1. Voir *Principia*, III, art. 3.

des hommes qui ne connaissent et qui n'aiment point Dieu, puisque Dieu ne les conserve que pour le connaître et que pour l'aimer? Pensez-vous que l'on puisse résister à Dieu, et que Dieu ait quelque amour pour des esprits qui n'ont aucune connaissance de lui, ni aucun amour pour lui? Pensez-vous que Dieu les conserve; et ne savez-vous pas que, si Dieu cesse de les aimer, ils ne seront plus?

ARISTARQUE: Je commence à douter de votre principe, car il n'y a que trop de gens qui ne connaissent et qui n'aiment point Dieu.

THÉODORE: Cela est étrange, Aristarque, que vous puissiez douter d'un principe un moment après qu'il vous paraissait évident. Ne retiendrez-vous jamais qu'il faut préférer la lumière aux ténèbres, et qu'il ne faut point abandonner des vérités claires, à cause de la difficulté que l'on trouve à éclaircir des objections obscures? Accoutumez-vous à discerner le vrai du vraisemblable; et prenez garde que ce que je viens de vous objecter est vrai en un sens, et faux en l'autre. Car, quoiqu'il y ait peu de personnes qui aiment Dieu par le choix libre de leur volonté, tous le connaissent et l'aiment par l'impression continuelle et invincible qu'il produit en eux. Vous le verrez dans la suite.

Ainsi, arrêtez-vous ferme à cette vérité: que Dieu n'a fait et ne conserve les esprits que pour le connaître et que pour l'aimer; et, cette vérité supposée, puisqu'elle est évidente, tâchez de découvrir comment on peut concevoir que tous les esprits connaissent et aiment Dieu, car cela est de la dernière conséquence. J'interroge Éraste pour vous conduire insensiblement à cette vérité.

Pensez-vous, Éraste, que les esprits puissent voir les corps? Ou plutôt, pensez-vous que ce monde matériel et sensible puisse être l'objet immédiat de l'esprit? Pensez-vous que les corps puissent agir dans l'esprit, se rendre visibles à l'esprit, éclairer | l'esprit? **62** Pensez-vous en un mot que l'esprit voie les corps immédiatement et en eux-mêmes?

ÉRASTE: Je ne le pense pas, car on en voit souvent qui ne sont point.

THÉODORE: Que voyez-vous donc immédiatement, lorsque vous voyez le monde matériel et sensible?

ÉRASTE : Je vois, pour ainsi dire, le monde intelligible.

THÉODORE : Quoi, lorsque vous regardez les étoiles, vous ne voyez pas les étoiles ?

ÉRASTE : Lorsque je regarde les étoiles, je vois les étoiles ; lorsque je regarde les étoiles du monde matériel, lorsque je tourne les yeux du corps vers le ciel, mon esprit voit les étoiles du monde intelligible, et je juge que ces étoiles matérielles que je regarde sont semblables à celles du monde intelligible que je vois. Car le soleil que je vois est tantôt grand et tantôt petit, et il n'est jamais plus grand qu'un cercle intelligible de deux ou trois pieds de diamètre. Mais le soleil matériel est toujours le même : il est, selon le sentiment de quelques astronomes, environ un million de fois plus grand que la terre. Ce n'est donc pas celui-là que je vois, dans le temps que je le regarde.

THÉODORE : Mais, Éraste, où est ce monde intelligible que vous voyez ? Pensez-vous le renfermer dans vous-même ? Pensez-vous que votre âme comprenne d'une manière intelligible tous les êtres que Dieu peut faire et qu'elle peut voir ? Votre âme, dont les bornes sont si étroites, dont les perfections sont finies, qui certainement ne renferme pas toutes choses, peut-elle en se considérant voir toutes choses, trouver en elle les idées de tous les êtres ?

ÉRASTE : Je ne le pense pas, mais je n'oserais vous dire mon 63 sentiment. Je m'imagine qu'il n'y a que Dieu qui renferme le | monde intelligible et que nous voyons en Dieu tout ce que nous voyons *.

THÉODORE : Mais, Éraste, pourquoi n'osez-vous dire tout haut ce que vous en pensez ? Y a-t-il du danger ou de l'extravagance à dire que Dieu seul est notre lumière, qu'il est seul la perfection et la nourriture de l'esprit, et que nous dépendons de lui en toutes manières, non seulement pour devenir plus heureux, mais encore plus éclairés et plus parfaits ?

---

* Ceci est traité plus au long dans les *Entretiens sur la métaphysique*, Ier et IIe Entretiens [*OC* XII, 29-62] et dans la *Recherche de la vérité* [III, II, VI, *OC* I, 437-447] et les *Éclaircissements* [Xe *Écl.*, *OC* III, 127-143].

ÉRASTE : J'appréhende qu'Aristarque ne m'appelle visionnaire, si je dis que je vois toutes choses en Dieu, comme si j'assurais qu'on peut voir Dieu dès cette vie, à cause que tout ce qui est en Dieu est Dieu même.

THÉODORE : Il y a différence entre voir l'essence de Dieu, et voir l'essence des choses en Dieu. Car, encore qu'on ne voie immédiatement que la substance de Dieu, lorsqu'on voit l'essence ou les idées des choses en Dieu, on ne voit Dieu que par rapport aux créatures, on ne voit les perfections de Dieu qu'en tant qu'elles représentent autre chose que Dieu. De sorte qu'encore que l'on voie Dieu, et que l'on ne puisse rien voir que lui, puisque lui seul peut toucher ou modifier nos esprits, on peut dire en un autre sens que l'on ne voit que les créatures, puisque l'esprit n'est affecté que par leurs idées ou leurs archétypes. Car, quoique Dieu ne voie que lui, il est certain qu'il voit les créatures, lorsqu'il voit ce qui est en lui-même qui les représente. De même, quoique nous ne voyions que Dieu d'une vue immédiate et | directe, **64** nous pensons aux créatures, lorsque nous voyons en Dieu ce qui les représente. Mais, pour les créatures en elles-mêmes, elles sont invisibles. Car il n'y a que l'intelligible qui puisse modifier les intelligences, que Dieu seul qui puisse agir dans les esprits.

Oui, Éraste, il n'y a point de créature corporelle ni spirituelle, qui puisse agir immédiatement dans l'âme et se faire voir à elle. Tout ce que nous voyons, Dieu nous le montre. Mais il nous le montre dans sa substance, car il n'y a que la substance divine qui puisse nous donner la vie, nous éclairer, et nous rendre heureux. Nous sommes faits pour être nourris de cette substance et pour vivre d'elle, et, si l'esprit a quelque vie, je veux dire, s'il a quelque connaissance (car la connaissance de la vérité est la vie de l'âme), il la reçoit de cette substance, il ne la possède que par son union à cette substance.

Prenez garde, Éraste : tout ce que Dieu a fait, il l'a fait à son image, ou selon son image. Il a fait les animaux, les plantes, les insectes mêmes, selon l'image, ou selon l'idée vivante qu'il en a. Car il a fait toutes choses par son Fils, par son Verbe, selon cette Sagesse incréée dans laquelle toutes choses vivent. Mais il n'a pas seulement fait l'homme selon son image ou selon sa sagesse : il l'a fait pour sa sagesse, pour contempler cette vérité éternelle *, cette Raison universelle, cette substance intelligible qui renferme les idées de toutes choses.

Un impertinent philosophe ** trouvait cet étrange défaut dans la religion des chrétiens qu'ils mangeaient celui qu'ils adoraient, condamnant la communion que nous avons au Corps et au Sang de Jésus-Christ, que nous recevons après l'avoir adoré. Il ne savait pas que la Sagesse du Père, le Verbe qui éclaire et qui nourrit l'esprit, 65 voulait nous apprendre d'une manière | sensible, et par la manducation réelle de son Corps, qu'il est réellement notre vie *** et notre nourriture, et qu'il a fait notre esprit pour le connaître et pour l'aimer. Car notre esprit ne doit aimer que ce qui lui donne la vie, que ce qui le nourrit, que ce qui le rend plus parfait, que ce qui est au-dessus de lui, puisqu'il n'y a que cela qui puisse être son vrai bien.

S'il est certain que la faculté que nous avons de penser vient de Dieu, il est certain qu'elle est faite pour Dieu, puisque Dieu n'agit que pour lui, comme Aristarque en convient. Mais, si nous ne voyons pas les choses en Dieu, comment peut-on dire que Dieu ne nous a faits et

---

* Augustin, *Liber imperfectus de Genesi ad litteram* [XVI, en particulier 60, 1, BA L, 500 : « (…) per ipsam facta est et ad ipsam »]. Voyez la *Réponse aux vraies et aux fausses idées*, chap. VII et XXI [*OC* VI, 63-69 et 143-150].

** Averroès [Mot couramment attribué au XVIIe siècle à Averroès. Le cardinal Du Perron, suivi par Jean Daillé, renvoient au jésuite polonais Petrus Scarga (Piotr Skarga Powęski), auteur en 1576 d'un *Pro sacratissima eucharistia contra haeresin Zvinglianam*; voir Jacques Davy Du Perron, *Traité du saint sacrement de l'eucharistie*, III, chap. XXIX, Paris, A. Estienne, 1622, p. 973-974, et Jean Daillé, *Réplique aux deux livres que Messieurs Adam et Cottiby ont publiés contre lui*, I, chap. XVI, Genève, J.A. et S. de Tournes, 1662, p. 116 : « (…) la parole du philosophe Averroès que le cardinal Du Perron rapporte sur la foi de Scarga, l'un des Pères de votre société, *qu'il ne trouvait point de secte pire, ou plus badine, que celle des chrétiens, qui mangent et déchirent eux-mêmes le Dieu qu'ils adorent.* D'où vient aussi le nom de *mange-Dieu* que les Turcs vous ont donné… ». Voir également Bayle, *Dictionnaire historique et critique*, « Averroès », note H, 5e éd., Amsterdam–Leyde–La Haye–Utrecht, 1740, t. I, p. 387].

*** *In ipso vita erat, et vita erat lux hominum* (Jn 1 [4]) [« Dans lui était la vie, et la vie était la lumière des hommes » (Bible de Sacy)].

ne nous conserve que pour lui ? Car enfin, si l'objet immédiat de nos connaissances sont des corps[1], notre esprit est en partie fait pour les voir. Oui, tous les esprits sont essentiellement unis à la souveraine Raison : ils ne peuvent vivre et se nourrir que de sa substance, les anges, les hommes et les démons mêmes. Ceux-ci sont morts, dira-t-on, et cela est vrai en un sens. Mais ils connaissent peut-être quelque vérité, et, si la connaissance de la vérité est la vie de l'âme, ils ne sont pas entièrement morts, ils ne sont pas anéantis. Ils ont encore quelque union avec la Sagesse éternelle, dont la lumière pénètre jusque dans les abîmes. Ils se nourrissent du Verbe, s'ils ont encore quelque vie, parce que c'est lui seul qui est la vie. Mais ils n'en sont pas plus heureux, car ils voudraient être morts. Ils ne se nourrissent qu'avec dégoût, d'une vérité qu'ils n'aiment pas ; ils cherchent les ténèbres, ils haïssent les idées divines qui les persécutent et qui les punissent, ils souhaitent le néant, et que ce reste d'union avec Dieu qui les éclaire et qui les soutient se rompe et se dissipe pour jamais.

ARISTARQUE : Que nous dites-vous là, Théodore : que l'esprit ne voit que Dieu ? Quoi ! Nous voyons l'erreur dans Dieu ? Les philosophes voient en Dieu toutes leurs chimères ? Et le Père du mensonge reçoit de Dieu...

| THÉODORE : Prenez garde, Aristarque, l'erreur ne se voit pas : elle **66** n'est ni visible, ni intelligible. La vérité est un rapport qui est, et ce qui est peut être vu. Il y a un rapport d'égalité entre 2 fois 2 et 4, et ce rapport peut être vu, parce qu'il est. Il y a un rapport d'inégalité entre 2 fois 2 et 5 et ce rapport d'inégalité peut être vu, parce qu'il est. Ainsi la vérité est visible ou intelligible, mais l'erreur ne l'est pas. On ne peut voir que 2 fois 2 soient 5 ou un rapport d'égalité entre 2 fois 2 et 5, car ce rapport d'égalité n'est point. On ne peut voir que 2 fois 2 ne soient pas 4 ou un rapport d'inégalité entre 2 fois 2 et 4, car ce rapport d'inégalité n'est point. Ainsi, quand on se trompe, on ne voit pas les rapports que l'on juge librement et faussement que l'on voit. Quand un

---

1. Nous suivons la syntaxe de Malebranche ; voir l'édition de 1702, p. 103, ainsi que les éditions précédentes, 1693, p. 108 et 1695, p. 63.

homme se trompe, il voit bien les choses en Dieu, quoique d'une manière imparfaite à cause de son incapacité ou de son défaut d'attention. Mais, pour les rapports entre les choses, il ne les voit pas, car ces choses sont, et ces rapports-là ne sont point. Je ne m'arrête pas à vous expliquer la cause de nos erreurs et les différentes manières dont on y tombe. Cela a déjà été fait dans la *Recherche de la vérité*.

ARISTARQUE : J'avoue, Théodore, que nous voyons en Dieu les vérités éternelles et les règles immuables de la morale. Un esprit fini et changeant ne peut voir dans lui-même l'éternité de ces vérités et l'immutabilité de ces lois; il les voit en Dieu. Mais il ne peut voir en Dieu des vérités passagères et des natures corruptibles, puisqu'il n'y a rien en Dieu qui ne soit immuable et incorruptible.

THÉODORE : Cependant, Aristarque, Dieu voit tous les changements qui arrivent dans le monde, et il ne les voit que dans lui-même, car certainement il ne tire point d'ailleurs ses connaissances. Il voit donc en lui-même toutes les choses qui sont sujettes au changement et à la corruption, quoiqu'il n'y ait rien dans lui qui ne soit parfaitement immuable et incorruptible. Mais voici comment tout cela se peut expliquer.

Dieu a dans lui-même l'idée, par exemple, de l'étendue, et cette
67 idée est incorruptible. Il a voulu qu'il y eût des êtres étendus, | et ces êtres ont été produits. Il a aussi voulu que ces parties étendues fussent agitées sans cesse, et qu'elles se communiquassent naturellement leurs mouvements. Or cette communication des mouvements, que Dieu ne peut ignorer, puisqu'il ne peut ignorer ses volontés qui en sont la cause, est l'origine de la mutabilité, de la corruption, et de la génération des différents corps. Ainsi Dieu voit en lui-même la corruption de toutes choses, quoiqu'il soit incorruptible, car, s'il voit dans sa sagesse les idées incorruptibles, il voit dans ses volontés toutes les natures corruptibles, puisqu'il n'arrive rien qu'il ne fasse.

Voici donc comment nous voyons en Dieu ces mêmes choses. Nous voyons toutes les idées et les vérités immuables en Dieu. Pour ce qui est des natures corruptibles et des vérités passagères, nous ne les connaissons pas dans la volonté de Dieu comme Dieu même, car sa volonté nous est inconnue; mais nous les connaissons par le sentiment que Dieu cause en nous à leur présence. Ainsi lorsque je vois le soleil, je vois l'idée du cercle en Dieu, et j'ai en moi le sentiment de lumière qui me marque que cette idée représente quelque chose de créé et d'actuellement existant. Mais je n'ai ce sentiment que de Dieu, qui certainement peut le causer en moi, puisqu'il est tout-puissant, et qu'il voit dans l'idée qu'il a de mon âme que je suis capable de ce sentiment.

Ainsi, dans toutes les connaissances sensibles que nous avons des natures corruptibles, il y a toujours idée pure et sentiment confus. L'idée éternelle est en Dieu, le sentiment passager est en nous. Mais Dieu seul en est la véritable cause. C'est l'idée qui représente l'essence de la créature, et le sentiment fait seulement croire qu'elle est existante, puisque le sentiment nous | porte à croire que c'est elle **68** qui l'excite en nous, à cause que l'idée de cette créature est pour lors présente à notre esprit et que l'opération de Dieu en nous n'est pas sensible, laquelle seule néanmoins cause en nous ce sentiment.

ARISTARQUE : Vous faites là, Théodore, d'étranges raisonnements, et qui sont tous appuyés sur ce faux principe : que les idées que nous avons des objets sont différentes de nos perceptions ou des modalités de notre âme. Pour moi, je crois que nous voyons les objets en eux-mêmes, et je suis persuadé que les idées que nous en avons ne sont que des modifications de notre esprit causées par les ébranlements que ces mêmes objets produisent sur les organes de nos sens, ainsi que vous me l'avez ce me semble souvent expliqué.

THÉODORE : Ce principe : que les idées que nous avons des objets sont bien différentes des modifications ou des perceptions de notre esprit, est incontestable et nécessairement supposé comme tel par tous ceux qui sont convaincus qu'il y a quelque chose de certain, par ceux mêmes qui l'attaquent. Oui, Aristarque, vous-même qui rejetez ce principe comme faux, vous supposez naturellement et nécessairement qu'il est vrai. Car c'est le fondement des sciences, et, si vous ébranlez ce fondement, vous leur ôtez leur certitude, vous établissez le pyrrhonisme.

ARISTARQUE : Quel paradoxe ! Est-ce que le premier principe des sciences n'est pas : que je puis affirmer d'une chose ce que je conçois clairement être renfermé dans l'idée qui la représente ?

THÉODORE : Non, Aristarque. Ce principe même suppose que les 69 idées sont différentes des perceptions que nous en avons : | il suppose que les idées sont éternelles, immuables, communes à tous les esprits, et à Dieu même. Mais, dans votre sentiment, que les idées ne sont que des modalités ou perceptions de l'âme, ce principe certainement n'a aucune solidité. Car, je vous prie, quand Dieu agit, forme-t-il son ouvrage sur nos perceptions ou sur les siennes ?

ARISTARQUE : Assurément Dieu rend son ouvrage conforme à ses idées ou à ses perceptions.

THÉODORE : Sur quel fondement pouvez-vous donc affirmer d'une chose ce que vous apercevez être renfermé dans l'idée, c'est-à-dire selon vous dans la perception qui vous la représente ? Est-ce que Dieu vous a révélé que toutes vos perceptions sont semblables aux siennes ? Dites donc seulement que les choses vous paraissent telles, mais n'affirmez pas qu'elles sont effectivement telles qu'elles vous paraissent : embrassez le pyrrhonisme ; mais non, Aristarque, reconnaissez plutôt que les idées qui nous frappent, et celles-là mêmes qui nous éclairent en conséquence de notre attention, qui est la cause occasionnelle des lois générales de l'union de l'esprit avec la souveraine Raison, reconnaissez, dis-je, que ces idées sont immuables, éternelles, efficaces, divines en un mot, communes à tous les esprits et à Dieu même qui les trouve dans sa substance, tout à fait différentes des modalités de l'âme ou des perceptions passagères qu'elles produisent en nous. Car, quoique la nature de l'âme soit d'apercevoir, elle ne peut directement apercevoir que ce qui la touche immédiatement, et telle est sa grandeur, que rien ne la peut immédiatement toucher que la substance efficace de la Divinité *.

* *Insinuavit nobis Christus animam humanam et mentem rationalem non vegetari, non illuminari, non beatificari, nisi ab ipsa substantia Dei* (Augustin, *Tract. in Joan.*, XXIII) [*Tractatus in Joannis Evangelium*, XXIII, 5 (BA LXXII, 364) : « Le Christ a

ARISTARQUE : Voilà de grands sentiments et dignes de Théodore, mais ils sont un peu trop relevés pour moi. Je ne vais que terre à terre, car, si je m'élevais [1] si haut, la tête me tournerait.

THÉODORE : Ne raillons point, je vous prie. La question que | nous **70** examinons est très sérieuse et de la dernière conséquence. Car je vous déclare que vous n'établirez jamais rien de certain, si vous ne l'appuyez sur l'immutabilité des idées divines, qui sont la lumière commune à toutes les intelligences unies à la Raison, et faites pour elle. Car, encore un coup, Dieu a-t-il formé son ouvrage sur vos modalités, sur vos perceptions prétendues représentatives, ou selon les siennes ?

ARISTARQUE : Vous me jetez dans un étrange embarras. Hé bien, je consens qu'il n'y ait rien de certain dans la physique, puisqu'il n'est pas certain que Dieu ait créé la matière conformément à l'idée ou à la perception que nous en avons ; de quoi riez-vous, Éraste ?

ÉRASTE : De ce que vous voilà pyrrhonien. Quoi ! n'est-il pas certain que cette boule est divisible, et que, si le plan coupant passait par le centre, il la diviserait en deux parties égales ?

ARISTARQUE : Cela me paraît ainsi ; mais je n'en suis pas certain.

ÉRASTE : Pour moi, j'en suis très certain, et je ne crains point de me tromper en l'affirmant. Je suis même très certain que toutes les intelligences et que Dieu même le voit [2] comme moi, quoique la perception que Dieu en a soit fort différente de la mienne. C'est que je suis convaincu aussi bien que Théodore de ce principe dont dépend la

---

insinué en nous que l'âme humaine et l'esprit rationnel [...] ne reçoit la vie, la lumière et la béatitude que par la substance même de Dieu ». Texte également cité dans la *Recherche*, voir *RV*, préface, *OC* I, 18, et *RV* III, II, VI, *OC* I, 442].

Voyez la préface des *Entretiens sur la métaphysique*, édition de Paris [*OC* XII, 10-15], ou les chapitres VII et XXI de ma *Réponse au livre des vraies et fausses idées* [*OC* VI, 64-69 et 143-150].

1. L'édition de 1702, suivie par les *OC*, porte : « si je ne m'élevais » (p. 112) ; nous suivons la correction proposée en note par G. Rodis-Lewis (Pléiade, p. 1755, n. 2 de la p. 1185).

2. Comme souvent, Malebranche accorde le verbe avec le dernier sujet.

certitude des sciences : que l'idée de l'étendue, celle d'une sphère et toutes les autres sont éternelles, immuables, communes à tous les esprits unis à la Raison, et à Dieu même à qui la Raison est consubstantielle ; entièrement convaincu que mes perceptions, modalités passagères de mon âme, sont bien différentes des idées immuables qui me touchent et qui m'éclairent. Car enfin, sans l'immutabilité des idées, il me paraît clair que le vrai et le faux, le juste et l'injuste n'ont plus rien de stable et de permanent, et que tout est incertain dans les sciences, dans la morale et même dans la religion.

ARISTARQUE : Vous êtes bien simple, Éraste, si vous me croyez pyrrhonien à cause des réponses que je viens de faire. Il n'en est rien. Je suis très certain que le plan qui couperait une sphère par le centre la diviserait également, fondé sur mon principe : que je puis assurer d'une chose ce que j'aperçois clairement être renfermé dans l'idée qui la représente.

71 | THÉODORE : Vous êtes assurément mal fondé, et vous ne vous tirerez pas du pyrrhonisme par votre principe, sans le secours des idées immuables et préalables à vos perceptions passagères ; examinons votre principe.

On peut, dites-vous, affirmer d'une chose, etc. Parlez-vous de quelque être que Dieu ait créé, conforme sans doute à l'idée du Créateur, mais…

ARISTARQUE : Non, non. Je parle d'une sphère par exemple exactement ronde.

THÉODORE : Mais cette étendue sphérique que vous apercevez est-elle distinguée de votre perception ou de la modalité de votre esprit ? Si cela est, prenez garde, vous voilà réduit à distinguer les idées immuables des perceptions que vous en avez.

ARISTARQUE : Non. Cette étendue sphérique que j'aperçois n'est qu'une modalité de mon esprit, que ma perception, mais en tant que relative à une sphère, ou représentative d'une sphère.

THÉODORE : Vous supposez ce qui est en question. Mais, sans nous arrêter à cela, mettons la définition à la place du défini dans votre principe, et voyons à quoi il se réduit.

On peut affirmer d'une chose, d'une sphère par exemple, non selon vous d'une sphère créée, puisque Dieu n'agit pas sur nos idées mais sur les siennes, non encore d'une sphère idéale distinguée de la perception ou de la modalité de l'âme, mais d'une sphère qui n'est que la modalité de l'esprit en tant qu'elle vous représente une sphère, on peut, dites-vous, affirmer d'une telle sphère ce que vous concevez clairement être renfermé dans l'idée, c'est-à-dire, encore selon vous, dans la modalité de votre âme en tant qu'elle est représentative d'une sphère. Mais ce galimatias où se réduit votre sentiment ne peut signifier autre chose sinon que vous pouvez affirmer que vous apercevez ce que vous apercevez, et non que ce que vous apercevez est en lui-même tel que vous l'apercevez, puisque vous dites que vos idées ne sont pas distinguées de vos perceptions.

ARISTARQUE : Cependant je suis certain que l'étendue est divisible, et que la sphérique a les propriétés dont les géomètres conviennent.

| THÉODORE : Oui, vous en êtes certain. Mais, comme je viens de 72 vous dire, c'est que vous supposez naturellement et nécessairement comme certain que ce que vous apercevez est distingué de la perception que vous en avez.

ÉRASTE : En effet, n'est-il pas évident que penser à rien, avoir la perception de rien, c'est ne point apercevoir, et qu'ainsi l'idée, l'objet immédiat qui affecte notre esprit est préalable à la perception que nous en avons ?

THÉODORE : Oui, sans doute, cela est évident. Mais de plus c'est le fondement de la certitude des sciences. Car il est évident que le néant n'est pas visible. D'où il est aisé de conclure non seulement que tout ce que l'esprit aperçoit immédiatement et directement est véritablement, mais encore qu'il est toujours tel qu'il est aperçu, dans le sens qu'il est aperçu. Je dis dans le sens qu'il est aperçu, car les idées des créatures ne sont pas la substance de la Divinité prise absolument, mais aperçue en tant qu'imparfaitement participable. Il est de plus évident que les objets sensibles, que l'on n'aperçoit point directement et en eux-mêmes, sont tels qu'on les aperçoit, que les corps par exemple sont divisibles et mobiles, puisque l'idée que nous avons de l'étendue est celle sur laquelle Dieu les a créés. Car il y a contradiction que les créatures ne soient pas conformes à l'idée du Créateur, au modèle éternel sur lequel il les a faites. Pour ruiner donc le pyrrhonisme, il n'y a plus qu'à prouver que l'idée que nous avons de l'étendue dont tous les corps sont formés est celle-là même que Dieu en a. C'est ce que je vais vous démontrer.

ARISTARQUE : J'appréhende que vous ne m'alliez donner des preuves abstraites, cela me fatigue ; j'aime bien mieux croire que nous voyions les objets directement et en eux-mêmes. C'est bien le plus court.

THÉODORE : Je l'avoue. Mais c'est donner sans réflexion dans une erreur grossière et très dangereuse par ses conséquences. Comment, Aristarque, pouvez-vous croire que nous voyons les objets en eux-mêmes ? N'en voyons-nous pas souvent qui ne sont point, du moins
73 durant le sommeil, ou lorsque notre cerveau | est échauffé par les ardeurs de la fièvre ? Certainement, nous voyons les objets comme présents, lorsqu'ils ébranlent les organes de nos sens, et que l'ébranlement se communique jusqu'au cerveau ; vous en demeurerez d'accord. Supposé donc qu'il se fasse dans notre cerveau, par le cours des esprits ou autrement, le même ébranlement qu'y ferait la présence d'un objet, nous verrions immanquablement cet objet, en conséquence des lois de l'union de l'âme et du corps. Quoique Dieu eût anéanti tous les corps qui vous environnent, si par le cours des esprits animaux il se produisait dans votre cerveau des traces et des ébranlements semblables à ceux qu'y causent tous ces objets, vous verriez sans doute ce que vous voyez présentement : votre esprit serait frappé des mêmes idées et des mêmes sentiments. Ainsi, puisqu'on peut voir les corps sans qu'ils soient, il est clair qu'on ne les voit point en eux-mêmes, et qu'on ne voit immédiatement et directement que les idées qui les représentent. Il reste donc à vous prouver que ces idées sont éternelles, immuables, communes à tous les esprits unis à la souveraine Raison, en un mot divines, et par conséquent bien différentes des modifications de notre esprit.

Rentrez en vous-même, Aristarque, et répondez-moi de bonne foi : n'avez-vous pas présente à l'esprit l'idée d'un espace qui n'a point de bornes ? L'univers est bien vaste ; mais ne concevez-vous pas encore des espaces au-delà du dernier des cieux ? L'idée que vous avez de l'étendue n'est-elle pas infinie ? Pouvez-vous l'épuiser, la[1] parcourir, la mesurer, et en reconnaître les bornes ?

ARISTARQUE : Non, sans doute. Quelque mouvement que je donne à mon esprit, je ne puis trouver de bornes dans l'idée que j'ai de l'espace ou de l'étendue. Je suis même très assuré que cette idée n'en a point. L'idée que j'ai de mille mondes mille fois plus grands que l'univers est encore infiniment plus petite que l'idée de l'espace ou de l'étendue.

THÉODORE : Hé, comment donc pouvez-vous soutenir que les idées sont des modifications de l'esprit ? Assurément, votre esprit a des bornes, et vous convenez que l'idée de l'étendue n'en a | point. 74 Comment donc cette idée pourrait-elle être une modification de votre esprit ? Car les modifications des substances ne peuvent pas avoir plus d'étendue que les substances mêmes.

Il est vrai que la perception que vous avez de cette vaste idée est une modification de votre esprit. Aussi cette perception est-elle finie comme lui. Car votre sentiment intérieur vous apprend que vous ne pouvez embrasser ni comprendre toute la réalité intelligible de votre idée, je dis réalité car le néant ne peut être aperçu. Ce sentiment vous apprend donc que votre perception, qui est une modification de votre esprit, est certainement finie, et vous voyez dans l'idée même de l'espace qu'elle est infinie. Il y a donc bien de la différence entre nos idées et les perceptions que nous en avons. Les idées étant infinies, il est évident qu'elles ne se peuvent trouver qu'en Dieu, dans l'Être infini, ou dans la Raison universelle qui éclaire tous les esprits. Mais, pour les perceptions, elles ne sont que des modifications passagères et finies des intelligences, causées véritablement non par l'action des

1. L'édition de 1702, suivie par les *OC*, porte « le » ; à la suite de G. Rodis-Lewis (Pléiade, p. 1189), nous rétablissons le texte de l'édition de 1695, p. 69.

objets qui sont hors de nous, mais par la réalité intelligible et efficace de la souveraine Raison qui nous pénètre.

ARISTARQUE : J'avoue que la perception de l'étendue est finie en elle-même, puisque c'est une modification d'un esprit fini. Mais elle est infinie en ce sens qu'elle me représente l'infini. Est-ce que le fini en lui-même ne peut pas représenter l'infini ?

THÉODORE : Non, certainement, car, afin que le fini puisse représenter l'infini, il faut qu'on puisse apercevoir l'infini dans le fini. Or, comme le néant n'est pas visible, on ne peut apercevoir dans le fini que ce qu'il contient. Si l'on apercevait six réalités où il n'y en a que deux, on apercevrait quatre réalités qui ne seraient point. Si donc on apercevait l'infini dans le fini, on apercevrait un infini qui ne serait point. Or le néant ne peut être aperçu : voir le néant c'est ne point voir. Si donc on pense à l'infini, il faut qu'il soit : rien de fini ne peut le représenter.

ARISTARQUE : Je me rends. Ce court raisonnement me convainc
75 que l'idée de l'étendue ne peut être une modalité de mon esprit. | Il prouve même invinciblement l'existence de Dieu* ; mais ne changeons point de question.

THÉODORE : Voulez-vous encore d'autres preuves que les idées qui nous affectent sont différentes des modalités de l'esprit ou des perceptions que nous en avons ? Je vous répéterai celles que j'ai déjà données ailleurs.

ARISTARQUE : Non, Théodore, c'en est assez maintenant pour moi. Mais je vous prie, un mot d'éclaircissement sur votre opinion. Je veux bien que l'idée de l'espace ou de l'étendue étant infinie, elle ne puisse se trouver qu'en Dieu. Mais vous ne dites pas seulement qu'on voit en Dieu cette idée et toutes les vérités nécessaires : vous prétendez qu'on voit aussi en Dieu tous les corps qui nous environnent, et c'est ce que je ne comprends pas trop bien.

---

* Voyez la *Recherche de la vérité*, de l'édition de 1700, IIe vol., p. 96 et suivantes [*RV* IV, XI, *OC* II, 97 *sq.*].

THÉODORE : Cela n'est pas pourtant bien difficile à comprendre, lorsqu'on demeure d'accord de deux choses : la première, que l'idée de l'étendue n'est point une modification de l'esprit, et qu'elle ne se trouve qu'en Dieu ; la seconde, que les couleurs ne sont point répandues sur les objets, et qu'elles ne sont que des sentiments, des perceptions, ou des modifications de l'âme, vérité démontrée par l'expérience aussi bien que par la raison. Car enfin, puisqu'on ne voit point les objets en eux-mêmes, puisqu'on en voit souvent, ou du moins qu'on en peut voir, qui n'existent point actuellement, il est évident que voir les corps, n'est autre chose qu'être modifié de diverses sensations de couleur par diverses parties de l'étendue intelligible.

Lorsque l'idée de l'étendue affecte ou modifie l'esprit d'une perception pure, alors l'esprit conçoit simplement cette étendue. Mais, lorsque l'idée de l'étendue touche l'esprit plus vivement, et l'affecte d'une perception sensible, alors l'esprit voit, ou sent | l'étendue. 76 L'esprit la voit, lorsque cette perception est un sentiment de couleur, et il la sent ou l'aperçoit encore plus vivement, lorsque la perception dont l'étendue intelligible le modifie est une douleur. Car la couleur, la douleur et tous les autres sentiments ne sont que des perceptions sensibles, produites dans les intelligences par les idées intelligibles.

Voici donc mon raisonnement. Il n'y a que la couleur qui rende les objets visibles : c'est uniquement par la variété des couleurs que nous voyons et que nous distinguons la diversité des objets. Or, quand nous voyons les corps, c'est l'idée de l'étendue qui nous modifie de divers sentiments de couleur, et vous demeurez d'accord que cette idée ne se trouve qu'en Dieu. Donc il est évident que nous voyons en Dieu toute cette variété de corps, dont nous avons des sensations si différentes, puisqu'il est certain que nous ne voyons point les objets en eux-mêmes. C'est donc une nécessité de dire que, dans l'instant que nous ouvrons les yeux au milieu d'une campagne, Dieu, en conséquence des lois de l'union de l'âme et du corps, et en suivant toujours exactement les règles de l'optique et de la géométrie, touche, par l'idée de l'étendue qu'il renferme, notre esprit de cette variété de couleurs, par lesquelles nous jugeons de l'existence actuelle et de la diversité des objets, de leur grandeur, de leur situation, de leur distance, de leur mouvement et de leur repos. Tout cela pour nous apprendre en un instant, et sans aucune application de notre part, les rapports infinis qu'ont avec notre corps tous ceux qui nous environnent. Mais Dieu ne nous apprend rien que par l'application efficace de ses idées sur nos esprits, qui s'en trouvent pénétrés, modifiés et éclairés en plusieurs manières.

ARISTARQUE : Je suis convaincu, Théodore, que Dieu nous éclaire et nous montre dans lui-même toutes les idées que nous avons des objets. Mais pourquoi recourir à Dieu ? Réfutez au moins les sentiments des philosophes sur ce sujet, afin que je puisse mieux convaincre mon ami. Il sera sans doute entêté de quelque sentiment différent du vôtre.

77 | THÉODORE : Cela a déjà été fait dans la *Recherche de la vérité** et ailleurs**. Mais, si votre ami trouve à redire que j'aie recours à Dieu pour expliquer certaines choses, vous lui direz que les effets naturels sont de deux sortes : qu'il y en a de particuliers, et qu'il y en a de généraux ; que, pour expliquer les particuliers, il est ridicule de recourir à la cause générale, mais que, pour expliquer les effets généraux, on se trompe lorsqu'on en cherche quelque cause particulière.

Si l'on me demande, par exemple, d'où vient qu'un linge se sèche, lorsqu'on l'expose au feu, je ne serai pas philosophe, si je réponds que Dieu le veut, car on sait assez que tout ce qui se fait se fait parce que Dieu le veut. On ne demande pas la cause générale, mais la cause particulière d'un effet particulier. Je dois donc dire que les petites parties du feu ou du bois agité, venant heurter contre le linge, communiquent leur mouvement aux parties de l'eau qui y sont et les détachent du linge, et alors j'aurai donné la cause particulière d'un effet particulier.

Mais, si l'on me demandait d'où vient que les parties du bois agitent celles de l'eau, ou généralement que les corps communiquent

---

* Livre III [*RV* III, II, chap. II-V, *OC* I, 418-436].

** *Entretiens sur la métaphysique* [plus spécialement *EMR* I et II, *OC* XII, 29-62]; *Réponse au livre de M. Arnauld : Des vraies et des fausses idées* [chap. VI et VII, *OC* VI, 55-69].

leur mouvement à ceux qu'ils rencontrent, je ne serais pas philosophe si je cherchais quelque cause particulière de cet effet général. Je dois recourir à la cause générale qui est la volonté de Dieu, et non à des facultés ou à des qualités particulières.

Or on reconnaît qu'un effet est général, ou qu'il faut recourir à la cause générale, lorsque cet effet n'a de liaison nécessaire avec ce qui semble en être la cause, que celle-là même qu'on suppose y être, comme il arrive dans la communication du mouvement. Car, quoi qu'en disent l'imagination et les sens, l'esprit ne comprend pas que les corps puissent répandre, dans | ceux qu'ils rencontrent, une partie de la **78** force mouvante qui les transporte, puisque cette force qui les meut n'est rien qui leur appartienne *.

Si donc votre ami prétend vous expliquer la nature et la génération des idées, par les termes scientifiques d'*espèces impresses et expresses*, de *sens extérieurs et intérieurs*, du *sens commun*, de *l'intellect agent* et de *l'intellect passible*, vous lui ferez voir que, de ce que les fibres de notre cerveau changent de situation ou de figure, il n'y a point de nécessité qu'il y ait dans notre esprit une nouvelle pensée, et qu'ainsi il faut recourir à la cause générale, qui seule peut, par l'établissement des lois générales, lier les choses qui n'ont point entre elles de rapport nécessaire. Je ne m'arrête pas à vous résoudre toutes les difficultés que vous et votre ami pouvez avoir sur tout ce que je viens de dire : vous les trouverez peut-être résolues dans le IIIᵉ livre de la *Recherche de la vérité*, et dans mes autres ouvrages. Passons à la volonté de l'homme ; je vous l'explique.

Comme Dieu ne nous fait et ne nous conserve que pour lui, il nous pousse incessamment vers lui, c'est-à-dire vers le bien en général, ou vers ce que nous concevons renfermer tous les biens. Il nous pousse même vers les biens particuliers, sans nous éloigner de lui, parce qu'il renferme ces biens dans l'infinité de son être. Car, comme les esprits ne voient que lui, dans le sens que j'ai expliqué, il peut nous porter vers

* Voyez le VIIᵉ des *Entretiens sur la métaphysique* [*OC* XII, 147-172].

tout ce que nous voyons, quoiqu'il ne nous ait faits que pour lui. Mais il faut bien remarquer qu'il nous porte invinciblement et nécessairement vers le bien en général, parce que l'amour du bien en général ne pouvant jamais être mauvais, il ne devait pas être libre. Mais l'amour des biens particuliers, quoique bon en lui-même, en tant qu'il vient de Dieu et qu'il se rapporte à lui, pouvant être mauvais par le faux jugement que nous portons des causes secondes auxquelles nous rapportons cet amour, il devait être en notre puissance de consentir ou de résister à son mouvement.

79 | ARISTARQUE : Mais comment, Théodore, l'amour des biens particuliers peut-il être mauvais ? Nous n'aimons que ce que nous voyons ; selon votre sentiment, nous ne voyons directement que Dieu. Nous n'aimons donc que Dieu, lors qu'il semble que nous aimons les créatures. Comment donc notre amour peut-il être mauvais ?

THÉODORE : Nous n'aimons que Dieu par le mouvement naturel que Dieu met en nous, car Dieu ne nous porte que vers lui. Mais nous déréglons ce mouvement par le choix libre de notre volonté, déterminée par un faux jugement de notre esprit. Car le mouvement de notre cœur n'est pas droit, lorsqu'il suit un jugement qui n'est pas vrai. Or il n'est pas vrai que nous voyions les objets en eux-mêmes, ni qu'ils soient la cause véritable de la perception agréable que nous en avons. Mais de plus, quoique nous ne voyions immédiatement que les idées des objets, et que ces idées ne soient que la substance efficace de la Divinité, cependant comme elles ne sont point la substance de Dieu prise absolument telle qu'elle est, mais seulement prise en tant que très imparfaitement imitable par les créatures, en voyant directement et
80 immédiatement les idées, nous ne voyons point véritablement | Dieu, l'Être infiniment parfait, mais l'essence des créatures. Ainsi, comme c'est proprement les créatures que nous voyons, ce sont elles que nous aimons. Or nulle créature, quoique bonne en elle-même, n'est bonne par rapport à nous : nulle créature n'est bien à notre égard, puisque Dieu seul peut agir en nous, et nous rendre heureux.

Dieu veut bien qu'on aime ce qui est en lui qui représente une créature, car cela est bon, puisque cela nous éclaire et nous touche ;

mais il ne veut pas que l'on y arrête le mouvement de son amour, et qu'on le rapporte aux créatures. Dieu veut qu'on aime tout ce qu'il renferme : il veut qu'on l'aime selon l'idée d'être en général, d'être infiniment parfait, d'être souverainement aimable, laquelle idée ne se rapporte qu'à lui et ne représente rien qui soit hors de lui. Il n'y a que l'idée du bien infini qui doive arrêter le mouvement de notre amour, et nous sommes tellement libres dans l'amour des biens finis, que nous sentons même les reproches secrets de la raison lorsque nous nous arrêtons à ces biens, parce que celui qui nous a faits pour lui nous parle sans cesse, afin que nous nous tournions vers lui, et que nous ne donnions point de bornes au mouvement d'amour qu'il produit sans cesse en nous, pour nous porter jusqu'à lui.

Tout le mouvement que l'âme a pour le bien vient donc de Dieu, et, comme Dieu n'agit que pour lui, tout le mouvement de l'âme n'a point d'autre terme que Dieu dans l'institution de la nature. Dieu ne présentant point aux esprits d'autres idées que celles qui sont en lui, puisqu'il a fait les esprits pour lui, tous les mouvements qu'il imprime dans notre volonté sont vers lui, en tant qu'ils viennent de lui, puisque la volonté n'est mue que vers les choses que l'esprit aperçoit. Mais, les hommes pensant voir les créatures en elles-mêmes, le consentement qu'ils | donnent au mouvement naturel que Dieu leur imprime, se **81** termine aux créatures, quoique de la part de Dieu ce mouvement ne s'y termine pas ; et l'on peut dire très véritablement que l'amour libre des hommes, ou leur consentement au mouvement qu'ils reçoivent de Dieu, tend vers les créatures, quoique le mouvement naturel de leur amour ne puisse tendre que vers Dieu.

Vous voyez donc, Aristarque, comment Dieu ne conserve les esprits que pour lui, en quel sens les facultés qu'ils ont de connaître et d'aimer ne connaissent et n'aiment que lui, que même les pécheurs en un sens ne cherchent et n'aiment que Dieu, qu'ils ne renversent pas les lois de la nature, qu'elles sont inviolables, et que ce principe, que Dieu nous a faits pour lui, est absolument incontestable.

ARISTARQUE : Mais, Théodore, si l'ordre de la nature est que nous connaissions et que nous aimions Dieu, et si nous ne pouvons résister à cet ordre, puisque le mouvement de notre amour pour les créatures tend nécessairement vers le Créateur, comment peut-on dire que nous offensons véritablement Dieu? Le Tout-Puissant peut-il être offensé par sa créature?

THÉODORE : On le peut dire pour plusieurs raisons, dont voici, ce me semble, les principales.

Dieu pousse incessamment les esprits vers le bien, car le bien est aimable; il les pousse invinciblement vers le bien général. Mais il n'en est pas de même de l'impression qu'il leur donne vers les biens particuliers. Dieu ne borne pas vers ces biens l'action qu'il produit en nous, car, dans le temps que nous nous arrêtons à quelque bien fini, nous sentons assez que nous avons du mouvement pour aller plus loin, si nous le voulons. Ainsi nous offensons Dieu en ce que nous bornons son action, et que, par notre consentement ou notre repos dans des biens finis, | nous rendons inutile le mouvement que Dieu nous imprime sans cesse pour nous porter jusqu'à lui, pour nous faire aimer les divines perfections absolument et en elles-mêmes, et non pas selon le rapport qu'elles ont avec les créatures, et en tant qu'elles les représentent.

La raison pour laquelle Dieu nous pousse vers le bien, c'est qu'il nous pousse vers lui, et il nous pousse vers lui parce qu'il s'aime. C'est donc l'amour que Dieu se porte à lui-même qui produit en nous notre amour. Ainsi notre amour doit être semblable à celui que Dieu se porte. Mais il ne lui ressemble pas, lorsqu'il se borne à un bien particulier. Il est donc alors indigne de la cause qui l'a produit, et l'on peut dire qu'il lui déplaît.

Certainement l'ordre immuable est la règle inviolable des volontés divines. Dieu estime, Dieu aime nécessairement toutes choses à proportion qu'elles sont estimables et aimables. Car, comme l'ordre immuable ne consiste que dans les rapports intelligibles des perfections divines, et que Dieu s'aime nécessairement, il se rend à lui-même cette justice, non seulement de se préférer à tout, mais encore d'estimer et d'aimer ses créatures à proportion qu'elles participent à son être, c'est-à-dire à proportion qu'elles sont plus parfaites. Or Dieu ne peut agir que par sa volonté, que par l'amour qu'il se porte à lui-même. Il ne peut donc créer des intelligences capables de connaître et d'aimer, et leur donner une autre loi que cet ordre immuable qu'il aime nécessairement. Dieu ne peut donc nous dispenser d'aimer tous les êtres à proportion du rapport qu'ils ont avec ses perfections ou qu'ils sont aimables. Celui donc qui aime plus son cheval que son cocher, son troupeau que son berger, les biens du corps que ceux de l'esprit, ce qui est fort ordinaire, assurément celui-là blesse l'ordre immuable, et offense Dieu par conséquent, qui renferme dans sa substance cette loi écrite pour ainsi dire en caractères éternels. Le prince se trouve offensé lorsqu'on n'obéit pas à sa loi, quoique | sa loi **83** soit arbitraire, et même souvent injuste et bizarre. Comment voulez-vous donc que Dieu ne soit point offensé, lorsqu'on méprise l'ordre immuable, cette loi qu'il aime par la nécessité de son être ? Car Dieu veut l'ordre, il veut toujours selon l'ordre ; mais une créature qui aime davantage les choses qui sont les moins aimables blesse l'ordre, se soustrait de l'ordre, et le renverse même autant qu'elle en est capable. Elle résiste donc à la volonté de Dieu, et elle mérite ainsi d'entrer dans l'ordre de sa justice, puisqu'elle sort de celui de sa bonté, qui est le plus naturel et le premier.

Il n'y a que Dieu qui puisse agir dans l'âme et lui causer du plaisir, et il a voulu, par son décret ou par sa volonté générale qui fait l'ordre de la nature, que le plaisir accompagnât certains mouvements qui se passent dans le corps. Ainsi ceux qui produisent dans leur corps ces mouvements, sans raison, et même contre les reproches secrets de la raison, obligent Dieu, en conséquence de sa volonté générale, à les récompenser par des sentiments agréables, lors même qu'ils devraient être punis. Ils font donc effort contre sa justice, et ils l'offensent. Mais ils ne font cet effort que par l'amour qu'ils ont pour des biens parti-culiers. Ainsi cet amour offense Dieu. Car enfin ceux qui aiment leur plaisir, sans se mettre en peine de la véritable cause qui le produit, offensent cette cause par leur stupidité ou par leur ingratitude. Dieu ne cause jamais le plaisir, afin que l'on s'y arrête ; c'est dans le dessein qu'on aime la cause véritable qui produit le plaisir, et qu'on s'approche de l'objet qui en est l'occasion, et qu'on en fasse l'usage que permet la loi divine.

Vous voyez donc, Aristarque, comment on offense Dieu lorsqu'on arrête à des biens particuliers le mouvement d'amour qu'il imprime en nous pour le bien universel. Mais, quand vous ne le verriez pas, vous ne pouvez pas douter que cela ne soit ainsi. Car, lorsqu'on borne son amour à des biens particuliers, l'on entend des reproches dans le secret **84** de sa raison, et | tout reproche juste marque infidélité dans celui à qui on le fait. Or ces reproches ne peuvent venir que de Dieu, que de la cause générale, puisqu'ils se trouvent généralement dans tous les hommes, et que les pécheurs les entendent malgré qu'ils en aient. Et ces reproches sont justes, puisque c'est un Dieu juste qui les fait. Ainsi l'on offense Dieu lorsqu'on borne son amour à des biens particuliers. Cette raison seule suffit, car il est inutile de chercher des preuves abstraites d'une vérité dont on est convaincu par sentiment intérieur, par une lumière qui pénètre les plus aveuglés, et par une punition qui blesse les plus endurcis.

ARISTARQUE : Je crois toutes ces choses, et je vous prie de continuer.

THÉODORE : Si vous croyez tout ceci, Aristarque, voyez votre ami. Demandez-lui d'abord s'il veut être heureux. Prouvez-lui qu'il n'y a que Dieu qui puisse agir en lui, qui puisse causer en lui le plaisir qu'il aime tant, et qui le rend d'autant plus heureux qu'il est plus grand. Représentez-lui que Dieu est juste, qu'il veut être obéi, et qu'il n'est pas concevable qu'il rende véritablement heureux ceux qui ne suivent pas ses ordres, ni malheureux ceux qui les suivent, qu'ainsi on doit faire tous ses efforts pour connaître la volonté de Dieu, et qu'on doit lui obéir avec toute la fidélité possible.

Vous jugez bien qu'il faut être stupide ou insensé pour ne pas voir ces vérités, et que, si on les voit, il faut être enragé ou désespéré pour n'en être pas touché. Mais ne lui faites pas ces reproches. Prenez garde sur toutes choses à ne pas réveiller ses passions, et principalement son orgueil, car il ne concevrait rien de tout ce que vous pourriez lui dire.

Faites-lui connaître autant que vous le pourrez, que Dieu est | son **85** vrai bien, non seulement parce que lui seul peut le rendre heureux, mais encore parce que lui seul peut le rendre plus parfait, non seulement en ce qu'il cause le plaisir, mais aussi en ce qu'il produit la lumière et tous les autres biens de l'âme.

Tâchez de lui persuader qu'il n'y a que Dieu qui soit la vie et la nourriture de l'esprit, que tous les corps sont invisibles par eux-mêmes et entièrement incapables de produire aucun sentiment dans notre âme, que Dieu renferme tous les biens d'une manière intelligible, d'une manière propre à agir dans l'esprit, à se faire voir à l'esprit, à se faire goûter à l'esprit, enfin que Dieu seul est le vrai bien de l'esprit en toutes manières, et qu'on ne doit aimer ni adorer que lui.

Réveillez ainsi son attention par des choses auxquelles il n'a peut-être jamais pensé, et qui puissent par leur nouveauté exciter en lui une curiosité salutaire. Mais surtout tâchez de lui faire bien sentir l'injustice qu'il commet contre Dieu, lorsqu'il suit ses passions, et qu'étant pécheur, et par conséquent indigne d'être récompensé par des sentiments agréables, il oblige Dieu, en conséquence des lois de l'union de l'âme et du corps, à lui faire sentir du plaisir, dans le temps même qu'il l'offense. Et ne manquez pas de lui représenter que tous ses plaisirs finiront, que la mort corrompra son corps, et qu'alors Dieu, demeurant immuable dans ses décrets, se vengera durant toute l'éternité des outrages qu'il lui aura faits, en le contraignant, pour ainsi dire, non seulement de le servir dans ses désordres, mais même de lui en donner une espèce de récompense.

Enfin, Aristarque, faites-lui connaître la nécessité de la pénitence, et tâchez de lui inspirer une horreur salutaire pour tous ces plaisirs criminels qui charment les sens, et qui corrompent le cœur et la raison, afin que, rentrant en lui-même, le bruit confus de ses passions ne l'empêche point d'entendre les reproches secrets de la vérité intérieure, et de comprendre les choses que vous lui direz dans la suite.

Du désordre de la nature causé par le péché originel

Théodore : Êtes-vous bien satisfait, Aristarque, de la dernière visite que vous avez rendue à votre ami ?

Aristarque : Fort mal. Mon ami devient tout chagrin lorsque je lui parle : il se fâche même et s'emporte. Cela me désole.

Théodore : Mais ne raille-t-il plus ?

Aristarque : Non.

Théodore : Consolez-vous donc, Aristarque : votre ami se porte mieux, et j'espère qu'il en reviendra. Il n'est plus insensible à ses blessures, puisqu'il ne rit plus lorsqu'on le panse.

Seriez-vous surpris de voir qu'un homme devînt chagrin et se mît en colère, si on le couvrait de plaies, aussi bien que de confusion et de honte ? Pourquoi donc voulez-vous que votre ami soit insensible ? Vous lui avez peut-être dit des vérités qui l'obligent d'abandonner les plaisirs, de se dépouiller du vieil homme, d'entrer dans l'esprit de pénitence, et de paraître tout couvert de confusion et de honte dans l'esprit de ses misérables amis, qui se railleront de son changement. Il s'est représenté toutes ces choses, et il s'en est épouvanté. S'il s'est fâché, Aristarque, c'est que vous l'avez blessé ; et je crois que vous ne l'avez blessé que parce que vous l'avez persuadé. N'est-ce pas une chose bien fâcheuse pour un homme du monde que de changer tout à fait de conduite, et d'approuver par son exemple une manière de vivre, dont nos amis se raillent, et dont on s'est raillé avec eux toute sa vie ? Peut-être votre ami reconnaît-il cette obligation. | Il veut rompre ses **87** liens ; mais il se déchire lui-même. Son cœur se partage, et vous êtes surpris de ses douleurs et de ses impatiences. Sachez que s'il vous écoutait sans émotion, ce serait une marque qu'il ne serait point touché de vos paroles. C'est qu'il n'en serait point pénétré : c'est qu'il n'en serait point convaincu de cette conviction qui porte à l'action, qui commence la conversion, et qui nous fait souffrir, parce qu'elle nous veut dépouiller du vieil homme. Ainsi, mon cher Aristarque, réjouissez-vous, non de ce que vous avez rempli votre ami de tristesse, mais de ce que la tristesse de votre ami est apparemment une tristesse qui porte à la pénitence.

ARISTARQUE : Que vous me donnez de joie ! Continuons, je vous prie, nos Entretiens, afin que je me fortifie dans la connaissance des preuves de la religion et de la morale, pour convaincre pleinement mon ami.

Vous me prouvâtes le dernier jour que Dieu ne nous avait faits que pour le connaître et que pour l'aimer. Quelle conséquence tirez-vous de ce principe ? Car je demeure d'accord que Dieu ne veut point que nous bornions à des biens particuliers le mouvement d'amour qu'il imprime sans cesse en nous, afin que nous l'aimions sans cesse, non par rapport à ses ouvrages, qui étant au-dessous de nous sont indignes de notre amour, mais afin que nous l'aimions en lui-même ou sans rapport à ses créatures.

THÉODORE : Tous les préceptes de la morale chrétienne dépendent de ce principe ; vous le croyez déjà, mais vous le verrez clairement, lorsque je m'en servirai pour justifier les conseils que la Sagesse éternelle nous a donnés dans l'Évangile.

Je veux présentement vous faire voir que ce principe est le fondement de la religion chrétienne, laquelle reconnaît la nécessité d'un Réparateur de la nature, d'un Législateur qui éclaire l'esprit, qui règle le cœur, et qui donne à l'âme de nouvelles forces, d'un Médiateur **88** entre Dieu et les hommes, qui puisse | établir un culte digne de Dieu, et lui offrir une victime capable de satisfaire à sa justice.

Vous demeurez d'accord que Dieu veut que vous l'aimiez de toutes vos forces, c'est-à-dire que tout le mouvement d'amour qu'il met en vous se termine vers lui, et que vous n'aimiez les créatures que pour lui, et non lui par rapport aux créatures. Mais, Aristarque, l'aimez-vous toujours de cette manière ? Ne trouvez-vous point de difficulté dans l'exercice de cet amour ? Ne sentez-vous point de peine à suivre ce mouvement jusqu'au bout, et ne prenez-vous pas plaisir à vous reposer quelquefois ? En un mot, ne trouvez-vous pas souvent que les voies de la vertu sont dures et pénibles, et celles du vice douces et agréables ?

ARISTARQUE : Je ne suis pas plus parfait que s. Paul. Je me plais quelquefois dans la loi de Dieu selon l'homme intérieur, mais je sens dans mon corps une autre loi qui combat contre la loi de mon esprit[1]. Je souffre dans l'exercice de la vertu, je goûte du plaisir dans la jouissance des biens sensibles, malgré toute ma résistance, et je suis tellement esclave de mon corps que je ne puis même m'appliquer sans peine et sans dégoût aux choses abstraites et qui n'ont point de rapport au corps.

THÉODORE : Mais d'où vous vient cette peine que vous souffrez en faisant bien, et ce plaisir que vous goûtez en faisant mal ? Vous n'êtes point la cause de votre plaisir ni de votre douleur, car, si cela était, comme vous vous aimez, vous ne produiriez jamais en vous de douleur, et vous jouiriez toujours de quelque plaisir. Ce n'est point aussi votre corps, ni ceux qui vous environnent, car tous les corps sont au-dessous de vous, et il n'est pas concevable qu'ils puissent agir en vous, ni vous rendre heureux ou malheureux.

Il n'y a que Dieu qui puisse agir dans l'âme. Mais pensez-vous que Dieu vous afflige lorsque vous faites bien, et qu'il vous donne quelque récompense lorsque vous faites mal ? Pensez-vous que Dieu, qui veut que vous l'aimiez de toutes vos forces, vous repousse lorsque vous courez après lui ? Mais, lorsque vous cessez de le suivre, et que vous vous arrêtez à quelque bien particulier, pensez-vous que ce soit lui

---

1. Rm 7, 22-23 : « Car je me plais dans la loi de Dieu selon l'homme intérieur ; mais je sens dans les membres de mon corps une autre loi qui combat contre la loi de mon esprit, et qui me rend captif sous la loi du péché, qui est dans les membres de mon corps » (Bible de Sacy).

qui vous y attache par le plaisir que vous y trouvez… Répondez s'il vous plaît.

89 | ÉRASTE : Que craignez-vous, Aristarque ? N'est-il pas évident qu'il n'y a que Dieu qui puisse agir en nous ? Théodore ne vous l'a-t-il pas démontré ? D'où vient que vous hésitez ? Voulez-vous déjà abandonner des principes évidemment démontrés, à cause d'une objection que vous avez de la peine à résoudre ? Voulez-vous préférer les ténèbres à la lumière ? Oui, c'est Dieu…

THÉODORE : Doucement, Éraste ; j'estime la fermeté de votre esprit, mais je préfère ici la disposition où se trouve Aristarque. Il appréhende de manquer de respect pour Dieu, et qu'il n'y ait de la dureté dans la conséquence où je le conduisais.

ÉRASTE : J'ai pensé à votre système, Théodore, et j'expliquerai bien tout ceci, sans rien dire de dur ni de fâcheux. Ce que vous venez d'objecter à Aristarque prouve évidemment le péché originel, le désordre de la nature, l'inimitié qui est entre Dieu et les hommes, la nécessité d'un Médiateur, d'un Législateur, d'un Réparateur ; en un mot, il me semble que j'entrevois la vérité de la religion chrétienne dans ce principe.

ARISTARQUE : Vous allez bien vite, Éraste. Je vous prie, Théodore, de faire voir que la preuve du péché originel se trouve, comme le prétend Éraste, dans ce que vous venez de me dire.

THÉODORE : Quoi, Aristarque, vous ne le voyez pas ? Ne vous souvenez-vous point du système que je vous expliquai il y a deux jours ? Mais répondez-moi. N'est-ce pas un désordre qu'un esprit qui n'est fait que pour Dieu souffre lorsqu'il aime Dieu, et qu'il fait ce que l'Ordre lui prescrit ?

ARISTARQUE : Mais c'est Dieu qui le fait souffrir, dites-vous ?

THÉODORE : Je le veux. Mais n'est-ce pas un désordre que Dieu qui n'a fait les esprits que pour lui, qui ne leur donne du mouvement que vers lui, les repousse et les maltraite pour ainsi dire, lorsqu'ils s'approchent de lui, et leur fasse sentir du plaisir, lorsqu'ils lui tournent le dos et qu'ils s'arrêtent à des biens particuliers ?

| ARISTARQUE : Ce n'est pas seulement un désordre, c'est une **90** contradiction. Cela ne peut être. Dieu ne se contredit pas, Dieu ne combat pas contre lui-même.

THÉODORE : Mais, Aristarque, n'est-il pas certain que Dieu ne nous fait et ne nous conserve que pour lui ? N'est-il pas encore certain que c'est Dieu seul qui agit dans l'âme, et qui lui fait sentir du plaisir ou de la douleur, lorsqu'elle jouit des biens sensibles, ou lorsqu'elle s'en prive ? N'est-ce pas Dieu qui nous porte à l'aimer ? N'est-ce pas encore Dieu qui nous porte à aimer les corps, si le plaisir que nous sentons à leur occasion est une raison suffisante à un esprit raisonnable pour les aimer ?

ARISTARQUE : Il est vrai, mais comment ?

THÉODORE : Je vous ai déjà expliqué ce comment*. Mais cependant ce désordre que vous trouvez, ou ce combat de Dieu contre lui-même (permettez-moi ces expressions pour un temps), ce manque d'uniformité que nous nous imaginons dans les actions de Dieu, peut-il venir de Dieu ? Dieu a fait l'homme pour lui, il ne le conserve même que pour lui. Mais, quand un homme quitte le corps pour s'unir à Dieu par la force de la méditation, quand un homme court dans les voies de la vertu pour s'approcher de Dieu, il souffre de la douleur ; et cette douleur ne vient que de Dieu ? Cela ne marque-t-il pas que Dieu est irrité contre nous, et que nous l'avons offensé ? Si Dieu veut que nous courions après lui et que nous le suivions, peut-il nous repousser de lui ? Peut-il nous faire souffrir de la peine, lorsqu'en effet nous le suivons, si en même temps il n'y a quelque inimitié entre nous et lui ? Pourquoi nous repousse-t-il lorsque nous le suivons, si ce n'est que nous sommes indignes de nous approcher de lui ? Et comment en sommes-nous indignes, puisque nous sommes faits pour cela, si ce n'est que nous ne sommes plus tels que Dieu | nous a faits, que Dieu ne **91** veut point de nous tels que nous sommes, et que nous avons besoin d'un Réparateur et d'un Médiateur ?

---

* Voyez le IIe Entretien, p. 47 et suivantes [*OC* IV, 36 *sq.*].

ARISTARQUE : Je ne sais, Théodore, si l'inimitié que vous croyez être entre Dieu et les hommes est bien démontrée. Vous dites que Dieu nous repousse lorsque nous nous approchons de lui, à cause qu'il nous fait souffrir de la douleur dans l'exercice de la vertu et dans la recherche de la vérité. Mais j'ai deux choses à vous représenter : la première, que s'il semble que Dieu nous maltraite et nous repousse par des sentiments pénibles, il nous console dans le plus secret de notre raison, car nous sentons une joie intérieure dans l'exercice de la vertu, qui nous fait bien connaître que Dieu est notre bien. Si Dieu ne voulait pas que nous l'aimassions, il ne nous récompenserait pas de cette douceur intérieure ; il ne nous ferait point aussi ces sanglants reproches, qui nous inquiètent dans la jouissance des biens sensibles.

La seconde chose que j'ai à vous dire, c'est que Dieu ne nous repousse pas de lui lorsque nous courons après lui ; il nous avertit seulement par les douleurs sensibles que nous cherchions ailleurs qu'en lui le bien du corps. Comme la méditation n'est pas utile à la santé, nous devons sentir quelque peine dans cet exercice, afin que nous le quittions. Mais tous les plaisirs et toutes les douleurs sensibles n'avertissent que pour le corps, et nous ne devons pas penser que Dieu veuille que nous aimions et que nous haïssions aucune chose à cause des plaisirs et des douleurs qu'il nous fait sentir dans leur usage. Dieu veut qu'on les recherche ou qu'on les évite pour la conservation du corps, comme vous disiez il y a deux jours ; mais il ne veut pas qu'on les aime ou qu'on les craigne.

THÉODORE : Tout ce que vous dites, Aristarque, est très vrai, mais cela ne répond pas tout à fait à ce que je viens de vous dire. J'avoue que Dieu nous console d'une joie intérieure lorsque nous l'aimons, et qu'il nous désole par de fâcheux remords lorsque | nous aimons les biens du corps. Mais qu'est-ce que tout cela prouve, sinon que Dieu veut que nous l'aimions, et qu'il nous a faits pour lui ? Cela est une marque certaine que l'inimitié qui est entre Dieu et les hommes n'est pas entière ; mais ce n'est point une marque certaine d'une parfaite amitié de la part de Dieu. Car il est évident que Dieu ne pourrait pas soumettre des esprits qu'il aimerait à des corps, les plus viles des substances.

Dieu peut à la vérité unir de tels esprits à des corps, mais il ne doit pas les y assujettir. L'ordre veut que le corps demande à l'esprit ses besoins avec respect; et, puisqu'il les demande maintenant avec hauteur, c'est une marque bien sûre que celui qui agit dans notre âme pour le bien de notre corps n'a plus pour elle aucun égard, mais un souverain mépris.

Lorsque les hommes pèchent actuellement, il y a inimitié entre eux et Dieu, vous n'en doutez pas; et cependant Dieu les rappelle à lui par les reproches qu'il leur fait. Mais ce rappel ne marque pas qu'il les aime parfaitement: il marque seulement que l'inimitié n'est pas entière, car elle ne le peut être sans les détruire; il marque seulement que le pécheur devrait aimer Dieu. Et ne vous imaginez pas que ce rappel seul, tel qu'il était dans les païens, les pût faire revenir, qu'il les pût réconcilier, qu'il les pût rejoindre à leur principe. Ce rappel n'était que pour justifier la conduite de Dieu, et pour condamner celle des pécheurs, car apparemment il se trouve même dans les damnés, qui seront éternellement rappelés, et éternellement repoussés et condamnés, ce rappel étant une punition et une condamnation de leur malice. Car c'est proprement ce *ver qui ne meurt point*, dont parle Jésus-Christ*, ver qui les rongera et qui les tourmentera éternellement.

Il n'y a que ceux qui sont rappelés en Jésus-Christ qui reviennent, car il n'y a que la grâce qui puisse rendre ce rappel efficace. Sans la grâce de Jésus-Christ, l'attrait sensible a plus de force que ce rappel intérieur. Dieu nous repousse davantage qu'il ne nous attire; et, s'il nous veut à cause qu'il nous a | faits, il ne nous veut pas tels que nous 93 nous sommes faits: au contraire, comme tels, il ne peut nous souffrir proches de lui, et il nous en éloigne sans cesse.

Cependant, Aristarque, il est vrai que Dieu est trop juste, et qu'il s'aime trop, pour ne vouloir pas qu'on l'aime, et pour éloigner positivement de lui des créatures qu'il n'a faites que pour lui. Car ce n'est qu'indirectement et par notre faute, ce n'est qu'à cause du péché, qui a changé en une misérable dépendance l'union de l'âme et du corps très

---

* Mc 9 [48].

sagement établie, ce n'est qu'à cause de la perte que nous avons faite du pouvoir que nous avions sur notre corps avant le péché, que les plaisirs et les douleurs sensibles nous éloignent de Dieu. Mais, dans le temps même qu'ils nous en éloignent, et qu'ils nous portent à aimer et craindre les corps, Dieu nous rappelle intérieurement à lui, et il fait même clairement comprendre à ceux qui sont attentifs à sa lumière que, les corps n'étant pas capables de causer en eux ni plaisir ni douleur, ils ne doivent ni les aimer ni les craindre, mais celui seul qui peut agir en eux, et qui cause actuellement en eux ces sentiments.

Oui, Aristarque, si on nous blesse, c'est Dieu que nous devons craindre. Si les corps flattent nos sens, c'est vers Dieu que nous devons élever notre esprit : le bien et le mal nous viennent de plus haut. Nous devons craindre et aimer Dieu en toutes choses. Car c'est une notion commune qu'il faut aimer et craindre la véritable cause du plaisir et de la douleur. Mais l'ignorance de la présence actuelle et de l'opération continuelle de cette véritable cause de nos sentiments nous fait aimer et craindre les corps que nous imaginons capables d'agir en nous.

Or cette ignorance n'est point quelque chose de positif que Dieu mette en nous : ce n'est rien. Il est vrai que, pour ne pas aimer et ne pas craindre les corps, il est absolument nécessaire que nous ayons une connaissance très claire et très vive de la présence de Dieu et de son **94** opération continuelle sur nous, | car la présence de Dieu dans laquelle la philosophie nous met n'est pas assez forte pour nous tenir incessamment attachés à lui. Mais que peut-on conclure de ce que Dieu, sans la grâce de Jésus-Christ, ne se fait pas assez connaître pour être craint et aimé en toutes choses, si ce n'est que les hommes l'ont offensé, qu'ils lui déplaisent, et qu'il les méprise ?

Dieu ne nous éloigne donc pas positivement de lui, lorsqu'il cause en nous du plaisir et de la douleur à l'occasion des corps : puisque, alors, nous pouvons et devons penser à lui plutôt qu'aux corps, et que c'est lui que nous devons aimer et craindre, et non pas de viles créatures incapables d'agir en nous. Voici la seconde raison.

Comme nous avons un corps, il est nécessaire que nous soyons avertis de ce qui s'y passe. Il faut qu'à la présence des objets, nous ayons des sentiments qui nous portent à nous y unir ou à nous en séparer. Il faut que ces sentiments soient prévenants, par les raisons que j'ai dites ailleurs*. Ainsi Dieu ne nous éloigne pas positivement de lui, lorsqu'il cause en nous nos sentiments, puisque c'est au contraire le moyen le plus sûr et le plus court de nous avertir des choses utiles à la conservation de la vie, et qui nous détourne le moins de nous appliquer à lui.

Mais il ne faut pas que ces sentiments prévenants nous inquiètent. Il ne faut pas qu'ils résistent à la raison; et, puisqu'ils lui résistent, c'est comme je vous ai déjà dit**, que l'homme est indigne que Dieu interrompe la loi de la communication des mouvements en sa faveur. Mais ce n'est pas que Dieu nous éloigne véritablement de lui.

Enfin, les hommes voient toutes choses en Dieu: leur objet immédiat est le monde intelligible, qui ne se peut trouver que dans la substance de Dieu. Mais, parce qu'ils ne pensent pas à | Dieu à la vue **95** des objets sensibles, ils jugent qu'il y a quelque chose hors d'eux qui agit en eux, et qui ressemble entièrement à l'idée qu'ils en ont. Ainsi comme je vous ai déjà dit, Dieu ne les porte directement que vers lui, puisqu'il ne les porte directement qu'à ce qu'ils voient immédiatement, et non aux choses qu'ils jugent être hors d'eux; et ce n'est qu'indirectement et par erreur, qu'ils aiment des créatures qui ne sont point telles, ni si aimables qu'ils se l'imaginent.

ÉRASTE: Vous croyez avec raison, Théodore, que la première cause de nos désordres est que nous ne sommes pas toujours en la présence de Dieu, et que nous ne voyons, ou plutôt, que nous ne sentons pas Dieu en toutes choses. Car, si nous voyions d'une vue claire et sensible qu'il n'y a que Dieu qui agit véritablement en nous à la présence des corps, il me semble que nous ne craindrions et que nous n'aimerions que lui, puisque nous n'aimons et ne craignons que ce qui agit en nous.

* IIe Entretien.
** IIe Entretien.

Cela étant, comment le premier homme a-t-il pu s'éloigner de Dieu, car il voyait Dieu en toutes choses ? Il avait toutes les connaissances nécessaires pour demeurer uni avec lui. Si vous n'expliquez pas comment le premier homme a pu pécher, Aristarque pourra bien croire qu'Adam aura été fait tel que nous sommes, et que la concupiscence n'est point tant une peine du péché, que la première institution de la nature.

THÉODORE : Non, non, Éraste ; Aristarque ne le croira pas. Il sait bien qu'il ne faut pas quitter une vérité démontrée à cause de certaines difficultés qu'on ne peut résoudre ; il s'arrête à ce qu'il voit. Mais je comprends ce que vous me voulez dire. Je vous réponds.

Le premier homme voyait clairement Dieu en toutes choses. Il savait avec évidence que les corps ne pouvaient être son bien, ni le rendre par eux-mêmes heureux ou malheureux en aucune manière. Il était convaincu de l'opération continuelle de Dieu sur lui. Mais sa conviction n'était pas sensible. Il le connaissait sans le sentir. Au contraire, il sentait que les corps agissaient sur lui, quoiqu'il ne le 96 connût pas. Il est vrai qu'étant raisonnable, | il devait suivre sa lumière, et non pas son sentiment, et qu'il pouvait facilement suivre sa lumière contre son sentiment, sa connaissance claire contre sa sensation confuse, parce qu'il arrêtait sans peine ses sentiments, lorsqu'il le voulait, à cause qu'il était sans concupiscence. Cependant, s'arrêtant trop à ses sens, se laissant aller peu à peu à les écouter plus volontiers que Dieu même, à cause que les sens parlent toujours agréablement, et que Dieu ne le portait pas à l'écouter par des plaisirs prévenants qui auraient diminué sa liberté, vous concevez bien comment il a pu s'éloigner de Dieu jusqu'à le perdre de vue, pour s'unir de volonté à une créature, à l'occasion de laquelle il recevait quelque satisfaction, et qu'il pouvait croire confusément être capable de le rendre aussi heureux que le serpent en avait assuré la femme. Car, encore qu'Adam n'ait point été comme Ève attaqué ni séduit par le serpent – *et Adam non est seductus* * –, cependant ce reproche que Dieu lui fait par une espèce de raillerie : *Ecce Adam quasi unus ex nobis factus est, sciens bonum et malum* ** marque assez qu'il avait eu quelque espérance de devenir heureux par l'usage du fruit défendu. Or il n'est pas nécessaire, pour nous déterminer à agir, que nous soyons entièrement persuadés que notre motif est juste et raisonnable. Pour petite et peu raisonnable que soit l'espérance d'un grand bien, elle est capable de nous porter à de grands excès. Ainsi, l'on peut supposer dans Adam une si forte application à l'objet sensible, et par conséquent un si grand éloignement de la présence de Dieu, que la moindre espérance, le doute le plus léger, le sentiment le plus confus d'un aussi grand bien que celui d'être semblable à Dieu, a été capable de le porter à une action qu'il ne pensait peut-être pas fort criminelle dans le moment de sa chute.

Il est nécessaire, Éraste, que tout esprit fini soit sujet à l'erreur et au péché, principalement s'il goûte des plaisirs prévenants qui le portent à la recherche et à la fuite [1] des choses qu'il ne doit ni aimer ni craindre. Car tout esprit fini ne peut actuellement | goûter de plaisir que cela ne **97** partage actuellement la capacité qu'il a de penser, que cela ne diminue la connaissance de son devoir, que cela ne l'éloigne de la présence de Dieu, que cela enfin n'affaiblisse peu à peu son amour et sa crainte, de telle manière que le plaisir actuel devient une raison ou un motif suffisant pour aimer ce qui n'est point aimable.

Adam devait demeurer immobile en la présence de Dieu, et ne point laisser partager la capacité de son esprit par tous ces plaisirs qui lui étaient parfaitement soumis, et qui l'avertissaient seulement de ce qu'il devait faire pour la conservation de sa vie : il le devait, et il le pouvait. Et, s'il eût fait bon usage de son libre arbitre pendant le temps

---

* 1 Tm 2, 14 [« Et Adam n'a pas été séduit » (Bible de Sacy)].

** Gn 3, 22 [« Voilà Adam devenu comme l'un de nous, sachant le bien et le mal » (Bible de Sacy)].

1. Les *OC*, suivies par la Pléiade (p. 1210), portent : « suite » ; nous rétablissons le texte de l'édition de 1702 (p. 164) ; voir aussi les éditions de 1693, p. 155 et de 1695, p. 95.

prescrit pour la récompense, il aurait été confirmé dans sa justice, non seulement par une connaissance très claire de l'opération continuelle de Dieu sur lui, mais encore par une connaissance sensible qui attache à Dieu invinciblement tout esprit qui veut naturellement être heureux. Car les saints voient non seulement d'une vue abstraite que Dieu seul est capable d'agir en eux et de les rendre heureux ; ils le sentent encore par une douceur inexplicable que Dieu répand en eux, laquelle les pénètre et les unit de telle manière avec lui qu'ils ne peuvent s'en détourner pour aimer autre chose que lui.

Je parle de ces choses selon la connaissance que j'en ai présentement, et je ne prétends pas toujours assurer comme certain ce que j'avance pour répondre aux objections que vous me faites. Car on peut expliquer d'une autre manière la chute du premier homme, et qui me paraît plus vraisemblable. Apparemment sa femme a péché par les raisons que je viens de dire. Mais je crois que le principal motif qui a porté Adam à manger du fruit défendu a été un excès d'amour et de complaisance pour sa chère épouse, figure en cela du second Adam, 98 qui par | un excès de charité pour son Église, s'est fait *péché* comme dit l'Apôtre*, *victime*[1] pour nous laver dans son sang.

ARISTARQUE : Cela suffit, Théodore. Mais comment expliqueriez-vous la transmission du péché originel et le dérèglement général de la nature de l'homme ? Car ce sont nos âmes qui sont dans le péché et dans le désordre. Comment se peut-il faire que, sortant des mains de Dieu, elles se corrompent d'abord qu'elles sont unies à nos corps ?

THÉODORE : Notre âme est faite pour aimer Dieu. Elle est dans l'ordre lorsqu'elle l'aime, c'est-à-dire lorsque le mouvement que Dieu lui imprime la porte vers lui, dans le sens que je vous expliquai hier. Elle est au contraire dans le désordre lorsque, ayant du mouvement pour aller jusqu'à Dieu, elle s'arrête à quelque bien particulier, et

---

* 2 Co 5, 21 [« Puisque, pour l'amour de nous, il a traité celui qui ne connaissait point le péché comme s'il eût été le péché même » (Bible de Sacy)].

1. Voir ainsi Hé 9, 14.

qu'elle empêche ainsi l'action de Dieu en elle. Je ne crois pas que l'on conçoive qu'elle puisse être réglée ou déréglée d'une autre manière. Si donc je fais voir qu'à cause de l'union que les enfants ont avec leur mère, l'âme des enfants est nécessairement tournée vers les corps, qu'elle n'aime que les corps, et que tout son mouvement se borne à quelque chose de sensible dès l'instant qu'elle est formée, j'aurai montré la cause du désordre général de la nature, et comment nous naissons tous dans le péché. Je le prouve.

Il n'y a point de femme qui n'ait dans le cerveau quelque trace qui lui représente quelque chose de sensible, soit parce qu'elle voit actuellement quelque corps ou qu'elle s'en nourrit, soit parce qu'elle s'en est nourrie. Vous n'en doutez pas, car enfin il faut au moins manger pour vivre, et l'on ne mange point sans que le cerveau n'en reçoive quelque impression, puisqu'on s'en souvient. Il n'arrive point aussi d'impression dans le cerveau, qu'il ne se fasse quelque émotion dans les esprits animaux, laquelle incline l'âme à l'amour de l'objet qui est présent à l'esprit dans le temps de cette impression, c'est-à-dire à l'amour de quelque corps, car il n'y a que les corps qui agissent sur le cerveau. En un mot, il n'y a point de femme qui n'ait dans le cerveau quelque | trace, et quelque mouvement d'esprits qui la fasse penser, et **99** qui la porte à quelque chose de sensible. Or, quand l'enfant est dans le sein de sa mère, il a les mêmes traces et les mêmes émotions d'esprits que sa mère*. Donc en cet état il connaît et aime les corps.

L'expérience que l'on a des enfants qui ont de l'appréhension ou de l'horreur de certaines choses dont leurs mères ont été épouvantées dans le temps de leur grossesse marque assez qu'ils ont eu les mêmes traces et les mêmes émotions d'esprits, et par conséquent les mêmes idées et les mêmes passions, que leurs mères, puisque, depuis qu'ils sont venus au monde, ils n'ont point vu ces choses dont ils ont horreur. Et ces expériences marquent même que les traces et les émotions sont

---

* Voyez le chapitre VII du IIe livre de la *Recherche de la vérité* [*RV* II, I, VII, § I, *OC* I, 234-235], et l'*Éclaircissement* sur ce chapitre [*Écl.* VIII, en particulier art. X-XII, *OC* III, 76-77]. J'explique là plus au long la transmission du péché.

plus grandes, et par conséquent les idées et les passions plus vives, dans les enfants que dans leurs mères, puisqu'ils en demeurent blessés, et que souvent leurs mères ne s'en souviennent presque plus. Je vois bien, Éraste, que vous êtes surpris de ce que je dis que les enfants voient, imaginent, et désirent les mêmes choses que leurs mères.

ÉRASTE : Cela m'a surpris d'abord, je vous l'avoue, mais cela me paraît certain par l'expérience. Cependant, puisqu'il y a des femmes saintes et remplies de l'amour de Dieu, comment leurs enfants naissent-ils pécheurs ?

THÉODORE : C'est que l'amour de Dieu ne se communique pas comme l'amour des corps, dont la raison est que Dieu n'est pas sensible, et qu'il n'y a point de traces dans le cerveau qui, par l'institution de la nature, représentent Dieu, ni aucune des choses qui sont purement intelligibles.

Une femme peut bien se représenter Dieu sous la forme d'un vénérable vieillard. Mais, lorsqu'elle pensera à Dieu, son enfant 100 pensera à un vieillard ; lorsqu'elle aimera Dieu, son enfant aura | de l'amour pour les vieillards. Or cet amour des vieillards ne justifie pas. Toutes les traces des femmes se communiquent aux enfants. Mais les idées qui sont jointes à ces traces par la volonté des hommes, ou par l'identité du temps, et non par la nature, ne se communiquent pas à eux, car les enfants ne sont point dans le sein de leurs mères, aussi savants ni aussi saints qu'elles.

ÉRASTE : Mais, Théodore, les enfants ne sont pas libres. Ils aiment les corps, il est vrai ; mais ils ne peuvent s'empêcher de les aimer. Comment donc sont-ils pécheurs ? Comment sont-ils dans le désordre ?

THÉODORE : Leur péché n'est pas de leur choix, il n'est pas libre ; et cependant ils sont dans le désordre, car tout esprit détourné de Dieu, et tourné vers les corps, n'est pas dans l'ordre de Dieu, s'il est certain que Dieu veut être aimé plus que les corps.

La concupiscence n'est point péché dans les gens de bien, parce qu'il se trouve en eux un amour de choix qui y est contraire. La concupiscence ne règne pas en eux ; mais elle règne dans les enfants :

leur amour naturel est mauvais, et ils n'ont que cet amour. Je m'explique.

Quand il y a dans un cœur deux amours, un naturel et l'autre libre, Dieu a égard à l'amour libre. On n'est point dans le désordre, on ne perd pas la grâce de Dieu, lorsque pendant le sommeil l'âme suit les mouvements de la concupiscence, parce que l'amour de choix qui a précédé laisse dans l'âme une disposition qui la porte, et qui la tourne vers Dieu. Mais, dans un enfant qui n'a jamais aimé Dieu, et qui est actuellement tourné vers les corps, | il n'y a rien qui ne soit déréglé. **101** Son cœur est corrompu. Il est *fils de colère*, comme parle s. Paul*, et il sera nécessairement damné ou privé éternellement de l'héritage des enfants de Dieu. Car, comme Dieu aime l'ordre, et que cet enfant est dans le désordre, il n'est pas concevable que Dieu l'aime en cet état, et qu'il lui donne la jouissance de la Divinité, récompense plus grande que tout ce qu'on peut se représenter.

ÉRASTE : Mais, Théodore, n'est-ce pas Dieu qui met dans l'enfant ce que vous appelez désordre ? C'est par l'efficace des lois naturelles qu'il a établies qu'à certains mouvements du cerveau il y a dans l'âme certaines pensées. C'est Dieu aussi qui a établi la communication qui est entre le cerveau de la mère et celui de l'enfant.

THÉODORE : Cela est vrai, Éraste, Dieu seul est auteur des lois naturelles, mais elles sont très justes et très sagement établies. Il fallait que les traces du cerveau et les mouvements des esprits fussent accompagnés des pensées et des émotions de l'âme pour les raisons que je vous ai dites**, dont la principale est que les corps ne méritent pas l'application d'un esprit qui n'est fait que pour Dieu. Il fallait qu'Adam fût averti par des sentiments prévenants, par des preuves d'instinct, c'est-à-dire par des preuves courtes et incontestables, que telles et telles choses étaient bonnes pour son corps, ou utiles à sa santé. Il fallait aussi que les traces du cerveau de la mère se communiquassent au cerveau de l'enfant, pour l'entière conformation de son

---

* Ep. 2, 3.
** IIe Entretien.

corps, et pour d'autres raisons expliquées dans la *Recherche de la*
102 *vérité**. | Ces choses sont très sagement établies ; le désordre ne se
trouve que dans la concupiscence.

Il est bon qu'il résulte dans l'âme certaines pensées, lorsqu'il se
forme dans le cerveau certaines traces. Mais il est mauvais que ces
traces nous sollicitent malgré nous à l'amour des biens sensibles, que
ces traces ne s'effacent pas lorsque nous le voulons, que notre corps ne
nous soit pas soumis, et c'est ce que le péché du premier homme a
causé. Car Adam s'est rendu indigne par son péché que Dieu suspendît
la communication des mouvements en sa faveur. Ainsi, ne pouvant
empêcher que l'impression des corps qui agissent sur nous ne se
communique jusqu'à la partie principale du cerveau, qui est le siège de
l'âme, nous avons nécessairement les sentiments et les mouvements
de la concupiscence, sans que Dieu fasse en nous autre chose que de
nous priver de la puissance d'empêcher les communications naturelles des mouvements, c'est-à-dire sans que Dieu fasse rien en nous.
Car la concupiscence précisément comme telle n'est rien. Ce n'est en
nous qu'un défaut de puissance sur notre corps, lequel défaut ne vient
que du péché, puisqu'il serait juste sans cela que notre corps nous fût
soumis.

ÉRASTE : Je vois bien, Théodore, que l'union de notre esprit avec
notre corps vient de Dieu, et que la dépendance où nous sommes du
corps vient du péché : cela est clair. Mais vous, Aristarque, êtes-vous
persuadé de ce sentiment par les preuves de Théodore** ?

ARISTARQUE : Je n'ose m'y rendre, car j'appréhende de me tromper.

ÉRASTE : C'est peut-être que Théodore parle de la transmission du
péché originel comme d'une chose qu'il n'est pas impossible d'expliquer, et que vous l'avez crue jusqu'à présent inexplicable : cela vous a
préoccupé. Ou peut-être c'est que les prétendus esprits forts se sont si

---

* Voyez le IIIe tome depuis la page 142 jusqu'à la page 153, 5e édition à Paris
[*Écl.* VIII, objections et réponses contre le douzième article, *OC* III, 109-115].

** Ces preuves sont plus amplement déduites dans la *Recherche de la vérité* [*RV* I,
RV II et *RV* V], et les *Éclaircissements* du même livre [*Écl.* VI].

souvent raillés de la simplicité des autres hommes, | qui croient ce que **103**
l'Église leur enseigne touchant le péché originel, que votre imagination en a été autrefois un peu blessée. Pour moi, je me souviens que
je fus il y a quelque temps tout effrayé et comme étourdi par l'épouvante qui paraissait sur le visage d'un de ces faux savants à la vue
d'une difficulté imaginaire. Mais, comme Théodore me dit sans cesse
que je ne me laisse jamais persuader par l'air et par l'impression
sensible de ceux qui nous parlent avec émotion, je rentrai dans moi-
même, et je ne pus m'empêcher de rire de ma peur.

ARISTARQUE : Pensez-vous, Éraste, que je sois assez sot pour me
laisser étourdir ?

ÉRASTE : Non, Aristarque, vous êtes trop sage. Mais vous ne l'êtes
pas assez pour ne point recevoir quelque atteinte par la manière hardie
et par l'air dominant de tant de gens qui vous viennent voir. Il est
impossible d'être toujours sur ses gardes, et de comparer incessamment les paroles des hommes avec les réponses de la Vérité intérieure.
Et vous me permettrez bien de vous dire que je remarquai même il n'y
a que deux jours sur votre visage que vous êtes un homme né pour la
société, que vous avez bien de la complaisance, et que vous entrez un
peu trop facilement dans le sentiment des autres. Cependant l'affaire
était de conséquence.

ARISTARQUE : Je m'en souviens, il est vrai, j'étais ému. Cet homme
me parlait d'une manière très forte et très vive ; mais j'en suis revenu.

THÉODORE : C'est peut-être que cette affaire vous touchait de près,
et qu'il ne s'agissait pas d'une question de philosophie, ou de certaines
vérités de la religion, qui n'ont rien de sensible.

ARISTARQUE : Cela peut être. Mais, de bonne foi, je ne crois plus les
hommes à leur parole, j'y ai trop été trompé.

THÉODORE : Non, vous ne les croyez plus à leur parole. Car la parole
étant arbitraire, elle ne persuade seule et par elle-même | qu'autant **104**
qu'elle éclaire l'esprit. Mais l'air persuade naturellement et par impression ; il persuade sans que l'on y pense, et sans que l'on sache même de
quoi l'on est persuadé, car il ne fait par lui-même qu'agiter et que
troubler. Je vous le dis, Aristarque, vous croyez confusément plus d'un

million de choses que vous ne connaissez point, et que le commerce
que vous avez avec le monde a entassées dans votre mémoire. Mais ne
vous fâchez pas. Il n'y a point d'homme qui n'ait un très grand nombre
de ces croyances confuses, car il n'y a point d'homme qui ne soit sensible. Il n'y a point d'homme fait pour la société, qui ne tienne aux autres
hommes, et qui ne reçoive dans son cerveau des traces semblables à
celles des personnes qui lui parlent avec quelque émotion, et ces traces
sont accompagnées des jugements confus dont je parle.

Ne pensez pas qu'il n'y ait que les enfants qui voient et qui désirent
ce que voit et ce que désire leur mère, comme je viens de vous dire en
vous expliquant la propagation du péché originel. Tous les hommes
vivent d'opinion. Ils voient et désirent ordinairement les choses comme
ceux avec qui ils conversent, à proportion néanmoins de leur faiblesse
et de leur dépendance. Les enfants sont si fort unis avec leur mère
lorsqu'elle les porte dans ses entrailles qu'ils ne voient que ce qu'elle
voit, car ils ne peuvent vivre sans elle. Mais, comme les hommes sont
capables de voir et de penser d'eux-mêmes, ils ne sont pas si étroitement unis aux autres hommes. Comme ils peuvent vivre seuls, ils
peuvent penser seuls. Mais, comme ils ne peuvent vivre commodément qu'en société, ils ne pensent commodément et sans peine que
lorsqu'ils se laissent entraîner par l'air et par les manières de ceux qui
leur parlent.

N'est-il pas vrai, Aristarque, qu'il y a quelques personnes qui vous
ont préoccupé contre ce que je viens de vous dire du péché originel :
non, comme Éraste le pense, en se raillant de ces choses, car vous
êtes trop bien converti pour déférer encore à de sottes railleries des
prétendus esprits forts ; mais plutôt en vous inspirant gravement et
pieusement une secrète aversion pour des sentiments qui paraissaient
105 nouveaux, et qui sont peut-être trop | clairs pour des gens qui ne sont
pas accoutumés à voir la lumière.

Je le sais, Aristarque, et je reconnais bien qu'il n'y a que le trouble
qu'ils ont causé dans votre esprit, par l'obscurité de leurs termes, et
par l'air décisif et scientifique de leur qualité, qui vous empêche de
consentir à ce que je viens de vous dire. Mais que cela ne vous inquiète

pas! Il y en a beaucoup d'autres qui ont les mêmes marques exté-
rieures de piété et de doctrine, lesquels approuvent ce que vos amis
condamnent. Si je croyais qu'il fût plus à propos de vous persuader par
autorité que par raison, je vous les ferais voir; mais vous devez vous
convaincre par des preuves qui soient recevables pour la personne que
vous prétendez convertir. Les plus gens de bien ne sont pas infail-
libles; tous ceux même qui le paraissaient ne le sont pas. Mais, quoi
qu'il en soit, il vaut mieux être sensible à la lumière qu'à l'air le plus
pieux et le plus saint, parce que Dieu éclaire toujours, et que souvent
l'air nous impose et nous séduit.

ARISTARQUE : Il est vrai, Théodore. Mais j'appréhende que votre
sentiment ne soit pas conforme à celui des saints Pères.

THÉODORE : Quel sujet avez-vous de l'appréhender? Avez-vous
lu quelque chose dans les Pères qui y soit contraire? On vous l'a dit
gravement, et vous l'avez cru avec simplicité.

S. Augustin*, qui a mieux connu que les autres la corruption
de la nature, n'a-t-il pas expliqué la propagation du péché originel
par l'exemple des maladies héréditaires, par l'exemple des parents
goutteux qui engendrent des enfants sujets à la goutte, et des arbres
malades qui produisent une graine corrompue, dont il ne vient que de
méchants arbres? Car, les âmes ne s'engendrant point, il est clair que
le péché originel ne peut se communiquer que par les corps, à cause
que son principe est dans le corps, et qu'il habite en un sens dans le
corps, pour parler comme s. Paul**.

| Pour les autres Pères qui ont précédé s. Augustin, ils ne sont point **106**
entrés dans une discussion particulière des manières par lesquelles on
pouvait expliquer la transmission de ce péché. Leur siècle n'était pas si

---

* *Contre Julien*, livre V, chap. XIV et XXIV [lire sans doute chap. XVI], et livre VI,
chap. VII et XVIII [*Contra Julianum*, V, XIV, 51, PL XLIV, 812-813; XVI, 59, PL XLIV,
816; VI, VII, VII, 17 et XVIII, 55, PL XLIV, 833 et 855]; *Des noces*, livre I, chap. XIX, et livre II,
chap. XXXIV [*De nuptiis et concupiscentia*, I, XIX, 21, BA XXIII, 102-104, et II, XXXIV,
57-58, BA XXIII, 278-282].

** Rm 4 [en réalité : 6], 12; 7, 25.

incrédule, ni si malin que le nôtre, et il n'était pas nécessaire que l'on donnât des explications vraisemblables de nos mystères, pour les faire croire à ceux qui se disaient chrétiens. Ils étaient plus soumis que nous ne sommes à l'autorité et à la tradition de l'Église.

Non, Aristarque, les Pères ne sont point, que je sache, contraires à ce que je viens de vous dire. Mais je m'étonne que vous qui parliez autrefois si cavalièrement de l'autorité de l'Église, soyez présentement si respectueux pour les Pères, que vous appréhendiez sans sujet de vous éloigner de leur sentiment, en recevant des explications dans lesquelles on n'est pas toujours obligé de les suivre, pourvu que l'on tienne avec eux le dogme et la foi de l'Église.

Vous êtes trop crédule, et vos appréhensions ne sont pas justes; vous ne méditez pas assez. Vous ressemblez à un enfant qui marche la nuit sans lumière, et qui appréhende tout parce qu'il ne voit rien qui le rassure. Lorsque vous étiez dans le libertinage, l'air des libertins vous persuadait, et voici que vous vous laissez gagner par l'air de piété et de gravité de certaines gens, qui n'ont pas toujours autant de lumière et de charité, que de sentiment et de faux zèle. Vous êtes moins en danger de vous tromper, mais vous n'êtes pas dans la voie de la vérité. Vous devez croire ce qui doit être cru, mais vous devez tâcher de voir ce qui peut, et par conséquent ce qui doit être vu. Car il faut que la foi nous conduise à l'intelligence : il ne faut pas céder la raison au parti ennemi de la vérité. Il faut tâcher de faire comprendre aux libertins et aux ignorants que la sagesse incarnée, qui instruit et qui gouverne l'Église, est d'accord avec elle-même, avec la Sagesse éternelle qui préside à tous les esprits. J'espère que si vous faites bien réflexion sur les choses que je vous ai dites, sans vous mettre en peine de ce que vos amis en pensent, votre trouble se dissipera, et que vous ne vous laisserez plus 107 | effrayer par certaines gens, qui dominent injustement sur les esprits, au lieu de les assujettir à la vérité par la lumière et par l'évidence.

Je vous laisse avec Éraste pour conférer ensemble sur les choses que je vous ai dites. Méditez avec lui, et tâchez ou de vous en convaincre, ou de me proposer au premier jour, mais d'une manière claire et évidente, les raisons qui vous en empêchent.

De la Réparation de la nature par Jésus-Christ

ARISTARQUE : Nous avons, Théodore, fait bien des réflexions, Éraste et moi, sur le péché originel et sur la contagion qui se répand dans les esprits, et nous avons même reconnu que le péché originel se transmet en quelque manière dans les enfants, comme les sentiments et les passions des hommes passionnés se communiquent à ceux qui sont en leur présence. Car, de même que l'union qui est entre les hommes pour le bien de la société fait qu'un homme imprime par l'air de son visage dans le cerveau de ceux qui en sont frappés les mêmes traces que forme en lui la passion dont il est agité, ainsi l'union de la mère avec l'enfant étant fort étroite, et les besoins de l'enfant très grands, il est nécessaire que l'imagination de l'enfant soit salie de toutes les traces et de toutes les émotions d'esprits qui portent la mère aux choses sensibles *.

THÉODORE : Ainsi, Aristarque, ceux qui sont dans le grand monde, qui tiennent à trop de choses, qui ne rentrent jamais dans eux-mêmes, qui se laissent convaincre, émouvoir, étourdir par tous ceux qui ont quelque force d'imagination, et dont l'air étant vif est nécessairement contagieux, ces honnêtes gens du monde, nés pour la société, qui entrent si facilement dans | les sentiments de l'amitié, enfin, Aristarque, **109** ces personnes qui sont telles que vous avez été jusqu'à présent, car vous êtes l'homme du monde le plus honnête et le plus complaisant que je connaisse ; ces personnes, dis-je, qui vous ressemblent ont un double

---

* Voyez le chap. VII du IIᵉ livre de la *Recherche de la vérité* [*RV* II, I, VI, en particulier § IV, *OC* I, 245-247].

péché originel, celui qu'ils ont reçu de leur mère, lorsqu'ils étaient dans leur sein, et celui qu'ils ont reçu par le commerce du monde.

Que vous êtes heureux, Aristarque, de comprendre nettement la nécessité où nous sommes de résister sans cesse à l'impression de ces deux péchés, et que vous êtes redevable à la Vérité intérieure, qui vous rappelle assez fort pour se faire entendre à vous, malgré le bruit confus de vos passions. Vous rentrez quelquefois en vous-même comme si votre imagination n'était point corrompue, et comme si la concupiscence du péché originel n'avait point été fortifiée ni augmentée par une concupiscence de trente années. Vous me paraissez aujourd'hui si différent de ce que vous étiez hier, que je crois que vous ne trouverez plus de difficulté considérable dans la suite de nos Entretiens. Car tout ce qui vous empêchait de comprendre mes sentiments venait du trouble que le commerce du monde avait jeté dans votre esprit. De sorte qu'étant délivré de ce trouble, et dans le dessein de rentrer incessamment en vous-même, vous entendrez les mêmes décisions de la même Vérité qui préside à tous les esprits.

ARISTARQUE : Oui, Théodore. Je renonce à toutes les impressions qui me préoccupent. Je vois bien que toute union à quelque chose de sensible nous éloigne de la vérité, que celle que j'ai eue dans le sein de ma mère m'a rendu pécheur, que celle que j'ai eue avec mes parents ne m'a donné qu'une expérience du monde, utile pour m'y unir et pour m'y rendre considérable, mais entièrement inutile à la recherche de la vérité, que celle enfin que j'ai eue avec mes amis et les autres hommes m'a rempli d'un très grand nombre de préjugés très dangereux, que vous savez mieux que moi. J'ai vécu par opinion ; je veux vivre par raison. Je ne veux croire que ce que la foi et la charité m'obligent de croire. Pour toutes les autres choses, je veux consulter la | Vérité intérieure, et ne croire que ce qu'elle me répondra. Je me défie de tous les hommes, et de vous-même, Théodore : parlez avec tant de force que vous voudrez, je ne vous croirai point pour cela, si la vérité ne parle comme vous. Votre manière est capable d'imposer, car elle est sensible. Votre air est celui d'un homme persuadé de ce qu'il dit, et cet air persuade. Vous êtes à craindre comme les autres. Je vous honore, et je vous aime. Mais j'honore et j'aime la vérité plus que vous, et je vous aime d'autant plus, que je vous trouve plus uni que beaucoup d'autres à la vérité que j'aime.

THÉODORE : Vous voilà, Aristarque, dans la meilleure disposition d'un véritable philosophe, et d'un véritable ami, car il n'y a que la vérité qui éclaire les vrais philosophes, et qui unisse les vrais amis. N'écoutez et n'aimez en moi que la vérité, j'y consens. Je vous parle, mais je ne vous éclaire pas. Je ne suis pas votre lumière, je ne suis pas votre bien : ne me croyez donc pas, ne m'aimez donc pas. Si l'air de mon visage, si la manière de mes expressions fait effort sur votre imagination, sachez que ce n'est point dans le dessein de vous imposer. Je n'ai point de dessein, je parle naturellement; et, si j'ai quelque dessein, c'est celui de réveiller votre attention par quelques expressions sensibles qui vous touchent et qui vous pénètrent.

ARISTARQUE : J'en suis persuadé, Théodore, et, comme vous seriez fâché de me tromper, vous ne trouverez point mauvais que je me défie de vous, et que je ne vous croie pas sur votre parole. Mais continuez s'il vous plaît. Je suis intérieurement convaincu des vérités que vous me prouvâtes hier, et même de la manière dont vous expliquâtes la transmission du péché originel, car j'ai lu avec attention l'endroit de la *Recherche de la vérité* où vous m'aviez renvoyé.

THÉODORE : Je vous dis hier, Aristarque, certaines choses, qui ne sont pas absolument nécessaires pour la suite. Il n'est point nécessaire que vous soyez persuadé de la manière dont le premier homme a pu tomber, ni de celle dont son péché a pu se communiquer à ses descendants. Il suffit que vous sachiez que | les hommes naissent pécheurs et 111 dans le désordre, qu'il y a inimitié entre Dieu et eux, que leur corps ne leur est point soumis, et qu'ainsi leur esprit est dans les ténèbres, et leur cœur dans le dérèglement.

Vous ne doutez pas de ces vérités, si vous êtes persuadé de ce que je vous dis hier, ou si vous faites réflexion sur le combat que vous sentez en vous-même, de vous contre vous, de la loi de votre esprit contre la loi de votre corps, de vous selon l'homme intérieur contre vous-même selon l'homme extérieur et sensible.

Vous croyez que l'ordre des choses est renversé : il le faut donc maintenant rétablir. Mais comment sera-t-il rétabli ? Sera-ce par la philosophie des païens ? Ils ne connaissent pas nos maux, comment pourraient-ils y remédier ? Sera-ce par la religion des déistes ? Ils ne veulent point de Médiateur. Sera-ce par la loi de Mahomet ? Elle augmente la concupiscence. Mais sera-ce par la loi de Moïse ? Elle est juste, elle est sainte, il est vrai. Mais qui l'observera ? Elle montre le péché ; elle fait sentir la maladie ; elle fait connaître le besoin du médecin : en un mot, elle fait bien connaître qu'il faut un Médiateur pour réconcilier les hommes avec Dieu ; mais elle ne le donne pas. Elle le promet, elle le figure, elle le représente ; mais elle ne le possède pas. Moïse a besoin lui-même d'intercesseur envers Dieu, et, s'il est intercesseur et médiateur entre Dieu et son peuple, il ne l'est que pour figurer le vrai Médiateur entre Dieu et les hommes. Il n'est médiateur que pour leur obtenir une longue vie sur la terre et des biens temporels. Car il ne leur promet point le Ciel, il ne les réunit point avec Dieu ; il ne leur mérite point la charité ; enfin il ne leur envoie point le Saint-Esprit, qui seul chasse la crainte des esclaves, qui seul donne droit à l'héritage des enfants.

Il n'y a que Jésus-Christ qui soit capable de faire la paix entre Dieu et les hommes. Car il n'y a que lui qui puisse satisfaire à la justice de Dieu, par l'excellence de sa victime, qui puisse intercéder envers Dieu, par la dignité de son sacerdoce, qui puisse tout obtenir de Dieu 112 et nous envoyer le Saint-Esprit, | par la qualité de sa personne. Il n'y a que celui qui est descendu du Ciel, qui puisse nous enlever dans le Ciel, que celui qui est uni avec Dieu par une union substantielle, qui puisse nous réunir avec Dieu d'une union surnaturelle, que le véritable Fils de Dieu, qui puisse faire de nous des enfants adoptifs.

Comme Dieu a tout fait par son Fils*, et pour son Fils, il fallait qu'il réparât tout par son Fils, et qu'il l'établît chef de son Église, Sauveur de son peuple, souverain Seigneur de toutes les créatures.

---

* Col 1, 16 et suiv.

Quel autre que l'Homme-Dieu pouvait rendre à Dieu un honneur digne de lui, pouvait lui offrir nos adorations, et les sanctifier en sa personne, pouvait être prédestiné avant tous les temps comme un ouvrage digne de Dieu, figuré dans tous les siècles comme la fin de la Loi, et désiré de toutes les nations comme le seul capable de les délivrer de leurs misères?

L'homme étant devenu sensible et charnel, n'écoutant plus que ses[1] sens, ne fallait-il pas que le Verbe se fît chair, que la lumière intelligible se rendît sensible? Ne fallait-il pas que celui qui éclaire tous les hommes dans le plus secret de leur raison s'accommodât à leur faiblesse, et les instruisît aussi par leurs sens, c'est-à-dire par des miracles, par des paraboles, par des comparaisons familières, et, dans son absence, par l'autorité d'une Église visible?

Étant unis à tous les corps, et dépendant de toutes les choses auxquelles nous sommes unis, il fallait nous recommander l'abnégation, la privation, la pénitence, il fallait nous fortifier par la délectation de la grâce, il fallait nous consoler par la douceur de l'espérance.

Qu'est-ce que la religion chrétienne ne fait pas, qu'il faille faire, et qu'est-ce que la morale chrétienne n'apprend pas, qu'il faille savoir? Mais, Aristarque, il faut que je vous prouve plus au long, et d'une manière qui puisse convaincre votre ami, que | la religion chrétienne 113 est seule capable de rétablir l'ordre que le péché a renversé, et tout à fait proportionnée à l'état de l'homme corrompu.

Je commence par les choses qui regardent la religion, et ensuite je passerai à la morale.

Prenez donc garde, Aristarque. Pensez-vous que Dieu soit clément?

ARISTARQUE : Si je le pense!

THÉODORE : Mais pensez-vous qu'il soit juste?

ARISTARQUE : Oui, certainement.

---

1. L'édition de 1702, p. 191, suivie par les *OC*, imprime : « ces » ; nous rectifions, conformément au sens, et suivons la Pléiade, p. 1224.

THÉODORE : Vous croyez donc qu'il est impossible que le péché demeure impuni, que Dieu ne peut qu'il ne se venge de ceux qui l'offensent, et qu'il est nécessaire qu'il se satisfasse en satisfaisant à sa justice.

ARISTARQUE : Je ne sais, Théodore, car, puisque Dieu est clément, il peut pardonner, lorsqu'il le veut.

THÉODORE : Mais peut-il le vouloir ?

ARISTARQUE : S'il le peut ? Les hommes le peuvent bien.

THÉODORE : Les hommes peuvent pardonner, lorsqu'on les offense. Ils ne doivent pas se venger, ils n'en ont pas la puissance. Comme ils s'aiment trop, ils excéderaient. Comme ils sont pécheurs, ils se condamneraient. Comme tout ce qui les blesse est ordonné de Dieu, on peut dire qu'ils se révolteraient. Car la seule chose que Dieu ne fait point, qui est la malice intérieure de leurs ennemis, ne leur fait 114 point de mal. Les hommes n'ont par eux-mêmes | aucune puissance. Ils n'ont donc par eux-mêmes aucun droit d'exiger qu'on les aime. Ainsi, ils ne doivent point se venger de ce qu'on ne leur rend pas un amour qui ne leur appartient pas.

Mais, si les hommes avaient reçu la souveraine sagesse et la souveraine puissance pour juger et pour punir, si la règle de leur volonté était l'ordre immuable de la justice, s'ils ne pouvaient agir que selon l'ordre, pourraient-ils ne pas venger les crimes que l'on aurait commis contre Dieu ? Pourraient-ils pardonner le désordre sans blesser l'ordre ?

Mais, s'ils le pouvaient, pensez-vous qu'ils pussent encore donner à des pécheurs les moyens de devenir heureux ?

Certainement, ils abuseraient de leur puissance. Ils blesseraient l'ordre immuable de la justice, ils pécheraient. Ils n'auraient aucun amour pour Dieu, ni aucun zèle pour sa gloire.

Pensez-vous donc que Dieu puisse agir contre l'ordre immuable, combattre contre soi-même, ou démentir ses attributs* ? Car cet ordre

---

* Anselme, *Cur Deus homo*, livre I, chap. 11, 12, 13, 24 [F.S. Schmitt (ed.), Seckau, puis Rome–Édimbourg, Nelson, 1938-1961, t. II, p. 68-71, puis p. 93].

immuable ne peut consister que dans les rapports éternels et nécessaires qui sont entre les perfections divines. Pensez-vous qu'il puisse
ne s'aimer pas, qu'il puisse ne se pas satisfaire en manquant de satisfaire à sa justice, et que cette clémence que vous concevez être une
perfection en nous, soit une perfection à l'égard de Dieu ?

Non, Aristarque, Dieu n'est point clément comme les hommes*.
Sa clémence serait contraire à la justice qu'il se doit à lui-même, à sa
loi substantielle. Il y a contradiction que les pécheurs soient heureux,
si ce n'est de la part des pécheurs, c'est de la part de celui qui peut tout,
et qui ne peut rien contre l'ordre immuable de la justice ; c'est de la part
de celui qui est essentiellement juste. Il faut que Dieu soit bon aux
bons, et méchant aux méchants : *Cum electo electus eris*, dit David**,
et cum perverso perverteris. | Il faut que Dieu punisse le péché, et, s'il **115**
en veut épargner les auteurs pour la fin qu'il s'est proposée dans la
construction de son ouvrage, il faut qu'une victime plus digne qu'eux
de sa grandeur et de sa justice reçoive le coup qui les devait rendre
éternellement malheureux. Ce n'est que de cette manière que Dieu peut
être clément. Il ne le peut être qu'en Jésus et que par Jésus-Christ***.

Si cela est ainsi, vous reconnaissez bien la nécessité de la satisfaction de Jésus-Christ, que le médiateur des ariens et des sociniens est un

---

* Augustin, *De libero arbitrio*, livre III, q. i [*De libero arbitrio*, III, II, 4, BA VI, 388] ;
De Genesi ad litteram, livre VIII, chap. IV, chap. XIV [*De Genesi ad litteram*, VIII, XIV,
31, BA XLIX, 56. Les éditions précédentes portaient : livre VIII, chap. XXIV ; voir ainsi
De Genesi ad litteram, VIII, XXIV, 45, BA XLIX, 78, sur l'*ordo naturae*] ; *Enarrationes in
Psalmos*, LVIII [sermo II, 2-3, PL XXXVI, 707-708], etc.

** Ps 17 [27] [« Vous serez pur et sincère avec celui qui est pur et sincère ; et à l'égard
de celui dont la conduite n'est pas droite, vous vous conduirez avec une espèce de
dissimulation et de détour » (v. 29, Bible de Sacy)].

*** *Tene igitur certissime quia sine satisfactione, id est sine debiti solutione
spontanea, nec Deus potest peccatum impunitum dimittere ; nec peccator ad beatitu-
dinem vel talem qualem habebat antequam peccaret pervenire* (s. Anselme, *Cur Deus
homo*, livre I, chap. 19) [éd. Schmitt, t. II, p. 85 : « Tiens donc pour très certain que, sans
satisfaction, c'est-à-dire sans acquittement spontané de la dette, ni Dieu ne peut laisser le
péché impuni, ni le pécheur ne peut parvenir à la béatitude, au moins telle que celle qu'il
avait avant de pécher »].

médiateur qui ne peut payer pour eux, ni les réconcilier avec Dieu, et qu'il n'y a que ceux qui appellent Jésus-Christ Emmanuel, *nobiscum Deus*[1] (nom que l'Écriture lui donne, et qui exprime si bien ses qualités), ou par celui-ci, *Jehova, justitia nostra, Dieu notre justice**, qui puissent avoir une entière confiance dans son sacrifice. Prenez garde, Aristarque, Dieu fait tout ce qu'il doit.

ARISTARQUE : Mais Dieu ne doit rien à personne.

THÉODORE : Je le veux. Mais Dieu fait tout ce qu'il se doit à lui-même. On l'offense, on lui résiste, on renverse l'ordre des choses, et par là on blesse l'ordre immuable des perfections divines. Ne doit-il pas se venger ? Ne doit-il pas satisfaire à sa justice ? Ne se doit-il pas cela à lui-même, de punir ceux qui l'offensent ? Car je tombe d'accord 116 qu'à notre égard Dieu ne | nous doit que ce qu'il veut nous donner. Mais il se doit quelque chose à lui-même, à l'ordre immuable de ses propres perfections ; et, s'il se doit quelque chose à lui-même, il le fera. Car il s'aime ; il se veut tout ce qu'il se doit ; il ne peut se démentir. J'avoue qu'il n'a point de loi qui le contraigne, et qu'il est à lui-même sa loi. Mais il est à lui-même inviolablement sa loi, et il s'aime nécessairement, quoique rien ne le contraigne de s'aimer, que lui-même.

ARISTARQUE : Mais, Théodore, voulez-vous pénétrer dans les conseils de Dieu ? Voulez-vous donner des bornes à sa sagesse et à sa puissance ? Pensez-vous que Dieu ne pût satisfaire à sa justice que par la mort de son Fils ? Si cela est…

THÉODORE : Je vous entends, Aristarque : la justice de Dieu pouvait être satisfaite par mille autres moyens. La moindre souffrance, la plus petite action de l'homme-Dieu pouvait satisfaire pleinement pour tous nos crimes, car le mérite en est infini par la dignité de la personne. Mais Dieu ne pouvait être pleinement satisfait par toute

---

* Jr 23, 6. La Vulgate porte *Dominus justus noster* ; mais je cite l'hébreu, parce que Jehova étant un nom de Dieu qui ne se donne jamais directement aux créatures, ce passage fait voir que le Messie est véritablement Dieu.

1. « Dieu avec nous ».

autre satisfaction que par celle d'une personne divine. Rien n'est digne de Dieu que Dieu même. Toute offense de Dieu est infiniment criminelle, et il n'y a rien d'infini que Dieu. Il ne peut donc se satisfaire, s'il ne s'en mêle : telle est sa grandeur*.

Quand Dieu aurait immolé toutes les créatures à sa colère, quand il aurait anéanti tous ses ouvrages, ce sacrifice aurait encore été indigne de lui. Mais Dieu n'avait pas fait le monde pour l'anéantir : il l'avait fait pour celui qui l'a réparé. Car son Fils est prédestiné avant tous les siècles pour en être le Chef. C'est le *premier-né* des créatures, c'est le *commencement des voies* du Seigneur, c'est le commencement, la fin, et la perfection de tous les ouvrages de Dieu**, car il n'y a que Jésus-Christ qui fasse que tout ce que Dieu a créé soit parfaitement digne de la majesté divine.

| Je ne sais, Aristarque, si vous me suivez. Que me voulez-vous **117** dire ?

ARISTARQUE : Le voici. Dieu est infiniment sage et infiniment puissant : pourquoi donc ne pourra-t-il pas créer une créature assez noble et assez élevée au-dessus des pécheurs pour satisfaire pour eux ?

THÉODORE : Quoi, Aristarque ! Une créature se mêlera de réconcilier des pécheurs ? Une créature osera parler pour des pécheurs ? Osera témoigner de l'amour à des pécheurs, à des damnés ? Car, si nous ne sommes point au rang des damnés, c'est à cause que nous sommes délivrés en Jésus-Christ.

Mais je le veux, qu'elle parle, qu'elle souffre, qu'elle satisfasse pour nous ; que la satisfaction nous délivre. Nous lui sommes donc redevables. Nous sommes donc des esclaves. L'obligation que nous lui avons doit donc partager notre amour entre Dieu et elle. Et, comme notre réparation est un plus grand bien pour nous que notre création,

---

* S. Léon, *Epistulae*, CXXXIII et CXXXIV [= *Epistulae* CLXIV (autre numérotation), III, PL LIV, 1150-1151 ; CLXV, IX, PL LIV, 1168-1171. La numérotation que donne Malebranche correspond à l'édition de son confrère, le p. Quesnel].

** Col 1, 15 ; Pr 8 ; Ap 3, 14, et 22, 13.

nous devons l'aimer davantage que Dieu même, si nous devons aimer davantage les choses qui nous font le plus de bien.

Cependant Dieu veut que nous l'aimions en toutes choses, que tout le mouvement d'amour qu'il met en nous tende vers lui, non seulement que nous l'estimions comme la première cause et le premier être, mais que nous l'aimions en toutes choses, comme la seule véritable cause de tout ce que les créatures semblent produire en nous.

C'est là l'ordre des choses. Cet ordre sera donc renversé. Et même le renversement en sera justifié par ce dessein de Dieu, de nous donner un autre réparateur que lui-même. Car ce dessein justifie en quelque manière un amour qui ne tend pas uniquement vers Dieu, puisque ce dessein nous propose un autre que lui comme un objet digne de notre amour, en nous proposant une créature assez excellente pour nous obliger véritablement et par elle-même.

ARISTARQUE : Mais n'avons-nous point d'obligation aux autres
118 | hommes qui prient pour nous, qui font pénitence pour nous, aux saints dans le Ciel qui intercèdent pour nous ?

THÉODORE : Oui, Aristarque. Mais cette obligation ne doit point raisonnablement partager notre amour. Toutes les bonnes volontés qu'ont les autres hommes pour nous ne sont point efficaces : ils ne peuvent par eux-mêmes nous faire aucun bien, ni petit, ni grand ; ils peuvent rien obtenir de Dieu ni pour eux, ni pour nous, que par Jésus-Christ. Vous ne doutez pas que les autres hommes ne méritent qu'en Jésus-Christ et que par Jésus-Christ. Car Jésus-Christ même ne mérite notre salut, et ne satisfait dignement à son Père, que parce qu'il est son Fils. Ainsi, comme il n'y a rien hors de Dieu qui puisse véritablement et par son efficace propre nous faire aucun bien, tout notre amour doit tendre vers Dieu.

Cependant, que cette créature si excellente par sa nature soit produite ; qu'elle satisfasse, qu'elle sacrifie pour nous tout ce qu'elle a, et tout ce qu'elle est : son sacrifice sera encore indigne de la justice de Dieu. Sa satisfaction n'égalera pas la grandeur de nos offenses, puisque toute offense de Dieu est infinie, à cause de la dignité infinie de la majesté divine.

Donner un soufflet à son prince est un plus grand crime que de donner la mort à son valet, parce que l'offense croît à proportion de la dignité de l'offensé, par-dessus la personne qui offense. Cela étant, Dieu ne serait donc pas pleinement satisfait par cette créature. Il ne la fera donc pas pour se satisfaire, s'il veut être pleinement satisfait. Mais Dieu, qui s'aime parfaitement, ne se doit-il pas à lui-même de vouloir se satisfaire pleinement ? Qu'en pensez-vous, Aristarque ?

Vous hésitez. Eh bien, faisons un peu agir l'Être infiniment parfait sclon ce qu'il est, ou d'une manière qui porte le caractère de ses attributs, car il est évident qu'il ne peut agir d'une | autre manière. Les **119** hommes ont violé sa loi, et il en veut tirer satisfaction. Comment s'y prendra-t-il sans démentir son infinité, l'attribut essentiel de la divinité ? S'il crée une créature mille millions de fois plus excellente que la plus noble des intelligences, afin qu'elle satisfasse pour nous, le voilà qui se dégrade, et qui dément son infinité, puisqu'il compte cette créature pour quelque chose par rapport à lui. Car le fini, quelque grand qu'on le suppose, comparé à l'infini n'est rien ; le plus juste exposant de ce rapport, c'est zéro. Donc la satisfaction de cette créature est nulle. Dieu ne peut donc la compter pour quelque chose par rapport à lui, sans prononcer par là qu'il est fini, jugement qui dément son attribut essentiel.

Encore un coup, puisque du fini à l'infini la distance est infinie, nulle pure créature ne peut avoir d'accès et de société, de rapport en un mot, avec l'être infiniment parfait. Si Dieu ne peut donc se complaire dans un culte fini, et qui n'a rien de divin, comment cette excellente créature, qui ne peut plaire à Dieu par elle-même, pourra-t-elle lui rendre agréables des pécheurs, et satisfaire pour eux ? Pour moi, je trouve que Dieu soutiendrait mieux son caractère de laisser le péché impuni, que d'accepter une telle satisfaction, et encore infiniment mieux d'anéantir le pécheur après son péché. Et c'est ce qu'il aurait fait sans doute selon sa menace au premier homme : *in quacunque die peccaveris, morte morieris*[1], s'il n'avait eu en vue la satisfaction de Jésus-Christ.

Mais je veux encore vous accorder que Dieu ait pu prendre un autre dessein pour la réparation de son ouvrage que l'Incarnation de son Fils. Quelle est la religion qui nous assure qu'il l'a fait[2]? Quelle est cette créature par laquelle nous avons accès auprès de Dieu? Quelle est la religion qui apprend ce mystère de notre réconciliation avec Dieu? Est-ce la religion des Chinois, ou des Tartares? Peut-être la faudrait-il suivre. Mais il n'y a pas même d'autre religion que la chrétienne, qui reconnaisse le péché originel et la corruption générale de la nature, | tant s'en faut qu'il y en ait qui reconnaisse cette créature élevée au-dessus des hommes par l'excellence de sa nature, pour être la victime de leur réconciliation.

120

Car enfin, si les juifs invoquent Abraham, Moïse, leurs prophètes, ils croient que ce sont des hommes, et des hommes dont la grandeur principale consiste à être l'ombre et la figure de leur Messie et de notre Libérateur.

Il n'y a donc point d'autre véritable religion que la chrétienne; il n'y a point d'autre Médiateur que Jésus-Christ. Il ne peut même y avoir de religion si excellente ni si digne de Dieu que celle que nous professons, car il n'y a point d'autre voie possible de réparer l'ouvrage de Dieu, qui soit aussi digne de Dieu, que celle que nous croyons que Dieu a suivie. Enfin l'ouvrage de Dieu réparé est même infiniment plus digne de Dieu par la sainteté de celui qui le rétablit, que ce même ouvrage dans sa perfection naturelle, quelque parfait qu'on le voulût supposer.

---

1. Littéralement, « le jour où tu pécheras, tu mourras de mort ». Transposition de Gn 2, 17 : « in quocumque enim die comederis ex eo, morte morieris » (Vulgate), « au même temps que vous en mangerez, vous mourrez très certainement » (Bible de Sacy).

2. L'édition de 1702, p. 198-199, suivie par les *OC*, porte : « qui l'a fait » ; à la suite de la Pléiade (p. 1230), et des trois premières éditions (variante non signalée dans les *OC*), nous rectifions, conformément au sens ; voir les éditions de Mons, Migeot, 1677, édition originale, p. 180, Bruxelles, Fricx, 1677, p. 176, et édition de 1685, p. 139.

ÉRASTE : Ce que vous dites là me paraît maintenant certain. Si Dieu n'avait pas eu de voie pour tirer plus de gloire de la réparation de son ouvrage que de sa première construction, il me paraît évident qu'il n'en aurait pas permis la corruption. Car enfin Dieu n'a pas été surpris par la désobéissance du premier homme : il a prévu sa chute avant qu'il le formât, et la corruption que cette chute devait répandre dans tout son ouvrage.

THÉODORE : Vous avez raison, Éraste, car certainement le premier dessein de Dieu a été l'Incarnation de son Fils. C'est pour lui que nous sommes faits, quoiqu'il soit incarné pour nous. Nous sommes faits à son image, car il est homme dans le dessein de Dieu, avant qu'il y eût des hommes. Dieu nous a élus en lui avant la création du monde*. Comme Dieu a tout fait par lui, il a aussi tout fait pour lui, car Jésus-Christ est cet homme pour lequel Dieu a tout fait. Il a été prédestiné pour être le | Chef des anges et des saints, des anges qui sont avant les **121** saints**. Mais il était avant tous dans le dessein de Dieu, car les membres sont faits pour le chef, et non le chef pour les membres.

C'est, comme je vous ai déjà dit***, par l'Incarnation du Fils que le Père est adoré comme il le mérite. Car quels sont les respects des anges et des hommes, s'ils ne sont rendus par Jésus-Christ ? Mais, s'il est certain que Dieu veut être adoré comme il le mérite, il est certain pareillement que Dieu veut être adoré par son Fils. Il est donc certain que le dessein de Dieu, c'est l'Incarnation de son Fils, et que la création des hommes et des anges n'entre dans le dessein de Dieu qu'à cause de son Fils, que Dieu n'a fait les hommes et les anges que pour recevoir leurs respects par son Fils, et qu'il n'a permis le péché d'Adam et la corruption de la nature que pour favoriser l'Incarnation de son Fils, pour la rendre nécessaire, ou pour en être l'occasion.

Ces choses me paraissent certaines ; mais, Aristarque, qu'en pensez-vous ?

---

* Ep 1, 4.
** *Ibid.*, 5, 20 et suiv.
*** Entretien [II].

ARISTARQUE : Je ne sais encore qu'en croire : mes doutes reviennent.

ÉRASTE : Comment, Aristarque, vous hésitez encore sur cela, je m'en vais vous déterminer.

Un ouvrier fait quelque ouvrage seulement pour lui-même. Il prévoit certainement que, s'il le met en vue, l'on ne manquera pas de le rompre : je vous prie, agit-il sagement de ne le pas mettre en lieu sûr ?

ARISTARQUE : Non, Éraste.

ÉRASTE : Fort bien. Mais, si un ouvrier prévoit que, mettant son ouvrage dans le lieu où il le doit mettre, et où il sera néanmoins rompu, on le lui paiera infiniment plus qu'il ne vaut, pensez-vous qu'il doive le cacher, ou le mettre dans un lieu indécent pour le conserver, principalement s'il peut sans peine faire de tels ouvrages ?

122 ARISTARQUE : Alors, Éraste, il doit le mettre dans son lieu ; | il ne doit pas changer de dessein. Au contraire, il doit faire son ouvrage, et le mettre dans le lieu qui lui convient, si ce n'est afin qu'on le rompe, c'est au moins afin qu'on le lui paye plus qu'il ne vaut. Il doit se servir de ce qui arrivera à son ouvrage comme d'une occasion favorable pour s'enrichir, car je suppose que cet ouvrier pense plus à lui et à s'enrichir, qu'à toute autre chose.

ÉRASTE : Prenez donc garde, Dieu est cet ouvrier qui travaille pour lui-même, et qui ne pense qu'à sa gloire. Toutes les pures créatures ne peuvent l'honorer comme il le mérite ; tout son ouvrage ne peut l'enrichir : le fera-t-il ?

De plus, s'il fait l'homme et le laisse à lui-même, s'il ne touche point à sa liberté, s'il veut en être aimé d'un amour de choix, d'un amour méritoire, d'un amour éclairé, qui soit parfaitement digne d'une créature raisonnable, en un mot s'il met d'abord l'homme dans l'état où l'homme doit être, il prévoit que l'homme cessera de l'aimer, et qu'il le déshonorera. Le fera-t-il ?

Cependant, Aristarque, nous sommes faits, et Dieu est sage. Dieu nous a faits pour l'honorer, et l'honneur que nous pouvons lui rendre n'est pas digne de lui. Mais, de plus, au lieu de l'honorer autant que nous pouvons, nous le déshonorons, nous lui désobéissons, nous préférons l'amour des corps à son amour. Il a prévu cette corruption de notre cœur, avant que notre cœur fût formé. Où est donc sa sagesse ? Comment la justifierez-vous ? Que pensez-vous d'un ouvrier qui, travaillant pour soi, fait un ouvrage qui lui est inutile, et ne lui fait point d'honneur ? Qu'avez-vous dit d'un ouvrier qui fait un ouvrage et l'expose, sachant bien qu'il sera détruit ? Dieu est sage, Aristarque ; mais qu'a-t-il fait ? Voici ce qu'il a fait. Il a prédestiné de toute éternité Jésus-Christ pour être le chef de son ouvrage, afin que Jésus-Christ, et toutes les créatures par Jésus-Christ, lui rendissent un honneur digne de lui. Il a mis l'homme dans l'état où il devait le mettre, par les raisons que l'on vous a dites * ; il a prévu | sa chute, et il l'a permise, afin qu'elle **123** servît à son grand dessein. Voilà sa sagesse justifiée. Le voilà, pour ainsi dire, plus riche et plus puissant qu'il n'était. Il commande à son Fils qui lui est égal. Il le juge, il le punit pour nous ; il se venge et il se satisfait pleinement de nos péchés. Mais il reçoit de lui, et de nous par lui, des honneurs qui certainement sont dignes de sa grandeur et de sa majesté. Que pensez-vous présentement de ce que vous a dit Théodore ?

ARISTARQUE : Il me semble que Théodore prouve assez ce qu'il avance. Cependant tout ce qu'il nous a dit, et ce que vous dites maintenant, suppose en Dieu pluralité de personnes. Car on ne s'honore pas soi-même, on ne se fait pas satisfaction à soi-même.

THÉODORE : Vous prenez le change, Aristarque. C'est au contraire parce qu'on ne s'honore pas soi-même, et qu'on ne se fait pas satisfaction à soi-même, que je prouve et que je ne suppose point en Dieu pluralité de personnes. Pour vous le faire voir, il n'y a qu'à reprendre ce qu'Éraste vient de dire.

Dieu n'agit que pour sa gloire. Mais toutes les créatures ne peuvent lui rendre un honneur digne de lui. Il ne les fera donc pas, s'il ne veut déclarer qu'il peut recevoir quelque chose d'une pure créature, s'il ne veut déclarer que le fini peut avoir avec lui quelque rapport, en un mot s'il ne veut démentir son infinité qui est son attribut essentiel.

* Entretien [II].

Cependant, nous sommes faits. Donc nous honorons Dieu. Mais cela ne se peut, si Dieu ne s'en mêle, si Dieu ne se joint avec nous. Or, comme vous dites fort bien, une personne ne peut s'honorer elle-même. Donc il y a en Dieu pluralité de personnes. Il faut qu'une personne divine, et celle-là principalement par laquelle toutes choses ont été faites, sanctifie par sa dignité toutes les créatures.

Il faut que le Fils offre au Père un Royaume sur lequel le Père règne
124 avec honneur. Il faut qu'il lui élève un temple dont il | soit lui-même la principale pierre*, qu'il établisse un sacerdoce dont il soit le souverain prêtre**, qu'il assemble une Église dont il soit le chef*** ; en un mot, il faut qu'il rende l'ouvrage de Dieu digne de celui qui l'a fait. Et, si l'on veut que Dieu, qui n'agit que pour sa gloire, forme le dessein de produire quelque chose au-dehors, puisqu'on ne s'honore pas soi-même, il faut admettre en Dieu pluralité de personnes.

De plus, Dieu a prévu de toute éternité le désordre qui devait se répandre dans son ouvrage. Il pouvait empêcher ce désordre, et il ne l'a pas fait. Donc la réparation de son ouvrage doit l'honorer davantage que sa première construction, puisque la règle et le motif de Dieu dans ses opérations est sa propre gloire. Cependant le désordre de la nature et la honte du péché déshonorent Dieu bien davantage que la peine et la satisfaction des créatures ne l'honorent, l'offense des pécheurs étant infinie par la dignité de la personne offensée [1], et Dieu ne pouvant se satisfaire s'il ne s'en mêle. Mais, comme vous dites très bien, on ne se fait pas satisfaction à soi-même. Donc il y a en Dieu pluralité de personnes. Il faut qu'une personne divine, et celle-là principalement par laquelle Dieu a tout fait, répare le désordre qui se trouve dans son ouvrage, et satisfasse à Dieu pour ce même ouvrage, si Dieu veut le

---

* Ep 2, 20.
** Hé 5 ; 7 et 10.
*** Col 1, 18.

1. L'édition de 1702, p. 213, omet : « la dignité de ». À la suite des *OC*, nous rétablissons le texte des éditions précédentes ; voir édition de 1693, p. 210 et édition de 1695, p. 128.

conserver*. Car enfin il est nécessaire que Dieu, qui a permis le péché pour sa gloire, ait eu en vue une victime plus capable de l'honorer, que le péché n'est capable de le déshonorer. Ainsi, il faut conclure qu'il y a en Dieu pluralité de personnes, puisque Dieu a fait des créatures incapables de l'honorer comme il le mérite, et principalement puisqu'il permet des crimes que nulle créature ne peut expier.

| ARISTARQUE : Cela est fort bien, Théodore. Le Fils de Dieu peut **125** faire satisfaction à son Père pour les pécheurs. Mais, puisqu'une même personne ne peut pas se faire satisfaction à elle-même, je trouve que la difficulté revient, car la seconde personne de la Trinité a été offensée, et doit être satisfaite aussi bien que les deux autres.

THÉODORE : Il est vrai : toutes les personnes divines doivent être également satisfaites. Mais je trouve aussi qu'elles le sont de la même manière dont elles ont été offensées. Car prenez-y garde : c'est la nature divine, et nullement les personnes, que le pécheur offense directement. C'est la puissance, la sagesse, la volonté, en un mot les attributs essentiels de la Divinité qu'il méprise par sa désobéissance, et nullement ces attributs, en tant que personnels. Le péché n'offense qu'indirectement Dieu, comme engendré du Père, ou comme procédant du Père et du Fils. Ainsi, les personnes divines n'étant offensées que d'une manière indirecte, que parce que les attributs essentiels sont blessés par le péché, elles demeurent satisfaites, lorsque leur nature l'est pleinement. Car enfin une personne divine ne peut pas se venger d'une créature, dont la nature divine est pleinement satisfaite. Enfin, le Verbe s'étant uni à notre nature exempte de péché, bien loin de pouvoir en être mécontent, il me semble qu'il devait, comme il l'a fait, la réconcilier avec Dieu, la trouvant en nous sujette au péché.

ARISTARQUE : Cela me paraît fort raisonnable.

THÉODORE : Si vous êtes bien persuadé que le Verbe du Père soit une personne distinguée de lui, je pense que vous n'aurez | pas de **126** peine à croire que l'amour du Père et du Fils, que nous appelons le

---

* S. Léon, *Epistulae*, CXXXIV, chap. IX [=*Epistulae* CLXV, IX, PL LIV, 1169-1171].

Saint-Esprit, soit une troisième personne distinguée des deux autres. De sorte que le mystère de la Trinité s'accommode parfaitement avec la raison, quoiqu'en lui-même il soit incompréhensible; je veux dire qu'en le supposant, on peut accorder ensemble des faits qui se contredisent, et justifier la sagesse de Dieu, nonobstant le désordre de la nature et la permission du péché, ce qu'on ne peut faire assurément par toute autre voie.

ÉRASTE: Mais, Théodore, que pensez-vous des damnés? Ils ne peuvent satisfaire à Dieu, et cependant Dieu ne les anéantit pas.

THÉODORE: Il est vrai, Éraste. Dieu ne les a pas faits pour les anéantir. Mais il ne les aurait pas faits, ou il ne les conserverait pas sans Jésus-Christ, car leurs peines, quoique éternelles, sont encore trop légères pour satisfaire à la justice d'un Dieu vengeur.

Les damnés devraient au moins souffrir selon toute la capacité[1] qu'ils ont de souffrir, et néanmoins cela n'est pas. Car il y a inégalité de peines parmi les damnés, quoique, leurs âmes étant égales, leur capacité de souffrir le soit aussi. Mais Jésus-Christ porte par sa qualité ce qui leur manque pour honorer parfaitement la justice divine, et, dans la difformité que ces misérables créatures causent dans la beauté de l'univers, il y a du moins cet ordre, que l'inégalité de leurs peines est proportionnée à l'inégalité de leurs offenses. Cependant, comme il serait meilleur pour eux de n'être point que d'être aussi mal qu'ils sont, vous voyez bien que Jésus-Christ, qui mérite la conservation de leur être, et qui les soutient dans l'ordre de la justice, est plutôt leur juge que leur sauveur. Ainsi, Éraste, toutes choses subsistent en Jésus-Christ. Il conserve son ouvrage après l'avoir purifié de l'ordure du péché. Il réconcilie par son sang avec Dieu toutes les créatures, quant à la conservation de leur être. Mais, s'il donne la paix au ciel et à la terre, il allume dans les enfers une guerre qui ne s'éteindra jamais.

127   Vous voyez, Aristarque, comme toutes les parties de la religion | se prouvent et se soutiennent les unes les autres. Ce que je vous ai dit

---

1. Les *OC* omettent « la »; nous rétablissons conformément à l'édition de 1702, p. 216.

n'est pas un cercle sans principes. Car mes principes sont : que nous sommes faits ; que la nature est corrompue ; que Dieu n'agit que pour sa gloire, que par sa volonté qui n'est que l'amour qu'il porte à ses attributs. Vous ne contestez pas ces principes.

ARISTARQUE : Non, Théodore : je suis convaincu. Mais je sens encore quelque peine à me laisser persuader, car ce que vous dites me paraît nouveau.

THÉODORE : Oui, Aristarque, ce que je dis est nouveau pour le commun des hommes, et pour des chrétiens qui ne savent pas assez le mystère de la religion qu'ils professent.

Jésus-Christ n'est point connu dans le monde. On ne pense point à sa grandeur. On ne sait point comment il est le commencement et la fin de toutes choses. Les saints qui lisent l'Écriture dans le dessein d'y trouver Jésus-Christ ne manquent pas de l'y trouver, car il y est répandu partout. Mais ils n'ont pas l'esprit du monde ; ils ont l'esprit de Dieu par lequel ils connaissent la grandeur du don que Dieu leur a fait. *L'homme animal et sensible n'est point capable des choses qu'enseigne l'esprit de Dieu,* car *l'œil n'a point vu, l'oreille n'a point entendu, et le cœur de l'homme n'a jamais conçu ce que Dieu a préparé pour ceux qui l'aiment**.

Je ne parle pas seulement de ces faux savants, qui nient la corruption de la nature, la nécessité de la grâce, la divinité de Jésus-Christ, et qui prennent la qualité de chrétiens. Je parle de ceux qui vivent dans le sein de l'Église, mais qui ont très peu d'amour pour la religion. Ils ne peuvent pas être fort savants dans la connaissance de Jésus-Christ, puisqu'ils ne l'aiment pas, qu'ils ne l'étudient pas dans les Écritures, et qu'ils ne vivent dans la religion chrétienne qu'à cause peut-être que c'est la religion de leurs pères.

ARISTARQUE : Vous nous avez dit bien des vérités, hier et | aujourd'hui que je n'ai point vu mon ami. Je m'imagine qu'il est en **128**

---

* 1 Co 2, 14, et 9.

peine de moi, comme je suis en peine de ce qu'il pensera de ceci. Je vais le trouver.

THÉODORE : Allez, Aristarque, faites-lui bien comprendre la corruption générale de la nature et l'inimitié qui est entre Dieu et l'homme, et tâchez de lui démontrer la nécessité de la satisfaction de Jésus-Christ.

Si vous voyez qu'il soit docile, et qu'il vous écoute volontiers, jetez-vous aussitôt sur les louanges de Jésus-Christ. Étendez-vous sur les principales obligations que tous les chrétiens lui ont, et ainsi excitez votre ami à l'aimer.

Dites-lui que Jésus-Christ est la voie, la vérité et la vie, qu'il est notre lumière intelligible qui nous éclaire dans le plus secret de notre raison, et notre lumière sensible qui nous instruit par des miracles, par des paraboles, par la foi, qu'il est seul la nourriture de l'âme, que sa seule lumière produit la charité, et qu'il n'y a que lui qui donne le Saint-Esprit par lequel nous devenons enfants de Dieu, qu'il a été prédestiné avant tous les siècles pour être notre Roi et notre Chef, notre Pasteur et notre Législateur, que Dieu ne nous écoute que par lui, que nous ne sommes purifiés que dans son sang, et que nous n'entrons dans le Saint des Saints que par son sacrifice. Enfin représentez-lui que Jésus-Christ nous est toutes choses, que nous sommes en lui une nouvelle créature, et un nouvel homme, qui n'a point été condamné en Adam, que hors Jésus-Christ nous ne sommes rien, nous ne possédons rien, nous n'avons droit à rien, nous sommes rendus au péché, esclaves des démons, les objets éternels de la colère de Dieu.

Tâchez ainsi de le faire penser à Jésus-Christ, de le lier à Jésus-Christ, de lui faire estimer et aimer Jésus-Christ, et finissez | par ces paroles par lesquelles s. Paul finit une de ses Épîtres* : *Si quis non amat Dominum nostrum Jesum Christum sit anathema. Anathème, mais anathème éternel, *à celui qui n'aime pas Jésus-Christ.*

---

* 1 Co 16, 22.

La vérité de la religion chrétienne prouvée par deux autres raisons,
dont la première est métaphysique et la seconde
est dépendante des faits

ARISTARQUE : Ah ! Théodore, que je suis mal satisfait de mon ami !

THÉODORE : Je le vois bien, Aristarque, l'air de votre visage ne répand point la joie dans ceux qui vous considèrent ; ce n'est point un air de triomphe et de victoire, qui réjouisse ceux qui y prennent part. Mais comment vous a-t-il pu résister ?

ARISTARQUE : Comme j'étais bien persuadé de la vérité de la religion chrétienne par les preuves du péché originel et de la nécessité du Médiateur, je m'imaginais que je l'allais convaincre en lui proposant ces mêmes preuves. Mais je ne sais à quoi je dois attribuer le malheureux succès de mes paroles. Lorsque je lui parlais, au lieu de l'éclaircr, jc l'irritais. Il rebutait avec chagrin et avec une espèce de mépris tout ce que je lui proposais. Il ne m'accordait pas même les notions communes, et me disait incessamment que mes raisons étaient des raisons de philosophie.

De telles réponses d'un homme qui se croit grand philosophe me fâchaient. Je m'efforçais de le convaincre. Je recommençais sans cesse les mêmes choses, espérant qu'il rentrerait dans lui-même. Mais tous mes efforts ont été entièrement inutiles.

| Cela est étrange, Théodore, qu'on ne puisse pas convaincre les **131** autres des vérités dont on est pleinement convaincu. Car il me semble que tous les hommes doivent voir les mêmes choses et en convenir lorsqu'elles sont évidentes.

THÉODORE : Si tous les hommes étaient également attentifs à la vérité intérieure, ils verraient tous également les mêmes vérités. Mais votre ami ne vous ressemble pas. Il tient à trop de choses. Il est tellement répandu hors de lui-même depuis plusieurs années, que les preuves abstraites et les raisonnements appuyés sur des notions qui n'ont rien de sensible ne le persuadent pas, parce que ces preuves ne le touchent pas, et qu'il a plusieurs raisons confuses qui l'empêchent de s'y appliquer, raisons qui le touchent et qui l'intéressent.

Quand un homme a trouvé une démonstration en matière de géométrie, il en peut convaincre tous ceux à qui il la propose clairement, parce que ces vérités sont sensibles, qu'on s'y applique volontiers, et qu'on n'a point de raison particulière pour ne les pas croire. Mais il n'en est pas de même de certaines vérités qui sont contraires à nos inclinations. On n'y pense pas sérieusement, et l'on a plusieurs raisons pour ne s'en laisser pas persuader.

Ainsi Aristarque, il faut que je vous démontre la vérité de la religion chrétienne, par des preuves plus sensibles que celles de notre Entretien précédent, par des preuves de morale, et qui dépendent de quelques faits incontestables. Peut-être que ces preuves seront plus à la portée de votre ami, et qu'il les écoutera plus volontiers que celles que vous lui avez proposées.

ARISTARQUE : Je ne le pense pas, Théodore, car mon ami fait le **132** philosophe, et se pique de justesse d'esprit. Je lui ai ouï dire | souvent qu'en matière de faits historiques il était pyrrhonien. Donnez-moi, je vous prie, quelque preuve de la religion qui soit courte et précise, et que je puisse aisément retenir et rendre à mon ami telle que vous l'aurez disposée. Nous viendrons ensuite aux preuves de fait.

THÉODORE : Ce que je pourrais vous dire dépend de ce que je vous ai déjà dit*. Je ne puis que vous répéter à peu près les mêmes choses. Car, si vous y prenez garde, les preuves métaphysiques d'un effet ne se

---

* IIᵉ Entretien.

peuvent tirer que de l'idée de la cause. Consultez l'idée de l'Être infiniment parfait; faites agir Dieu selon ce qu'il est.

ARISTARQUE : Ah, Théodore, ne me refusez pas cette grâce.

THÉODORE : Mais votre ami vous dira brusquement que ce sont là des raisons de philosophie.

ARISTARQUE : Cela pourrait bien arriver, mais j'ai ma réponse toute prête. Je lui ferai bien sentir qu'il faut qu'il soit de mauvaise humeur, ou qu'il se trouve poussé à bout, lui qui fait le philosophe et l'homme d'esprit, pour rebuter des raisons de philosophie.

THÉODORE : Bien donc, Aristarque, je vais tâcher de vous contenter.

Preuve métaphysique de la religion chrétienne

Dieu est esprit, et il veut être adoré en esprit et en vérité.

Ce n'est pas adorer Dieu en esprit que de mettre son corps en telle ou telle posture : pour l'adorer, il faut mettre son esprit dans une situation respectueuse par rapport à Dieu.

Ce n'est donc que par des jugements et des mouvements de l'âme dignes de Dieu que nous pouvons l'adorer en esprit, car l'esprit n'est capable que de connaître et de vouloir. Pour adorer Dieu, il faut penser et vouloir comme Dieu pense et comme il veut. Voyons donc premièrement comme Dieu pense, ou quel | est le jugement qu'il porte de ce 133 qu'il est et de ce que nous sommes par rapport à lui.

Certainement, Dieu connaît qu'il est infini et que nous sommes finis. Il sait aussi que le fini comparé à lui n'est rien et ne doit être compté pour rien. Il juge donc que nous ne pouvons point avoir de rapport, ni lier de société avec lui.

Or Dieu n'a pas pu créer un monde qui n'eût avec lui aucun rapport : il n'a pas pu créer des intelligences pour n'avoir avec lui aucune société. Car, afin que Dieu agisse, il faut qu'il le veuille; et, afin qu'il le veuille, il faut que son ouvrage ait avec lui quelque rapport, autrement il démentirait son attribut essentiel, son infinité.

Dieu donc, en créant le monde, a eu en vue un culte digne de lui, un culte dans lequel il a pu sans se démentir mettre sa complaisance, un culte, par conséquent, qui exprimât le jugement que Dieu porte de sa divinité. Quelle est donc la religion qui nous enseigne ce culte qui prononce que Dieu est infini, et qui met véritablement nos esprits dans une situation qui adore Dieu? Ce sera la véritable, et il y a contradiction que Dieu se puisse plaire dans aucune autre.

Il est clair que c'est la religion chrétienne. Car le dogme fondamental de notre religion, c'est que notre Médiateur et notre souverain prêtre est homme-Dieu, et que nous ne pouvons avoir d'accès auprès de Dieu, ni de société avec lui, que par Jésus-Christ son Fils unique. Le culte des chrétiens prononce donc que Dieu est infini, et que la créature devant lui n'est rien.

Le fidèle par sa foi en Jésus-Christ prononce le même jugement que Dieu porte de son infinité et de notre néant, son esprit est dans la situation la plus respectueuse qui soit possible. Mais, dans toutes les autres religions, on suppose qu'une pure créature peut de son chef avoir accès auprès de Dieu : la créature comparée à Dieu se compte pour quelque chose. Donc toutes ces religions combattent la divinité ou son infinité ; elles ne mettent point les esprits devant Dieu dans une situation qui adore. Il est donc aussi impossible que Dieu ait établi ces religions, et qu'il y prenne sa complaisance, qu'il est impossible qu'il démente sa divinité.

134   ARISTARQUE : Voilà, ce me semble, la religion bien démontrée, | et en peu de mots. Et je comprends bien clairement ce que dit s. Paul, que nous sommes justifiés par la foi en Jésus-Christ. C'est que par elle nous adorons Dieu en esprit et en vérité, et que nous prononçons, d'accord avec Dieu même, le jugement qu'il porte de ce qu'il est et de ce que nous sommes. Mais d'où vient que s. Jacques semble dire le contraire? Car, quand on compare son Épître avec celles de s. Paul, il semble qu'ils soient directement opposés.

THÉODORE : C'est que, pour adorer Dieu en esprit et en vérité, il ne suffit pas de penser comme Dieu pense, il faut encore vouloir comme Dieu veut. Il faut que nos mouvements aussi bien que nos jugements soient conformes à ceux de Dieu. Sans cela, il n'est pas possible de lui ressembler et de lui plaire. S. Paul et s. Jacques ne sont point contraires l'un à l'autre, quoiqu'ils paraissent se contredire. Mais c'est qu'ils combattaient des erreurs opposées. Pour bien prendre le sens de quelque auteur que ce soit, il faut savoir son dessein, et les erreurs qu'il veut réfuter. Sans cela, on s'imagine souvent qu'il se contredit. S. Paul avait dessein de réfuter ceux qui prétendaient que les observances de la Loi étaient nécessaires. Voilà pourquoi il soutient qu'il n'y a que la foi en Jésus-Christ qui nous justifie ; mais ce n'est que par opposition à la loi charnelle des juifs, et nullement par opposition à la charité et aux bonnes œuvres. Car s. Paul se contredirait lui-même en une infinité d'endroits, où il recommande de mener une vie toute sainte et toute divine. Comment pourrait-il dire, par exemple, que *sans la charité on n'est rien, quand même on aurait une foi assez grande pour transporter des montagnes**? Mais, comme s. Jacques combat ceux qui soutenaient que les bonnes œuvres étaient inutiles pour le salut, et que la foi en Jésus-Christ nous donnait la liberté de suivre nos passions, il s'attache à prouver que la foi toute seule ne justifie point[1]. En un mot, s. Paul appuie sur la foi, et saint Jacques sur les œuvres, selon les différentes vues qu'ils avaient. | Mais finissons notre preuve de la religion. Le fidèle par sa foi en Jésus-Christ, lorsqu'il adore Dieu par Jésus-Christ, pense comme Dieu pense ; voyons maintenant si la morale chrétienne enseigne à vouloir comme Dieu veut. C'est la seconde chose qu'il faut examiner.

Il est évident que la règle inviolable des volontés de Dieu, c'est l'ordre immuable de ses propres perfections, et qu'il aime toutes choses à proportion qu'elles sont aimables. Dieu s'aime infiniment, et il aime ses créatures à proportion qu'elles participent à son être. Or le plus grand précepte, ou le fondement de la morale chrétienne, c'est que nous aimions Dieu de toutes nos forces et notre prochain comme nous-

---

* [1] Co 13, 3 [ou plutôt 2 : « quand j'aurais encore toute la foi possible, jusqu'à transporter les montagnes, si je n'ai point la charité, je ne suis rien » (Bible de Sacy)].

1. Voir Jc 2, 14 : « Mes frères, que servira-t-il à quelqu'un de dire qu'il a la foi, s'il n'a point les œuvres ? » ; 20 : « la foi qui est sans les œuvres est morte » ; 26 : « comme le corps est mort lorsqu'il est sans âme, ainsi la foi est morte lorsqu'elle est sans œuvre » (Bible de Sacy).

mêmes. Donc les chrétiens, par leur obéissance à ce précepte de Jésus-Christ, veulent ou aiment comme Dieu veut ou comme il aime. Il est vrai que les chrétiens n'aiment pas Dieu d'un amour positivement infini. Mais leur amour pour Dieu n'a point de bornes, en ce sens qu'ils préfèrent Dieu à toutes choses, et qu'ils comptent pour rien par rapport à Dieu tous les biens créés. Et, comme leurs frères sont de même nature qu'eux, ils les aiment comme eux-mêmes. La religion chrétienne apprend donc à adorer Dieu en esprit et en vérité, par des jugements et par des mouvements semblables à ceux de Dieu, autant que cela est possible. Elle apprend à penser et à vouloir comme Dieu pense et comme il veut, et nulle autre religion n'a cet avantage comme vous le savez assez. Donc la religion chrétienne est la véritable et la seule qui puisse nous rendre agréables à Dieu. Méditez bien cette preuve, Aristarque, tâchez de vous en remplir, et comparez ce que je viens de vous dire avec ce que je vous ai déjà dit dans les Entretiens précédents.

ARISTARQUE : Je me sens bien fort, et, si je ne me trompe, j'ai de quoi convaincre mon ami par ses propres principes. Mais venons aux preuves qui dépendent des faits historiques, afin que je choisisse celle qui sera la plus propre à l'obliger à se rendre.

THÉODORE : Prenez, Aristarque, la place de votre ami, et faites-moi toutes les objections que vous vous imaginez qu'il serait capable de me faire. Je suppose seulement que Dieu a fait | les esprits pour le connaître et pour l'aimer. Je vous ai déjà prouvé cette vérité*, et je pense que votre ami en demeure d'accord.

136

Preuves de la religion par des faits certains

Vous avez ouï parler, Aristarque, du législateur des juifs, de ce fameux Moïse à qui Dieu a donné les dix commandements sur la montagne de Sinaï. Croyez-vous ce qu'en dit l'Écriture ?

ARISTARQUE : Si c'était un fourbe ou un imposteur ?

---

* IIIe Entretien.

THÉODORE : Fort bien Aristarque, vous prenez comme il faut le caractère de votre ami. Mais sachez qu'il faut être esprit fort dans l'excès, je veux dire le plus ignorant et le plus emporté des esprits forts, pour oser dire que Moïse était un fourbe. Vous faites bien de l'honneur à votre ami.

ARISTARQUE : Je sais ce que je dis.

THÉODORE : Bien donc. Si vous le connaissez si fort, parlez pour lui, je l'attaque en votre personne. Vous êtes raisonnable, Aristarque, et vous ne devez pas vous éloigner d'un sentiment qui est universellement reçu par toutes les personnes raisonnables, si vous n'avez de bonnes preuves qu'ils se trompent.

ARISTARQUE : Il y a tant de préoccupation.

THÉODORE : D'accord. Mais ce lieu commun ne vous justifie pas, ou bien il justifiera les doutes les plus extravagants que l'on puisse former, car je ne crains point de vous dire qu'il n'y a jamais eu d'homme que l'on pût accuser de fourberie avec moins de raison que Moïse.

C'est une qualité essentielle à un fourbe de fuir la lumière. Mais les miracles de Moïse ont été faits à la vue de tout un peuple, à la vue de six cent mille personnes, je ne compte point les femmes et les enfants. Il en a fait un très grand nombre, et quelques-uns ont été réitérés tous les jours pendant plusieurs années. | Mais, pour ne pas m'arrêter à des **137** preuves inutiles, faites seulement réflexion à la manière dont les Israélites ont été nourris dans le désert durant quarante années*. Tous les matins, la terre était couverte de manne, excepté le jour du sabbat. Quand la manne était gardée pour le lendemain, elle était puante et pleine de vers, excepté le jour du sabbat. Cette manne cessa de tomber lorsque les Israélites eurent mangé des fruits de la terre de Canaan**, et, depuis ce temps-là, jamais les Israélites n'ont vu tomber de manne.

Peut-on douter d'un fait qui a duré quarante années ? Mais peut-on attribuer à une cause naturelle cette pluie ou cette rosée, qui n'est tombée que pendant quarante ans, qui cessait de tomber tous les

* Ex 16, 14 ; [16] 27 ; [16] 20.
** Jos 5, 12.

samedis et qui ne se pouvait garder, sans se corrompre, que les samedis ? Est-ce que l'air et le soleil du samedi est différent de celui des autres jours ? Est-ce que le premier repas que les Israélites firent dans la terre de Canaan changea la face du ciel et la situation des astres qui faisaient pleuvoir la manne ? N'est-il pas évident par les circonstances que cette pluie n'était point naturelle ?

ARISTARQUE : Mais quelle preuve avez-vous que le Pentateuque, Josué, et les autres Livres d'où vous prenez ce que vous dites de la manne, sont véritables. S'ils étaient fabuleux…

THÉODORE : S'ils étaient fabuleux, Aristarque, les juifs seraient des hommes d'une autre espèce que nous ; ils seraient fous et stupides d'une manière qui n'a rien de vraisemblable.

Pensez-vous que des hommes qui ont un peu de sens commun puissent recevoir sans raison et sans examen des Livres comme authentiques et comme la règle de leur foi et de leur conduite ? Pensez-vous qu'un peuple entier se soumette à une loi très dure et très pénible, **138** sans y être comme forcé par l'autorité | divine, ou par la force des armes, ou par quelque raison d'intérêt ?

Pensez-vous que, sur une histoire fabuleuse qu'on nous viendrait dire de nos ancêtres, nous fussions assez stupides et assez insensibles pour nous soumettre aveuglément à une cérémonie aussi honteuse et aussi désagréable qu'est celle de la circoncision, et à tant d'autres préceptes incommodes, *à un joug que ni nos Pères ni nous n'avons pu porter*, comme dit s. Pierre*, qui le pouvait bien savoir, et qui l'avait éprouvé ? Comment donc s'imaginer que les juifs ont reçu sans réflexion la Loi qu'ils observent et les Livres qu'ils appellent canoniques ? Ces Livres ne les flattent point ; ils les menacent sans cesse ; ils leur reprochent en mille endroits la stupidité, l'infidélité, et la malice de leurs ancêtres : ils n'ont point été composés à la gloire de la nation.

On n'a point obligé les juifs par la force des armes à recevoir ces Livres authentiques. Pourquoi donc les reçoivent-ils ? Pourquoi les

---

* Ac 15 [10].

conservent-ils avec tant de soin ? Pourquoi n'y a-t-il point d'hommes, si fermes qu'eux dans la religion de leurs pères ? C'est sans doute, ou que les juifs ne sont point hommes comme nous, ou plutôt que leur religion et leurs Livres ont tous les caractères possibles de la vérité.

Mais, Aristarque, vous croyez que Dieu nous a faits pour le connaître, pour l'aimer et pour le servir, par la religion la plus raisonnable, car il faut un culte extérieur à des hommes sensibles, et qui vivent en société. Nous devons donc, de tous les livres qui parlent de quelque religion, croire à ceux qui ont davantage le caractère de la vérité. Mais il n'y en a point de comparables aux Livres saints, pour les raisons que j'ai dites, et pour une infinité d'autres, que je serais trop long à dire, et que vous pouvez trouver ailleurs. Nous devons donc regarder ces Livres comme notre règle, et y chercher la religion que nous devons suivre. Et, si nous nous trompions dans le choix de ces | Livres, notre **139** erreur viendrait uniquement de ce qu'il n'y aurait point de marque pour discerner les Livres saints des profanes, ou plutôt de ce qu'il n'y aurait point de Livres saints, ni de religion qui fût agréable à Dieu.

ARISTARQUE : Ce que vous dites, Théodore, est fort raisonnable. Mais mon ami me dira brusquement que Mahomet était un prophète, et que l'Alcoran est un Livre divin : que voulez-vous que je lui réponde ?

THÉODORE : Comparez-lui, Aristarque, les miracles de Moïse avec les artifices qu'on raconte de cet imposteur. Faites-lui voir la différence qu'il y a entre *se faire parler à l'oreille devant le peuple par un pigeon apprivoisé, se faire apporter un livre à travers la foule par un taureau affamé, et attribuer à l'apparition de l'ange Gabriel l'accès d'une maladie assez honteuse* * [1], et entre les miracles qui confirment la mission de Moïse, entre *couvrir la terre d'insectes, changer les eaux en sang, remplir l'air d'épaisses ténèbres, l'agiter par des*

---

* Le mal caduc.

1. G. Rodis-Lewis (Pléiade, p. 1774-1775) renvoie pour cet extrait à Andreas Hondorff, *Theatrum historicum illustrium exemplorum*, trad. lat. Ph. Lonicer, Francfort-sur-le-Main, 1575, primum praeceptum, 13 : « De Mahomete Sarracenorum pseudopropheta, eius origine et perversitate », p. 82 *sq.*

tonnerres, et l'enflammer par des éclairs, faire pleuvoir pendant quarante années une nourriture céleste, être conduit le jour par une nuée, et la nuit par un feu, l'un et l'autre en forme de colonne*. Je passe bien d'autres merveilles que Dieu a faites à la prière de Moïse à la vue de toute l'Égypte et de tout le peuple d'Israël.

L'Alcoran ne rapporte point de pareils miracles en faveur de Mahomet. Il ne rapporte pas même tous ceux que je viens de dire, dont **140** la fourbe est si grossière. L'Alcoran même fait assez | connaître que bien des gens méprisaient le faux prophète qui en est l'auteur, à cause qu'il ne faisait aucun miracle**.

Mais, Aristarque, ne nous arrêtons point à tout ceci. L'Alcoran se détruit par lui-même aussi bien que le judaïsme : vous l'allez voir. Je consens que Mahomet soit un prophète, et que son Livre soit aussi authentique que l'Ancien Testament. Accordez du moins une égale autorité à deux Livres si différents, et voyons premièrement quelle est la religion que l'Écriture sainte propose aux juifs.

Aristarque : Quoi, Théodore, voulez-vous être Juif ?

Théodore : Oui certainement, si le judaïsme est la Loi que l'Écriture nous propose comme capable de nous rendre plus parfaits et plus heureux, car, pour moi, je regarde l'Écriture sainte comme un Livre divin. Mais peut-être que le judaïsme à la lettre n'est point la fin de la Loi.

Prenez garde, Aristarque. Pensez-vous que les bêtes aient une âme, je veux dire une substance qui anime, ou qui *informe* leur corps, et qui soit plus noble que lui ?

---

* Ex [en particulier 7 à 16].

** Chap. de la Vache [sourate 2, en particulier v. 112/118]. Chap. des Femmes [sourate 4], et ailleurs de la version de Du Ryer [*Alcoran translaté d'arabe en français par le sieur Du Ryer*, Paris, A. de Sommaville, 1647. Voir Pascal, *Pensées*, Paris, G. Desprez, janvier 1670, p. 135 (Lafuma 321) : « Tout homme peut faire ce qu'a fait Mahomet, car il n'a point fait de miracles ». Peut-être en raison d'un changement de page dans l'édition de 1702, qui coupe cette note marginale (p. 239-240), les *OC* et la Pléiade (p. 1248) divisent en deux cette note ; la mise en page des éditions précédentes montre qu'il s'agit d'une seule et même note ; voir éditions de 1693, p. 241 et 1695, p. 145].

ARISTARQUE : À propos de quoi ?

THÉODORE : Répondez seulement.

ARISTARQUE : Oui je crois que les bêtes ont une âme, et que leur âme est plus noble que leur corps.

THÉODORE : Je vous prouve que vous vous trompez. Quelle est la fin, quel est le bien, quelle est la félicité des bêtes ? Pensez-vous que les bêtes aient d'autre félicité naturelle que la jouissance des corps ?

ARISTARQUE : Non, je crois que les bêtes sont faites pour boire et pour manger ; c'est là leur fin, et toute leur félicité.

THÉODORE : Dieu a donc fait l'âme des bêtes pour jouir des corps. Mais l'âme des bêtes est plus noble que les corps. Dieu | n'a donc pas 141 bien ordonné son ouvrage. Il n'a donc pas proposé aux bêtes une fin digne d'elles, si ce qui rend plus heureux et plus parfait, doit être plus noble que ce qui reçoit son bonheur et sa perfection. Ainsi, vous devez reconnaître que Dieu n'a point donné aux bêtes une âme distinguée de leur corps, ou plus noble que le corps ; ou vous devez revenir, et dire que les bêtes ont quelque autre félicité que celle de boire, de manger, et de jouir des corps.

ARISTARQUE : Cette raison me convainc. Mais qu'en voulez-vous conclure ?

THÉODORE : Le voici, Aristarque : vous croyez que les juifs étaient hommes comme nous, et qu'ils avaient une âme ; je veux dire une substance qui pense, qui sent, qui veut, qui raisonne, une substance en un mot distinguée du corps. Votre ami de qui vous tenez la place, étant cartésien, n'en doute pas [1].

ARISTARQUE : Il est vrai. Il prouve même démonstrativement que l'existence de l'âme est plus certaine que celle du corps.

THÉODORE : Cela étant, Aristarque, je dis que le judaïsme à la lettre n'est point une religion que Dieu ait établie pour des hommes, et qu'elle ne peut rendre les juifs ni plus parfaits ni plus heureux, parce que Moïse ne propose point aux juifs d'autre félicité que la jouissance

---

1. Voir *Méditations*, II.

des corps, et que cette sorte de félicité n'est pas seulement digne des bêtes, s'il est vrai que les bêtes aient une âme.

Lorsque Moïse propose aux juifs cette loi charnelle et cérémoniale, qui était l'ombre des choses qui devaient arriver*, il leur promet s'ils l'observent, que leur terre sera fertile, qu'ils auront grande famille, que leurs troupeaux seront féconds, qu'ils | seront les maîtres de leurs ennemis, et que Dieu les conservera comme un peuple qu'il a choisi. S'ils ne l'observent pas, il les avertit qu'ils manqueront de toutes les choses nécessaires à la vie, et leur prédit les maux temporels qui leur sont arrivés. Enfin, il ne leur propose point d'autre récompense ni d'autre punition, d'autres biens ni d'autres maux, que la jouissance ou la privation des corps. Il semble qu'il n'y ait point d'enfer, point de paradis, point d'éternité pour les juifs**.

ARISTARQUE : Mais d'où vient cela ? Il fallait que les juifs fussent bien grossiers et bien charnels.

THÉODORE : Ce n'est point uniquement que les juifs fussent grossiers et charnels, c'est que Moïse, n'étant que figure, ne pouvait promettre que des biens en figures, et qu'il ne pouvait introduire dans l'héritage des enfants. Moïse promettait les biens que les anges pouvaient accorder aux observateurs de la Loi qu'ils avaient donnée : biens temporels, proportionnés à une loi charnelle, et à la puissance des anges, et figuratifs des vrais biens que nous recevons par Jésus-Christ, à qui la souveraine puissance a été donnée.

Les grands prêtres selon la Loi de Moïse entraient dans le sanctuaire fait de la main des hommes, et qui n'était que la figure du véritable. Ils y entraient avec le sang des boucs et des veaux, qui ne pouvaient purifier la conscience***. La Loi de Moïse ne pouvant donc justifier les hommes, elle ne leur donnait point de part aux biens éternels.

---

* Hé 10, 1.

** S. Augustin, *Rétractations*, I, chap. XXII [*Retractationes*, I, XXII, 2, BA XII, 404 : « *regnum caelorum* illi populo fuisse promissum non legimus in his quae promissa sunt Lege data per Moysen in monte Sina »].

*** Hé 10, 4.

Ainsi, Moïse ne les devait pas promettre. Cela était dû à Jésus-Christ, qui est entré avec son propre sang dans le Ciel, le vrai sanctuaire, et qui nous a acquis le salut éternel, comme étant seul le souverain prêtre des biens futurs*. Car les anges n'ont point eu le pouvoir de répandre en nous la grâce intérieure, mais seulement de répandre les pluies et de donner aux juifs des récompenses temporelles.

| Pensez-vous que les juifs fussent plus charnels que les païens ? **143** Pensez-vous que Moïse fût plus grossier que les poètes qui nous parlent de leurs divinités d'une manière si indigne ? Mais les païens pensaient à une autre vie. Les poètes ont parlé des Champs Élysées et des Enfers comme des lieux destinés à la récompense des bons et à la punition des méchants.

Il n'y a point de motif plus fort, d'idée plus terrible, de récompense plus agréable que celle de l'éternité, et les peuples les plus barbares sont capables d'être frappés, d'être ébranlés, d'être portés à l'exercice de la vertu par cette pensée qu'ils en seront éternellement récompensés. Cependant, Moïse fait un dénombrement de bénédictions et de malédictions, et l'éternité n'y a point de lieu.

ARISTARQUE : C'est qu'il ne croyait pas qu'il y eût des esprits : il ne croyait pas l'immortalité de l'âme.

THÉODORE : Cette conséquence est très juste. Et, si je ne savais que la Loi des juifs et leur alliance avec Dieu était la figure de la nouvelle alliance, je me croirais peut-être obligé, par le respect que je dois aux Livres de Moïse, d'être du sentiment des saducéens qui les reçoivent comme authentiques, n'y ayant que ce parti qui paraisse raisonnable, selon ce que je viens de dire, car je n'ai point parlé des choses qui le renversent. Mais, comme votre ami est cartésien, il est trop convaincu de l'immortalité de l'âme, et que les êtres qui pensent sont distingués de la matière qui ne peut penser, pour tirer la même conséquence que vous.

ARISTARQUE : Il est vrai ; cela doit le convaincre.

THÉODORE : Cependant, qu'il n'en soit pas convaincu. Je veux que les corps soient pour les hommes des biens véritables. Mais ces biens

* Hé 9, 11-12.

sont-ils capables de récompenser ceux qui accompliront le précepte d'aimer Dieu de tout leur cœur, de tout leur esprit, de toutes leurs forces? Ce sont peut-être des biens capables de récompenser la vertu des Romains, car il ne faut que de tels biens pour de telles vertus. Mais **144** sont-ils dignes de Dieu? | Sont-ils suffisants pour rendre véritablement heureux ceux qui l'aiment véritablement? Vous voyez bien, Aristarque, que cela n'est pas. Pourquoi donc Moïse ordonne-t-il que l'on aime Dieu de toutes ses forces, et pourquoi ne promet-il que des corps pour la récompense de cet amour, si ce n'est que l'amour de Dieu par-dessus toutes choses est indispensable, et que Moïse ne devait pas promettre des biens qu'il ne pouvait pas donner?

Il me semble que cela suffit pour vous convaincre que le judaïsme n'était que l'ombre et la figure du christianisme, que l'ancienne alliance représentait seulement la véritable réconciliation de Dieu avec les hommes, et que les prêtres selon l'ordre d'Aaron et les sacrifices de la Loi devaient être abrogés par le sacrifice de l'Agneau sans tache, qui ôte les péchés du monde, qui satisfait dignement à la justice de Dieu, et qui promet les vrais biens, la jouissance éternelle de la Divinité même à tous ceux qui sont membres du corps dont il est le Chef.

Ainsi, vous voyez bien que je n'ai pas dessein de me faire Juif, si vous ne me croyez assez stupide pour regarder les corps comme mon bien, les corps, dis-je, qui ne peuvent être le bien des chiens, si les chiens ont une âme distinguée de leur corps, et plus noble que lui.

Mais vous, Aristarque, avez-vous présentement dessein de vous faire Turc; je vous parle par rapport à votre ami? Voulez-vous d'un Paradis où vous fassiez toujours grande chère, et où vous ayez toujours un bon nombre de femmes, pour contenter des passions que l'on nomme même ici-bas brutales et honteuses? Le grand Mahomet vous **145** en promet d'aussi blanches que des | *œufs frais*, et d'aussi belles que des *perles enfilées*. Elles auront des *yeux noirs**...

---

* Chap. des Ordres [sourate 37, v. 47]; chap. du Jugement [sourate 56, v. 22]; chap. de la Miséricorde [sourate 55, v. 72]; et ailleurs [«yeux noirs» est l'interprétation tradi-

ARISTARQUE : C'est assez, Théodore. La religion des Turcs est certainement indigne des hommes raisonnables. Elle n'est pas même digne des bêtes, si les bêtes ont une âme plus noble que leur corps ; et j'avoue que l'Alcoran se détruit par lui-même, aussi bien que le judaïsme à la lettre. Car enfin il est certain que les corps ne sont pas des biens dignes d'un esprit, que ceux qui les aiment n'en deviennent pas plus parfaits, que ceux qui en jouissent en ont souvent honte, et que les promesses de Moïse (laissons là Mahomet) sont indignes des hommes, car même les philosophes païens en demeureraient d'accord. Jésus-Christ veut que l'on méprise ces biens, quoique la Loi les promette ; et il déclare heureux ceux qui en sont privés, et qui sont misérables et maudits selon la Loi *.

Ainsi, je demeure d'accord que les promesses de la Loi n'étaient que des figures. Car ceux entre les juifs qui avaient la charité ne pouvaient désirer l'accomplissement de ces promesses comme leur vrai bien. Mais la Loi en elle-même était peut-être bonne, ou capable de nous justifier.

THÉODORE : Ne voyez-vous pas qu'il doit y avoir du rapport entre les biens que promettait la Loi et la Loi même, et que, si la Loi justifiait réellement et par elle-même, les récompenses de la Loi devaient être bonnes en elles-mêmes, et rendre solidement heureux un véritable juste ? Mais on ne peut pas même être juste, et désirer uniquement ces récompenses. Les justes ne pouvaient donc mettre leur confiance dans les sacrifices et les cérémonies de la Loi. Ils devaient attendre le Messie, qui seul pouvait promettre les biens qu'ils pouvaient désirer sans blesser l'ordre.

Il y avait deux sortes de juifs sous la Loi : des juifs selon l'esprit, des juifs selon la lettre. Ceux qui avaient l'esprit de la | Loi, étaient **146** chrétiens, car Jésus-Christ est la fin de la Loi **. Ils étaient circoncis

---

tionnelle de mots qui un peu déformés donnent houris ; nous remercions Rémi Brague pour cette indication, et les vérifications relatives aux citations coraniques].

* Mt 5.
** Rm 10, 4.

de la circoncision du cœur; ils s'étaient dépouillés du vieil homme. Ils expliquaient toute la Loi, ses cérémonies, et ses promesses, par rapport au Messie, et aux biens éternels qu'ils attendaient de lui.

Ils n'étaient point scandalisés lorsque Isaïe disait de la part de Dieu aux juifs selon la chair : *Écoutez la parole du Seigneur, princes de Sodome ; prêtez l'oreille à la loi de notre Dieu, peuple de Gomorrhe. Qu'ai-je à faire de cette multitude de victimes que vous m'offrez, dit le Seigneur : tout cela m'est à dégoût. Je n'aime point les holocaustes de vos béliers, ni la graisse de vos troupeaux, ni le sang des veaux, des agneaux, et des boucs*.

Ils chantaient avec joie, et dans le même esprit que les chrétiens : *Si vous aimiez les sacrifices, je vous en offrirais, mais les holocaustes ne vous sont pas agréables* [...] *Seigneur, répandez vos bénédictions sur Sion, et bâtissez les murs de Jérusalem. Alors vous recevrez les sacrifices de justice, les offrandes et les holocaustes ; alors on offrira des victimes sur votre autel**. Enfin ils soupiraient incessamment vers le Ciel, pour attirer le vrai Messie qui devait les délivrer de leurs péchés.

Mais les juifs selon la chair se glorifiaient de la marque honteuse de la circoncision de leur corps. Ils étaient incirconcis de cœur. Ils avaient un voile qui leur cachait la fin de la Loi. Ils mettaient leur confiance dans leurs sacrifices et dans leurs cérémonies, dans l'arche et dans le temple du Seigneur, dans Moïse, Abraham, et leurs autres patriarches. Ils étaient pleins de zèle et de fureur contre les vrais Israélites, et ils persécutaient sans cesse les prophètes qui avaient l'esprit de la Loi, et qui les reprenaient de leurs vices.

Les juifs selon l'esprit étaient véritablement chrétiens; ils étaient toujours prêts de reconnaître et de recevoir Jésus-Christ, lorsqu'il viendrait. Car la morale du Nouveau Testament est tout à fait conforme à la disposition où ils se trouvaient, puisqu'ils reconnais-
147 saient que les biens sensibles étaient indignes de leur | amour. Et, comme ils n'expliquaient pas l'Écriture sainte selon la lettre, mais

---

* Is 1 [10-11].
** Ps 50 [18, puis 20-21 (v. 17, puis 19-20, Bible de Sacy)].

selon le sens mystique, et par rapport au Messie qu'ils attendaient, les preuves que les apôtres ont tirées de l'Ancien Testament pour justifier la qualité de Jésus-Christ étaient tout à fait de leur goût.

Ainsi Jésus-Christ et les apôtres étaient écoutés par ceux d'entre les juifs qui étaient animés de la charité. Mais les juifs charnels, qui avaient le cœur incirconcis et l'esprit voilé, ne pouvaient pas même comprendre les preuves que les apôtres donnaient de la vérité qu'ils leur prêchaient.

ARISTARQUE : Mais ne faut-il pas avouer que les preuves que les apôtres tirent de l'Ancien Testament pour confirmer le nouveau sont bien faibles ?

THÉODORE : Elles sont nulles, et même extravagantes pour les juifs charnels, et pour tous ceux qui ne savent pas distinctement que l'Ancien Testament n'est que pour le Nouveau : qu'Abraham, Joseph, Josué, David, Salomon ne sont dans l'Écriture qu'à cause de Jésus-Christ, et que les choses qui arrivaient aux juifs étaient des figures de ce qui devait nous arriver *.

Oui, Aristarque, si le sens littéral de l'Écriture est le principal, souvent, s. Paul et les apôtres ne prouvent rien. Que dis-je : ils ne prouvent rien ? Ce sont des extravagants et des visionnaires. Mais il faut être le plus stupide ou le plus emporté des hommes pour s'imaginer que s. Paul n'ait pas le sens commun, et qu'il veuille bien se rendre ridicule, en abusant des passages de l'Écriture, pour convaincre les juifs de l'inutilité de leurs sacrifices et de leurs cérémonies.

Car enfin, si l'on peut ne pas croire que la lettre de la Loi donne plutôt la mort que la vie, après ce que je viens de dire, je ne vois pas qu'on puisse s'empêcher de croire qu'au moins il y avait parmi les juifs des gens qui cherchaient dans la Loi un autre sens que le littéral, puisque s. Paul ne s'arrête point | au sens littéral, pour les convaincre de **148** la venue du Messie. Ne savez-vous pas, vous qui avez tant lu de livres, que même à présent quelques commentateurs juifs, qui sont ennemis

* 1 Co 10 [voir ainsi le v. 11].

déclarés des chrétiens, rapportent au Messie la plupart des passages que les apôtres rapportent à Jésus-Christ, quoique souvent ces passages se puissent entendre de David, de Salomon, ou de quelques autres ? C'est qu'en effet on ne doit considérer ces personnes que comme les figures de Jésus-Christ. Et c'est aussi ce que savaient les anciens juifs, ceux que s. Paul prétendait convaincre de la vérité de la foi.

La lettre de l'Écriture renferme, par une providence toute sainte, tant de choses qui paraissent indignes de Dieu, et même contraires à la raison, que les personnes qui ne sont pas entièrement stupides se trouvent obligées de l'abandonner. Je vous en ai donné des preuves dans les récompenses que Moïse propose aux juifs, lesquelles, comme vous en demeurez d'accord, sont indignes non seulement de ceux qui aiment Dieu plus que toutes choses, mais généralement de tous les êtres qui sont plus nobles que les corps.

Ainsi, l'on ne peut raisonnablement douter que les juifs, qui du temps des apôtres désiraient le Messie, et qui le croyaient proche, ne fussent très disposés à le recevoir tel que les apôtres le leur décrivaient, pourvu que l'amour des biens sensibles ne les empêchât point de le reconnaître.

Voyez-vous, Aristarque : Dieu dispose toujours les choses de telle manière que ceux qui l'aiment le trouvent toujours. Il laisse après lui des vestiges que ceux-là reconnaissent bien, qui sont animés de la charité. Et, si les faux prophètes font des miracles en confirmation de leurs mensonges, c'est que Dieu tente les hommes pour discerner ceux qui l'aiment*. Car ceux qui l'aiment ne s'y trompent pas : ils en découvrent la fausseté.

149 | Jésus-Christ est tellement caché dans les Écritures que ceux qui ne l'aiment pas ne l'y trouvent point. Il n'est pas seulement venu pour éclairer les aveugles, il est venu aussi pour aveugler les sages**. Il est venu pour réprouver tout ce qui est éclatant selon le monde, car tout ce qui est grand dans le monde est en abomination devant Dieu. Enfin il

---

* Dt 13, 3.
** 1 Co 1 [19-29].

est venu évangéliser les pauvres, les simples, les ignorants, et laisser là ceux qui se contentent de leurs richesses et de leur lumière.

Il y a bien des obscurités dans les Écritures, mais il y a bien des choses extrêmement claires. Les gens de bien s'arrêtent aux choses claires, et respectent les obscures ; la raison le veut ainsi. Les prétendus esprits forts et les impies, qui sont fâchés de voir ce qu'ils n'aiment pas, tâchent d'obscurcir la lumière par les ténèbres. Ils se font des nuages pour se la cacher, et enfin ils y réussissent.

Si Jésus-Christ était venu dans l'éclat, comme il viendra dans son second avènement, si les prophéties étaient tellement évidentes qu'on ne pût s'empêcher de les recevoir, enfin si la religion chrétienne était telle qu'on en reconnût la vérité sans aucune application d'esprit, et sans aucun amour pour Dieu, les négligents et les méchants recevraient une grâce qu'ils ne méritent pas. Dieu ne se donne qu'à ceux qui l'aiment ; la vérité ne se découvre qu'à ceux qui la cherchent, qu'à ceux qui sont fidèles à la grâce. Car, s'il est juste de s'appliquer à un problème pour en trouver la solution, il est nécessaire que le souverain bien, que la plus grande des vérités soit telle, qu'on ne la reconnaisse pas sans la chercher avec quelque soin.

Les hommes estiment peu ce qu'ils acquièrent sans peine, ils aiment peu ce qu'ils n'ont point désiré. Ainsi Jésus-Christ qui nous est si nécessaire devait se faire désirer et se faire chercher pour se faire trouver avec plus de joie, et il était bon qu'il fût caché de telle manière qu'on ne pût le chercher sans le trouver.

Certainement, toutes les obscurités qui sont dans les prophéties ne peuvent empêcher qu'on ne reconnaisse évidemment que | le Messie **150** est venu. Il y a tant de siècles que le temps marqué est passé, que les miracles ne sont plus nécessaires. Car, si les miracles étaient nécessaires lorsque les apôtres prêchaient Jésus-Christ, c'est que le temps de l'avènement du Messie n'était pas si précisément marqué qu'on ne pût encore l'attendre.

Si dans la vie de Jésus-Christ on trouve des choses qui paraissent étranges, si par exemple sa condamnation à la mort par les princes des prêtres semble indigne du Messie, ces choses mêmes le doivent faire recevoir, parce qu'elles ont été prédites, et qu'étant étranges on ne les peut rapporter à d'autres qu'à lui.

Si tous les juifs avaient reçu Jésus-Christ dès qu'il a paru, peut-être que les juifs qui vivent présentement, les mahométans, et les païens auraient raison de douter qu'il fût le vrai Messie ; ils pourraient croire que les Écritures auraient été corrompues. Mais, les juifs s'étant toujours opposés à Jésus-Christ, ces ennemis de la foi en sont des témoins irréprochables, et l'on ne peut sans folie s'imaginer que les Livres que reçoivent les juifs aient été corrompus en notre faveur.

Mais, si l'Écriture sainte n'est point corrompue dans les choses essentielles, s'il est certain que c'est un Livre dont l'autorité n'a point été établie par la force des armes ou par des miracles douteux, s'il est évident que le sens littéral n'en est point le principal, on ne peut douter de la vérité de la religion chrétienne, parce que l'on y trouve Jésus-Christ partout, lorsqu'on n'est point Juif, je veux dire lorsqu'on n'a point d'amour pour les biens sensibles, et qu'on n'a point d'opposition formelle à recevoir Jésus-Christ.

Il n'y a rien, Aristarque, de plus consolant pour un homme qui désire les vrais biens, qui se regarde ici-bas comme dans une terre étrangère, qui sent incessamment sa misère intérieure et la guerre que lui font ses ennemis domestiques ; il n'y a, dis-je, rien de plus consolant ni de plus instruisant tout ensemble pour un chrétien que la lecture des Livres saints. Car tout ce qui est écrit, a été écrit pour notre 151 instruction, afin que notre | espérance se fortifie par la patience et par la consolation que les Écritures nous donnent *.

On s'y trouve partout dépeint tel que l'on est, ou pécheur, ou puni. Mais Dieu par sa pure miséricorde se souvient toujours de la promesse qu'il a faite à Abraham **. Il sauve son peuple quoiqu'il ne le mérite pas, car il en a juré par lui-même. Il le retire de la captivité de Pharaon, il l'introduit dans la terre promise ; mais il ne détruit pas entièrement

* Rm 15, 4.
** Gn 22, 18 ; Hé 6, 13.

les Cananéens, jusqu'au jour que le roi Salomon se rend maître de tous les ennemis d'Israël *. Qui ne voit ce que ces choses signifient ?

Je ne puis pas, Aristarque, vous expliquer en détail les prophéties, et les figures qui sont dans l'Ancien Testament pour la confirmation du Nouveau. Je ne prétends pas vous ôter le plaisir de les découvrir par vous-même. Les choses que j'ai dites suffisent pour vous exciter à lire en chrétien l'Écriture, et je n'en veux pas davantage. C'est assez que vous la lisiez : vous l'entendrez autant qu'il sera nécessaire pour vous confirmer dans la vérité de la religion, et pour en persuader votre ami s'il est docile.

Je suis certain qu'Éraste ne sera pas fâché de se joindre à vous dans cette étude. Je vois bien qu'il a de l'amour pour la religion, et il est assez temps qu'il s'applique tout entier à des choses qui sont seules capables de le rendre heureux autant qu'on le peut être en cette vie.

On ne peut être heureux que par la possession du vrai bien. Mais en cette vie on ne peut posséder le vrai bien que par l'espérance. On ne peut donc être heureux en cette vie qu'en évitant tout ce qui affaiblit l'espérance, et qu'en recherchant tout ce qui la fortifie.

Ainsi, malheur à ceux qui s'unissent aux corps, et qui en jouissent ; ils affaiblissent leur espérance. Mais qu'Éraste est heureux, s'il les méprise ! Qu'il est heureux, si, par l'étude de la religion et de la morale chrétienne, il augmente de telle manière son espérance, que les biens futurs lui soient comme présents, et que l'avant-goût des biens éternels soit plus fort en lui que le goût des biens qui passent.

* Ex 14 ; Jos 3, 1 ; 3 R 9, 20[-21].

Que la morale chrétienne est très utile à la perfection de l'Esprit

Aristarque : Je vous attendais, Théodore, pour vous faire part de ma joie, car, enfin, j'ai trouvé le secret de me faire écouter de mon ami. Je ne parle plus à ses oreilles, je parle, pour ainsi dire, à son cœur. Je lui ai fait comprendre la plupart des preuves dont vous appuyez la religion, et il en paraît fort satisfait. Voici comment toutes choses se sont passées.

J'avais été si fort choqué de sa stupidité et de sa brutalité, la dernière fois que je le vis, qu'en revenant chez moi je me disais sans cesse ces paroles de Jésus-Christ : *Ne jetez point vos perles devant les pourceaux, etc.* *. Cela me consolait d'une consolation assez sensible, parce que l'indignation et la vengeance y avaient quelque part. Car je vous avoue que j'étais un peu en colère, et que je commençais déjà à ressentir du chagrin de ce que j'avais tant aimé une personne qui me paraissait si insensée.

Comme je m'étais donc fort entretenu de cette parole de Jésus-Christ que je viens de vous dire, je ne me suis pas plus tôt trouvé devant mon ami qu'elle s'est représentée à ma mémoire ; et je ne sais comment je me suis senti persuadé que je manquerais de respect aux paroles de l'Évangile si je lui parlais davantage des vérités de la reli-gion, de sorte que, quoique je ne fusse | sorti de chez moi que dans ce **153** dessein, j'étais en sa présence sans lui rien dire. Mais, si mon esprit ne disait rien par le son de mes paroles, mon cœur parlait apparemment

---

* Mt 7, 6.

par l'air de mon visage, et mon ami pouvait bien croire que je ne l'étais pas venu voir de si bon matin, pour lui donner seulement le bonjour.

D'un autre côté, comme mon ami dans le fond a de la douceur et de l'honnêteté, je ne puis douter qu'il ne se fût repenti des réponses qu'il m'avait faites, et qu'il n'eût repassé dans sa mémoire les choses que je lui avais dites d'une manière, ce me semble, assez forte et assez claire pour le convaincre, s'il y avait fait réflexion. Me voyant outre cela chez lui de si bon matin, après des paroles qui devaient m'en avoir chassé pour longtemps, il ne se peut faire, de l'humeur dont je le connais, qu'il ne fût touché de mon zèle et de sa légèreté.

Enfin, soit qu'il ait été ébranlé par les raisons que je lui avais dites, soit qu'il ait été touché par quelques sentiments d'amitié et de reconnaissance, il a commencé, après un silence de quelques moments, par un aveu de sa faute et de son chagrin. Ensuite il m'a prié de lui répéter les preuves que je lui avais dites de la religion chrétienne, m'assurant qu'il y avait fait réflexion, et que, toutes imparfaites qu'elles lui étaient restées dans la mémoire, il y avait trouvé beaucoup de solidité et de lumière. Je faisais d'abord difficulté de lui répondre, me souvenant toujours de la parole de Jésus-Christ. Mais, voyant qu'il continuait de m'interroger avec empressement et avec ardeur, j'ai cru qu'il était disposé à m'écouter. Je lui ai donc répondu, et il a reçu sans contestation les mêmes vérités, qu'il avait auparavant rejetées avec mépris.

THÉODORE : Vous voyez par cela même, Aristarque, qu'il était à propos que Jésus-Christ se fît attendre durant plusieurs siècles, et qu'il se cachât dans les Écritures pour ceux qui ne se soucient pas de le trouver.

On reçoit toujours bien ce que l'on désire, et on trouve avec plaisir 154 ce que l'on cherche avec ardeur. Votre ami ne voyait | point il y a deux jours la vérité que vous lui proposiez, parce qu'il ne la cherchait pas, mais il l'a reconnue, parce qu'il l'a désirée, et il[1] l'a reconnue avec d'autant plus de plaisir qu'il l'a recherchée avec plus d'empressement.

Oui, Aristarque, si les hommes ne connaissent point Dieu, c'est qu'ils ne s'en mettent point en peine, et, s'ils ne voient point la vérité de la religion chrétienne, c'est que l'amour des biens sensibles les préoccupe, et leur donne une secrète aversion pour une religion qui le condamne, cet amour aveugle, et qui le combat sans cesse.

Toutes les passions se justifient naturellement; elles parlent sans cesse pour leur conservation; et ceux qui les écoutent se trouvent si fort touchés de compassion en leur faveur, qu'ils méprisent les lois qui condamnent ces criminelles à la mort. En effet, il n'y a rien de plus méprisable selon le rapport des passions que la religion chrétienne. L'Évangile n'a rien d'agréable : il ne prêche que le renoncement aux plaisirs, et Jésus-Christ condamne par l'exemple de sa vie et de sa mort la conduite de ceux qui s'arrêtent aux biens sensibles.

Ceux donc qui n'ont de l'estime que pour les objets de leurs sens, ceux qui suivent aveuglément les mouvements de leurs passions, les voluptueux, ou, pour parler comme Jésus-Christ, les pourceaux sont incapables de reconnaître la vérité de la religion, et de goûter les vrais biens. Le Royaume de Dieu est une perle pour laquelle ils ne veulent point vendre tout ce qu'ils possèdent; ils n'en savent pas le prix.

Ainsi Jésus-Christ défend que l'on propose les biens futurs, et que l'on explique les sacrés mystères à ces misérables, parce qu'ils en sont incapables et indignes. Il suffit de les menacer de la part de Dieu, de les effrayer par l'idée de l'éternité, ou même par la crainte des maux temporels. Mais, lorsqu'ils sont en pénitence, qu'ils se privent des plaisirs, qu'ils cessent d'être pourceaux, il est utile de leur expliquer les mystères de la religion et les secrets de l'Évangile, car, étant devenus brebis, ils | écoutent et discernent bien la voix du vrai pasteur **155** de leurs âmes.

---

1. Les *OC*, suivies par la Pléiade, portent par erreur : « et qu'il »; nous corrigeons d'après l'édition de 1702, p. 265.

C'est pour ces raisons et pour plusieurs autres, que vous comprendrez peut-être dans la suite de nos Entretiens, que je n'approuvais pas fort le dessein que vous aviez de redire toutes choses à votre ami. Je craignais pour vous, et je n'espérais rien de lui. Mais Dieu, qui dispose des cœurs, a récompensé votre charité et votre zèle, et vous l'en devez remercier.

Jusques ici, nous nous sommes entretenus des preuves qui regardent la vérité de la religion ; et je pense que ce que j'ai dit suffit pour persuader les personnes raisonnables qu'il n'y a point dans le monde d'autre religion que la chrétienne qui soit capable de rétablir l'ordre que le péché a renversé, qu'il n'y a qu'un Homme-Dieu qui puisse satisfaire à Dieu, nous réconcilier avec Dieu, nous donner accès auprès de Dieu, qui puisse, en un mot, rendre à Dieu un honneur digne de lui.

Il est temps que je vous fasse voir que la morale chrétienne est parfaitement conforme à la raison, et que, dans l'état où le péché nous a réduits, on ne peut rien prescrire de plus utile pour régler les mœurs, et pour entretenir l'union parmi les hommes, que les préceptes et les conseils de Jésus-Christ touchant la prière et la privation des biens sensibles, car je n'en suppose point d'autres.

Je vous prie, Aristarque, de bien prendre garde à tout ce que nous dirons dans la suite, car vous devez plutôt instruire votre ami des choses qui regardent le règlement des mœurs, que des vérités spéculatives, dont l'homme animal et charnel n'est pas capable. J'interroge Éraste, car il y a trop longtemps que je le laisse en repos.

Vous souvenez-vous, Éraste, de ce que nous avons dit de la fin et de l'ordre que Dieu s'est proposé dans la création de l'homme, et en êtes-vous convaincu ?

Éraste : Je m'en souviens, et j'en suis convaincu. Je crois que Dieu n'agit que pour lui, que, s'il fait un esprit, c'est afin que cet esprit le connaisse, et que, s'il fait une volonté, c'est afin que cette volonté l'aime.

156 | Cet ordre me paraît si nécessaire, que je ne crois pas que Dieu conserve aucun esprit qui ne le connaisse et qui ne l'aime en quelque façon. Je crois que l'union que les esprits ont avec Dieu par leur connaissance et par leur amour ne saurait se rompre entièrement sans les anéantir. Car que serait-ce qu'un esprit qui ne connaîtrait rien et qui n'aimerait rien ? Mais tout esprit qui connaît et qui aime ne connaît et n'aime que par l'union qu'il a avec Dieu, puisqu'il n'est pas à lui-même sa lumière, et que le mouvement qu'il a vers le bien en général, et qui le rend capable d'aimer les biens particuliers, ne vient pas de lui, ni de rien qui soit au-dessous de lui.

THÉODORE : Il est vrai, Éraste, tous les esprits sont essentiellement unis à Dieu ; ils n'en peuvent être entièrement séparés, sans cesser d'être. Mais quelle doit être leur union avec Dieu, afin qu'ils soient aussi heureux et aussi parfaits qu'ils le puissent être ?

ÉRASTE : Il est évident que cette union doit être la plus étroite qui se puisse, car Dieu seul est le souverain bien des esprits.

THÉODORE : Ainsi, Éraste, nous devenons d'autant plus parfaits que l'union que nous avons avec Dieu s'augmente et se fortifie davantage. Les damnés ne sont unis à Dieu qu'autant qu'il le faut, afin qu'ils en reçoivent l'être. Mais les bienheureux sont unis à Dieu d'une manière si parfaite qu'ils en reçoivent non seulement l'être, mais encore la perfection de l'être.

Voyons donc, Éraste, en quoi consiste cette espèce d'union avec Dieu, par laquelle nous recevons toute la perfection dont nous sommes capables en cette vie.

ÉRASTE : J'ai appris, Théodore, dans vos Entretiens, et par la lecture du livre de la *Recherche de la vérité**, que Dieu seul est la véritable cause et le véritable moteur tant des corps que des esprits, et que les causes *naturelles* ne sont que des causes *occasionnelles*, qui déterminent la véritable cause à agir en conséquence de ses volontés générales.

---

* Chap. VIII du dernier livre [*RV* VI, II, III, *OC* II, 309 *sq.* La référence donnée par Malebranche (chap. VIII) correspond à la 1 re édition ; le livre VI est divisé en 2 parties, dès la 2 e éd.].

157 | Je suis persuadé que je ne puis être uni aux corps qui m'environnent, ni à celui que j'anime et que je transporte, que parce que je suis uni à Dieu. Car tous les corps ne peuvent par eux-mêmes agir dans mon âme, ni se rendre visibles à elle*, de même que mon âme n'a point par elle-même la force de mouvoir aucun corps, puisqu'elle ne sait pas même ce qu'il faut faire pour remuer le bras. Ainsi, Théodore, si je vous parle, et si je vous entends, si mon esprit s'unit au vôtre, ou mon corps à votre corps, c'est Dieu seul qui en est la véritable cause. C'est le lien de toutes les unions que je puis avoir avec tous ses ouvrages. Il n'y a que lui à qui je puisse être immédiatement uni, puisqu'il n'y a que lui qui puisse agir immédiatement en moi, et que je n'agis que par lui.

Mais, Théodore, je puis être uni avec Dieu, et m'arrêter à lui, et n'avoir en cela d'autre rapport qu'à lui ; et je puis être uni avec Dieu par rapport à quelque autre chose qu'à Dieu. Car, si je pense aux idées abstraites, je suis uni à Dieu par ma pensée, puisque je ne vois ces choses que par l'union que j'ai avec Dieu** ; mais cette union ne me lie point aux créatures. Au contraire, si je sens les biens sensibles, je ne les sens qu'à cause que je suis uni à Dieu, et que Dieu agit en moi***, car tous les corps sont invisibles par eux-mêmes. Mais cette seconde union que j'ai avec Dieu me lie aux objets sensibles. Car Dieu unit entre eux tous ses ouvrages, et il n'y a que lui, que ses volontés immuables et toujours efficaces, qui soient la cause véritable de toutes les unions naturelles.

Je crois donc que l'union que nous avons avec Dieu soutient notre être, et que nous ne serions point sans elle. Mais je suis persuadé que l'union qui ne nous attache qu'à Dieu, et qui ne se rapporte point à autre chose qu'à lui, est celle qui nous donne toute la perfection dont nous sommes capables.

* Entretien I.
** Entretien III.
*** Entretiens I et II.

THÉODORE : Vous souvenez-vous bien, Éraste, que, dans le
| premier livre de la *Recherche de la vérité*[1], j'ai fait voir que nos sens **158**
ne nous représentent jamais les choses comme elles sont en elles-
mêmes, mais seulement selon le rapport qu'elles ont à la conservation
du corps, et qu'ainsi toutes les connaissances sensibles sont sujettes à
l'erreur, et entièrement inutiles à la perfection de l'esprit ?

ÉRASTE : Je m'en souviens, Théodore, et je ne l'oublierai jamais,
car c'est ce qui m'a persuadé que, de toutes nos connaissances, il n'y a
que celles qui sont purement intellectuelles qui nous rendent plus
parfaits. En effet, ce n'est que par ces sortes de connaissances que nous
voyons en Dieu les choses telles qu'elles sont en elles-mêmes.

Il y a bien de la différence entre sentir et connaître. La vivacité du
sentiment, quelque grande qu'elle soit, n'éclaire jamais l'esprit, elle
ne lui découvre jamais la vérité. Elle ne parle à l'âme et ne l'émeut que
pour le bien du corps. Cette vivacité nous touche fort et nous persuade
promptement ; mais l'esprit n'y connaît rien. C'est qu'elle nous
apprend confusément le rapport des corps avec le nôtre, mais elle ne
nous découvre point exactement les rapports que les objets ont entre
eux, ou qu'ont entre elles leurs idées. Cependant, c'est précisément
dans ces rapports que consiste la vérité, dont la connaissance fait la
perfection de l'esprit.

THÉODORE : Si vous vous souvenez aussi de ce qui est dans ce
même livre touchant les erreurs de l'imagination et des passions, vous
devez tomber d'accord que non seulement les sens et l'imagination
nous empêchent de découvrir la vérité, mais de plus que nos passions
nous éloignent du vrai bien, en un mot que toutes les pensées et tous les
mouvements de l'âme qui s'excitent en nous à cause de quelques
changements qui se passent dans notre corps nous désunissent d'avec
Dieu, pour nous unir aux | objets sensibles. Car enfin il est à propos que **159**
l'âme qui doit veiller à la conservation de son corps soit promptement
avertie de penser à lui, lorsqu'il lui arrive quelque chose de nouveau.

1. Voir ainsi *RV* I, V, § III, *OC* I, 78.

ÉRASTE : Je demeure d'accord de toutes ces choses.

THÉODORE : Supposons donc qu'il n'arrive jamais de changement dans le cerveau, que l'âme ne reçoive quelque pensée, qui la détourne de la vue de la vérité et de l'amour du vrai bien, et qui ne la désunisse d'avec Dieu pour l'unir aux corps. S'il est certain que la perfection de l'esprit consiste dans la connaissance de la vérité et dans l'amour du vrai bien, en un mot dans l'union avec Dieu laquelle n'a point de rapport à autre chose qu'à lui, je vous demande : dans l'état où nous sommes présentement, ne pouvant point empêcher la communication des mouvements, ni que les corps qui nous environnent ne pénètrent et n'agitent le nôtre, que devons-nous faire afin de tendre sans cesse à notre perfection ? Ne consultez point maintenant l'Évangile, consultez seulement la Raison.

ÉRASTE : Il est évident que nous devons par la suite éviter l'action des corps qui nous environnent, que nous devons mortifier nos sens, et fermer autant que nous le pouvons toutes les entrées par lesquelles les objets sensibles viennent frapper notre esprit et troubler notre attention.

Lorsque nous ne pouvons arrêter le mouvement des corps qui sont capables de nous blesser, nous ne manquons pas d'en éviter le coup en baissant la tête. Ainsi, ne pouvant arrêter l'action des objets sensibles, nous devons les éviter par la suite, de même que l'on se garantit des maladies contagieuses en changeant d'air.

Si un insecte nous pique, nous perdons de vue les vérités les plus solides ; si une mouche bourdonne à nos oreilles, les ténèbres se répandent dans notre esprit. Que faire pour tenir la vérité qui s'échappe, et pour conserver la lumière qui se dissipe ? Tuer tous les insectes, et chasser toutes les mouches ? Mais cela ne se peut. Il faut donc aller ailleurs, car enfin il est impossible que les sensations, qui partagent la capacité que nous avons de penser, ne nous empêchent de découvrir la vérité.

160 | THÉODORE : Vous commencez peut-être, Aristarque, à reconnaître par les choses que nous venons de dire, et par cette dernière réponse d'Éraste, que les conseils de Jésus-Christ touchant la mortification de nos sens sont les plus justes qui se puissent, pour nous réunir avec Dieu par la connaissance de la vérité.

ARISTARQUE : Il est vrai ; mais j'appréhende que vous n'attribuiez à la doctrine de l'Évangile des perfections que Jésus-Christ n'a pas eu dessein de lui donner. Car apparemment Jésus-Christ n'a pas eu dessein de nous donner des préceptes pour régler notre esprit dans la recherche de certaines vérités dont on se peut fort bien passer en ce monde.

THÉODORE : J'avoue que le principal dessein de Jésus-Christ n'a pas été de nous instruire de certaines vérités spéculatives, qui ne conduisent point par elles-mêmes à la connaissance et à l'amour de la souveraine vérité. Mais c'est que les préceptes de l'Évangile sont si utiles, qu'ils s'étendent à toutes les choses qui peuvent en quelque manière augmenter la perfection de l'esprit. Car ils sont directement opposés à la cause de nos désordres ; ils remédient à nos maux dans leur origine. Ainsi, ils tendent à nous donner toute la perfection dont nous sommes capables, la privation des biens sensibles n'étant pas seulement nécessaire pour la conversion du cœur, mais aussi pour la perfection de l'esprit. Vous le verrez mieux dans la suite.

Croyez-vous, Éraste, qu'il n'y ait que les sentiments actuels qui empêchent l'esprit de s'appliquer à la vérité, et qu'un homme qui a goûté quelques années les plaisirs du monde, puisse, en les quittant, s'unir aux choses intellectuelles avec autant de force et de lumière que ceux qui ont veillé toute leur vie à la pureté de leur imagination ?

ÉRASTE : Non, certainement : on ne goûte pas les plaisirs impunément. Lorsque l'imagination a été frappée de quelque objet sensible, elle en demeure blessée. Il suffit de jouir des plaisirs, | pour **161** en devenir esclave. Car il demeure dans le cerveau des traces qui représentent sans cesse à l'esprit les plaisirs qu'il a goûtés, et qui l'empêchent bien souvent de s'appliquer à des vérités qui n'ont point d'attrait sensible.

Lorsque l'imagination est salie, l'esprit est donc rempli de ténèbres, parce que la concupiscence, qui seule détourne l'esprit de la vue de la vérité, est fortifiée et augmentée de cette nouvelle concupiscence que l'on acquiert par l'usage des biens sensibles.

THÉODORE : Que faut-il donc faire, Éraste, pour se rendre capable de cette perfection de l'esprit, laquelle consiste dans la connaissance de la vérité ?

ÉRASTE : Cela est clair. Il faut éviter avec soin tout ce qui est capable de faire dans le cerveau des traces profondes. Il faut, pour me servir de votre expression, veiller sans cesse à la pureté de son imagination.

ARISTARQUE : Mais, Théodore, il ne faut donc point faire pénitence, car les sentiments pénibles partagent aussi bien la capacité de l'esprit que ceux qui sont agréables.

THÉODORE : Non, Aristarque. Il ne faut point assurément se donner la discipline, si l'on veut actuellement résoudre un problème ; cela n'éclaire pas l'esprit : On ne peut sentir actuellement de la douleur, et voir actuellement la vérité. Mais les souffrances, quoique inutiles pour acquérir la connaissance de certaines vérités, sont[1] très utiles pour nous faire mériter la vue de la souveraine Vérité qui dissipe toutes nos ténèbres, et pour nous apprendre même certaines vérités de morale, auxquelles on ne pense point lorsqu'on ne souffre rien. Les souffrances
162 nous sont nécessaires pour nous détacher du monde, et pour | satisfaire à la justice de Dieu, étant jointes à celles de son Fils bien-aimé.

Mais, Aristarque, ne voyez-vous pas que les traces qui restent dans notre mémoire de nos pénitences passées ne la salissent pas comme les traces des plaisirs ? Ne voyez-vous pas qu'elles n'irritent point la concupiscence, qu'elles n'inquiètent point l'esprit, qu'elles ne partagent point son attention, et qu'ainsi elles ne l'empêchent point de découvrir la vérité ?

On cesse facilement de penser à la douleur, dès qu'on cesse de la souffrir, et qu'il n'y a pas sujet de la craindre, parce que la douleur n'a rien d'agréable. Mais ce n'est pas la même chose des plaisirs qu'on a

---

1. L'édition de 1702, p. 280, porte « elles sont » ; nous rétablissons la leçon des éditions précédentes ; voir la variante i des *OC*, éditions de 1693, p. 287 et 1695, p. 172. Il peut toutefois s'agir d'un effet oratoire, comme le suggère G. Rodis-Lewis (Pléiade, p. 1782, n. 1 de la p. 1268).

une fois goûtés. Leurs traces demeurent fortement imprimées dans le cerveau : elles excitent à tous moments des désirs importuns qui troublent la paix de l'esprit, et, ces désirs renouvelant et fortifiant ces traces à leur tour, la concupiscence qui est l'origine de tous nos maux, de l'inapplication de l'esprit à la vérité, aussi bien que de la corruption du cœur, reçoit sans cesse de nouvelles forces.

ARISTARQUE : Vous avez raison. Mais cependant nous voyons qu'il y a bien des savants qui ont été toute leur vie dans la débauche et qui s'abandonnent sans cesse à toutes sortes de plaisirs.

THÉODORE : Il n'y en a pas tant que vous le croyez, Aristarque, car il y a bien des faux savants. Pour être véritablement savant, il faut voir la vérité clairement et distinctement. Il ne suffit pas d'avoir beaucoup de lecture, car l'esprit ne sait rien, s'il ne voit rien. Les plaisirs, s'ils ne sont excessifs, n'empêchent pas qu'on ne lise. Il n'y a que les passions violentes qui troublent la mémoire et l'imagination. Mais il ne faut presque rien pour troubler la vue de l'esprit. Les savants dont vous parlez font plus d'usage de leur mémoire et de leur imagination que de leur esprit, et je vois tous les jours que ceux que vous estimez le plus pour leur érudition sont des gens dont l'esprit est si petit, si troublé, si dissipé, qu'ils ne sont pas capables d'entrevoir des vérités qu'Éraste comprend sans peine.

Faites-y réflexion, Aristarque, il y a bien de la différence entre | la **163** science qui dépend de l'étendue de la mémoire et de la force de l'imagination et celle qui consiste dans une vue purement intellectuelle, dans laquelle l'imagination n'a part qu'indirectement.

Toutes les idées pures s'évanouissent et se dissipent à la présence des idées sensibles. Nous n'entendons point la voix de la vérité, lorsque nos sens et notre imagination nous parlent. Car nous aimons beaucoup mieux savoir confusément les rapports que les choses ont avec nous que de connaître clairement les rapports qu'elles ont entre elles. Nous sommes tellement dépendants du corps, et par conséquent si peu unis avec Dieu, que la moindre chose nous en sépare.

Mais les connaissances sensibles et celles où l'imagination a beaucoup de part, étant soutenues par les traces du cerveau, elles peuvent résister à des sentiments contraires. Les idées de ces connaissances ont pour ainsi dire du corps : elles ne se dissipent pas facilement. Ainsi, la privation des plaisirs n'est point absolument nécessaire pour s'appliquer à certaines études, dans lesquelles on fait plus d'usage de ses sens et de son imagination que de sa raison.

Si M. Descartes est devenu si savant dans la géométrie, dans la physique, et dans les autres parties de la philosophie, c'est qu'il a passé vingt-cinq ans dans la retraite, c'est qu'il a parfaitement reconnu les erreurs des sens, c'est qu'il en a évité avec soin l'impression, c'est qu'il a fait plus de méditations que de lectures : en un mot, c'est que, tenant à peu de choses, il a pu s'unir à Dieu d'une manière assez étroite pour en recevoir toutes les lumières nécessaires. Voilà ce qui l'a rendu véritablement savant.

Que s'il se fût encore davantage détaché de ses sens, s'il eût encore 164 été moins engagé dans le monde, et s'il se fût encore plus | soigneusement appliqué à la recherche de la vérité, il est certain qu'il aurait poussé bien plus loin les sciences qu'il a traitées, et que sa métaphysique ne serait pas telle qu'il nous l'a laissée dans ses écrits.

ARISTARQUE : Mais, Théodore, à présent que tant d'habiles gens ont écrit de la philosophie, des mathématiques, et des autres sciences, il suffit de lire leurs ouvrages. Les savants dont je vous parle savent Descartes comme Descartes même. L'ami que je prétends convertir l'entend si parfaitement, qu'on ne peut rien lui dire de cet auteur qu'il ne sache, et que même il ne montre incontinent l'endroit d'où il est tiré. Cependant il ne songe depuis le matin jusqu'au soir qu'à se divertir ; il ne médite jamais ; il lit un livre en trois jours, et il le sait. La retraite n'est donc point nécessaire pour la science ?

THÉODORE : Non, Aristarque, pour la science qui réside dans la mémoire, et qui n'éclaire point l'esprit. Pensez-vous que ces personnes qui retiennent si facilement les opinions des autres en voient la vérité ? Pensez-vous que votre ami sache Descartes, ou plutôt pensez-vous qu'il voie ce que voyait Descartes ? Si vous le pensez, vous vous trompez. Je crois que votre ami sait mieux toutes les paroles dont Descartes s'est servi, que Descartes même. Je crois qu'il récite mieux l'opinion de Descartes, que Descartes même ne le pouvait faire. Je crois enfin, si vous le voulez, qu'il est plus propre à faire un homme cartésien, à éclairer l'esprit de ceux qui l'écoutent, et à les faire entrer dans les sentiments de Descartes, que Descartes même. Cependant je ne crois pas qu'il sache véritablement son Descartes.

La philosophie de Descartes est dans la mémoire et dans l'imagination de votre ami : c'est pour cela qu'il en parle bien. Mais je ne crois pas qu'elle soit dans son esprit, et c'est pour cela qu'il ne voit pas, et qu'il n'approuve pas les sentiments qui en sont des suites nécessaires.

Il semble que ce soit un paradoxe qu'un homme qui ne connaît point une vérité soit quelquefois plus capable de la persuader | aux 165 autres, que celui qui la sait exactement, et qui l'a découverte lui-même. Cependant, si vous considérez qu'on n'instruit les autres que par la parole, vous verrez bien que ceux qui ont quelque force d'imagination et une mémoire heureuse peuvent, en retenant ce qu'ils ont lu, s'expliquer plus clairement que ceux qui sont accoutumés à la méditation, et qui découvrent la vérité par eux-mêmes.

Ainsi, Aristarque, ne vous imaginez pas que ceux qui parlent bien de certaines vérités les voient parfaitement : cela n'est pas toujours vrai. Il suffit qu'elles soient dans leur mémoire, ou qu'ils les voient d'une vue d'imagination. Car c'est cette vue qui fournit des expressions vives et qui semblent beaucoup signifier, quoiqu'elles ne signifient rien de distinct qu'à ceux qu'elles excitent à rentrer dans eux-mêmes.

Il y a bien de la différence entre voir et voir : entre voir après avoir lu, et voir après avoir médité. Et, pour reconnaître ceux qui voient distinctement et qui possèdent parfaitement une vérité d'avec ceux qui ne la possèdent pas, il n'y a qu'à leur proposer quelque question qui en dépende. Car alors ceux qui voient clair, ceux qui ont médité les principes, parlent clairement, j'entends intelligiblement et conséquemment. Mais les autres parlent toujours d'une manière qui fait connaître aux esprits attentifs que la lumière leur manque.

Examinez, Aristarque, vos savants, selon ce que je vous dis ici, et vous verrez que les plus savants sont souvent les plus ignorants, qu'ils sont les moins pénétrants et les plus téméraires, qu'ils ne savent pas même discerner le vrai du vraisemblable, qu'ils parlent sans concevoir ce qu'ils disent, et que souvent, dans le temps qu'on les admire, ce qu'il y a de plus admirable en eux n'est qu'un jeu de mémoire qui va tout seul, ou dont les ressorts se débandent par l'action de l'imagination.

Vous verrez enfin que presque toutes leurs connaissances ne sont point accompagnées de lumière et d'évidence, de cette lumière et de cette évidence intellectuelle, que la sensation la plus légère obscurcit, et que le plus petit mouvement dissipe, et qu'ainsi la retraite, la **166** privation des biens sensibles, la mortification | des sens et des passions sont absolument nécessaires pour la perfection de l'esprit, comme pour la conversion du cœur.

Mais ce n'est pas là ce qui justifie la morale de l'Évangile, car Jésus-Christ n'est pas venu pour nous apprendre les mathématiques, la philosophie, et les autres vérités qui par elles-mêmes sont assez inutiles pour le salut.

Toute connaissance de la vérité rendant l'esprit en quelque manière plus parfait, il fallait que les conseils de Jésus-Christ fussent propres pour l'acquérir. Mais la véritable perfection de l'esprit, la voie la plus courte pour apprendre généralement toutes les sciences, étant l'union avec Dieu, non l'union naturelle qui est sans cesse interrompue par les mouvements de la concupiscence, mais l'union qu'une vue claire et qu'un amour continuel rendent indissoluble, il était nécessaire que les préceptes de Jésus-Christ nous missent dans la voie par laquelle on arrive à cette union.

Vous verrez au premier jour que la vie chrétienne est la seule qui y conduit. Je vous laisse cependant avec Éraste méditer sur les choses que nous avons dites.

*Que la morale chrétienne est absolument nécessaire
pour la conversion du cœur*

Théodore : Eh bien, Aristarque, êtes-vous convaincu que la retraite, l'éloignement des affaires, la privation des plaisirs, en un mot que la mortification des sens et des passions est absolument nécessaire pour découvrir les vérités cachées, les vérités abstraites, les vérités salutaires dont la connaissance n'enfle point le cœur ? Car je sais bien que le commerce du monde engage les esprits dans l'étude des sciences qui ont de l'éclat, et que la concupiscence donne de l'ardeur pour toutes les vérités dont on se peut servir pour se rendre considérable dans le monde.

Aristarque : Oui, Théodore, j'en suis convaincu. La vérité en elle-même paraît si peu de chose, lorsque l'on se sent agité de quelque passion, et que l'on tient à quelque objet sensible, qu'on ne peut s'empêcher de la mépriser, et, s'il se trouve dans le monde plusieurs personnes qui la recherchent, c'est, je l'avoue, qu'elle entre dans leurs desseins, et qu'ils espèrent en tirer quelque avantage. L'éclat et la gloire qui environne les savants brille à nos yeux et nous éblouit[1] : notre orgueil secret se réveille et nous agite. Mais la lumière pure de la vérité n'est pas assez vive pour se faire sentir, et nous appliquer à elle, dans le temps que nous sommes touchés des objets sensibles.

Éraste : J'ai connu certaines gens qui apparemment ne lisaient le matin que pour parler l'après-midi. Car, dès qu'ils ont été éloignés | du **168** petit troupeau qui leur applaudissait, ils ont eu une telle horreur pour

---

1. Nous conservons la syntaxe de Malebranche, bien qu'inusitée.

les livres, et pour tout ce qui s'appelle science, qu'ils ne pouvaient en entendre parler. Vous souvenez-vous de M. ** ? Il fallait il y a trois ans qu'il prît grand plaisir à nous régenter, trois ou quatre jeunes gens qui nous assemblions pour l'entendre, car il se fatiguait tous les matins pour nous redire de méchantes raisons qu'il prenait dans les problèmes d'Aristote. Présentement il ne lit plus. Comme nous ne l'écoutons plus avec admiration, il ne nous parle plus avec plaisir. Il a même beaucoup d'aversion pour tous les discours de science ; et, comme il est un peu incommode, nous avons trouvé ce secret, pour le chasser honnêtement, que nous mettons sur le tapis quelque question à résoudre.

THÉODORE : Cet exemple, Éraste, n'était pas nécessaire pour nous convaincre qu'il y a des personnes qui ne recherchent point la vérité pour elle-même : vous voyez bien que nous en sommes assez convaincus. Vous pouvez remarquer la faiblesse des autres hommes, et comment leur vanité les rend misérables, pourvu que vous vous considériez en leur personne, car naturellement nous sommes tous à peu près les uns comme les autres. Mais, Éraste, il ne faut jamais inspirer du mépris ou de l'éloignement pour une personne, si l'on n'est certain, je dis certain, qu'elle est dangereuse et contagieuse : il ne faut parler qu'en général. Vous voulez peut-être par votre réflexion judicieuse nous faire connaître que vous avez de l'esprit. Nous le savions déjà ; mais nous ne savions pas que vous voulussiez qu'on le sût. Il est difficile d'accuser les autres de vanité, sans se condamner soi-même : on fait les mêmes choses, ou l'équivalent. Ainsi, Éraste, observez sans cesse, critiquez sans cesse ; mais pensez à vous corriger[1], et, si vous ne voulez vous condamner, taisez-vous.

Vous demeurez d'accord, Aristarque, qu'il est nécessaire de suivre les conseils de Jésus-Christ pour acquérir cette perfection de

---

1. L'édition de 1702, p. 293 suivie par les *OC*, porte : « pensez à vous, corrigez, et… » ; voir déjà l'édition de 1693, p. 301 et l'édition de 1695, p. 180. Nous proposons de rectifier conformément au sens. Les 1res éditions portaient : « pensez à vous, corrigez-vous » (1677, édition originale (Mons), p. 258 ; 2e éd., p. 257 ; 1685, p. 204), ce qui peut expliquer la méprise des éditions suivantes.

l'esprit qui consiste dans la connaissance de la vérité. Cependant, Jésus-Christ n'est pas venu pour faire de nous des | philosophes : ses **169** conseils, comme je vous dis hier, ne tendent qu'indirectement et à cause de leur universalité, à nous rendre savants. Mais, s'il n'a point donné à ses disciples de grands préceptes de logique pour raisonner juste, il leur a appris toutes les règles nécessaires pour bien vivre, et il leur a donné toutes les forces nécessaires pour les suivre. C'est pour cela que Jésus-Christ est venu. Son dessein est de remédier au désordre du péché, et de nous réunir avec Dieu en nous détachant des créatures ; c'est de nous sauver et de nous enlever avec lui dans le Ciel.

Nous demeurerons éternellement tels que nous serons dans le moment que notre âme quittera notre corps. Si nous aimons Dieu en ce dangereux moment, nous l'aimerons toujours, car le mouvement des esprits n'est inconstant et méritoire que durant cette vie. Mais toutes les sciences humaines sont par elles-mêmes assez inutiles pour régler ce moment dont dépend notre éternité : elles ne méritent point le secours du Ciel pour ce moment ; elles ne tournent point bien notre cœur vers Dieu. Ainsi, Jésus-Christ ne devait pas nous conduire directement à cette perfection de l'esprit qui est stérile pour l'éternité et qui cesse au moment de la mort. Il devait nous recommander la privation des biens sensibles, afin que notre cœur se remplît de son amour, étant vide de toute autre chose, et que, ne tenant à rien dans le moment qui commence l'éternité, notre amour nous portât uniquement vers Dieu qui est la source de tous les biens.

Ne considérons donc pas davantage les conseils de Jésus-Christ par rapport à la connaissance des vérités spéculatives, mais par rapport à cette perfection de l'esprit qui consiste dans l'amour du vrai bien, dans la charité qui demeure éternellement, qui seule mérite l'éternité, et sans laquelle toutes les vertus ne sont telles qu'en apparence. Examinons les conseils de l'Évangile par rapport au règlement des mœurs. Mais examinons-les dans toute la rigueur possible, afin que, n'y trouvant rien à redire, | nous ne soyons pas moins convaincus de **170** nos devoirs par la raison, que nous le sommes par la foi.

Certainement, si les choses que j'ai prouvées de Jésus-Christ dans les Entretiens précédents sont véritables, on ne doit point hésiter sur les vérités de la morale. Il faut renoncer à ses propres volontés ; il faut porter sa croix tous les jours ; il faut pleurer, jeûner, souffrir : Jésus-Christ l'a dit*. S'il est Dieu, s'il est sage, ses conseils nous sont très avantageux ; cela est clair. Mais, parce que nous ne pouvons être trop convaincus de la vérité de ces propositions qui sont si incommodes et qui nous blessent si sensiblement, il faut tâcher de reconnaître par la lumière de la raison qu'il n'y a point d'autre remède à nos maux. Peut-être ressemblerons-nous à ces personnes dangereusement blessées qui, pour conserver une misérable vie, présentent aux chirurgiens leur propre corps, afin qu'ils y mettent le fer et le feu. Ils croient ces hommes à leur parole, ils espèrent en leurs opérations, et ils s'exposent à souffrir de grandes douleurs, dans une vue incertaine d'un bien qui en lui-même est très peu considérable. Qui nous empêchera donc de les imiter, lorsque l'évidence de la raison s'accommodera avec la certitude de la foi ? Si l'autorité seule de l'Évangile ne nous touche point, si la pensée de l'éternité ne nous ébranle et ne nous épouvante point, si nos sens et nos passions nous enchantent sur le présent et nous aveuglent sur le futur, de manière que nous ne pensons point aux vrais biens, peut-être que la raison se joignant à la foi achèvera de nous convaincre, et que, condamnant sans cesse notre lâcheté, elle excitera en nous une inquiétude salutaire. Ainsi examinons ces choses dans leur principe.

Nous ne devons aimer que ce qui est aimable. Rien n'est aimable s'il n'est bon. Mais rien n'est bon à notre égard s'il n'est capable de **171** nous faire du bien, s'il n'est capable de nous rendre | plus parfaits et plus heureux, car je ne parle point ici d'une espèce de bonté qui consiste dans la perfection de chaque chose. Or rien n'est capable de nous rendre plus parfaits et plus heureux s'il n'est au-dessus de nous et capable d'agir en nous. Mais tous les corps sont au-dessous de nous, ils

---

* Lc 9, 23.

ne peuvent agir en nous, ils ne peuvent produire en nous ni plaisir ni lumière. Ces viles et inefficaces substances ne sont donc pas aimables. Qu'en pensez-vous, Éraste ?

ÉRASTE : Lorsque j'interroge ma raison, j'en demeure d'accord ; mais, lorsque je me sers de mes sens, j'en doute. Cependant, comme ma raison me répond plus clairement que mes sens, comme elle est préférable à mes sens, comme elle ne me trompe jamais, et que mes sens me trompent toujours lorsque je m'en sers pour juger de la vérité, je crois que les objets sensibles sont incapables de me rendre plus parfait et plus heureux.

THÉODORE : Vous ne devez donc pas aimer les corps ?

ÉRASTE : Il est vrai ; cela est évident.

THÉODORE : Mais ne les aimez-vous point ?

ÉRASTE : Beaucoup, Théodore. Je ne suis pas la Raison en cela, je suis mes sens, je suis mon plaisir.

THÉODORE : Ainsi, Éraste, il suffit de goûter du plaisir dans l'usage des objets sensibles pour les aimer. Le plaisir captive le cœur, il agit plus fortement sur vous que votre raison, puisque vous aimez, à cause du plaisir, des choses que vous connaissez par la raison indignes de votre amour.

ÉRASTE : Il y a longtemps que je sais ce que vous me dites.

THÉODORE : Je n'en doute pas. Ce n'est point pour vous l'apprendre que je vous le dis, c'est pour vous y faire penser. Mais je vous prie de me répondre. Aimez-vous le jeu du piquet ou de l'hombre ?

ÉRASTE : Assez.

| THÉODORE : Aimez-vous la chasse ?   **172**

ÉRASTE : Je n'y ai point encore été. Mais je m'imagine qu'il n'y a pas grand plaisir à courre un lièvre durant trois ou quatre heures au vent, à la pluie, ou au soleil.

ARISTARQUE : Vous ne savez ce que vous dites, Éraste : c'est le plus grand plaisir du monde.

THÉODORE : Prenez garde, Éraste, qu'Aristarque ne juge pas de la chasse comme vous : il l'aime, et vous ne l'aimez pas. Mais voudriez-vous bien l'aimer? Votre raison vous représente-t-elle la chasse comme digne de votre amour?

ÉRASTE : Non, Théodore, ni ma raison, ni mes sens, car quel plaisir de poursuivre tout un jour une misérable bête? J'ai pitié de la passion d'Aristarque.

THÉODORE : Je vous conseille donc de n'y aller jamais, car, si vous y aviez été, vous en deviendriez peut-être plus passionné qu'Aristarque. Il était comme vous, sans passion pour la chasse, avant qu'il en eût goûté le plaisir; peut-être même qu'il en avait de l'aversion. Mais peu à peu, par l'usage, il s'y est tellement accoutumé qu'il ne peut plus s'empêcher d'y aller.

ÉRASTE : Je le crois. Je n'irai donc jamais, car je ne veux pas me ruiner en chevaux et en chiens.

THÉODORE : Mais, Éraste, pourquoi jouez-vous? Pourquoi perdez-vous votre temps inutilement? Vous vous ruinerez peut-être encore plutôt par le jeu, que par la chasse.

ÉRASTE : Je ne saurais m'en empêcher.

THÉODORE : Il en est de vous comme d'Aristarque. Vous vous condamnez l'un l'autre; vous vous faites compassion l'un à l'autre.

ARISTARQUE : Il est vrai. Nous ne sommes pas fort sages, Éraste et moi, de suivre ainsi les mouvements de nos passions. Cependant, je vois bien qu'il court risque de mourir les cartes à la main, et moi d'une chute de cheval.

173 | THÉODORE : Que fallait-il donc faire afin qu'Éraste ne devînt point joueur, ni Aristarque chasseur? Car, comme les choses sont présentement, il n'y a plus humainement parlant de remède qui ne soit violent.

ÉRASTE : Il fallait, Théodore, que, lorsqu'Aristarque se sentait agité par le plaisir de la chasse, il la quittât aussitôt. Il me ressemblerait, son imagination ne serait point remplie de ces traces qui réveillent sans cesse l'objet de sa passion. C'est le plaisir que l'on trouve dans l'usage des choses sensibles, qui cause les passions, et qui agite les esprits animaux. Mais, lorsque les esprits animaux sont fort agités, ils impriment dans le cerveau des traces profondes ; ils rompent même par leur cours violent toutes les fibres qui leur résistent. Ainsi, dès que l'on goûte du plaisir, il faut s'examiner, et voir s'il nous est avantageux que les traces de l'objet qui cause ce plaisir achèvent de se former. Si l'objet qui cause ce plaisir est indigne de notre application et de notre amour, il faut s'en priver, et éviter ainsi le plaisir qui nous en rendrait esclaves par les traces qu'il graverait dans notre cerveau. Voilà, je crois, ce qu'il faut faire pour empêcher que notre concupiscence ne s'augmente tous les jours.

THÉODORE : Mais, Éraste, lorsque vous goûtez actuellement du plaisir, pouvez-vous alors facilement quitter l'objet qui le cause ? Lorsque Aristarque se trouvait dans la chaleur de la chasse la première fois qu'il y alla, pensez-vous qu'il fût alors fort en état de faire réflexion sur lui-même ? Le son du cor, la voix et l'action des chiens, l'agitation du cheval, et, sur tout cela, le plaisir qu'Aristarque trouvait dans tous ces mouvements divers ne partageait-il point son esprit ? Sa passion ne l'emportait-elle pas aussi bien que son cheval à la mort du lièvre ou du cerf, et croyez-vous qu'alors il pût penser à votre remède ? Ou, s'il y eût pensé, croyez-vous qu'il eût bien voulu s'en servir ? Ou enfin, s'il y eût pensé et s'il eût voulu s'en servir, croyez-vous qu'il eût pu résister à la passion qui l'agitait ? Les remèdes philosophiques que vous venez de donner ne sont donc pas propres, Éraste, pour empêcher que la concupiscence qui est en nous ne s'augmente.

| ÉRASTE : Il est vrai, Théodore, le plus assuré de tous les remèdes, **174** c'est la privation. Le plaisir nous empoisonne, il n'en faut point goûter : c'est le plus court et le plus sûr. *Dès qu'on fait un péché l'on en devient esclave*, dit Jésus-Christ*. Je trouve que la raison s'accommode parfaitement avec l'Évangile. Cependant je me souviens d'avoir guéri mon imagination et d'avoir résisté à ma passion par l'usage des choses qui, selon ce que vous venez de dire, devaient l'augmenter. Voici comment.

---

* Jn 8, 34.

Il y a environ trois ou quatre ans que je croyais volontiers tout ce que j'entendais dire. Un jour il vint ici un homme de guerre, lequel nous racontait que faisant voyage avec un Anglais, qui ne pouvait s'empêcher de fumer, il arriva que le cheval de cet Anglais s'abattit, et lui rompit la jambe. Cet Anglais étant par terre, et pensant plutôt à sa pipe qu'à sa jambe, mit aussitôt sa main dans sa poche, et tirant sa pipe entière, s'écria de joie : « Bon, bon, ma pipe n'est pas cassée ». Cette histoire ou ce conte me frappa, et je m'imaginai que la fumée du tabac était la chose du monde la plus agréable, de sorte que je me sentis agité d'une passion violente d'en user. Mais il m'arriva que je n'en eus pas plus tôt goûté que j'en eus horreur.

Ainsi, Théodore, votre remède qui est de se priver des choses sensibles n'est point général, puisque l'usage du tabac m'a guéri de la passion que j'avais pour en prendre, et que, quoique je n'en eusse point goûté, j'en étais passionné.

THÉODORE : Mais, Éraste, ne voyez-vous pas qu'il faut se priver de tout ce qui est capable de salir l'imagination ? Le commerce que l'on a avec ceux qui parlent des corps comme des vrais biens n'est pas moins capable de faire dans le cerveau des traces qui portent à l'amour des corps que l'usage même des corps. Un ivrogne qui parle du vin comme de son Dieu, qui méprise ceux qui ne savent pas boire, et qui met, entre ses belles actions, les victoires qu'il a remportées à table contre les plus grands débauchés de la province, un tel ivrogne dans | sa gaie humeur persuade sans peine un jeune homme, que c'est une belle qualité de boire autant de vin que deux chevaux boivent d'eau. Et c'est pour cela que, dans tous les lieux où l'on parle de savoir bien boire comme d'une vertu, tout le monde boit avec excès. Car ceux mêmes qui ne trouvent point d'abord de plaisir à boire, faisant comme les autres pour n'être pas sujets à la raillerie de leurs compagnons, ils [1] se font peu à peu tellement au vin qu'ils ne peuvent plus s'en passer.

---

1. Nous suivons ici la syntaxe, identique dans toutes les éditions ; voir édition de 1702, p. 305, ainsi que les éditions de 1693, p. 315 et 1695, p. 188.

Ainsi, Éraste, comme la concupiscence réside principalement dans les traces du cerveau, lesquelles inclinent l'âme à l'amour des objets sensibles, il faut se priver de toutes les choses qui produisent de ces traces, non seulement de l'usage actuel des corps qui est inutile pour la conservation de la santé et de la vie, mais aussi de la conversation des débauchés, qui parlent toujours avec quelque émotion des objets de leurs passions.

C'est le plaisir, Éraste, qui agite les esprits, et qui produit des traces dangereuses : non seulement celui dont on jouit par les sens, mais aussi celui dont on jouit par l'imagination ; non seulement le goût, mais encore l'avant-goût. Et quelquefois l'imagination augmente tellement toutes choses, que le plaisir qu'elle produit excite la concupiscence d'une manière plus forte et plus vive que celui dont on jouit dans l'usage même des corps.

Les personnes qui ont l'imagination trop vive et trop délicate peuvent quelquefois guérir les blessures qu'elles ont reçues dans un entretien contagieux en goûtant des plaisirs dont on leur a donné, ou dont ils se sont formé une trop grande idée. Et il y a d'autres personnes, timides, paresseuses, judicieuses, en un mot d'une certaine disposition d'esprit qu'il est difficile de décrire, auxquelles il est à propos de faire voir le monde pour les en dégoûter.

Mais, Éraste, cela est rare, et il est extrêmement dangereux de se familiariser avec les choses sensibles. Vous avez horreur du tabac : vous êtes bien aise de n'être pas sujet à cette nécessité d'en avoir toujours avec vous. Cependant, si vous étiez parmi | des gens qui en **176** usent ordinairement, leur discours et leur manière vous engageraient peu à peu à vous en servir, et l'usage vous y assujettirait comme les autres, car je connais des gens qui ne peuvent s'en passer, lesquels ne pouvaient autrefois le souffrir.

ÉRASTE : Il est vrai, Théodore, que le plus grand secret pour résister à la concupiscence, c'est de veiller sans cesse à la pureté de son imagination, et de prendre bien garde qu'il ne s'imprime dans le cerveau aucun vestige qui nous porte à l'amour des corps. C'est remédier au principe de tous nos dérèglements. Les conseils de Jésus-Christ, qui ne tendent qu'à nous priver de l'usage des biens sensibles, sont admirables ; mais ils sont bien fâcheux. Il me semble que la philosophie fournit un remède beaucoup plus commode que celui de l'Évangile. Le voici.

La philosophie m'apprend que tous les corps qui m'environnent sont incapables d'agir en moi, et qu'il n'y a que Dieu qui cause en moi le plaisir et la douleur que je sens dans leur usage. Cela étant, je puis jouir des corps sans les aimer. Car, comme je ne dois aimer que ce qui est véritablement capable de me rendre heureux, pour exciter en moi l'amour de Dieu, je n'ai qu'à me souvenir dans l'usage des choses sensibles que c'est Dieu qui me rend heureux à leur occasion. Ainsi, je ne dois point éviter les corps ; au contraire je dois les rechercher, afin qu'excitant en moi du plaisir ils me fassent sans cesse penser à Dieu, qui seul en est la cause véritable.

D'où vient que les bienheureux aiment Dieu constamment, et qu'ils ne peuvent même cesser de l'aimer, si ce n'est qu'ils le voient et qu'ils sont attachés à lui par un plaisir prévenant ? Eh bien, par la philosophie, je vois Dieu, je sens Dieu en toutes choses. Si je mange, je pense à Dieu, car c'est Dieu qui me fait manger avec plaisir. Je n'ai garde d'aimer la bonne chère : comme il n'y a que Dieu qui agisse en moi, je n'aime que lui.

THÉODORE : Vous voilà, Éraste, impeccable et confirmé en grâce. 177 Car qui vous désunira d'avec Dieu ? Ce sont les plus violents | plaisirs qui vous y attachent le plus fortement, et les douleurs ne peuvent produire en vous que de la crainte et du respect pour lui. Mais vous êtes-vous servi de votre remède, et n'avez-vous jamais agi contre les remords de votre conscience ?

ÉRASTE : Je sens bien, Théodore, que ce remède de ma philosophie n'est pas souverain ; mais je vous prie de nous en expliquer les défauts.

THÉODORE : Je le veux. Lorsque vous goûtez d'un fruit avec plaisir, votre philosophie vous dit qu'il y a un Dieu, que vous ne voyez pas, qui cause en vous ce plaisir. Vos sens vous disent au contraire que c'est le fruit que vous voyez, que vous tenez entre vos mains, et que vous mangez, qui cause en vous ce plaisir. Lequel des deux parle le plus haut, de votre raison ou de vos sens ? Pour moi, je trouve que le bruit de mes sens est si grand, que je ne pense pas même à Dieu dans ce moment. Mais peut-être qu'Éraste est tellement philosophe que ses sens se taisent dès qu'il le veut, et qu'ils ne lui parlent jamais sans en obtenir la licence. Si cela est, votre remède n'est pas mauvais pour vous. Car la privation des corps n'est pas absolument nécessaire pour tous ceux qui n'ont point de concupiscence. Adam pouvait goûter des plaisirs sans en devenir esclave, mais il aurait encore mieux fait de s'en priver.

Que ceux donc qui ne sentent point en eux de concupiscence, et dont le corps est entièrement soumis à l'esprit, se servent de votre remède : il est bon pour eux. Ils sont justes par eux-mêmes ; ils descendent en ligne droite des préadamites. Aussi Jésus-Christ n'est pas venu pour eux ; il n'est pas venu pour sauver les justes, mais les pécheurs. Il est venu pour nous qui sommes pécheurs, enfants d'un père pécheur, vendus et assujettis au péché, et qui sentons incessamment dans notre corps la rébellion de nos sens et de nos passions.

Lorsque l'obligation que nous avons de conserver notre santé et notre vie nous contraint de jouir de quelque plaisir sensible, alors il faut faire de nécessité vertu, et se servir de votre remède, si on le peut. Reconnaissant que ce ne sont point les objets qui causent en nous ce plaisir, mais Dieu seul, nous devons | l'en remercier, et le prier qu'il **178** nous défende de la malignité de ces objets. Nous devons en user avec crainte, et avec une espèce d'horreur, car, sans la grâce de Jésus-Christ, ce qui donne la vie au corps donne la mort à l'âme. Vous en savez les raisons.

ÉRASTE : Mais pourquoi ? Le plaisir en lui-même n'est point mauvais : assurément il ne me fait point de mal. J'en remercie Dieu, et je l'en aime davantage. Il m'unit avec Dieu qui en est l'auteur, si j'en fais l'usage que j'en dois faire. Je ne dois donc pas m'en priver.

THÉODORE : L'amour de Dieu que la jouissance du plaisir cause en vous est bien intéressé. J'ai bien peur, Éraste, qu'aimant Dieu comme auteur de votre plaisir, vous ne vous aimiez au lieu de lui. Cependant je veux que cet amour ne soit pas mauvais ; je veux aussi que vous ayez la force de vous élever à Dieu, dans le temps même que vous jouissez de quelque plaisir. Mais ce plaisir fait des traces dans le cerveau. Ces traces agitent sans cesse l'âme, et, dans le temps, par exemple, de la prière, ou de quelque autre occupation nécessaire, elles troublent son action, elles aveuglent l'esprit, elles excitent les passions. Ainsi, quand même vous auriez bien usé du plaisir au moment que vous le goûtiez, le trouble qu'il répand dans l'imagination a des suites si dangereuses, que vous feriez beaucoup mieux de vous en priver.

Mais de plus ne voyez-vous pas, Éraste, que le plaisir nous séduit, et que lors, par exemple, qu'on mange de quelque chose avec plaisir, l'on en mange avec excès ? Cependant, le plaisir que nous sentons est une espèce de récompense, et c'est Dieu qui la donne. Nous obligeons donc Dieu, en conséquence des lois de l'union de l'âme et du corps, de nous récompenser pour de mauvaises actions, car c'est une chose visiblement mauvaise, ou pour le moins fort inutile, que de se remplir de vin.

179 | Pensez-vous qu'il y ait des hommes assez stupides pour s'enivrer à dessein d'honorer Dieu, et de se le rendre présent par le plaisir de l'ivrognerie ? Et ne voyez-vous pas que le plaisir que l'on trouve dans l'usage des choses sensibles est tel qu'on ne peut le demander à Dieu sans remords ? C'est donc que ce plaisir n'est pas institué de la nature pour nous porter directement à Dieu, mais pour nous faire user des corps autant qu'ils nous sont nécessaires pour la conservation de la vie*.

Il faut aimer Dieu, parce que la raison fait connaître qu'il renferme dans lui tout ce qui mérite notre amour. Car Dieu veut être aimé d'un amour éclairé, d'un amour qui naisse d'une lumière pure, et non d'un sentiment confus tel qu'est le plaisir. Dieu est si aimable, que ceux qui le voient tel qu'il est l'aimeraient au milieu des plus grandes douleurs ; et ce n'est pas l'aimer comme il mérite de l'être que de l'aimer

---

* Voyez le IIe Entretien, p. 48, 49 et suivantes [*OC* IV, 36 *sq.*].

seulement à cause qu'il est le seul qui puisse causer en nous les sentiments agréables que nous avons des objets.

Un ami nous fait du mal, parce qu'il le doit; nous nous faisons du mal à nous-mêmes, lorsque nous nous punissons de nos désordres. Cessons-nous pour cela de nous aimer, ou d'aimer notre ami? Non sans doute. Nous tâchons peut-être d'éviter le mal que cet ami se trouve obligé de nous faire. Mais, si nous voyons qu'il ne fait que ce qu'il doit, nous ne sommes point raisonnables si nous cessons d'avoir intérieurement du respect et de l'amour pour lui.

Si donc une personne pouvait concevoir que Dieu doit cela à sa justice, que de lui faire sentir de très grandes douleurs, elle les devrait souffrir sans cesser d'aimer Dieu. Elle n'aimerait pas ces douleurs en elles-mêmes, mais elle en aimerait l'Auteur. Car, si l'Auteur ne les lui faisait pas souffrir, il en serait moins aimable, parce qu'il en serait moins juste et moins parfait.

Un criminel qui a corrompu son juge l'estime et l'aime beaucoup moins que si ce juge l'avait puni, pourvu que ce criminel qui n'est pas assez juste pour haïr le crime dans lui-même soit | assez raisonnable **180** pour le haïr dans une autre. Les bienheureux souffriraient donc les peines des damnés, si cela était possible, sans haïr Dieu, parce que, encore que le plaisir dont ils jouissent les tienne inséparablement attachés à Dieu, ils n'aiment point Dieu uniquement à cause du plaisir qu'ils en reçoivent, ils l'aimeraient même dans les douleurs*. Car enfin le plaisir sensible n'est pas tant institué pour nous faire aimer (j'entends d'un amour d'estime, de préférence, d'une espèce de bien-veillance) ce qui le cause, que pour nous y unir, ou pour nous le faire aimer d'un amour d'union, puisque, étant raisonnables, c'est la raison qui doit exciter ou régler notre amour.

Le plaisir nous doit unir à la cause qui le produit, et le vrai bien doit être capable de le produire, parce que le vrai bien doit récompenser tous ceux qui l'aiment véritablement. Mais le plaisir, qui est l'attrait et

---

* Tout ceci est expliqué plus au long dans le *Traité de l'amour de Dieu* et dans mes *Réponses au R.P. Lami* [*OC* XIV].

la récompense de l'amour des justes, n'en est point la fin ni la règle, car les justes s'aimeraient uniquement au lieu d'aimer leur bien. Dieu mérite d'être aimé tel qu'il est en lui-même ; et, tant s'en faut que le plaisir qu'on trouve dans l'usage des corps puisse nous porter à aimer Dieu comme nous le devons, que même la douceur que l'on goûte dans son amour nous éloigne de lui, si, nous arrêtant à cette douceur qui souvent n'est point relative à lui, nous ne l'aimons pas pour lui-même ou tel qu'il est en lui-même, car alors nous nous aimons uniquement au lieu de lui *.

181   ÉRASTE : Je reconnais qu'il n'y a rien de plus dangereux que | de jouir des plaisirs sensibles, et je suis présentement convaincu qu'ils augmentent la concupiscence par les traces qu'ils impriment dans le cerveau, qu'ils appliquent l'esprit non à Dieu qui les cause, mais aux corps qui semblent les causer, et que, bien que, absolument parlant, ils puissent indirectement nous faire aimer Dieu qui en est l'auteur, toutefois ils ne peuvent nous porter à l'aimer tel qu'il est, tel qu'il s'aime lui-même, comme souverainement parfait, comme vérité, sainteté, justice essentielle et immuable. Les plaisirs ne peuvent exciter en nous qu'un amour intéressé, qu'un amour qui approche plus de l'amour-propre que de la véritable charité.

THÉODORE : Vous avez raison, Éraste. Il n'y a que l'amour de Dieu, comme source de justice qui nous rende justes, que l'amour de Dieu tel qu'il est, tel qu'il se veut lui-même, qui rende notre volonté conforme à la sienne. L'amour de Dieu comme puissant, je veux dire comme cause véritable des plaisirs sensibles, est bon en lui-même. Car tout mouvement de la volonté excité par un jugement vrai est un mouvement droit. Or c'est un jugement vrai que Dieu est la cause de ces plaisirs. Mais ces plaisirs ne portent point l'esprit à former ce jugement : on le tire d'ailleurs. Il porte à en former un tout contraire. Car prenez garde ; voici le principe.

---

* Voyez ma *Réponse générale au R.P. Lami*, p. 74 [*OC* XIV, 169-170].

Le plaisir prévenant est une perception agréable. Or il n'y a point de perception sans objet : toute perception est relative à ce qu'on aperçoit. Le plaisir, par exemple, qu'un ivrogne trouve à boire ne se rapporte qu'au vin, ce n'est que la perception agréable du vin. Ainsi, le mouvement que le plaisir excite dans l'âme ne tend que vers l'objet agréablement aperçu, car on ne peut aimer que ce que l'on voit. Le plaisir qu'on trouve à boire n'étant donc point la perception de la vraie cause du plaisir, mais uniquement celle du vin, il ne porte par lui-même qu'à l'amour du vin. Ainsi, tous les plaisirs des sens sont mauvais, je ne dis pas physiquement, mais moralement, parce qu'ils excitent maintenant en nous des mouvements qui ne tendent point vers le vrai bien, vers la vraie cause du plaisir. C'est Dieu qui cause | en nous **182** toutes les sensations que nous avons des objets : la connaissance de cette vérité peut nous exciter à l'aimer. Mais, l'opération de Dieu en nous n'étant point sensible, nulle sensation ne peut par elle-même nous porter à l'aimer ; exceptez-en la délectation de la grâce, ce sentiment prévenant par lequel nous goûtons que le Seigneur est doux, ce sentiment qui ne se rapporte directement ni à nous ni aux créatures, mais uniquement aux perfections divines, à la beauté et à la sainteté de la Loi de Dieu.

ARISTARQUE : Vous nous faites là des raisonnements bien abstraits. Nous ne sommes pas de pures intelligences. Vous voulez nous détacher de ce monde : vous n'y réussirez point, car c'est Dieu même qui nous y unit. L'homme est fait pour vivre en société. La loi naturelle ne nous oblige pas seulement à aimer Dieu, mais encore à aimer les autres hommes ; et, si nous n'avons quelque rapport avec eux par le moyen des corps, quel sujet aurons-nous de les aimer ? C'est l'intérêt qui fait les sociétés, c'est le plaisir qui unit les différents sexes, et il y a des nations entières qui ne peuvent entretenir la paix et le commerce que par l'entremise du vin. Pour faire cesser l'inimitié entre certaines gens, il suffit de les faire boire ensemble ; pour achever un contrat de vente, il y faut ajouter le pot de vin. Ainsi, vous voyez qu'il est utile que les hommes jouissent ensemble des plaisirs, pour conserver entre eux l'union et la charité qui leur est recommandée.

THÉODORE : Je pense, Aristarque, que vous voulez vous divertir. Quoi ? Croiriez-vous qu'il y eût quelque autre chose que la vérité et que la justice, qui pût nous unir étroitement les uns avec les autres ? Croiriez-vous qu'une paix conclue parmi les pots, entre des ivrognes, fût aussi solide que celle que feraient des gens raisonnables, dans la vue de la justice, et par un motif de charité ? Certainement, toutes les liaisons qui se font par intérêt ne servent de rien pour accomplir le précepte de l'amour du prochain. On garde les apparences ; on traite les hommes avec civilité. Mais, dans le cœur, on ne les aime point véritablement, lors qu'on ne les aime que par intérêt. Il faut aimer les 183 autres hommes pour Dieu. Car, comme c'est lui qui doit terminer | tous les mouvements de notre cœur, il peut seul réunir en lui-même tous les esprits. Mais les rapports que nous pouvons avoir avec les hommes par le moyen des corps ne sont propres qu'à mettre la division parmi nous. Car les biens sensibles ne sont pas comme les biens de l'esprit : on ne peut les posséder sans les partager. Il suffit qu'un homme veuille jouir du bien de son ami pour devenir son ennemi. C'est l'amour des biens temporels qui allume les guerres, et qui met la division dans les familles. On veut jouir de ces biens, et on ne le peut sans priver ceux qui les possèdent. Ainsi, il est évident que le mépris des biens sensibles et la privation des plaisirs sont aussi utiles pour conserver la paix entre les hommes, que pour les tenir étroitement unis avec Dieu.

ARISTARQUE : Il est vrai, Théodore, que pour n'avoir point de procès avec personne, il n'y a point de meilleur moyen que de céder son bien à ceux qui nous le veulent enlever. Mais le conseil de Jésus-Christ sur cela est bien incommode, et je ne vois pas que les plus parfaits le suivent.

THÉODORE : Je l'avoue, Aristarque. Il y a bien des occasions dans lesquelles on ne ferait pas trop bien de prendre à la lettre ce conseil, car en le suivant on blesserait la charité et la justice. Mais il faut toujours être dans une disposition de cœur de le suivre. Et la difficulté qu'on y trouve ne doit point le faire mépriser, car elle le rend d'autant plus utile qu'il sert davantage à satisfaire la justice de Dieu, et à mériter la grâce de notre parfaite réunion avec lui.

Les faux biens ne nous sont donnés que pour les sacrifier en l'honneur du vrai bien, et, si Dieu nous a donné un corps et à Jésus-Christ même*, c'est afin que nous eussions comme lui une victime que nous pussions offrir à Dieu, et mériter par | ce moyen les biens **184** auxquels le sacrifice de Jésus-Christ nous donne droit.

Nous sommes tous pécheurs et nous méritons de souffrir, et les conseils de la privation étant pénibles, ils ont cet avantage qu'ils nous purgent de nos crimes en nous rendant participants des souffrances de Jésus-Christ.

Nous avons tous besoin dans notre misère du secours du Ciel, mais les conseils de Jésus-Christ nous apprennent à le mériter. Car, lorsque nos souffrances sont jointes à celles de Jésus-Christ, elles sont méritoires de ce secours. Ainsi l'incommodité que vous trouvez dans les conseils de Jésus-Christ les rend même recommandables, parce que ses conseils sont pour des pécheurs.

Si la peine que l'on souffre lorsqu'on évite les objets sensibles n'était point nécessaire pour satisfaire à Dieu, ni convenable à l'état où le péché nous a réduits, j'avoue qu'il y aurait quelque défaut dans les conseils de l'Évangile. Cependant, il n'y en aurait point de meilleurs par les raisons que je vous ai dites. Mais ces conseils remédient si parfaitement et si généralement à tous nos maux, ils sont tellement proportionnés à l'état où le péché nous a réduits, que, si l'on peut ne les pas suivre, l'on ne peut s'empêcher de les admirer.

ÉRASTE : Il est vrai que les conseils de Jésus-Christ remédient parfaitement à la concupiscence, mais c'est pourvu qu'on les suive. On ne peut faire, Théodore, que ce que l'on veut faire, et ses conseils nous ordonnent de faire tout le contraire de ce que nous voulons. Car c'est le plaisir qui nous fait vouloir, et le plaisir nous est défendu par l'Évangile. Qui suivra donc ces conseils ? J'appréhende fort que l'ami d'Aristarque ne dise que la morale chrétienne ressemble à la politique de Platon : qu'elle est belle en idée, mais qu'elle a ce défaut essentiel,

---

* Hé 8, 10 [lire : 10, 10].

et qui la rend entièrement inutile, que les hommes n'en sont point capables.

THÉODORE : Il fallait, Éraste, que la morale chrétienne fût telle qu'elle est, pour être parfaite : vous en demeurez d'accord. Mais, **185** | dites-vous, il est impossible de la suivre. Oui, sans Jésus-Christ ; mais on peut tout avec lui. Il est notre force aussi bien que notre sagesse. S'il nous conseille de faire le contraire de ce que nous voulons, c'est qu'il peut changer notre cœur. Car il ne ressemble pas à Platon, qui donne des lois pour établir une république, et qui ne fait pas des hommes capables de les observer.

Jésus-Christ établit la morale la plus parfaite qui se puisse, et il fait en même temps des hommes qui en sont capables. Il les fait renaître, il les dépouille du vieil homme, il leur donne un cœur de chair, dans lequel il écrit les lois que les juifs avaient reçues de Moïse gravées sur la pierre. La foi et l'expérience nous apprennent ces vérités.

La république de Platon est une république en idée : il n'y a point d'hommes qui la composent. Mais combien de chrétiens dans le monde, qui suivent même à la rigueur les conseils de leur Maître ? Combien de saints religieux mortifient sans cesse leurs sens et leurs passions, travaillent de toutes leurs forces pour détruire le corps du péché, ce vieil homme dont les désirs troublent leur paix et leur espérance ?

Il faut, Éraste, que la force de Dieu paraisse dans l'exécution des préceptes de la morale, afin que l'on ne puisse douter de la vérité de la religion. Il faut qu'il n'y ait rien d'humain dans la religion que Dieu établit, afin qu'on n'attribue point son établissement à la politique des princes, à l'inclination des hommes, à la disposition naturelle des esprits.

Les conseils de Jésus-Christ, tout pénibles qu'ils sont, étant suivis, justifient la religion ; et la religion connue fait que l'on est plus disposé à suivre les conseils de Jésus-Christ. Celui auquel nous croyons nous donne la force de faire ce que nous faisons ; et ce que nous faisons est si au-dessus de nos forces que cela nous fait croire ce que nous croyons. Ainsi, tant s'en faut que les conseils de Jésus-Christ soient inutiles, à cause qu'ils nous paraissent durs et fâcheux, qu'au contraire nous devons penser qu'ils sont tous divins, puisque celui qui est assez sage pour nous les donner est encore assez puissant pour nous | les faire **186** observer. Nous dirons au premier jour quelque chose de cette force, par laquelle nous pouvons accomplir les préceptes de l'Évangile. Je vous prie, Éraste, d'y penser avec Aristarque, afin que notre Entretien soit plus agréable.

De la nécessité de la grâce de Jésus-Christ
pour accomplir les préceptes de l'Évangile *

Aristarque : J'ai pensé, Théodore, aux choses que vous me dîtes hier, et à celles dont nous devons nous entretenir aujourd'hui. Je suis convaincu des premières, et voici ce que je pense des autres.

Je considère l'homme comme entre le Ciel et la terre : entre le lieu de son repos et de sa félicité, et celui de son inquiétude et de sa misère ; tenant à Dieu, sans le connaître, tenant aux corps, et les voyant. Comme c'est le plaisir qui l'agite et qui le transporte, et que, dans le temps qu'il en jouit, il ne voit pas celui qui en est la véritable cause, de même qu'il voit et qu'il touche les corps qui en sont l'occasion, il se porte avec fureur vers les corps, et il ne pense pas seulement à Dieu. Ainsi, il est nécessaire qu'il se prive des plaisirs sensibles, s'il veut arrêter le mouvement qui l'éloigne du Ciel, et qui le porte vers la terre. Cela est évident ; mais la privation des plaisirs ne suffit pas encore pour l'élever vers le Ciel.

Concevons, Théodore, qu'une balance ait un de ses bassins vide, et que l'autre soit beaucoup chargé. Quoique l'on décharge peu à peu ce dernier bassin, en sorte qu'il n'y reste presque | rien, il n'arrivera **188** point pour cela de changement dans la balance : il faut ou la décharger entièrement, ou mettre quelque poids qui contre-pèse dans l'autre bassin.

---

* J'ai expliqué plus au long mes sentiments sur la grâce, dans le *Traité de la nature et de la grâce*, dans les *Méditations chrétiennes*, et dans mes 4 Lettres touchant celles de M. Arnauld [*OC* VII].

Notre esprit est comme une balance, et il n'est parfaitement libre en un sens que lorsque le poids qui le transporte et qui le captive est égal pour le Ciel et pour la terre, ou plutôt lorsque ce poids est nul. Car alors l'esprit étant comme en équilibre, il se transporte facilement par lui-même vers celui qu'il reconnaît clairement par la raison être son vrai bien. Ce n'est point le plaisir prévenant qui l'agite et qui le détermine, c'est la raison toute seule ; ses sens n'ont point de part à sa détermination, son amour est éclairé, et entièrement digne de lui.

Adam, avant son péché, n'ayant point de concupiscence, ses sens et ses passions se taisant dès qu'il le voulait, en un mot n'étant point porté malgré lui à l'amour des choses sensibles par des plaisirs prévenants, involontaires et rebelles, il était parfaitement libre. Pour contrebalancer les plaisirs sensibles, il n'avait pas besoin de cette espèce de grâce qui consiste dans une délectation prévenante, parce que les poids de la balance étaient nuls.

Mais présentement qu'un des bassins de la balance est extrêmement chargé, nous ne pouvons être libres de la même manière que le premier homme, car les personnes même les plus saintes ne peuvent se délivrer entièrement du poids de la concupiscence. Ce qu'ils peuvent faire, c'est de diminuer ce poids par la retraite, par la privation des plaisirs, et par une mortification continuelle de leurs sens et de leurs passions. Mais, ne pouvant le rendre nul, ils ont besoin de la délectation de la grâce pour le contrebalancer, et pour mettre la balance dans un parfait équilibre.

Je crois donc, Théodore, que la privation des plaisirs ne suffit pas pour nous délivrer entièrement de leur servitude, et que la grâce de Jésus-Christ nous est absolument nécessaire. Mais, | comme un petit poids est capable de mettre une balance en équilibre, lorsqu'un des bassins est fort peu chargé, il est évident que la diminution du poids du péché, ou la privation des plaisirs sensibles, est la meilleure préparation non seulement à la grâce (si cette privation se fait par un mouvement de l'esprit de Dieu), mais à l'efficace de la grâce. Car il est clair que l'efficace de la grâce dépend ordinairement de la disposition où nous nous trouvons à l'égard des biens sensibles, comme l'action d'un poids dans une balance dépend quant à son effet de la force des poids contraires.

De même que tout poids pèse, toute grâce de Jésus-Christ est efficace en ce sens qu'elle porte vers Dieu. Mais, de même que tout poids ne met pas en équilibre, ou ne fait pas trébucher une balance, lorsqu'un autre poids y résiste, ainsi toute grâce ne nous met pas en parfaite liberté, ou ne nous emporte pas vers Dieu. De sorte que toute grâce de Jésus-Christ est efficace, quoiqu'elle ne convertisse pas entièrement le cœur. Elle est toujours efficace par rapport à la volonté qu'elle excite et qu'elle meut, quoiqu'elle ne soit pas efficace par rapport au consentement de la volonté qui lui résiste. Et toute grâce est suffisante pour convertir entièrement le cœur, lorsqu'il est bien préparé à la recevoir, car il n'y a point de poids, si petit qu'il soit, qui ne puisse mettre une balance en équilibre, lorsque le poids contraire est fort léger.

Ainsi, l'efficace et la suffisance de la grâce se peuvent considérer en elles-mêmes, ou par rapport. Si on les considère en elles-mêmes, toute grâce de Jésus-Christ est efficace, et suffisante par conséquent ; si par rapport, quelquefois elle est efficace et suffisante, et quelquefois elle ne l'est pas. Ce n'est pas que Dieu ne puisse donner de telles grâces à un pécheur, que toute la malignité du péché n'en empêcherait jamais l'efficace. Car, quoique l'on conçoive une balance extrêmement chargée d'un côté, l'on peut encore trouver un poids assez grand pour la redresser. En un mot, on peut dire que toute grâce de Jésus-Christ | est efficace par elle-même en ce sens, qu'elle agit dans la **190** volonté et qu'elle produit physiquement en elle l'amour naturel du bien. Mais elle n'est pas efficace par elle-même en ce sens qu'elle y produise physiquement notre consentement au bien, ou l'amour libre du bien, car il dépend de nous de consentir ou de ne pas consentir au bon mouvement qu'elle produit en nous.

Voilà, Théodore, ce qui m'est venu dans l'esprit sur le sujet de notre Entretien.

THÉODORE : Tout cela est bien pensé, mais c'est une comparaison qui ne dit pas encore tout. Qu'entendez-vous, Aristarque, par le mot de grâce ? Ce terme est vague et indéterminé, c'est un mot de logique qui ne signifie rien de distinct à Éraste. N'entendez-vous par ce mot que la seule délectation prévenante ?

ARISTARQUE : Jusqu'ici, je ne pensais qu'à cette délectation. Mais on peut entendre par le mot de grâce tout ce qui est capable de redresser la balance et de porter l'esprit vers Dieu, ou de l'y arrêter fortement, s'il lui est déjà uni.

THÉODORE : Cela est encore bien vague. Savez-vous, Éraste, quelles sont les choses qui peuvent nous porter vers Dieu et nous y unir ?

ÉRASTE : Je ne les sais pas toutes en particulier. Mais il me semble en général qu'il n'y a que la lumière et le plaisir qui nous fassent aimer, et qu'outre la lumière et les plaisirs prévenants, la *joie* peut confirmer notre amour, quoiqu'elle ne le commence jamais. Car, quand je m'examine moi-même, je ne connais point d'autre motif de mes volontés particulières. Si je commence à aimer quelque chose, c'est ou que je connais, ou que je sens que cette chose m'est bonne ; et, si je continue de l'aimer, c'est que je continue de connaître ou de sentir que cette chose m'est bonne, ou bien c'est que j'ai de la joie dans la vue ou dans le goût du bien que je possède.

THÉODORE : Ainsi, Éraste, toutes les grâces qui vous portent
191 positivement vers le bien desquelles vous ayez connaissance, sont, | ou des grâces de lumière qui éclairent l'esprit sans le déterminer, ou des grâces de plaisir prévenant, qui déterminent l'esprit sans l'éclairer, ou des grâces de joie qui suivent la lumière et la détermination de l'esprit, et ne servent qu'à le confirmer dans son choix. Vous ne parlez pas de l'ignorance ou de l'oubli des faux biens, du dégoût que l'on y trouve, ni de la tristesse qui naît en nous de la vue de notre misère, lorsque nous jouissons de ces faux biens. Mais j'en vois la raison, c'est que ces sortes de grâces ne nous portent point directement et par elles-mêmes vers les vrais biens, quoiqu'elles soient souvent nécessaires afin que les grâces qui nous portent par elles-mêmes vers le bien puissent agir.

ÉRASTE : Cela est vrai, Théodore.

THÉODORE : Mais, Éraste, que pensez-vous de la nécessité de la grâce ? Etes-vous du sentiment d'Aristarque ?

ÉRASTE : Entièrement, Théodore. Je crois que la seule privation des plaisirs sensibles n'est pas capable de nous réunir avec Dieu, quoique l'efficace ou la victoire de la grâce de Jésus-Christ en dépende presque toujours. Je crois que tous les hommes ont besoin de la lumière de la foi, et que ceux qui sont tentés par des plaisirs violents ne peuvent les vaincre par la seule grâce de lumière. Je crois qu'ils ont encore besoin de la délectation prévenante, principalement s'ils ont coutume de suivre les mouvements de leurs passions.

Pour les justes dont le cœur est fortement attaché à Dieu, quoiqu'ils ne puissent vaincre une tentation sans quelque secours actuel, je crois que la seule lumière, qui ne leur manque jamais dans les occasions pressantes, suffit ordinairement pour cela, et que la joie qu'ils ressentent dans l'exercice de la vertu, ou la peine qu'ils auraient à le quitter, fait en eux le même effet que la délectation prévenante dans ceux qui commencent leur conversion.

THÉODORE : Mais, Éraste, pourquoi dites-vous que la lumière | ne **192** manque jamais aux justes dans les tentations considérables, et qui vont à les détacher de Dieu ?

ÉRASTE : C'est que les justes ne sont tels que parce qu'ils aiment Dieu sur toutes choses. Or ceux qui aiment Dieu de cette sorte ne peuvent le perdre sans vouloir le conserver. Mais ils ne peuvent vouloir le conserver sans penser aux moyens qui y peuvent servir et sans se représenter la grandeur de la perte.

THÉODORE : Pourquoi cela, Éraste ?

ÉRASTE : Parce que la prière naturelle qui obtient de Dieu l'idée vive d'un objet, c'est la volonté actuelle de penser à cet objet. Car, lorsque nous voulons penser à quelque chose, l'idée de cette chose se présente à notre esprit, et cette idée est d'autant plus vive que notre volonté est plus ferme.

Un juste aime Dieu plus que toute autre chose. Dans une tentation par laquelle il peut perdre Dieu, il est en état de voir sa perte. Il ne la peut voir sans la sentir et sans vouloir l'éviter. Sa volonté demande donc naturellement de la lumière, et elle l'obtient d'autant plus grande, que son désir est plus fort et que sa charité est plus ardente. Car c'est cette charité qui prie comme il faut, et qui est toujours suffisamment exaucée.

THÉODORE : Il est vrai, Éraste, on ne peut nous ravir notre bien, sans que nous ayons la volonté de le conserver, et cette volonté est toujours suivie de la lumière, car il n'y a rien qui éclaire tant que l'intérêt. Ceux qui regardent Dieu comme leur vrai bien, et qui l'aiment actuellement plus que toutes choses, sont d'ordinaire assez éclairés dans les dangers des tentations, et ils découvrent d'ordinaire le moyen de les éviter. Mais c'est lorsque leur amour est fort, et actuellement excité, ou que la tentation n'est pas grande. Il y a des justes qui aiment habituellement Dieu plus que toutes choses, dont l'amour n'est pas vif; ils laissent languir leur charité faute de nourriture, et la concupiscence, qui la 193 combat sans cesse, l'affaiblit extrêmement. | De sorte que les idées qui selon les lois de la nature se représentent à leur esprit dans la tentation se dissipent et s'évanouissent en un moment : elles n'ont point de corps ni de consistance. Les sensations les obscurcissent, ces idées, et les passions les font évanouir. Mais les idées qui selon les lois de la nature s'excitent dans les mouvements de nos passions sont vives et sensibles. Ainsi, Éraste, afin que les justes ne tombent pas, il faut ou que Dieu leur donne une lumière plus forte et plus vive que celle qui doit suivre de leur amour selon les lois naturelles, ou que Dieu réveille et fortifie leur amour par une délectation prévenante. Mais, parce qu'il le fait s'il lui plaît, et autant qu'il lui plaît, cela n'étant point de l'ordre naturel auquel il s'est obligé, la lumière des justes et la disposition de leur cœur, toutes suffisantes qu'elles sont, ne leur donnent pas toujours la victoire dans le temps de la tentation. Car la persévérance dans le bien dépend d'une vigilance particulière de Jésus-Christ sur ses membres.

ÉRASTE : Cela est bien fâcheux que les justes mêmes demeurent vaincus dans une tentation.

THÉODORE : Il est vrai, Éraste, mais les justes peuvent prier. Dieu s'est obligé par des promesses, qu'il garde aussi inviolablement que les lois de la nature, de leur donner toujours les secours actuels et efficaces dont ils ont besoin. *Quiconque invoquera le nom du Seigneur sera sauvé**. Les justes sont membres de Jésus-Christ ; ils sont animés de l'esprit de Jésus-Christ ; c'est, pour ainsi dire, Jésus-Christ qui prie en eux, et Dieu ne peut rien refuser à son Fils. Car les justes n'obtiennent point ce qu'ils demandent, s'ils ne le demandent par Jésus-Christ, et pour conserver en eux l'Esprit de Jésus-Christ.

ÉRASTE : Mais, Théodore, lorsqu'un juste laisse par négligence affaiblir son amour, lorsqu'il laisse éteindre en lui la lumière et | la vie **194** de l'esprit, Dieu sait son besoin. Dieu l'aime, car tout juste est aimé de Dieu. Pourquoi donc attend-il qu'il le prie ? Que ne le prévient-il, que ne le défend-il ?

THÉODORE : Dieu n'attend pas toujours que les justes le prient : il leur donne souvent des secours qu'ils ne lui demandent pas ; et, s'il leur ordonne de les lui demander, c'est qu'il veut en être aimé et adoré. Dieu sait mieux nos besoins que nous-mêmes, et, s'il nous commande de le prier, c'est afin de nous obliger de penser à lui, et de le regarder comme celui qui seul est capable de nous combler de biens ; c'est afin d'exciter notre amour vers lui, et non pas pour apprendre de nous ni nos besoins, ni les motifs qu'il a de nous secourir. Il est résolu de nous faire grâce à cause de son Fils, et, s'il veut que nous l'en priions au nom de son Fils, c'est afin que nous l'aimions lui et son Fils.

C'est la foi et l'amour de Dieu qui prient ; c'est la disposition de l'esprit et du cœur qui prie. On ne peut prier Dieu sans croire actuellement beaucoup de choses de lui et de nous, sans reconnaître sa propre faiblesse, sans espérer actuellement en Dieu et sans l'aimer actuellement. Mais les actes réveillent et produisent même les habitudes. C'est donc principalement pour réveiller en nous notre foi, notre espérance et notre charité, et nous conserver dans l'humilité, que Dieu nous commande de le prier.

Mais, lorsque notre foi est vive, notre espérance ferme, et notre charité ardente et actuellement excitée, il n'est pas possible selon

---

* Ac 2, 21 ; Rm 10, 12 [en réalité : 13].

l'ordre immuable et nécessaire, et même selon les lois naturelles, que la lumière nous manque. Car, comme vous venez de dire, il n'est pas possible qu'on nous ravisse ce que nous aimons actuellement, sans **195** qu'il s'excite en nous quelque désir de le | conserver, et ce désir est naturellement suivi de la vue des moyens de le conserver.

De plus, la joie que nous trouvons dans la possession de ce que nous aimons avec ardeur a beaucoup de force. Car les justes possèdent Dieu par l'avant-goût de leur espérance, et cet avant-goût accompagné de lumière est capable de leur faire vaincre les plus fortes tentations, parce qu'il leur fait embrasser avec joie les moyens de les vaincre que la lumière leur offre. Ainsi, la prière est la nourriture de l'âme. C'est par elle qu'elle reçoit de nouvelles forces. C'est par elle qu'elle pense à Dieu, qu'elle se met en sa présence, qu'elle s'unit à celui qui est toute sa force. C'est même par elle qu'elle reçoit de Dieu par Jésus-Christ la délectation de la grâce pour contrebalancer les plaisirs prévenants qu'elle reçoit aussi de Dieu (car il n'y a que Dieu qui agisse en elle), mais qui sont involontaires et rebelles à cause de la désobéissance d'Adam.

Et vous devez remarquer, Éraste, que les justes ont toujours en eux la force de prier, puisque c'est l'amour qui prie, et par conséquent celle d'obtenir l'augmentation de leur charité, puisque Dieu s'est obligé par ses promesses de leur accorder leur prière. Ils peuvent même se servir sans peine de cette force qu'ils ont de prier, dans tous les temps auxquels ils ont liberté d'esprit, et auxquels ils sentent le besoin qu'ils ont de prier, principalement s'ils vivent dans la retraite et dans la privation des plaisirs. Car, comme les justes aiment Dieu, il leur est facile dans le temps qu'ils ont liberté d'esprit, et qu'ils sentent que quelque chose les éloigne de Dieu, de faire quelque effort pour se rapprocher de lui; et cet effort est une prière qui est récompensée d'une grâce d'autant plus grande que cet effort est plus grand. Ils peuvent recourir à Jésus-Christ, penser à ses conseils et à ses exemples, et, s'ils ne peuvent sans peine l'imiter dans sa vie, ils peuvent au moins le désirer; ils peuvent fortifier leur espérance et réveiller leur charité, en priant avec confiance et avec humilité, dans la vue des mérites de Jésus-Christ.

ARISTARQUE : Ils peuvent ce que vous dites, s'ils y pensent ; mais, s'ils n'y pensent pas, certainement ils ne le peuvent pas, car on ne peut faire ce que vous dites sans que l'on y pense.

| THÉODORE : Ils y pensent toujours, Aristarque, dans le temps **196** nécessaire, puisque, étant justes, ils aiment Dieu. Car ceux qui aiment Dieu l'ont présent dans le temps où il y a danger de le perdre, non seulement parce que Dieu n'abandonne pas le juste, mais encore parce qu'on ne peut nous ravir ce que nous aimons, sans que nous pensions à le retenir. Je suppose cependant qu'ils conservent la liberté de leur esprit par l'éloignement des plaisirs sensibles, car quelquefois l'imagination est si occupée et si troublée par l'action des corps qui nous environnent et par le mouvement des esprits que les passions excitent en nous, qu'on peut perdre Dieu sans beaucoup de peine, et sans faire toutes les réflexions que je crois nécessaires pour conserver et pour fortifier la charité. Car, quoique Dieu n'abandonne jamais les justes, il arrive souvent qu'ils se perdent, faute de veiller sur eux-mêmes et d'invoquer leur Sauveur comme ils y sont obligés.

ÉRASTE : Ainsi, Théodore, il faut toujours revenir aux conseils de Jésus-Christ. Il n'y a rien de plus nécessaire aux justes aussi bien qu'aux pécheurs que l'éloignement du grand monde et des plaisirs excessifs, et je juge que les personnes qui ne bornent ni leurs plaisirs ni leurs passions ne peuvent guère demeurer dans cette présence de Dieu qui soutient et qui fortifie leur amour. Je m'imagine que le bruit confus, la symphonie, l'éclat, toutes les magnificences et les agréments des lieux publics, me brouilleraient fort l'esprit si je m'y laissais conduire. Car on dit que les auteurs de ces divertissements, auxquels, Aristarque, vous alliez autrefois si souvent, n'ont point d'autre vue que d'exciter les passions et d'enchanter l'imagination. Je pense que, si quelque tentation me surprenait dans ces lieux, je n'aurais pas assez de force et de liberté d'esprit pour y résister ; ainsi, je suis bien résolu de n'y aller jamais.

THÉODORE : Vous avez raison, Éraste. Il faut toujours chercher les divertissements les plus simples et les plus modérés ; il faut se faire des plaisirs d'enfant. Mais il y a des gens qu'on ne peut divertir, si on ne les **197** trouble. Ils ne prennent pas leur divertissement, | comme vous, pour relâcher leur esprit ; ils ne l'appliquent jamais : c'est pour donner quelque relâche à leurs passions qui les fatiguent trop, parce qu'ils en suivent les mouvements violents. Ce n'est point pour remettre dans son assiette naturelle leur imagination, après l'avoir trop forcée par la méditation ; c'est pour effacer de leur esprit des desseins ambitieux, des pensées que les passions ont excitées, et qui ne leur sont plus agréables. C'est pour se rendre plus heureux, en suivant le mouvement de quelques passions plus douces et plus modérées que celles qui les agitent ordinairement, car les passions de théâtre n'ébranlent pas si rudement que celles dont l'objet est réel et subsistant.

ÉRASTE : Certainement, Théodore, ces gens-là sont bien misérables. Leur imagination est bien corrompue. La concupiscence ou le poids du péché, pour parler comme Aristarque, pèse bien dans leur balance ; il faut bien des délectations prévenantes pour le contre-balancer. Cependant, ils espèrent se sauver comme les autres chrétiens, et ils s'imaginent que, sans se préparer aux grâces ordinaires, en suivant les conseils de Jésus-Christ, Dieu leur donnera de ces grâces extraordinaires, qui surmontent toute la malignité des esprits les plus corrompus ; ils disent que c'est à Dieu à les convertir.

THÉODORE : Lorsque j'entends des voluptueux ou des ambitieux se plaindre de ce que Dieu ne leur donne pas de grâces efficaces pour se convertir, il me semble que je vois des cruels qui se poignardent, et qui s'en prennent à Dieu de la cruauté qu'ils exercent contre eux-mêmes. Ils veulent que Dieu leur fasse du bien dans le temps qu'ils se font du mal, et, lorsqu'ils produisent dans leurs corps les mouvements auxquels la douleur est attachée par l'ordre de la nature, ils veulent que Dieu change cet ordre, et fasse des miracles en leur faveur.

Nous ne pouvons, Éraste, trop penser que Dieu agit toujours par les voies les plus simples, et qu'il garde inviolablement les lois qu'il s'est prescrites, non seulement dans l'ordre de la nature, mais encore dans celui de la grâce. La voie la plus simple et la plus courte pour la conversion des pécheurs, c'est la privation | des plaisirs : cela est **198** évident. Il faut donc commencer par là, et ne pas s'attendre à ces grâces extraordinaires, qui sont des miracles dans l'ordre de la grâce.

Si nous voulons vivre, il faut que nous mangions ; si nous voulons jouir de quelque plaisir, il faut que nous excitions dans notre corps les mouvements auxquels ce plaisir est attaché par la nature. Car ces mouvements obligeront Dieu, en conséquence de ses volontés, à nous faire jouir du plaisir que nous souhaitons. De même, si nous voulons nous sanctifier, si nous voulons vivre de la vie de la grâce, nous devons nous priver des plaisirs sensibles, nous devons faire pénitence, et beaucoup prier. Notre pénitence et nos prières faites avec foi, obligeront Dieu, en conséquence de ses promesses, à répandre sur nous des grâces capables de nous changer. Mais, si nous suivons les mouvements de nos passions, et que nous nous attendions à l'efficace des grâces extraordinaires, nous ressemblons à des fous qui se précipitent, en s'imaginant que Dieu fera des miracles en leur faveur.

Lorsque nous ne savons pas quelles sont les lois de la nature, nous tâchons par diverses expériences de les découvrir. Mais, lorsque nous les connaissons, nous regardons ces lois comme inviolables : nous y conformons nos actions, et nous ne prétendons point les renverser. Si un homme ne sait pas que le feu soit capable de le blesser, il s'en approche. Mais, lorsqu'il sait quelle est son action, il prend garde à lui, et ne prétend point que le feu doive le respecter, s'il se jette au milieu de ses flammes. Si nous ne savons pas quelles sont les lois de la grâce [1], ou les voies par lesquelles la grâce de Jésus-Christ agit en nous selon toute son efficace, nous devons nous en instruire ; et, lorsque nous le savons, nous devons nous y conformer, et ne pas prétendre les renverser selon nos désirs. Car la conduite de Dieu ne dépendra jamais de notre caprice, et, si l'on ne suit les conseils de Jésus-Christ, il est moralement impossible qu'on se sauve.

---

1. L'édition de 1702 omet « la » ; nous rectifions, conformément aux éditions précédentes ; voir la variante h des *OC*, et les éditions de 1693, p. 361 et de 1695, p. 215.

Les physiciens ne connaissent les lois particulières de la nature
199 que d'une manière fort imparfaite, car les expériences qui sont | le
moyen le plus assuré de les découvrir sont fort trompeuses. Cependant, ils respectent et craignent ces lois toutes inconnues qu'elles leur
sont, et les chrétiens, sans respect et sans crainte pour les lois de la
grâce qu'ils connaissent bien, suivent aveuglément leurs passions. Ils
connaissent le poison, mais, parce qu'il leur paraît agréable, ils le
prennent sans horreur.

La raison leur apprend, ainsi que nous avons reconnu dans notre
Entretien précédent, que la privation des plaisirs leur est nécessaire.
Le sentiment intérieur de leur conscience confirme les jugements de
leur raison. Les conseils de Jésus-Christ, son exemple, celui de tous les
gens de bien ne leur permettent pas d'en douter. Et cependant ils
prennent plaisir à s'aveugler, pour ne pas reconnaître la nécessité de ce
moyen. Que s'ils se trouvent obligés de reconnaître la nécessité de ce
conseil de Jésus-Christ, toute la déférence qu'ils lui rendent n'est
souvent qu'extérieure. Ils se privent de certaines choses qui ne touchent
point leur passion dominante; ils souffrent volontiers une circoncision
charnelle, qui n'est point cette circoncision de cœur que Dieu leur
demande.

Quand nous considérons, Éraste, la vie du précurseur de Jésus-
Christ, de celui qui est, pour ainsi dire, la préparation personnelle à la
grâce substantielle, car s. Jean a été envoyé pour nous représenter par
sa prédication et par la sainteté de sa vie, toutes les choses qui prépa-
rent à la grâce, comme Jésus-Christ a été envoyé pour nous la communiquer ; quand nous considérons, dis-je, ce modèle de préparation à la
grâce, nous ne remarquons en lui qu'éloignement du monde, que
privation continuelle des choses mêmes qui semblent nécessaires à la
vie, car vous savez ce que l'Évangile dit de lui*. Ainsi, son exemple
200 | nous apprend assez ce qu'il faut faire pour se préparer à la grâce. Mais
notre imagination, toute corrompue par les plaisirs sensibles, détourne

---

* Mt 3, 4.

bientôt notre vue de ce modèle de mortification et de pénitence, pour nous en former un autre de quelque personne qui passe dans le monde pour homme de bien, et qui ne laisse pas de jouir des plaisirs que s. Jean a condamnés comme contraires aux voies par lesquelles Jésus-Christ vient en nous.

ARISTARQUE : Je vous avoue, Théodore, que tous les héros que je me suis proposé jusqu'ici comme les modèles vivants de ma conduite sont plus généreux que s. Jean. Ils ne craignent point de se familiariser avec le monde, ni de jouir de certains plaisirs qu'ils appellent honnêtes. Je ne sais si c'est qu'ils se sentent assez forts pour les vaincre. Mais je crois devoir dire à Éraste que je suis devenu esclave de bien des plaisirs, lorsque, à l'exemple de ces héros, je n'ai point eu de crainte de les goûter.

ÉRASTE : Je vous rends grâces, Aristarque. Je sais qu'il faut se conduire par raison. Agir seulement par principe d'imitation, c'est plutôt agir en bête qu'en homme : Théodore m'y a fait penser. Si nous nous proposons un modèle, ce doit être pour nous exciter par son exemple à faire courageusement les choses que nous savons par la raison devoir faire. Car, tout homme étant sujet à l'erreur et au péché, nul homme ne peut servir de règle infaillible. La raison doit corriger les défauts du modèle.

THÉODORE : C'est aussi la raison qui doit faire le choix des modèles. Car l'imagination, éblouie par l'éclat trompeur des fausses vertus, nous fait souvent admirer un héros au lieu d'un saint ; et, parce qu'il y a bien plus de plaisir et de facilité à vivre en héros qu'à vivre en saint, nous sommes bien aises, pour justifier notre conduite, de nous proposer de ces modèles qui s'accommodent à nos humeurs.

ÉRASTE : Le plus sûr est de suivre les modèles que Dieu nous propose, car Dieu ne peut pas nous tromper. Les conseils de Jésus-Christ sont certainement les meilleurs, et la conduite de | s. Jean y est **201** tout à fait conforme. Il faut se le proposer pour exemple. Il me semble que la raison m'oblige de m'en aller comme lui dans les déserts, pour éviter la contagion du monde, et pour me préparer à la grâce de Jésus-Christ. Car enfin je suis convaincu par la raison que s. Jean est un bon modèle ; le Saint-Esprit nous le propose dans les saintes Écritures, et Jésus-Christ le loue hautement de la sainteté de sa vie*. Qu'en pensez-vous, Théodore ? Croyez-vous que je doive l'imiter ?

THÉODORE : Je ne sais, Éraste, mais, si vous ne devez pas l'imiter, je sais que vous devez imiter Jésus-Christ. S. Jean, nous préparant à la grâce, et ne nous la donnant pas, devait nous montrer l'exemple de la dernière austérité. Il devait ôter de la balance généralement tous les poids qui la font pencher vers la terre, parce qu'il ne pouvait nous donner le poids de la grâce pour la mettre en équilibre. Comme précurseur de l'auteur de la grâce, il devait par ces prédications et par son exemple ôter tous les empêchements à recevoir Jésus-Christ. Il devait donc par son exemple nous défendre dans la dernière rigueur l'usage des biens sensibles : c'était là son devoir.

Mais Jésus-Christ nous apprend à faire usage de ces biens. Le poids de sa grâce nous met en liberté, parce qu'il remet la balance dans l'équilibre. Nous pouvons avec sa grâce vivre parmi le monde sans en devenir esclaves, parce qu'elle nous empêche d'aimer le monde. Nous pouvons user des biens sensibles, parce que, avec sa grâce, nous en usons sans plaisir, ou plutôt parce que le plaisir de la grâce est plus solide que celui que nous goûtons dans l'usage de ces biens. Mais il faut bien prendre garde que la liberté que nous recevons par la grâce de Jésus-Christ ne nous serve d'occasion pour vivre selon la chair. Nous pouvons nous sauver dans le monde ; mais nous ne pouvons nous sauver sans haïr le monde. Et, si en vivant dans le monde nous l'aimons, si nous devenons esclaves de ses pompes, la raison nous apprend que 202 nous devons l'abandonner. Car nous ne pouvons le vaincre | sans Jésus-Christ ; et, si nous avions en nous la grâce de Jésus-Christ, nous sentirions en nous la force de vaincre le monde. Nous pouvons goûter de certains plaisirs dans certaines occasions, mais nous ne devons point les goûter sans horreur et sans crainte ; et, si nous les goûtons sans horreur et sans crainte, la raison nous apprend que nous devons

---

* Mt 11, 9-11.

les éviter. La charité nous oblige à vivre avec les autres hommes, car la grâce ne détruit pas les sociétés civiles. Mais la même charité nous oblige d'établir avec eux une société qui ne finisse pas avec la vie.

Il est vrai que Jésus-Christ n'est pas venu *apporter la paix au monde, mais la guerre et le glaive. Il est venu séparer le fils d'avec le père, la fille d'avec la mère, la belle-fille d'avec la belle-mère*. S'il y a cinq personnes dans une maison, il est venu en mettre trois contre deux, et deux contre trois***. Il est venu mettre la division dans l'homme même; *il faut que l'homme se haïsse et se persécute sans cesse, pour être digne du nom de chrétien****. Mais il n'est venu faire ces choses qu'afin de nous réunir avec Dieu, de nous réconcilier avec nous-mêmes, de commencer dès cette vie une société qui dure éternellement.

Pensez-vous, Aristarque, vous qui êtes si sensible à l'amitié, que vous soyez ici-bas capable d'aimer véritablement quelque personne, si vous ne l'aimez chrétiennement? Vous pouvez l'aimer suffisamment pour la société civile, qui dépend du rapport que les corps ont entre eux; mais vous n'êtes point en état ni de le connaître tel qu'il est, ni de vous connaître vous-même. Pensez-vous voir votre ami, lorsque vous voyez un certain arrangement de matière, qu'on appelle un visage, ou lorsque vous entendez le son de quelques paroles qui agitent l'air? Je ne le crois pas. Mais, si vous ne voyez pas votre ami, qu'aimez-vous lorsque vous croyez l'aimer? Certainement, ou vous vous aimez vous-même, et votre amour est intéressé; ou vous aimez le visage | de votre **203** ami, et votre amour est indigne de votre ami; ou enfin vous aimez la vertu et la justice de votre ami, et alors votre amitié est raisonnable. Mais votre amitié est chrétienne, car vous aimez alors Dieu en votre ami, ou votre ami par rapport à Dieu. Vous l'aimez à cause qu'il tient à Dieu, à cause qu'il vit selon Dieu, à cause que sa volonté est conforme à celle de Dieu.

* Mt 10, 34-35.
** Lc 12, 52.
*** Mt 10, 36 [lire : 37]; 38; Lc 14, 26.

Cependant, Aristarque, votre amitié est toujours imparfaite, parce que vous ne savez pas bien ce que vous aimez. Ne voyant point d'une vue claire l'esprit de votre ami, vous ne l'aimez point véritablement ; car peut-être auriez-vous horreur de lui, si vous le voyiez.

ARISTARQUE : Vous me faites souhaiter que mon ami soit digne de l'amitié que je lui porte : je vais tâcher de le convertir ; j'ai bien des choses à lui dire.

THÉODORE : Comme il est capable de connaître et d'aimer Dieu, il est toujours digne de votre amitié, car il n'y a présentement que cela qui nous rende aimables, à cause que nous ne nous connaissons pas parfaitement.

L'amour de Dieu et du prochain commence dès cette vie ; mais, comme nous ne verrons clairement que dans le Ciel Dieu et notre prochain, notre charité ne sera parfaite que dans le Ciel. Allez, Aristarque, voir votre ami. Mais vous, Éraste, à quoi pensez-vous ?

ÉRASTE : Aristarque pense à son ami, et moi je pense à moi-même : je ne sais, Théodore, si je serai demain ici. Il me semble que je dois faire usage des vérités que vous m'avez apprises. Je vous laisse, parce que je suis présentement trop ému : vous le voyez assez. Je recommande toutes choses à vos prières.

ARISTARQUE : Il y a bien des nouvelles, Théodore : mon ami est enfin converti. Mais nous avons perdu Éraste ; il n'est plus ici.

THÉODORE : Qu'est-il devenu ?

ARISTARQUE : Je viens de l'apprendre. Comme nous étions en peine, sa mère et moi, de ce qu'il ne s'était pas rendu à l'heure que nous avons coutume de dîner, je l'ai été chercher dans sa chambre, et j'ai trouvé sur sa table ce billet cacheté.

« Pour Aristarque :

Je suis convaincu, Aristarque, par la raison et par la foi, par une lumière évidente et par une autorité infaillible, par les paroles intelligibles de la Vérité intérieure et par les paroles sensibles de la Vérité Incarnée, je suis convaincu par tout ce qui peut convaincre une personne et raisonnable et chrétienne que la voie ordinaire et la plus sûre pour tendre à Dieu est celle de la retraite et de la privation de toutes les choses sensibles. Mais je dois prendre mes assurances d'autant plus que l'affaire pour laquelle je travaille est de conséquence, d'autant plus qu'elle est difficile et périlleuse. Terrible affaire que l'alternative inévitable de biens ou de maux qui ne finiront jamais ! Je dois donc, Aristarque, me retirer dans un lieu, où je sois à couvert de toutes les poursuites que l'on me fait pour m'engager dans des études

205 éclatantes, et qui | ont rapport à des emplois pour lesquels[1] je ne sens point de vocation particulière.

Il est vrai que je ne sens point aussi en moi de vocation particulière et extraordinaire pour le dessein que j'ai pris. Mais il ne faut point de vocation particulière, lorsque la raison seule et la vocation générale des chrétiens suffit. Il faut sans doute une vocation particulière pour se mêler dans les affaires du monde, car la raison et la vocation générale nous en éloignent. Mais, comme le monde est présentement fait, il suffit ce me semble d'être raisonnable et de croire à l'Évangile pour faire ce que j'ai fait.

Au reste, comme je ne prétends pas m'engager dans une vie particulière sans une vocation particulière, sans une raison bien pressante, je serai toujours en état de vous rejoindre lorsqu'il sera à propos. Mais je vous déclare que je croirais faire une faute plus légère de prendre sans vocation particulière l'habit de ceux avec lesquels je vais vivre, que de m'engager sans vocation dans le mariage, et dans une charge qui m'attacherait trop au monde, et qui peut-être m'en rendrait esclave.

Tous mes parents me persécutent, chacun selon son humeur et son ambition : ils visent tous où je ne tends pas, et où je ne veux pas tendre. De plus, je suis bien aise de rompre avec certains esprits contagieux, qui auront peut-être horreur de moi lorsque je serai de retour. Enfin, je crois que je dois penser sérieusement aux choses essentielles. Antime et Philémon sont bien capables d'achever ce que Théodore a commencé : je vais les trouver. Il y a, comme vous savez, longtemps qu'ils me souhaitent ; mais il y a encore plus longtemps que je pense à eux.

Ne croyez pas, je vous prie, que ce soit manque d'amitié pour vous, et de respect pour ma mère, que je n'ai pas fait les choses dans les formes ordinaires. C'est, au contraire, que les sentiments naturels que

---

1. L'édition de 1702, p. 359, suivie par les *OC* et la Pléiade, accorde au féminin ; l'accord avec « emplois » nous semble néanmoins préférable ; voir l'édition de 1693, p. 374.

je dois avoir pour elle et pour vous sont trop violents. J'en appréhen-
dais les suites dans un dessein que j'étais résolu d'exécuter de crainte
de manquer à ce que je dois à Dieu. Mais enfin j'ai cru que, les
personnes chez qui je vais étant très chères à ma mère aussi bien qu'à
vous, vous me pardonneriez facilement | l'un et l'autre, une formalité **206**
que je n'ai pu garder par un excès de sentiment que j'ai et pour elle et
pour vous.

Je n'ai osé écrire d'abord à ma mère ; mais je vous conjure, mon
très cher cousin, de la disposer à recevoir les marques de mes respects
et de ma soumission : je sais que je lui dois tout après Dieu. Pour
Théodore, je vous prie de lui dire que je méditerai sans cesse les
principes qu'il m'a découverts, et que j'aime extrêmement la vérité. Il
connaîtra assez par là que je ne serai guère sans penser à lui ».

ARISTARQUE : Que dites-vous, Théodore, de tout ceci ?

THÉODORE : Si vous voulez savoir, Aristarque, ce que je pense
d'Éraste, je vous dirai que je n'ai jamais vu d'esprit plus juste et plus
pénétrant, d'imagination plus pure et plus nette, de naturel plus doux
et plus honnête, de cœur plus droit et plus généreux, enfin je n'ai
jamais vu de jeune homme plus accompli qu'Éraste.

Pour sa conduite, si vous y trouvez quelque chose à redire,
répondez à la preuve qu'il apporte dans ce billet pour la justifier. Il sent
ici des liens qui le captivent ; il les rompt avec éclat, ne pouvant s'en
délivrer autrement. Il appréhende de ne pouvoir conserver la pureté de
son imagination, la liberté de son esprit, l'amour des vrais biens, parmi
des gens qui ne vivent que d'opinion, et qui font incessamment effort
sur son esprit par leurs manières et par leur air contagieux. Quelques-
uns même de ses parents le persécutent et le séduisent. Ils tâchent de le
produire, pour se faire honneur ; et ils veulent qu'il se rende considérable dans le monde, afin que son établissement les affermisse, et
que sa réputation se répande jusque sur eux-mêmes. Mais Éraste est
persuadé par raison que l'abondance des richesses et l'éclat des
honneurs troublent l'esprit de ceux qui les possèdent ; il en est
convaincu par l'autorité de Jésus-Christ. Ne suivra-t-il pas sa lumière ?
Ne respectera-t-il pas la foi ? Voulez-vous qu'il embrasse un fantôme

qui disparaît, qu'il brigue une grandeur de théâtre, qu'il se repaisse d'illusions et de chimères ? Qu'on lui prouve que sa lumière est fausse, que Jésus-Christ est un séducteur, ou qu'on le laisse en repos.

207 | Aristarque : Ne pensez pas, Théodore, que je trouve rien à reprendre dans sa conduite. Je le suivrai plutôt que je ne le troublerai dans son dessein. Il a raison, j'en suis entièrement convaincu, non seulement par les choses que nous avons dites dans nos Entretiens précédents, mais encore par celles qu'il me dit hier à mon retour de chez mon ami. Voulez-vous que je vous en rapporte quelque chose ?

Théodore : Vous me ferez plaisir : on est toujours bien aise de savoir les dernières paroles de ceux qui nous quittent.

Aristarque : Jamais Éraste ne fut plus éloquent et plus fécond. Il me disait, entre autres choses, que l'homme n'est pas seulement uni à son propre corps, mais encore à tous ceux qui l'environnent, que nos passions répandent notre âme dans tous les objets sensibles, comme nos sens la répandent dans toutes les parties de notre corps, et que ceux qui se jettent dans le grand monde, qui cherchent incessamment les richesses, les plaisirs, les honneurs, se dissipent et se perdent en se répandant hors d'eux-mêmes.

Dans le temps qu'ils s'imaginent étendre leur être propre, ils s'affaiblissent l'esprit : ils deviennent esclaves de ceux à qui ils veulent commander. Et, lorsqu'ils augmentent leur pouvoir sur les corps qui les environnent, ils perdent celui qu'ils ont sur la vérité qui les pénètre.

Voici, me disait-il, ce qui fait qu'un homme est sensible. C'est qu'il sort de son cerveau certains nerfs dont les branches infinies se répandent dans toutes les parties de son corps. Ces nerfs qui répondent au siège de l'âme l'agitent dès qu'ils sont ébranlés ; ils la répandent dans toutes les parties où ils s'insinuent, et il ne se passe rien dans son corps qui ne l'inquiète et qui ne la trouble.

Voici de même ce qu'est un homme qui suit ses passions, et qui tient à tout. Il sort, pour ainsi dire, de son cœur des liens dont les filets se répandent dans tous les objets sensibles. Dès que ces filets sont **208** ébranlés par le mouvement de ces objets, son | cœur est agité. Si ces objets s'éloignent, il faut que son cœur suive, ou qu'il se déchire. Enfin, son âme se répand par ces liens dans tout ce qui l'environne, comme elle se répand par le moyen des nerfs dans toutes les parties du corps.

Lorsqu'un homme se jette inconsidérément dans le commerce du monde, les liens de son cœur l'attachent à mille objets qui ne servent qu'à le rendre misérable. Et, s'il est assez fou pour aimer véritablement ces objets, ou pour tirer vanité de sa nouvelle grandeur, il ressemble, me disait-il, à des hommes qui feraient gloire d'avoir des goitres, ou de ce que leurs loupes ou leurs bosses rendraient leur corps plus gros que celui des autres.

Pensez-vous, disait-il, que l'âme des géants soit plus grande que celle des autres hommes ? Ils ont un plus grand corps ; ils donnent le mouvement à une plus grande masse de matière. Mais, si vous y prenez garde, leurs mouvements ne sont pas si justes. Les chevaux ou les éléphants ont plus de force qu'eux, leur masse est plus étendue, et, si ces personnes mesuraient la grandeur de leur âme par celle de leur corps, ils se rendraient ridicules à tout le monde.

Cependant, il serait plus juste de mesurer la grandeur de l'âme par celle du corps que par celle des richesses et des honneurs. Notre corps est plus à nous que nos richesses : nous sommes davantage unis à lui qu'à nos vêtements, qu'à notre maison, qu'à nos terres. C'est donc être bien sot et bien vain, que de prétendre se grossir en se répandant au-dehors.

Il faut avouer, continuait-il, que la grandeur imaginaire rend les hommes bien misérables. Tout les blesse, tout les agite, car ils tiennent à tout. Mais des hommes dans le trouble, et tout couverts de blessures, sont-ils capables de penser ? Sont-ils capables de s'unir à la vérité pour laquelle seule ils sont faits, de laquelle seule ils doivent se nourrir, par laquelle seule ils peuvent devenir plus sages et plus heureux ? Ce sont d'ordinaire des fous, des stupides, des esprits vides d'idées, sans lumière et sans intelligence.

Pensez-vous, ajoutait-il, que les voluptueux et ceux qui | travaillent **209** sans cesse à étendre leur servitude en étendant leur domination sachent seulement qu'ils ne sont pas faits pour le temps, qu'ils ne sont pas sur la terre pour y vivre? Non, ils ne le savent pas. Ils ne voient point que les corps sont au-dessous d'eux, incapables d'agir en eux, entièrement indignes de leur amour; et, comme ils ne sont jamais morts, ils ne savent point véritablement s'ils mourront. Ils le disent de bouche, ils le croient, je le veux; mais ils ne le savent pas. Ils pensent qu'ils ne seront plus : mais ils ne savent pas qu'ils mourront.

Qu'il y a, me disait-il, de différence entre voir et voir! Je sais que je ne suis pas fait pour les corps, que ce monde visible est une figure qui passe, que les vrais biens des esprits sont des biens intelligibles; je ne sais même bien nettement ce que c'est que mourir que depuis fort peu de temps. Et, comme j'ai l'esprit petit, j'ai même été obligé de m'appliquer de toutes mes forces pour comprendre ces vérités. Je pensais auparavant de la mort ce que mes yeux m'en apprenaient, et presque rien davantage; et, si je n'eusse pas été plus capable d'application que ceux qui sont dans le trouble des affaires, ou dans la recherche des plaisirs, j'avoue que je n'eusse pas su ce que je crois que bien des gens ne savent pas.

L'application de l'esprit produit la lumière et découvre la vérité; la vue de la vérité rend l'esprit parfait et règle le cœur : l'application de l'esprit est donc nécessaire. Mais un homme qu'on tire de tous côtés, qu'on blesse de toutes parts, qu'on repousse lorsqu'il avance, qu'on traîne lorsqu'il recule, qu'on agite ou qu'on maltraite incessamment, peut-il s'appliquer? Un homme qui craint tout, mais qui désire tout, qui espère tout, qui court après tout ce qu'il voit, peut-il penser à ce qu'il ne voit pas?

La vérité est éloignée, elle n'est pas sensible, ce n'est pas un bien qu'on se sente pressé d'aimer; il la faut chercher pour la trouver; mais l'on peut toujours remettre à la chercher, car elle ne nous quitte jamais tout à fait. Les corps au contraire se font sentir à tous moments : ils 210 nous pressent de les aimer; | ils nous obligent incessamment de nous unir à eux, car ils passent et nous abandonnent dès qu'ils nous ont sollicités. Comme on n'y revient pas facilement, on se détermine promptement à en jouir. Mais on remet de temps en temps à s'appliquer à la vérité, à cause qu'elle ne nous quitte jamais, qu'elle ne se fait point sentir, et qu'ainsi elle ne nous presse point de l'aimer.

Que ceux-là sont heureux, ajoutait-il, qui attendent l'éternité dans les déserts, et qui, se croyant trop faibles pour conserver la liberté de leur esprit et la pureté de leur imagination contre les efforts et la malignité des objets sensibles, ont rompu généreusement tous leurs liens, pour s'unir étroitement avec Dieu! Mais que ceux-là sont à plaindre, que Dieu appelle à vivre au milieu du monde pour le convertir! Qu'ils ont de misères à souffrir! Je tremble, disait-il, quand j'y pense. Mais on peut tout avec Jésus-Christ.

Cependant, continuait-il, pensez-vous que nous soyons obligés de vivre dans le grand monde? Pour moi, je ne vois point que Dieu m'y appelle. Aussi l'éclat du monde m'éblouit-il; mon imagination se trouble, mon esprit se dissipe, et je me répands au-dehors dès que je ne veille pas sur moi-même.

Pour vous, me disait-il, vous êtes fort: le monde ne vous fait point de peur, votre imagination est ferme et assurée, et Dieu vous a donné la grâce de vous dégoûter du monde après que vous l'avez goûté. J'admire, ajoutait-il adroitement pour me faire penser à ma misère intérieure, comment les traces que les objets sensibles ont gravées dans votre cerveau se sont effacées, comment les passions dont vous suiviez autrefois les mouvements se sont calmées, comment le commerce que vous avez eu avec le monde n'augmente et n'irrite point en vous la concupiscence. Comme vous savez par expérience que le monde est une figure qui passe, vous en usez sans vous y attacher, car les personnes comme vous ne se laissent pas tromper deux fois. Mais, pour moi, je suis si stupide que je ne suis pas plutôt délivré d'un piège que j'y suis repris, et je me connais si peu que je m'imagine | être en pleine liberté, lorsque je suis esclave de mes passions. Dès que 211 j'ai fait résolution de quitter quelque attachement, je m'imagine que j'en suis délivré, et je ressemble à un malade qui se croit parfaitement guéri, parce qu'il souhaite avec ardeur de sortir du lit, et d'aller en ville.

Lorsque Éraste parlait ainsi, je sentais dans moi-même ce qu'il disait de lui, et je connaissais en lui cette fermeté d'esprit qu'il m'attribuait. Cela me touchait si fort, et me représentait à moi-même d'une manière si claire et si vive, que l'état de mon âme me faisait horreur, et me couvrait de confusion. Mais Éraste me paraissait d'un autre côté si aimable et si spirituel, il me parlait d'une manière si douce et si naturelle, que je ne pouvais me lasser de l'entendre. Je le regardais sans lui pouvoir rien dire; et lui, s'apercevant de mes réflexions, me parlait et me pénétrait, sans oser me regarder. Mais enfin, m'ayant dit quelques-unes de ces paroles qui ne sortent jamais de la bouche que lorsqu'on ouvre son cœur, il leva les yeux pour voir sur mon visage quel effet elles avaient produit dans mon âme; et, me voyant tel que j'étais, son air se forma tout d'un coup sur le mien. La parole lui manqua comme à moi : il ouvrit la bouche sans rien prononcer; et, nous entre-regardant encore un moment pour nous connaître l'un l'autre, notre trouble s'augmenta, et nous fûmes obligés de nous séparer.

Voilà, Théodore, une partie du dernier Entretien que j'ai eu avec Éraste. Si je l'ai si bien retenu, c'est que j'en ai été tellement frappé que j'y ai pensé toute la nuit, car je ne l'ai point vu d'aujourd'hui. Et vous pouvez juger par ce peu que je vous en rapporte, non seulement qu'il a convaincu ma raison, mais encore qu'il s'est rendu maître de mon cœur. Si je pense à lui, je sens qu'il m'entraîne. Mais, dans le temps qu'il m'entraîne, les choses que je quitte me rappellent, et je le perds. Cependant je ne le perds pas pour longtemps, et je sens bien ce que je ferai.

THÉODORE : Vous me surprenez fort, Aristarque. Quoi, vous imiteriez Éraste? Vous suivriez l'exemple d'un jeune homme? Hé, que diront vos amis?

ARISTARQUE : Ils diront ce qu'il leur plaira. Ce n'est point | dans le fond que je veuille suivre Éraste, car j'aurais honte de le suivre. Mais c'est qu'Éraste est dans la voie dans laquelle je veux marcher, parce que je sais que c'est la meilleure. Il est vrai que je l'aime lui-même, et que l'exemple qu'il me montre me détermine à faire ce que je crois devoir faire. Mais je suis la raison; j'obéis à l'Évangile; je marche dans le chemin qui me conduit où je veux aller : qu'il y ait des enfants ou des fous qui me précèdent, je ne le quitterai point, car, quand un homme a des affaires, il va dans les rues, sans se mettre en peine de ceux qu'il y trouve.

J'ai passé plus de la moitié de ma vie dans le trouble des affaires et dans les divertissements ordinaires aux gens du monde. Toutes les études que j'ai faites n'ont servi qu'à corrompre ma raison. Je n'ai lu que pour paraître et pour parler, pour acquérir la qualité d'esprit fort et de savant homme ; et je ne sais presque rien de la religion et de la morale chrétienne, que ce que je vous en ai ouï dire. N'est-il pas temps que je songe à moi, que je m'applique aux choses essentielles, et que je fasse pénitence des dérèglements de ma vie passée ?

J'avais promis à Éraste que nous étudierons ensemble l'Écriture sainte, je veux lui tenir parole. Sa retraite ne m'en doit pas dispenser, car la retraite est nécessaire à cette étude. Enfin, si je n'avais en tête de travailler autant que je le pourrai à l'entière conversion de mon ami, je surprendrais bien Éraste, car je serais avant lui dans ce lieu où il se va rendre. Mais j'espère le surprendre d'une autre manière. Peut-être que je ne l'irai pas trouver seul : le cœur de mon ami est changé, et, comme il est difficile qu'il puisse vivre chrétiennement à la vue des compagnons de ses débauches, qui le persécuteraient sans cesse, je crois qu'il ne sera pas difficile de le résoudre à la retraite.

THÉODORE : Vous avez raison, Aristarque. Je vous conseille de faire à votre ami l'histoire d'Éraste telle que vous venez de me la raconter, et d'ajouter à cela le dessein que vous avez de le suivre. S'il veut se convertir, je suis sûr qu'il souhaite quelque lieu de retraite. Car apparemment il ne se sent pas assez généreux pour vaincre la honte que le monde fait à ceux qui suivent | Jésus-Christ. Ainsi l'ouverture **213** que vous lui proposerez, et votre exemple pourront bien le déterminer.

Il n'y a rien de plus difficile à un homme que le monde considère, que de se résoudre à passer désormais pour insensé. Mais, quand on pense qu'on le quitte, ce monde, et qu'on suit un ami tel que vous êtes, l'imagination ne trouble plus si fort la raison, car l'imagination se console par l'exemple, et, si elle se représente des railleurs et des moqueurs de notre conduite, elle se les représente comme des personnes éloignées, et auxquelles on ne tient plus.

Votre ami, qui s'est raillé si souvent de ceux qu'il veut peut-être imiter, sait mieux que personne la difficulté qu'il y a à vivre parmi le monde, et à ne s'y pas conformer. Il sait par expérience que *ceux qui veulent vivre avec piété selon Jésus-Christ souffriront persécution**. Il se souvient de ce qu'il a fait aux autres, et il ne saurait peut-être se résoudre à se condamner lui-même, en conversant d'une manière toute nouvelle avec ses anciens amis.

Ainsi, vous le soulagerez fort, si vous lui proposez votre exemple ; et j'espère que vous ne manquerez pas de le déterminer, si, comme vous dites, il est dans le dessein de se convertir.

ARISTARQUE : Je crois même, Théodore, que nous ne pouvons, ni lui ni moi, vivre dans le monde sans nous mettre en un très grand danger de nous perdre. Les plaisirs que nous avons goûtés et les honneurs que nous avons reçus ont laissé dans notre imagination des traces profondes qui les représentent, et qui, nous sollicitant sans cesse, pourraient bien nous surprendre et nous pervertir.

THÉODORE : Vous ne vous trompez pas, Aristarque. Il suffit de jouir de quelque plaisir pour en devenir esclave, et l'on ne peut se mettre en vue pour se faire moquer de soi. Lorsque l'imagination est salie, la moindre chose la trouble. Ainsi, ceux qui ont goûté les plaisirs se 214 doivent priver de beaucoup de choses | dont la jouissance peut être permise aux autres hommes. Et, lorsque notre réputation nous expose trop, nous nous conformons naturellement à l'esprit et aux manières du monde. Nous devons donc nous cacher, si nous voulons vivre selon les lumières de la raison et de l'Évangile.

On prend tel air et telle posture qu'on veut, lorsqu'on est seul. Mais on perd cette sorte de liberté, lorsqu'on est en compagnie. Car la présence des autres répand naturellement sur notre visage un air conforme à la qualité et à la disposition d'esprit de ceux qui nous parlent.

C'est la même chose dans notre conduite. Nous vivons comme il nous plaît, lorsque nous sommes seuls. Mais nous sommes comme

* 2 Tm 3, 12.

obligés de vivre d'opinion, et de nous conformer au siècle, lorsque nous sommes trop exposés, et que nous craignons la censure de trop de gens.

Nous sommes faits pour vivre en société les uns avec les autres, et l'union naturelle que nous avons avec les hommes est présentement plus forte et plus étroite que celle que nous avons avec Dieu. De sorte que nous abandonnons souvent la vérité et la justice par complaisance. Nous rompons avec Dieu de peur de blesser l'amitié des hommes. Nous préférons leurs applaudissements au témoignage de notre conscience ; et nous ne craignons pas tant les reproches secrets de notre raison, ni les menaces terribles du Dieu vivant, que les sottes railleries des gens du monde.

Ainsi, Aristarque, vous avez raison de croire que l'air du monde est extrêmement contagieux pour vous et pour votre ami. Suivez courageusement votre lumière. Allez respirer dans quelque solitude un air qui ne soit pas corrompu. Fuyez l'ennemi que vous craignez de combattre. Rompez les liens qui vous tiennent captif. Mais rompez-les avec éclat, afin que, vous étant rendu ridicule aux yeux des hommes charnels, vous ayez honte de paraître devant eux, afin que votre imagination ne vous sollicite plus au retour, et qu'elle vous excite plutôt à vous cacher pour vivre dans la liberté que vous désirez.

Les lieux de retraite sont principalement pour ceux qui sont obligés à faire une sérieuse pénitence, pour ceux qui ressemblent | à 215 votre ami, que vous nous avez dépeint comme un homme qui a suivi aveuglément tous les mouvements de ses passions. Car l'austérité de la vie est nécessaire à ceux qui ont vécu dans la volupté, et les exercices continuels d'humiliation qu'on pratique dans ces lieux sont les plus assurés moyens pour abattre l'orgueil de l'esprit.

Tâchez donc de sauver votre ami, et de vous sauver avec lui. Représentez-lui toutes ces raisons pour le déterminer ; et soutenez-vous l'un l'autre. Le conseil que je vous donne ne s'accorde guère avec les sentiments ordinaires de l'amitié. Mais vous voulez bien que je vous souhaite les vrais biens, et que je vous perde en apparence pour quelque temps, afin que je me trouve uni avec vous par des liens aussi puissants que Dieu même, et aussi durables que l'éternité.

MÉDITATIONS SUR L'HUMILITÉ
ET LA PÉNITENCE

PRÉSENTATION

Des motifs à la fois éditoriaux et doctrinaux imposent de restituer aux *Méditations sur l'humilité et la pénitence* leur véritable place, en les donnant à la suite des *Conversations chrétiennes*.

En premier lieu[1], rappelons que, hormis pour la toute première édition des *Conversations chrétiennes*, les *Méditations sur l'humilité et la pénitence* furent presque constamment éditées à leur suite, dès la 2e impression de 1677[2]. Toutefois, en raison de leur nature et de leur finalité (ces brèves méditations se conçoivent comme un guide et comme un support pour un approfondissement spirituel constant)[3], le besoin se fit rapidement sentir d'éditions séparées et commodément

---

1. On consultera sur ce point l'introduction à l'édition des *MHP* au tome XVII-1 des *Œuvres complètes*, qui donne le tableau d'ensemble des éditions du vivant et après la mort de Malebranche.

2. Dans les éditions communes, la pagination des petites méditations est tantôt continue, tantôt distincte de celle des *Conversations*. Ainsi qu'il en va pour les autres textes de Malebranche, les petites méditations ont fait l'objet de révisions diverses au gré des rééditions, et de plusieurs ajouts significatifs, nous y reviendrons.

3. Voir en ce sens les indications de l'avertissement, *OC* XVII-1, 387. Les *Méditations* et la suite entendent graver dans l'âme ce que les *Conversations chrétiennes* ont dévoilé à l'esprit.

accessibles, sur le modèle des petits ouvrages de piété si répandus à l'époque[1].

En second lieu, l'avis au lecteur placé en tête des éditions séparées de 1701 et 1715 est explicite et précise (bien qu'il s'agisse en l'occurrence d'éditions séparées) que le « lieu naturel » de ces petites méditations est le volume des *Conversations chrétiennes*, à la suite desquelles elles se doivent de figurer (p. 386). La cohérence et la continuité des deux textes, en dépit du changement délibéré de ton et de style, est donc indéniable. Les *Méditations sur l'humilité* reviennent en effet sur de nombreux thèmes développés dans les *Conversations*, et requièrent, pour être lues correctement, la connaissance et l'adhésion à la philosophie élaborée dans ces dernières[2]. Nos *Méditations* entendent notamment tirer tout le profit spirituel de la démonstration occasionnaliste de l'omnicausalité divine.

Les *Méditations sur l'humilité* et les textes qui leur font suite se composent de plusieurs écrits d'époque et de nature différentes, dont certains ne furent publiés que dans les éditions séparées.

On peut, pour aller à l'essentiel, rappeler les données suivantes.

En son tout premier état, c'est-à-dire tel qu'il paraît dans l'impression de Henry Fricx de la première édition des *Conversations*

---

1. On en dénombre trois, datant respectivement de 1677, 1701 et 1715, édition que nous avons suivie pour l'établissement de la nôtre. Les éditeurs des *OC* les désignent par des lettres (A, B, C) pour les distinguer des éditions où les *MHP* font suite aux *CC*. Nous n'avons pas été plus heureux qu'Armand Cuvillier et André Robinet, dans notre recherche d'exemplaires de l'édition A dans les bibliothèques françaises ou étrangères. Ainsi que nous y revenons plus bas, nous avons en revanche retrouvé un exemplaire de l'édition B (1701).

2. On comprend donc assez difficilement l'étrange dissociation des points de vue exprimée dans les *OC*. Alors que « l'historien » assume de démembrer l'édition des deux textes (*Conversations chrétiennes* et *Méditations*), le philosophe est (à juste titre) invité à se référer aux *Conversations* comme à « l'œuvre mère des petites méditations », *OC* XVII-1, 378.

chrétiennes[1], notre texte ne comportait que les *Méditations pour se disposer à l'humilité et la pénitence* elles-mêmes. À peu près contemporaines, les *Considérations de piété* figurent pour la première fois dans la première édition séparée des *Méditations* (Paris, Roulland, 1677)[2]. Cette édition séparée n'ayant pas été retrouvée, nous ne lisons ces *Considérations de piété* que dans les éditions de 1701 et 1715[3]. Alors que les *Méditations pour se disposer à l'humilité* proprement dites s'inscrivent clairement dans la filiation des *Conversations*, et portent la marque d'un malebranchisme déjà pleinement conscient de lui-même[4], les *Considérations de piété* ne cherchent pas, à proprement

1. Rappelons que la première édition connut deux tirages distincts (tous deux datés de 1677), celui de Gaspard Migeot à Mons tout d'abord, puis celui dû à Henry Fricx à Bruxelles.

2. Les *Considérations* ne figurent jamais dans les éditions non séparées. Bien que la première édition séparée des *MHP* reste aujourd'hui introuvable, les éditeurs des *OC* avancent plusieurs arguments qui rendent indubitable la présence des *Considérations* dès 1677; voir l'introduction, *OC* XVII-1, 369 et 374. Voir en particulier une lettre de Malebranche à Dom François Lamy du 18 janvier 1688 (*OC* XVII-1, 380 = XVIII 480, où on lit cette déclaration significative, au sujet de l'approbation donnée par le docteur de Sorbonne Pirot : « car c'est avec son approbation qu'on a imprimé chez Roulland, in-24°, rue Saint-Jacques, ces petites *Méditations chrétiennes sur l'humilité et la pénitence* avec d'autres petites pratiques de piété dans lesquelles sont la plupart de mes principes ». Cette brève allusion confirme l'étroite solidarité entre philosophie et piété; mais surtout, l'inexactitude de la citation du titre de l'ouvrage (qui laisse pour ainsi dire affleurer les *Méditations chrétiennes* derrière nos *MHP*) révèle que celles-ci ont dû représenter, dans l'esprit de Malebranche, une sorte de matrice pour les *Méditations chrétiennes* entreprises à la même époque.

3. En 1701, soit dans la seconde édition séparée, dite édition B (Paris, J. Boudot), on trouve déjà les *Prières avant et après la messe*. Nous ne pouvons, en dépit des dires du Père André, être assurés que les *Prières* figuraient déjà dans la première édition séparée (A) de 1677. Cependant, le vocabulaire, le style et les idées développées dans ces deux brèves prières (et notamment l'insistance sur certains aspects de la notion de sacrifice) nous inciteraient, pour notre part, à en faire remonter la rédaction aux toutes premières années de la carrière proprement philosophique de Malebranche, soit au tournant des années 1675 (nous y revenons plus bas).

4. Ceci n'empêche pas Malebranche de s'inscrire dans une filiation bérullienne assez reconnaissable. L'humilité constitue, pour Bérulle, une manière d'être fondamentale du

parler, à faire œuvre philosophique : entendons par là qu'elles ne visent pas à démontrer, mais à rappeler « sans preuves des vérités incontestables », en des termes souvent très proches de l'Écriture sainte, qui constitue un référent constant[1]. En dépit des modifications portées au gré des éditions, il est clair que ce petit texte appartient aux premières années de la carrière de Malebranche. Le vocabulaire (notamment la relative prégnance du lexique de l'anéantissement), l'insistance sur certains thèmes (le sacrifice) et la proximité à Charles de Condren dans son traitement font de ces Considérations un témoignage, dans l'œuvre de Malebranche, de la tradition et de la formation oratorienne, et probablement l'écrit le plus bérullien de notre auteur[2]. À cet égard, la juxtaposition des Considérations et du traité de l'Adoration ne doit pas nous abuser, et produit un étonnant contraste.

En 1695, dans la 5e édition des Conversations chrétiennes, l'oratorien ajoute aux Méditations l'important opuscule De l'adoration en esprit et en vérité, qui porte la marque des évolutions contemporaines de sa philosophie[3].

Christ en tous ses états. Cultiver l'humilité, c'est véritablement imiter le Christ. La pénitence se présente comme une conséquence pour ainsi dire naturelle de la vraie humilité. On lit sous la plume de Bérulle : « Chacun de nous doit entrer pour sa portion dans les rigueurs de Dieu, par esprit de pénitence et d'humilité et mépris de soi-même jusques au néant », OP 203, IV, p. 82. Nous citons les œuvres de Bérulle d'après les Œuvres complètes, M. Dupuy (dir.), Paris, Le Cerf, 1995 sq. Pour les Œuvres de piété (OP) nous indiquons le numéro de l'opuscule, suivi du numéro du volume en chiffres romains et de la page. Pour les Discours sur l'état et les grandeurs de Jésus (désormais G), nous indiquons le numéro du discours suivi de la page.

1. Voir l'avertissement des CP, p. 413. Nous avons donc précisé (pour les plus remarquables d'entre elles) les références scripturaires, que Malebranche n'indique pas toujours expressément.

2. On notera la présence, à la fin de chaque considération, d'un mystère centré sur un épisode marquant de la vie de Jésus, qu'il nous faut adorer en tous ses états, selon une formule qui renvoie immédiatement à l'ouvrage majeur du fondateur de l'Oratoire, les Discours sur l'état et les grandeurs de Jésus.

3. Cet opuscule figure dès lors, sans discontinuer, dans toutes les éditions (séparées ou non), notamment dans la 6e édition des Conversations de 1702, et dans sa réimpres-

À l'instar des *Considérations de piété*, les *Prières avant et après la messe* qui achèvent l'ensemble relèvent clairement de la spiritualité oratorienne, et furent peut-être partiellement rédigées au cours des années de formation (antérieures à 1674), à propos desquelles nous ne disposons que d'informations très partielles.

Nous avons donc pris pour base de notre édition des *Méditations* et des opuscules qui leur font suite le texte publié chez Michel David en 1715, en confrontant deux exemplaires : celui de la bibliothèque de l'Arsenal à Paris (réserve 8-T-7882), et l'exemplaire conservé à la bibliothèque municipale de Nancy (cote 310904)[1]. Le texte que nous donnons ici présente cependant un certain nombre de divergences, au regard de celui qu'on trouve aux pages 386 à 444 du tome XVII-1 des *Œuvres complètes* de Malebranche. Bien qu'ils aient pris pour base l'édition de 1715, les éditeurs des *Œuvres complètes* ont semble-t-il confondu ce texte et celui (assez nettement différent) qui figure dans la 6e édition des *Conversations* de 1702. Il en résulte, dans l'édition des *Œuvres complètes*, un texte relativement hétérogène, qui adopte le plus souvent la leçon de 1715, mais parfois aussi celle de 1702. Nous avons donc, de manière systématique (hormis pour les fautes strictement typographiques) rétabli le texte de 1715, en indiquant, en notes, les erreurs du texte donné au tome XVII-1 des *OC*, et, le cas échéant, les variantes du texte de 1702.

Nous avons en outre pris en considération l'édition séparée de 1701 (dite édition B)[2], qui avait échappé aux investigations menées en

sion de 1711. On note un renforcement des formules nécessitaristes au sujet de l'ordre, auquel la volonté divine elle-même se soumet nécessairement, ainsi qu'une insistance plus marquée sur ce qu'on a pris l'habitude de nommer l'univocité de la connaissance humaine et divine (du moins en ce qui touche les vérités nécessaires).

1. Nous adressons ici nos remerciements aux conservateurs de la bibliothèque municipale de Nancy, qui ont bien voulu nous procurer une reproduction photographique de cet exemplaire.

2. La page de titre porte : *Méditations pour se disposer à l'humilité et à la pénitence*, avec quelques considérations de piété pour tous les jours de la semaine, par le P. Malebranche, prêtre de l'oratoire, à Paris, chez Jean Boudot, rue S. Jacques, au soleil

vue de l'édition des *Œuvres complètes*, et que nous avons retrouvée à la bibliothèque municipale de Lyon[1]. La comparaison avec les éditions précédente (1695) et suivante (1702) révèle que nous avons affaire à un nouvel état du texte, qui présente parfois des rédactions propres, donc non reprises en 1702 et 1715. Dans la mesure où l'édition de 1701 était jusqu'ici restée inconnue des éditeurs modernes, nous avons cru bon de reproduire en notes les principales variantes de cette édition, qui sert visiblement de matrice à l'édition séparée suivante (dite édition C, de 1715).

Précisons que le texte qui a servi de base à l'édition de 1715 n'est pas celui de l'édition précédente (1702), mais bien celui de 1701.

Ajoutons enfin que l'édition des *Conversations chrétiennes* de 1702 a visiblement tenu compte du volume de 1701, puisqu'un passage de la deuxième conversation provient directement d'un texte qui appartenait initialement au traité *De l'adoration*, tel qu'il fut précisément révisé dans l'édition de 1701[2]. On peut donc conclure que le volume de 1701 représente une nouvelle source pour la dernière édition des *Conversations chrétiennes* révisée par Malebranche en 1702.

Nous avons suivi les mêmes principes éditoriaux que pour les *Conversations* elles-mêmes.

---

d'or. Le volume se décompose comme suit : un avis de l'imprimeur au lecteur, 4 pages (non numérotées) ; l'approbation de Pirot (qui en 1715 sera placé à la fin du volume), 1 p. ; les corrections nécessaires pour le sens (intégrées dans l'édition de 1715), 1 p. ; l'avertissement, non paginé, 6 p. Viennent ensuite les *Méditations* (p. 1-120) ; les *Considérations de piété* (p. 121-175) ; *Adoration* (p. 176-247), et enfin les *Prières avant et après la messe* (p. 248-280). On note que l'édition de 1701 ne comporte pas de privilège, contrairement à celle de 1715.

1. Précisons que l'ouvrage conservé sous la cote SJ A 339/121 provient du fond jésuite de la bibliothèque des Fontaines de Chantilly, transférée comme on sait à Lyon en 1998-1999.

2. Voir notamment la formalisation mathématique déployée pour penser le rapport du fini à l'infini dans le second Entretien des *Conversations chrétiennes* (*OC* IV, 47). Nous avons indiqué en note les remaniements successifs que ce passage a connus ; voir *infra*, p. 425 des *MHP*.

Les limites de cette présentation n'autorisent pas un commentaire détaillé de ces textes. Nous proposerons donc quelques repères historiques, et des pistes de lecture. Nous privilégierons trois axes principaux : la nature du rapport entre philosophie et piété, entendue au sens que lui donnent les tenants de l'école française de spiritualité ; la signification des usages du concept de néant ; enfin, le rapport de notre texte à Bérulle (1575-1629), et la question de savoir si nous avons ici affaire à un texte qui relève de la mystique, au sens que ce terme a pris au XVIIᵉ siècle, principalement sous la plume des auteurs de l'école française.

Des Conversations aux Méditations

Dès l'époque de la première édition des *Conversations*, Malebranche avait mis en chantier la rédaction des *Méditations chrétiennes* qui verront finalement le jour en 1683. On pense que les quatre premières méditations furent rédigées vers 1677. Dès cette époque, le principe d'un dialogue immédiat du philosophe méditant avec le maître intérieur, rigoureusement identifié au Verbe divin lui-même, est acquis. La méditation malebranchiste se conçoit donc comme un acte authentiquement et éminemment philosophique. C'est dire qu'en dépit de leur titre et de leur facture, les *Méditations sur l'humilité et la pénitence* ne relèvent pas, en priorité, de la très féconde littérature spirituelle du temps, et ne constituent pas davantage un ouvrage de circonstance. Si le texte qu'on va lire fait montre d'une piété ardente et développe des thèmes qui ont pu faire qualifier notre texte de « mystique »[1], il reste que la visée spirituelle et anagogique de ces pages est puissamment servie par les thèses principales de la philosophie mise en place dans les *Conversations* précédentes. La différence de style et de finalité (toucher le cœur avant d'appliquer l'esprit)

---

1. Voir sur ce point A. Cuvillier, *Essai sur la mystique de Malebranche* (désormais *Essai*), Paris, Vrin, 1954. Rappelons que l'*Essai* fut édité une première fois à la suite du texte des *MHP* procuré par A. Cuvillier dix ans plus tôt (Paris, Vrin, 1944).

ne saurait donc masquer la cohérence des deux textes, et l'évident lien de continuité qui unit les *Méditations sur l'humilité* aux *Conversations chrétiennes*. Pour Malebranche, c'est désormais la «vraie philosophie», réformée et amendée selon les résultats obtenus par les *Conversations chrétiennes* et brièvement synthétisés dans les petites méditations, qui est la meilleure des préparations à l'humilité et à la piété[1].

Nous ferons l'hypothèse que les *Méditations sur l'humilité* et les textes qui leur font suite transposent et reformulent en philosophie des lieux spirituels traditionnels, afin d'en confirmer la vérité, et de leur assurer pour ainsi dire une pertinence élargie, voire renouvelée. La structure formelle de notre texte qui fait suivre chaque considération (acte proprement philosophique) d'une élévation (où l'esprit s'abandonne à l'adoration et à la reconnaissance) est, à cet égard, significative[2]. Alors que la considération engage immédiatement l'activité cognitive de l'esprit, et reprend des thèses proprement philosophiques, l'élévation, commandée par les résultats acquis dans la considération, prolonge et traduit sur le plan de l'oraison et de la louange la méditation du philosophe. La philosophie (et spécialement la métaphysique qui interroge le sens de l'être, le statut de la connaissance

---

1. La longue élévation finale des *MHP* (p. 410-411) offre un exemple significatif de cette étroite coopération de la philosophie et de la méditation spirituelle : la prière à Dieu, saturée de philosophèmes, demande précisément ce que l'occasionnalisme apprend.

2. Rappelons que le terme et la pratique de l'élévation relèvent (notamment) de la tradition bérullienne et, par voie de conséquence, oratorienne. Voir par exemple *G* I, p. 74, et X, p. 384. Le Père Bourgoing, à son tour, définit ainsi l'élévation comme une « sorte d'oraison… qui se fait par voie d'admiration, d'adoration, de révérence, d'humble regard, d'hommage et d'honneur, et d'autres semblables pratiques, qui tendent purement et simplement à honorer et glorifier Dieu, sans aucun retour vers nous, sans rien désirer ni demander », *Les Vérités et excellences de Jésus-Christ Nostre Seigneur*, disposées par méditations pour tous les jours de l'année, 5e avis, cité par H. Bremond, *Histoire littéraire du sentiment religieux en France depuis la fin des guerres de religion jusqu'à nos jours*, tome III, *La conquête mystique, L'école française*, Paris, Bloud et Gay, 1925, p. 118 (note 1).

et la nature de la causalité) s'avère désormais indissociable de la contemplation des mystères de la vie de Jésus dans les *Considérations de piété*.

Nous pouvons mesurer cette solidarité entre philosophie et piété (donc aussi entre les *Conversations* et les *Méditations*) sur quelques exemples, tirés tout spécialement de la première série de considérations (p. 391-396) qui examinent l'homme considéré comme créature.

Plusieurs concepts (néant, dépendance), ainsi que plusieurs philo-sophèmes (groupes de concepts ou réseaux conceptuels) – description de la volonté, vision des idées en Dieu, concentration de la causalité efficiente dans la seule toute-puissance divine – permettent de déter-miner le statut de la créature en vue de servir au mieux la véritable humilité. Pour le dire selon les catégories de Henri Gouhier, la philo-sophie se nourrit ici d'une « expérience religieuse » dont elle cherche à traduire en formules claires l'élan plus ancien, sinon plus profond.

Si (le fait est assez notable) le nom de Bérulle est absent des œuvres de l'oratorien Malebranche[1], il est cependant inconcevable que Malebranche n'ait pas eu une connaissance directe des œuvres du fondateur de sa congrégation (éditées pour la première fois en 1644 par les soins du père François Bourgoing (1585-1662) troisième

---

1. Les travaux consacrés aux rapports du bérullisme et de la pensée malebranchiste sont fort peu nombreux. Voir H. Bremond, *Histoire littéraire du sentiment religieux…*, t. III, p. 219-220 (qui rend hommage à l'étude de G. Breton), H. Gouhier, *La vocation de Malebranche*, Paris, Vrin, 1926, p. 125-128; A. Cuvillier, *Essai*, p. 13-14, qui cite l'article de G. Breton (1912). À supposer que Bérulle ait été le « vrai maître de Malebranche » (et non Descartes, comme le soutient Breton), il convient, nous semble-t-il, de l'établir tex-tuellement. Est-il usuel de ne jamais citer ses maîtres? On trouvera quelques références complémentaires dans G. Rodis-Lewis, *Nicolas Malebranche*, p. 340, n. 3. Voir encore J. Beaude, « Bérulle, Malebranche et l'amour de Dieu », *Revue philosophique de la France et de l'étranger*, 1989, 2, p. 163-176 (qui, à son tour, formule à juste titre de nettes réserves envers un mysticisme, et même un bérullisme de Malebranche). Assurément, une histoire d'ensemble des relations de la philosophie de Malebranche à la tradition oratorienne reste à écrire.

général de l'Oratoire). Le silence malebranchiste et l'absence de référence explicite font donc pour le moins question. Témoignent-ils d'un déclin de la spiritualité et, plus largement, de la pensée du fondateur jusque dans les rangs oratoriens ? Trahissent-ils plutôt des divergences de vue qui, nous l'allons voir, ne tardent guère à frapper le lecteur, mais que la révérence et la piété filiale due à la haute figure du cardinal interdit de mettre explicitement en avant ?

C'est en particulier à propos du traitement et de l'usage du concept de néant, spécialement dans les *Méditations sur l'humilité*, que devrait pouvoir se mesurer une éventuelle influence du fondateur de l'Oratoire[1], mais aussi, et plus largement, de la tradition oratorienne qui passe par Charles de Condren (1588-1641) (successeur de Bérulle à la tête de la congrégation), lequel offre une version assez sensiblement différente du « néantisme »[2], puis par les pères Denis Amelote (1609-

---

1. La littérature relative au traitement bérullien du néant est abondante ; voir notamment R. Bellemare, *Le sens de la créature dans la doctrine de Bérulle*, Paris, Desclée de Brouwer, 1959, P. Cochois, *Bérulle et l'école française*, Paris, Seuil, 1963, spécialement p. 68 *sq.*, H. Michon, « Bérulle et Pascal : de l'anéantissement », *Chroniques de Port-Royal*, 50, 2001, p. 447-462, R. Cadoux, *Bérulle et la question de l'homme*, Paris, Le Cerf, 2005, p. 79-83, et les récentes analyses de V. Carraud dans son étude « De l'état de néant à l'état anéanti : le système du néant de Bérulle », dans *Dire le néant*, J. Laurent (dir.), *Cahiers de philosophie de l'Université de Caen*, n° 43, 2007, p. 211-247, repris dans *Pascal : des connaissances naturelles à l'étude de l'homme*, Paris, Vrin, 2007, p. 129-162 (auquel nous renvoyons désormais). On consultera en outre l'utile anthologie de textes présentés et annotés, *Dire le néant*, J. Laurent et Cl. Romano (dir.), Paris, PUF, 2007.

2. Voir à ce sujet les pages très classiques de H. Bremond, *Histoire littéraire du sentiment religieux…*, t. III, p. 360-417. S'agissant du néantisme de Condren, voir L. Cognet, *Histoire de la spiritualité chrétienne*, t. III, *La spiritualité moderne*, Paris, Aubier, 1966, en particulier p. 385-387. Rappelons que le principal ouvrage de Condren (*L'idée du sacrifice et du sacerdoce de Jésus-Christ*), largement retravaillé par Quesnel (seule la seconde partie est réellement de Condren), a paru à titre posthume, en 1677. Condren, dont l'influence spirituelle sur l'Oratoire demeura très forte, développe une doctrine du sacrifice qui l'entend d'abord comme destruction et anéantissement, ce qui suppose une doctrine du néant largement héritée de Bérulle. Voir, sur la doctrine du néant et son articulation à celle du sacrifice, V. Carraud, « De la destruction. Métaphysique

1678, premier biographe de Condren) et Louis Thomassin (1619-1695), contemporain de Malebranche lui-même[1]. Une telle enquête déborderait largement le cadre de cette présentation. À titre de simple piste de lecture, nous nous limiterons donc ici à quelques suggestions de nature programmatique.

L'avertissement des *Méditations* expose brièvement le projet d'ensemble : il s'agit d'abattre l'orgueil humain, et de nous faire accéder à la véritable humilité. Celle-ci n'est pas seulement une disposition affective à la piété, mais elle découle plus radicalement de notre réceptivité et de notre capacité de Dieu. L'homme doit donc reconnaître ce qu'implique son être de créature, c'est-à-dire, précisément, son néant.

Ce projet commande la progression des *Méditations*, réparties en trois séries de considérations.

La première série envisage l'homme comme créature, et met en évidence le néant métaphysique de l'être créé. Dieu y est alors considéré comme l'être infini, infiniment distant du fini qui demeure apparenté au néant.

La seconde série de méditations envisage l'homme comme fils d'un père pécheur, descendant d'Adam, et en attente de Jésus-Christ pour le rétablir dans l'alliance de Dieu.

Une troisième série de méditations considère l'homme comme pécheur par lui-même, ce qui accroît sa responsabilité personnelle dans son éloignement de Dieu.

Le mouvement du texte cherche donc à exprimer de plus en plus fortement la dépendance à la fois métaphysique et spirituelle de

et idée du sacrifice selon Condren », dans *Il sacrificio*, P. Valenza (ed.), *Archivio di filosofia*, 2008, 1-2, p. 327-344.

1. Sur Thomassin, on consultera P. Clair, *Louis Thomassin, étude bio-bibliographique, avec vingt lettres et deux textes inédits*, Paris, PUF, 1964. Les textes réédités dans ce volume ne concernent pas directement notre propos. S'agissant des lignes de force de la spiritualité oratorienne (et notamment la thématique du néant et ses évolutions), voir les pages de L. Cognet qui lui sont consacrées, dans *Histoire de la spiritualité chrétienne*, t. III, p. 328 *sq.*

l'homme envers son créateur, qui devient tout autant son rédempteur. C'est ainsi que, si les élévations qui font suite aux considérations de la première série s'adressent à Dieu, les suivantes se tournent plus précisément vers le Christ, seul médiateur. Malebranche a rendu compte de cette progression dans une séquence particulièrement nette : « Comme créature, Dieu m'écoute ; comme enfant d'Adam, il me méprise ; mais, comme pécheur, il ne peut songer à moi sans me punir de toute la force de sa rigueur, ou selon toute la capacité que je puis avoir de souffrir » (*MHP*, p. 405). L'homme se disposera d'autant plus à l'humilité, que la philosophie et la méditation de son état l'approchera de sa condition de pécheur.

Les trois sens du néant

La notion malebranchiste du néant présente trois aspects complémentaires, mais distincts.

1. En premier lieu (et de manière très banale) le néant revêt un sens métaphysique, et désigne la complète négation de l'être : ainsi le néant n'est pas visible, preuve que tout ce qui est vu constitue une réalité (*CC* III, p. 72 et 74)[1]. De même, le verbe anéantir désigne le plus souvent la simple cessation d'être (*CC* I, p. 18, et III, p. 65)[2]. Le vocabulaire de l'anéantissement signifie le plus fréquemment la destruction ou cessation d'être de la créature (jugée naturellement impossible) : « car l'anéantissement des substances est naturellement impossible »[3].

2. Mais lorsque l'oratorien affirme à deux reprises que l'homme est par lui-même un « pur néant »[4], il forge (ou réassume), à l'évidence,

---

1. Voir aussi *EMR* I, § I, *OC* XII, 32.
2. Voir de nombreux usages similaires dans les *Entretiens sur la mort*, notamment I, *OC* XIII, 369.
3. *Ibid.* Cf. *EMR* VII, § IX, *OC* XII, 158.
4. *MHP*, p. 391 et 396. Ce syntagme (qu'on rencontre sous la plume de Bérulle, *OP* 189, IV, p. 57, et surtout *OP* 209, p. 98), est, sous celle de Malebranche, sauf erreur, propre aux *Méditations sur l'humilité*. Ce constat pourrait accréditer l'hypothèse d'une inspiration bérullienne particulière (sinon d'une filiation explicite) de notre texte.

une autre signification du néant[1]. L'homme, et plus largement l'ensemble des créatures, est, mais il est comme n'étant pas. Le néant ne signifie donc plus tant une négation de l'être, qu'il ne caractérise alors une manière d'être[2]. Il exprime la coloration, ou, pour mieux dire, la tonalité fondamentale de l'être créé. En sa complète dépendance, le

---

1. On comparera en ce sens ces deux déclarations des *MHP* avec *CC* II, p. 43 : « l'homme est meilleur que le néant, et il est plus capable que le néant de l'honorer [Dieu] ». L'homme n'est donc pas dit un « pur néant » au sens où il est dit « meilleur que le néant ». On trouverait une anticipation de ce nouveau sens du néant dès les *CC* VI, p. 133 : « Le fidèle par sa foi en Jésus-Christ prononce le même jugement que Dieu porte de son infinité et de notre néant ». Le néant désigne, en ce second sens, l'être créé, et sa finitude. Nous ne saurions donc suivre tout à fait Vincent Carraud lorsqu'il écrit que : « le néant de l'être malebranchien, distingué du néant de la sainteté (ce que nous appellerions le néant de sainteté, c'est-à-dire le péché), signifie le non-être (complément objectif), ce néant sur lequel le Christ a à "travailler"; tandis que le néant de l'être bérullien, distingué du «néant du péché» (le péché comme néant), signifie l'être même comme néant (complément subjectif) » (« De l'état de néant à l'état anéanti… », p. 135, note 2). Il nous semble que le néant de l'être malebranchiste ne peut, singulièrement au regard des occurrences des *MHP* comme de celle du VIe Entretien des *CC* (p. 133), être réduit au sens du « complément objectif ». Les petites méditations (dont V. Carraud ne fait pas usage ici) nous semblent précisément élaborer un sens subjectif (donc bérullien en ce sens) du syntagme, où le néant traduit la teneur même de l'être en son état créé.

2. Le thème et le lexique du néant, en ce sens, reste assez présent sous la plume des contemporains, y compris en dehors de l'école française ou de ses épigones. Des formules plus ou moins néantistes (et notamment le recours au syntagme « pur néant » pour exprimer l'être de l'homme) se rencontrent ainsi chez Bossuet : « En la présence d'un être si grand et si parfait, l'âme se trouve elle-même un pur néant, et ne voit rien en elle qui mérite d'être estimé, si ce n'est qu'elle est capable de connaître et d'aimer Dieu » (*De la connaissance de Dieu et de soi-même*, chap. IV, 7, rééd. Paris, Fayard, 1990, p. 198). On prêtera surtout attention à cette formule pascalienne, *Pensées*, Lafuma fr. 418 : « Le fini s'anéantit en présence de l'infini et devient un pur néant » (texte qui figure sous cette forme dans l'édition de Port-Royal, 1670, p. 54), à comparer avec *Adoration*, p. 425 : « Du fini à l'infini la distance est infinie. La créature […] comparée à votre infinie majesté, elle s'anéantit entièrement ». Dans ces deux textes, l'infinité annule la différence pourtant infinie du néant au fini, pour identifier le second au premier, en faisant du néant le marqueur ontologique de la finitude.

créé s'oppose radicalement à la plénitude de l'être divin[1]. L'être de l'homme équivaut au néant, parce que l'homme ne peut rien être ni faire par lui-même. En cette perspective, le néantisme (ou du moins un certain usage anthropologique du néant) et l'occasionnalisme se prêtent pour ainsi dire assistance mutuelle[2]. Le concept malebranchiste du néant reçoit donc une extension élargie au-delà de sa signification proprement métaphysique : du néant de l'être (sorte de *nihil negativum*), on passe sans solution de continuité à un sens du néant qui désigne une manière d'être et d'agir. Le néant permet donc d'exprimer une modalité ontologique dont l'élucidation, menée dans les petites méditations, présente une forte consistance éthique et spirituelle.

3. Un tel usage élargi du néant nous conduit finalement à la mise en évidence d'un authentique néant moral, ce que Malebranche nomme néant de la sainteté (*CC* II, p. 52)[3].

Développons brièvement ces différentes acceptions du néant pour en saisir l'articulation profonde.

Précisons, à titre préalable, qu'en croyant pouvoir repérer, chez Malebranche, trois sens du néant (néant comme absence de l'être, néant comme sens de l'être et néant comme absence de bien), nous n'entendons pas cependant reconduire le lexique malebranchiste à la

1. Voir Bérulle, *G* IX, p. 352, sur le néant de l'homme et sa triple distance à Dieu ; « En nous notre être est rempli de néant […] Car il y a plus du néant que de l'être en notre être » (*OP* 52, III, p. 171). Il évoque ailleurs le « centre de notre être qui est le néant » (*OP* 280, IV, p. 300). Cf. *OP* 228, IV, p. 143. Sur l'indigence de la créature, voir encore *OP* 296, IV, p. 336, et P. Cochois, *Bérulle et l'école française*, p. 70. Pour Malebranche comme pour les premiers oratoriens, ce n'est pas tant la chute qui nous abaisse et accentue notre indigence de Dieu, que notre état ontologique de créature : nous sommes néant par nature, par création si on peut dire, entendons avant et indépendamment de la chute.

2. F. Alquié reconnaît que l'occasionnalisme s'enracine dans la spiritualité bérullienne (*Le cartésianisme de Malebranche*, Paris, Vrin, 1974, chap. VI, p. 246), tout en remarquant, un peu plus bas, que Malebranche en transforme profondément le sens, en direction d'un naturalisme mécaniste (*ibid.*, p. 294).

3. Ce syntagme est répété sous une forme voisine dans l'*Adoration*, p. 429, qui ajoute la mention de la justice, comme les *EMR*, XIV, § XI, *OC* XII, 349, qui distinguent clairement néant de l'être et néant de la sainteté.

tripartition déployée par Bérulle ou ses disciples[1]. Si Malebranche réassume, comme nous l'allons voir, les sens ontologique et moral du néant, il semble tout à fait clair, en revanche, qu'il ignore le troisième sens du néant, comme anéantissement par la grâce.

Du néant de l'être à l'être comme néant

C'est donc pour penser le néant de la créature que les *Méditations sur l'humilité* convoquent (dans la première série de considérations, p. 391-396) les principaux philosophèmes constitutifs de l'occasionnalisme : Malebranche tire en particulier toutes les conséquences de la forte relance occasionnaliste de la doctrine de la création continuée. L'occasionnalisme réactive en effet cette thèse, commune aux scolastiques et au cartésianisme, mais en donne une version pour ainsi dire renforcée, puisque la négation des causes secondes étend sans reste l'efficace divine à la totalité des modalités (et non seulement à la subsistance de l'être des substances)[2].

---

1. Rappelons que l'opuscule qui porte le n° 136 dans l'édition Bourgoing (n° 234 dans l'éd. Dupuy) est précédé de ces lignes, qui, selon la préface de Bourgoing (c. 83-84) sont de la main du P. Gibieuf : « L'Église nous représente trois principes fort différents : Dieu, Adam et Jésus-Christ. Il y a trois sortes de néant : le néant duquel Dieu nous tire par la création, le néant où Adam nous met par le péché, et le néant où nous devons entrer avec le Fils de Dieu s'anéantissant soi-même pour nous réparer » (*ibid.*, c. 1170). Notons cependant que l'opuscule lui-même ne distingue pas trois, mais seulement deux néants (celui où Dieu nous trouve, et celui où il nous met). Sur les divergences entre l'autographe et le texte édité, et l'hésitation sur la typologie des néants, voir V. Carraud, « De l'état de néant à l'état anéanti… », p. 157-158.

2. La démonstration de l'inefficace des causes secondes et la totale dépendance de l'homme qui s'ensuit pouvait paraître à Malebranche l'illustration, voire la démonstration, au niveau du discours philosophique, d'aperçus bérulliens, comme ces lignes, qu'il pouvait lire dans l'édition du P. Bourgoing : « L'homme est tiré du néant, et est comme un néant qui ne peut ni être ni agir hors la main de Dieu, ni agir qu'avec Dieu, c'est-à-dire autant que Dieu le fait agir. Cette vérité nous oblige à ne vouloir que ce que Dieu nous fait être, à ne vouloir être que dans ses mains et en lui : C'est en lui que nous vivons, que nous nous mouvons et que nous sommes, à ne vouloir agir qu'avec lui, et à nous rendre dignes de cette union d'être et d'action avec Dieu » (*OP* 166, IV, p. 3). On retrouve la référence à Ac 17, 28, sous la plume de Malebranche, *MHP*, p. 393 (dans le

Si Dieu cesse de vouloir positivement l'existence des choses, celles-ci ne peuvent se soutenir un seul moment, et retombent immédiatement dans le néant. Le néant traverse ainsi l'être, qui est destitué de toute consistance[1]. Afin d'être complète et convaincante, la démonstration de ce néant ou de cette impuissance de l'homme, doit se décliner selon la totalité de ses prétendues puissances, entendons les différentes facultés de son esprit.

1. L'indigence de la créature est tout d'abord acquise à un niveau proprement métaphysique, par l'insistance sur L'absolue dépendance de son être, mais aussi de ses manières d'être envers Dieu. À la lettre, la créature est néant parce qu'elle ne peut rien sans Dieu. Si la doctrine dite de la création continuée est évidemment familière aux cartésiens comme aux scolastiques, Malebranche a pu encore la rencontrer sous

contexte plus restreint de la « vision en Dieu »). Précisons toutefois que l'insistance bérullienne sur notre dépendance ne va pas jusqu'au refus de l'efficace des causes secondes. Certaines formules bérulliennes ont toutefois pu paraître aux yeux de Malebranche de nature à autoriser ses propres vues : « la cause première applique les causes secondes et la principale applique les instrumentales » (*OP* 289, IV, p. 319).

1. Malebranche traduit sa pensée en des formules dont l'ambiguïté confine parfois à une certaine forme de panthéisme, comme dans l'élévation qui suit (p. 392). Dieu possède ainsi en lui toute la réalité des créatures ; « Mon être est pour ainsi dire l'être de Dieu ». Reste à savoir si Dieu possède l'être du créé formellement, ou seulement par éminence. L'insistance sur la dépendance extrême de la créature (laquelle vise plus spécialement à souligner le dénuement de l'homme considéré sans son rapport essentiel à Jésus-Christ) conduit à une certaine déréalisation de l'ordre du créaturel, comme chez d'autres auteurs de la même époque, marqués par le malebranchisme. Nous nous permettons à ce sujet de renvoyer le lecteur à notre édition des *Méditations métaphysiques* de René Fédé (1ʳᵉ éd. 1683), Paris, Vrin, 2009, spécialement à la première méditation, ainsi qu'à notre présentation. L'oratorien pouvait en outre lire sous la plume du fondateur : « Adorons Dieu toujours créant, toujours référant le monde à soi et régissant ce monde et le créant par une création continuée, en sorte que l'être créé est toujours émanant de Dieu et n'a subsistence qu'en cette émanation continuée et perpétuelle, sans avoir aucune consistance hors de cette émanation toujours présente » (*OP* 214, IV, p. 116). Sur la proximité de l'homme au néant d'où il n'émerge qu'à grand peine, voir les belles formules des *G* IV, p. 182, et *OP* 227 (de l'abnégation), IV, p. 140 (avec le recours à l'image de la fange). La créature est toujours prête à retomber au néant (*G* II, p. 96-97).

la plume de Bérulle qui l'hérite probablement de l'École, en lui conférant une signification spirituelle qui déborde de manière significative le débat ordinaire touchant les rapports entre la cause première et les causes secondes[1]. Dans une philosophie qui concentre en Dieu l'entité plénière et la puissance infinie, la créature confine logiquement au néant de l'être et de l'impuissance. En résumé, le dispositif conceptuel de l'occasionnalisme confère à l'intuition bérullienne du néant de la créature son armature métaphysique[2].

2. Dans le prolongement des *Conversations*, Malebranche poursuit sans faillir sa critique de tout discours métaphysique centré sur la primauté du moi, quel qu'en soit le fondement. L'impuissance qui est la nôtre dépossède l'ego de toute suffisance : en tous sens, nous ne nous appartenons pas ; entendons que nous ne sommes en rien l'origine de ce qui nous advient ou de ce qui nous fait agir[3]. Ce thème

1. *OP* 12, III, p. 58 ; « […] la conservation est une création continuée » (*OP* 87, III, p. 260) ; cf. *OP* 167, IV, p. 6, *OP* 175, IV, p. 25 (cité par G. Rodis-Lewis, *Malebranche*, Paris, PUF, 1963, p. 295, n. 1, qui mentionne d'autres lieux bérulliens pour les rapprocher de la position malebranchiste), et surtout *G* VI, p. 236-239, qui constitue une sorte de petit traité de l'être créé.

2. Épuisant son être dans une simple relation à Dieu, la créature s'y trouve constitutivement référée ; voir Bérulle, *OP* 248, IV, p. 193-194. « Totum esse nostrum est quid accidentale ; nihil moraliter subsistens in creaturis agnoscere debemus » (*ibid.* (textes originaux) IV, p. 566). Dans le monde de la grâce, la relation devient la catégorie première et « la plus puissante » (*OP* 249, IV, p. 198). Bérulle en tire les conséquences pratiques. Après avoir réaffirmé le primat ontique du relatif, l'opuscule n° 180 (IV, p. 39) précise : « Car ne pouvant être dieux par essence, ne pouvant être absolus et indépendants, ne pouvant être à nous-mêmes, le vouloir, c'est vouloir l'impossible » et oppose le « se défaire » dans la dissemblance du refus de la relation, et le « se parfaire » dans son acceptation. Or l'occasionnalisme généralise ce primat de l'être comme relatif, fait de l'être une pure dépendance, et dessaisit la substance de son primat catégorial. La substance et ses modifications sont également indigents d'une cause efficiente qui a définitivement déserté le fini.

3. On a vu, en lisant les *Conversations*, que toute action désordonnée constitue non seulement une violation de la loi morale contenue dans l'ordre, mais encore une offense faite à Dieu, puisqu'elle suppose un usage illicite de sa propre puissance. Voir aussi *MHP*, p. 407-408. Malebranche a pu, là encore, trouver dans ces lignes de Bérulle une

va recevoir, dans les considérations suivantes, une triple confirmation théorique.

3. La seconde considération reprend tout d'abord la doctrine de la volonté comme mouvement spirituel inscrit en nous par Dieu pour nous porter au bien infini, lequel est identifié à Dieu lui-même[1]. L'impuissance du vouloir se trouve encore accusée par l'ignorance où nous sommes des multiples circonstances requises par la moindre de nos actions : « Ainsi, c'est l'homme qui veut remuer son bras, mais c'est Dieu seul qui peut et qui sait le remuer » (p. 392)[2]. L'acte de la volonté humaine n'est pour Dieu qu'une occasion de déployer sa puissance en produisant, ce à quoi nous ne saurions prétendre.

source d'inspiration : « Comme Être il soutient et conserve notre être, et nous n'avons puissance, mouvement et action que par lui. C'est en lui-même que nous sommes, que nous vivons, que nous opérons, nous dit saint Paul. C'est donc lui que nous offensons, profanant un Être si pur par nos actions impures et illicites. Et c'est par la puissance que nous recevons de lui que nous commettons nos actions déréglées, abusant indignement de lui et de ses actions, et usant de ce qui est de lui à l'encontre de lui-même » (*OP* 167, IV, p. 7). L'occasionnalisme malebranchiste fournit à ce topos spirituel les instruments conceptuels de son élaboration.

1. La volonté ne provient de Dieu que pour y retourner, selon une courbure originelle de son mouvement qui lui est tout à la fois intime et en quelque mesure extrinsèque ; on comparera les développements malebranchistes avec les admirables formules de Bérulle sur le mouvement de la volonté, « mouvement perpétuel, cherché et ignoré des philosophes » (*OP* 173, IV, p. 21). Le thème de l'absolue et constante référence de la créature à son principe (par toutes ses puissances) est récurrent chez Bérulle : reprenant pour le gloser le « Fecisti nos ad te » augustinien (*Confessions*, I, I, 1), Bérulle écrit : « Dieu nous créant et cet univers a donné un instinct et mouvement vers lui-même : "Vous nous avez faits pour vous". Il nous a référés à lui-même et ce mouvement est inséparable de la créature et durera voire dans l'enfer même, c'est-à-dire tant que la créature durera en son être. Et nous devons en adorant le Créateur nous rendre au mouvement universel que sa main puissante a imprimé dans l'intime de la créature vers son Créateur » (*OP* 211, IV, p. 109-110). *Cf.* déjà un parallèle dans l'*OP* 209, IV, p. 101 ; voir aussi *OP* 175, IV, p. 26.

2. Ce que Bérulle dit de notre impuissance à nous procurer la grâce est étendu par Malebranche à toute forme d'action, y compris naturelle : « S'il se pouvait ressusciter, il le ferait ; mais s'il n'est besoin que de remuer le bout du doigt, il ne le peut ; s'il ne faut qu'ouvrir la bouche, il ne le saurait faire : il ne peut faire la moindre petite action de vie » (*OP* 245, IV, p. 184).

L'élévation qui suit peut dès lors traduire dans le langage de l'oraison ce que l'analyse métaphysique vient de conquérir (ou plutôt de réaffirmer) selon les catégories et le vocabulaire de la philosophie : «Vous êtes toute ma force, ô mon Dieu» (p. 393). Dieu est la seule vraie cause, il est donc, à la lettre, l'unique force mouvante de toutes les créatures (matérielles et spirituelles) [1].

4. La IIIe considération souligne cette fois l'hétéronomie cognitive de l'homme. Incapable de produire sa propre lumière, c'est en Dieu seul qu'il découvre la vérité. Là encore, la véritable humilité fait pièce à l'orgueilleuse prétention d'un ego qui entendrait se suffire dans l'ordre de la connaissance et de la lumière naturelle. Malebranche donne un nouveau lustre au topos bien connu du Dieu soleil intelligible des esprits. La démonstration que nous voyons toutes choses en Dieu (administrée dans le troisième Entretien des *Conversations*) alimente puissamment la présente méditation sur notre extrême et universelle dépendance [2]. Le philosophème que constitue la vision en Dieu confirme et transpose en philosophie le lieu spirituel que représente l'identification de Dieu à la Sagesse (*MHP*, p. 400).

5. La démonstration de notre dépendance s'achève avec le rappel, dans la IVe considération (p. 394-395), des analyses que le premier Entretien des *Conversations* a consacrées à l'origine de nos plaisirs et de nos douleurs.

En résumé, prenons acte que nous sommes entièrement vides de nous-mêmes [3], selon une expression qui fait probablement écho à une

---

1. Les *CP* offrent un autre bon exemple de l'intrication mutuelle des divers plans du discours, en s'aidant de la conceptualité occasionnaliste pour augmenter en nous la piété et l'humilité devant un Dieu décidément tout-puissant, p. 414.

2. Voir les formules de l'élévation qui condense les développements de la IIIe considération (p. 394). La noétique ici résumée prolonge l'intuition (notamment bérullienne) de la parfaite et nécessaire intimité de l'âme à Dieu, qualifié de «premier moteur» de l'âme (*OP* 184, IV, p. 47-48).

3. Voir *CP*, p. 419 : «Offrons donc maintenant à Dieu le sacrifice de Jésus, dans un esprit d'anéantissement et de sacrifice ; et crucifions avec lui tout ce que nous sommes. Communions au sacrifice de Jésus, vides de nous-mêmes, et avec des désirs ardents

thématique, sinon à des formulations bérulliennes[1]. L'incipit de la seconde série de considérations met parfaitement en évidence l'apport propre de la vraie philosophie (et singulièrement des trois premiers Entretiens des *Conversations*) à la présente méditation : « L'homme, comme nous avons reconnu dans les considérations précédentes, n'est par lui-même qu'un pur néant[2] : il n'est que faiblesse, qu'impuissance, que ténèbres ; il reçoit continuellement de Dieu la vie, le sentiment, le mouvement, enfin tout son être et toutes ses puissances » (p. 396)[3]. En dépossédant l'homme du fonds de sa volonté, de ses idées et de ses sentiments les plus intimes, la métaphysique nous dispose à l'humilité. C'est alors que notre texte, à l'encontre du traitement usuel que Malebranche réserve au néant, s'en saisit pour penser notre condition. Il retrouve, pour la dernière fois peut-être, les accents, sinon les concepts de ceux qui furent et restèrent, néanmoins, ses maîtres spirituels.

Du néant de l'être au néant de la sainteté

Après avoir considéré l'homme comme créature, notre texte l'envisage ensuite comme un pécheur, irrémédiablement marqué par sa déchéance depuis la chute de ses premiers parents. Pour traduire cet

---

de nous remplir de son esprit ». Par-delà la lettre du canon romain, cette séquence rend indéniablement un son bérullien : l'anéantissement, ici entendu en son sens fort, est l'opérateur de cette kénose de soi-même typique de l'école française de spiritualité.

1. Il convient ainsi « que je ne sois plus qu'une nue capacité et un pur vide en moi-même, rempli de lui [Jésus-Christ] et non de moi, pour jamais » (*G* II, p. 119). Ailleurs, le cardinal évoque le néant et le vide de l'être créé (*OP* 189, IV, p. 57) ; *OP* 204, IV, p. 83-84, à propos de l'être de l'homme, vide qui a besoin d'être rempli.

2. Le concept de néant n'exprime pas tant la négation de l'être, que son extrême fragilité et dénuement : « Car l'homme est composé de pièces toutes différentes. Il est miracle d'une part et de l'autre un néant. […] C'est un néant environné de Dieu, indigent de Dieu, capable de Dieu et rempli de Dieu, s'il veut » écrit Bérulle (*OP* 168, IV, p. 10).

3. Cf. *CP*, p. 416. Il conviendrait d'interroger le rapport entre la notion malebranchiste d'obligation envers Dieu qui découle de notre condition (Malebranche évoque ici même « une obligation fort étroite de reconnaissance et d'amour envers Dieu ») et la notion bérullienne de servitude de la créature.

état, on sait que les *Conversations* avaient déjà eu recours à une autre détermination du néant, comme néant de la sainteté (*CC* II, p. 52; *Adoration*, p. 429). Malebranche convoque donc un nouvel usage du néant pour désigner l'état de séparation de la créature d'avec Dieu, consécutif au péché originel. Ce néant exprime l'impuissance de la créature à faire le bien d'elle-même et par elle-même. Au regard du sens métaphysique qu'on vient de rappeler, cet usage du néant fait émerger un sens distinct. D'un point de vue métaphysique, cet usage du néant revêt un sens métaphorique, ainsi qu'en témoigne la quali-fication (plusieurs fois reprise) de cet état d'éloignement extrême comme un état « pire que le néant »[1]. Le péché constitue un « néant de sainteté »[2], qui, contrairement au néant métaphysique, suppose la continuation de l'être[3], mais n'en représente pas moins une situa-tion existentiellement pire que la simple annihilation de la créature. Ce nouveau néant est donc, sans paradoxe, pire que le simple anéantissement[4].

1. Outre les textes déjà cités, voir *Adoration*, p. 427, et *MCM* VIII, § VII et XVIII, § XIX, *OC* X, 85 et 209. L'état pire que le néant trouve probablement en celui de Judas après la trahison qui le situe dans l'extrême éloignement de Dieu, son archétype, Mt 26, 24.

2. Malebranche parle aussi du péché comme d'un néant, *EMR* XIV, § XI, *OC* XII, 348; Si le péché nous plonge en un état pire que le néant, il est lui-même néant, quoiqu'en un sens différent de ce terme.

3. Ce que nous pourrions nommer la « désontologisation » du néant se marque au fait que certains textes le pensent comme « milieu » entre ces deux états existentiellement plus déterminés que sont bonheur et malheur : « Le néant est un milieu entre le bonheur et le malheur » (*TM* I, chap. VII, § II, *OC* XI, 82). Le néant désigne ainsi un état neutre de l'étant, et non sa suppression; on s'en convaincra en rapprochant ce texte de cet autre, pour ainsi dire symétrique, où Malebranche substitue l'être au néant : « Car l'être est comme un milieu entre le bien-être et le mal être, milieu de soi assez indifférent à la volonté de l'homme qui n'aime ou ne hait l'être qu'autant qu'il est ou peut être bien ou mal » (*TM* I, chap. VIII, § XV, *OC* XI, 103). Le rapprochement est vu par J.-P. Osier (n. 104, p. 371) de son édition du *Traité de morale* (Paris, GF-Flammarion, 1995).

4. Sur la situation du pécheur plongé dans cet état pire que le néant avant (ou indépendamment) de la restauration opérée par l'Incarnation, voir *CC* II, p. 52; VIIIe *Écl.*, *OC* III, 99; *EMR* IV, § XVIII, *OC* XII, 103. Précisons que le recours au néant

Un néant sans anéantissement

Il peut sembler que ce dédoublement malebranchiste des significations du néant (néant de l'être, ou surtout être comme néant, et néant de la sainteté) reprend à son compte la distinction bérullienne d'un double néant (néant de nature, ou ontologique, et néant du péché)[1]. Avant Malebranche, Bérulle semble admettre que le néant consécutif au péché représente un état pire que la simple absence d'être : « Le péché est un second néant, pire que le premier, néant de grâce, néant opposé à Dieu, néant résistant à Dieu » (*OP* 227, IV, p. 140)[2].

Or c'est précisément en ce point que Malebranche, quelle que soit la vénération qu'il porta au cardinal, nous semble cependant abandonner progressivement le sens profond de sa méditation du néant de l'homme. En d'autres termes, s'il maintient le lexique du néant, sa pensée nous paraît cependant méconnaître la notion d'anéantissement, y compris lorsqu'il s'agit « d'abattre l'orgueil de l'esprit »[3]. Relevons quelques indices.

pour dépeindre la situation du pécheur suppose que la restauration de la créature se formule comme un renouvellement de son être, ou comme l'acquisition d'un nouveau degré d'être. Le texte déjà cité des *EMR*, XIV (§ XI, *OC* XII, 349) le dit expressément, et conçoit la grâce comme ce qui fait de nous « une nouvelle créature », dans la lignée des développements pauliniens sur l'homme nouveau (Ep 4, 24). Voir Bérulle, *OP* 210, 228, et surtout 245, IV, p. 184, qui commente Ps 51 [Vulgate 50] v. 12), et pense le don de la grâce comme une nouvelle création.

   1. Touchant le traitement bérullien de cette notion, voir *OP* 177, IV, p. 33. « Et il faut que le même Dieu qui nous a tirés du néant de la nature par sa puissance nous tire du néant du péché par miséricorde » (*OP* 218, IV, p. 121) ; tirée du néant par la création, la créature y tend néanmoins par sa « condition propre » tout comme par le péché (*OP* 231, IV, p. 149). Si Malebranche définit le plus souvent le péché comme état pire que le néant, il fait aussi du péché un « néant véritable » (*TM* II, chap. VII, § 4, *OC* XI, 203).

   2. « et ainsi le néant nous appartient par le fond de la nature, le néant, dis-je, absolu, néant d'être, de puissance, de suffisance, d'opération. Et si nous consultons les règles de la foi, elles nous obligent à croire que nous n'avons rien en propre que mensonge et péché, quis est une sorte de néant, pire encore que le précédent » (*OP* 296, IV, p. 334).

   3. Pour un avis différent, voir A. Cuvillier, *Essai*, p. 41, qui veut voir dans les *MHP* une reprise de l'anéantissement bérullien.

La reconnaissance de notre néant, selon Bérulle, implique un total renoncement à nous-mêmes, pour redevenir une pure capacité de Dieu. Cette dépossession de soi (que traduit notamment la notion bérullienne d'abnégation) conduit à ce qu'il va penser en termes d'anéantissement[1]. Ce terme ne désigne pas la pure et simple destruction ou annihilation de la créature[2], mais le dépouillement de tout ce qui fait obstacle à sa rénovation par la grâce, et donc, en tout premier lieu, la reconnaissance de son complet dénuement[3]. Certains textes bérulliens (parmi les plus anciens selon les éditeurs) pensent l'œuvre de la grâce elle-même comme une œuvre de mort, et comme l'anéantissement de notre condition naturelle[4]. L'exigence de notre

---

1. Voir par exemple ce texte très net : « Cette fidélité en troisième lieu requiert que l'âme emploie toutes ses puissances à se perdre et anéantir en Dieu en la voie qu'il tient sur elle, afin que Dieu par après emploie sa puissance divine sur l'âme à l'anéantir lui-même par ses opérations intimes et secrètes qui opèrent une sorte d'anéantissement sur l'âme même, bien différente de celui que l'âme exerçait auparavant par sa propre puissance sur soi même. Car la puissance divine est bien plus efficace à anéantir l'âme que n'est pas celle de l'âme propre qui a un pouvoir fort petit et limité à opérer sur elle-même. Et comme Dieu a voulu employer sa puissance à tirer l'âme du néant par création, il veut aussi employer sa puissance suprême à la réduire à un autre néant, afin qu'elle ne soit plus qu'une capacité de Dieu […] » (*OP* 188, IV, p. 53-54). Le thème de l'anéantissement tient une place fondamentale dans la spiritualité des fondateurs, comme en témoigne sa reprise, sous une forme différente il est vrai, chez le père de Condren : voir H. Bremond, *Histoire littéraire du sentiment religieux…*, t. III, p. 371 *sq.*, ainsi que les travaux cités plus haut.

2. On distinguera donc le simple anéantissement et l'anéantissement en Dieu (*OP* 237, IV, p. 165).

3. Sur le thème de la nudité intérieure, voir *OP* 185, IV, p. 49 : « L'esprit de cette nudité tend à nous dénuer si profondément de nous-mêmes et si intimement que notre être ne soit plus qu'une pure capacité de l'être divin ».

4. « La grâce que le Fils de Dieu est venu établir au monde est une grâce de mort et non de vie, une grâce d'anéantissement et non de subsistence, une grâce d'appauvrissement et non de suffisance et abondance » (*OP* 221, IV, p. 128); voir les formules très nettes de *OP* 240, IV, p. 171. La notion bérullienne de néant de grâce est donc ambiguë, puisqu'elle désigne soit l'absence de grâce (le péché, *OP* 227), soit la manière (anéantissante) dont opère la grâce (*OP* 249, IV, p. 198).

anéantissement vient en tout premier lieu de la compréhension bérul-lienne de la kénose du Christ comme anéantissement de la nature divine. L'incarnation est ainsi entendue comme « Amour anéantissant et anéantissement d'amour » (*G* II, p. 87-88)[1]. La méditation sur les états du Verbe incarné conduit à reconnaître le suprême abaissement de Dieu qui s'est dépouillé de sa propre condition pour racheter la nature déchue[2]. Soucieux d'imiter en tout point le Christ, nous devons donc nous anéantir nous-mêmes, pour « avoir quelque part au néant adorable et divin du Fils de Dieu prenant notre nature » (*OP* 234, IV, p. 156)[3].

Au regard de ces quelques rappels, l'examen du vocabulaire malebranchiste du néant et de l'anéantissement révèle une situation contrastée. Indéniablement, plusieurs textes, dont les *Méditations sur l'humilité* semblent hériter du néantisme de l'école française de spiritualité[4]. Ainsi les *Méditations* reprennent l'idée selon laquelle

1. *Ibid.*, IV, p. 188 : « Ne voyons-nous pas comme il ne traite point ici de tirer un monde hors du néant, mais de réduire, en une certaine manière, à l'état du néant l'auteur du monde ? ». Sur le lien constitutif entre Incarnation et anéantissement, voir P. Cochois, *Bérulle et l'école française*, p. 87-88.

2. Voir *G* VII, p. 265. Cf. *ibid.*, IX, p. 352 : « c'est assez, et c'est trop de vous abaisser dans le néant de la créature » ; *ibid.*, XII, p. 469. L'expression « néant de la créature » se retrouve dans notre texte, *Adoration*, p. 436.

3. Voir *ibid.* les notes de l'éditeur. Il est inutile de rappeler l'importance des premiers versets du chapitre II de la lettre de saint Paul aux Philippiens (Ph 2, 6-8) pour la médi-tation bérullienne. L'anéantissement de la créature imite celui du Fils en son Incarnation : « Le premier honneur est en gloire et en splendeur, comme par Personnes égales et non dépendantes. Le second est en abaissement à raison du néant de notre être et de notre dépendance de Dieu. Et le troisième, en abaissement et anéantissement de l'Être divin par l'union hypostatique à un être créé » (*OP* 231, IV, p. 149).

4. Le sacrifice du Christ est parfois pensé comme anéantissement ; ainsi dans les *EMR* XIV, § XI, *OC* XII, 349. Cf. *Prières*, p. 439 et 444. Pour célébrer le sacrifice, le prêtre doit lui-même s'anéantir, comme il en prie Dieu avant la messe, *Prières*, p. 439 : « je m'abandonne absolument à vous, pour être dans cette action tout anéanti sous votre autorité, tout rempli de votre puissance, et tout possédé et pénétré de votre vertu… ». Le mouvement d'anéantissement est pensé ici comme préparation et condition pour l'accueil et le remplissement par la présence de Dieu ; ce double mouvement (anéantissement de

l'anéantissement de nous-mêmes est la condition de notre libération du péché. Notre anéantissement doit, si l'on peut dire, anéantir le néant du péché : « Il est extrêmement difficile de représenter les dispositions intérieures dans lesquelles un pécheur doit entrer, car il n'y a point d'état d'humiliation, de haine de soi-même, ni d'anéantissement, qui convienne à sa bassesse, à sa malice, et à son néant » (p. 403)[1]. Mais le texte poursuit et limite immédiatement, nous semble-t-il, la portée de cette déclaration, en convoquant un autre usage (cette fois affaibli, voire négatif) de l'anéantissement[2] : « Si le pécheur était anéanti, il serait trop heureux ; il faut qu'il soit, pour être puni, et il ne peut se haïr comme il devrait se haïr ». Cette dernière séquence trahit donc un usage quelque peu flottant du vocabulaire néantiste[3], signe d'un

---

soi et remplissement par la vie divine en soi) fait songer à Bérulle, commentant Ga 2, 20 : « je veux qu'il n'y ait plus de moi en moi, et je veux pouvoir dire selon saint Paul : *Je vis moi, et non pas moi, mais Jésus-Christ vit en moi* » (*G* II, p. 119), qui use déjà des notions de puissance et d'autorité pour les transférer à Dieu en nous. Les *Collationes*, déjà, témoignent de ce double mouvement : « Si vero totam se anima annihilaverit, totam etiam animam occupabit, nihil ipsius in ea reperiens », *Œuvres* II, p. 210 (trad. fr. t. I, p. 235). L'Église, à son tour, est, pour Malebranche, « victime entièrement anéantie » (*Prières*, p. 440).

1. L'expression « état d'humiliation » se rencontre chez Bérulle, à propos du séjour du Christ au désert (*OP* 64, III, p. 213). Voir encore *CP*, p. 419 (cité *supra*, p. 305, n. 3). On trouve en outre la thématique de l'anéantissement dans les *Prières* avant et après la messe, notamment p. 439-441, avec une insistance sur le lien entre néant et sacrifice qui pourrait faire songer au néantisme sacrificiel de Condren. Voir *EMR* IV, § XII, *OC* XII, 97.

2. La description malebranchiste du péché comme « état pire que le néant » marque donc un écart au regard de sa définition bérullienne comme « second néant » : la formule de Malebranche suggère en effet que le péché n'est plus un néant, mais une manière d'être telle qu'on en vient à souhaiter plutôt d'être anéanti. En ce sens, Malebranche dénéantise le péché.

3. Ainsi s'anéantir devient simplement synonyme de la lutte intérieure contre les passions dominantes (*MCM* VIII, § VII, *OC* X, 85) ; voir *TM* II, chap. XI, § 2, *OC* XI, 242 : le philosophe chrétien « sent sa faiblesse », il « se ressert et s'anéantit en lui-même » ; « On peut obéir sans s'abaisser, sans se sacrifier, sans s'anéantir » (*ibid.*, II, chap. XII, § 9, XI, 254). Si ce dernier texte produit une sorte de gradation, l'anéantissement qui en est le

affaiblissement de ses significations, et d'une sorte d'appauvrisse-ment progressif de ses champs d'application[1]. On ne trouve plus trace, sous la plume de l'auteur de la *Recherche de la vérité*, des riches déve-loppements bérulliens qui s'attardent à souligner l'extrême ductilité du néant, sa totale capacité de Dieu, sa parfaite soumission aux volontés divines, ce qui conduit, afin d'imiter Dieu, à nous anéantir[2]. Chez Malebranche, la détermination métaphysique du néant comme le pur invisible, comme l'absolument impensable, conduit à la destruction de la catégorie théologique de l'anéantissement.

On peut en prendre la mesure dans deux textes plus tardifs (mais évidemment sensibles à ces problématiques), le *Traité de l'amour de Dieu* de 1697, et un paragraphe du *Traité de morale* (I, chap. VIII, § XV), réécrit en fonction de l'évolution générale du thème du plaisir. Dans le *Traité de l'amour de Dieu*, dirigé contre les théories du pur amour, on voit Malebranche penser l'amour de Dieu comme anéantis-sement de l'âme en Dieu, mais corriger aussitôt toute mésinterpré-tation mysticisante, par sa théorie (constamment réaffirmée) de l'invincibilité du désir du bonheur[3] : « Plus nos plaisirs seront grands,

terme relève peut-être davantage d'une inflation rhétorique, et ne semble plus renvoyer à une théologie précise de l'anéantissement.

1. Les *Méditations chrétiennes* seront bientôt témoins de ce fait, en pensant l'anéan-tissement comme un sacrifice spirituel, et finalement comme le renoncement aux plaisirs et la capacité à endurer la douleur dans un esprit d'imitation et de sacrifice : « Ce que Dieu exige des créatures raisonnables, c'est un sacrifice spirituel ; c'est l'anéantissement de l'âme ; c'est la privation des plaisirs ; c'est la souffrance des douleurs ; ce sont les dispo-sitions intérieures » (*MCM* XI, § IX, *OC* X, 119). L'anéantissement de l'esprit devant la grandeur et la sainteté de Dieu dont parle la méditation XV (§ XVI, *OC* X, 172) offre un sens plus typique du bérullisme.

2. Voir les textes allégués par V. Carraud, « De l'état de néant à l'état anéanti... », p. 155-156.

3. Voir notamment *TM* I, chap. VIII, § XV, texte fondamental sur lequel nous revenons plus bas. Signalons que, si Pascal écrit « tous les hommes recherchent d'être heureux » (*Pensées*, fr. 148), l'édition de Port-Royal modifie dans un sens plus augus-tinien et porte : « Tous les hommes désirent d'être heureux » (1re éd., p 164). On notera ce

plus aussi notre union avec Dieu sera étroite, plus notre transformation, pour ainsi parler, sera parfaite, plus l'âme s'oubliera elle-même,
plus elle s'anéantira, plus Dieu sera tout en elle » (*OC* XIV, 14). Si
cette première séquence peut apparaître encore marquée par une spiritualité néantiste, et par la thématique mystique de l'oubli de soi [1], la
suite immédiate infléchit très sensiblement le sens de cet oubli de soi,
rendu finalement impossible au titre du désir inamissible de notre
bien-être [2] : « Il faut remarquer que nous n'aimons point tant notre être
que notre bien-être. Il n'y a point d'homme qui n'aimât mieux l'anéantissement de son être, que d'être éternellement malheureux, quelque
légère que fût sa douleur. On n'aime donc l'être que pour le bien-être,
Dieu nous a faits ainsi, afin que nous ne nous aimassions que pour lui,
qui seul peut faire notre bien-être » (*ibid.*) [3].

Le *Traité de morale*, de même, opère une fusion significative de
deux thèses d'origines très différentes afin d'établir le primat de
l'amour de Dieu sur toutes choses, sans pour autant compromettre
l'aspiration au bonheur qui fait l'essence de la volonté humaine. On le
voit ainsi réimplanter la thématique de l'oubli de soi et de la transformation déiforme de l'âme dans le cadre de la distinction entre motif et
fin de la volonté. La fin du vouloir ne suffit pas à le mouvoir, sans un
motif qui, selon Malebranche, doit nécessairement être un plaisir :
« Mais ôtez à l'esprit tout amour-propre, tout désir d'être heureux et
parfait, que rien ne lui plaise, que les perfections divines ne le touchent

qui peut apparaître comme une réticence à parler le vocabulaire de la « transformation »,
tempérée d'un « pour ainsi parler ».

1. L'oubli de soi constitue une dimension essentielle de l'ascension mystique. Il
reste que ce thème, chez Malebranche, ne reçoit pas de développement significatif, tant il
se concilie difficilement avec la thématique du désir d'être heureux.

2. Pour Malebranche, l'amour-propre (qu'il confond avec l'amour de soi, dont il ne
parle que rarement) est indestructible, et constitue l'essence même de la volonté. Voir,
parmi de nombreux textes, les formules très nettes du *TAD*, *OC* XIV, 10.

3. Rappelons que, contre le bénédictin François Lamy, Malebranche maintient que
l'amour de Dieu ne peut être pur, au sens où il serait totalement désintéressé, et pourrait
nous conduire à préférer notre anéantissement ou notre damnation pour complaire à Dieu.

plus : le voilà sans doute incapable de tout amour. Si rien ne lui fait plaisir, comment se plaira-t-il en Dieu ? […] Il est vrai qu'il pourra préférer Dieu à tous les êtres ; mais ce ne sera là qu'un jugement spéculatif ou de pure estime. Toute concupiscence suppose l'amour-propre. […] Il n'est point défendu de vouloir être heureux, ce commandement serait impossible ; mais il est défendu de s'aimer ou quelque créature que ce soit comme sa fin, ou la cause de sa perfection et de son bonheur. Celui qui se connaît bien et les êtres créés voit clairement que Dieu seul est aimable : et bien loin que le désir d'être heureux fasse qu'il rapporte à soi-même la cause de son bonheur, bien loin que les plaisirs dont Dieu comble les saints dans le Ciel puissent faire qu'ils s'aiment plus que Dieu, que c'est au contraire ce qui fait qu'ils s'oublient et qu'ils se perdent heureusement dans la divinité, car l'amour transforme pour ainsi dire celui qui aime en l'objet aimé, en celui qui fait toute sa félicité. Parce qu'effectivement la félicité vaut mieux que l'être » (*TM* I, chap. VIII, § XV, *OC* XI, 103). S'oublier soi-même, c'est ne pas se prendre pour la vraie cause de ses plaisirs, et reconnaître Dieu pour le seul auteur du bonheur[1]. L'oubli de soi est donc la condition sine qua non du vrai amour de soi[2].

La manière dont Malebranche conçoit l'abnégation (autre concept bérullien fondamental)[3] confirmerait ce reflux des thématiques néantistes (en dépit du maintient apparent des éléments lexicaux que

---

1. Voir en ce sens les formules très nettes de *TM* I, chap. VIII, § XVI.

2. Loin d'anéantir l'amour-propre, la grâce le règle ; voir *TM* II, chap. XIV, § V (qui, nous y revenons plus bas, constitue un lieu difficilement compatible avec une lecture « mystique » du malebranchisme).

3. Outre l'*OP* 227, voir *Collationes*, I, p. 234-239, trad. II, p. 210-213. Voir aussi cette précision : « la vie de la pensée et de l'esprit consiste en ce double mouvement intérieur par lequel l'esprit se détache des sens et se tourne vers Dieu, s'applique et s'élève à lui » (*OP* 184, IV, p. 47). L'équivalent malebranchiste de l'abnégation ainsi définie et mise en œuvre serait alors l'abstraction (des sens et de soi) à la fois inaugurale et constitutive de la métaphysique. On saisit ici la nature du travail malebranchiste, visant à transcrire en métaphysique des concepts qui relèvent, chez Bérulle de vie spirituelle, ou des pratiques ascétiques.

l'on a rappelés). L'abnégation ne représente plus la condition première de l'anéantissement, mais une simple préparation à l'opération de la grâce : « La privation, l'abnégation, la diminution du poids du péché sont des préparations nécessaires, afin que le poids de la grâce nous redresse et nous attache à Dieu » (*RV* I, chap. v, *OC* I, 76)[1]. L'abnégation tend à se confondre avec une simple ascèse spirituelle. Le renoncement à soi malebranchiste n'implique plus, comme pour Bérulle, une reconduction au néant[2]. L'abnégation (qui est renoncement à soi et surtout à la part sensible du soi) ne trouve plus dans une doctrine de l'annihilation son modèle ontique[3]. Une brève enquête lexicale confirme par ailleurs le déclin du vocabulaire mis au point par les principaux théoriciens de l'anéantissement : Malebranche n'évoque que très rarement, et en un sens neutre, l'annihilation. Il ne mentionne pas l'exinanition pour évoquer la kénose du Christ. L'index des citations bibliques confirme qu'il n'a pas commenté, ou même simplement fait usage de l'hymne aux Philippiens (2, 6-8 notamment). Le silence malebranchiste touchant l'exinanition du Christ est peut-être, en christologie, la condition et l'explication du déclin de l'anéantissement, dont l'exinanition constitue un des modèles privilégiés.

---

1. Cf. *CC* V, p. 112.

2. Touchant le caractère anéantissant de l'abnégation bérullienne, voir notamment : « Et nous ne devons pas penser que, lorsque nous aurons fait abnégation de passions, des pensées inutiles et de toutes les autres choses inutiles de cette sorte, il n'y aura plus du tout matière à abnégation. Car dans l'état même de la grâce qui semble parfaite, on sera d'une manière ou d'une autre anéanti (*erit aliquid annihilans*). [...] il suffit qu'en plus de la mortification générale et connue de tous qui porte sur les cinq sens extérieurs et intérieurs, et aussi celle des trois puissances mêmes de l'âme (*trium potentiarum animae*) nous reconnaissions qu'il peut produire une autre mortification ou plutôt un anéantissement, sans aucun doute, de l'essence même de l'âme (*mortificationem seu potius annihila-tionen ipsiusmet videlicet essentiae animae*) », *Collationes* (juillet 1614), trad. fr. I, p. 237 = II, p. 212.

3. Voir V. Carraud, « De l'état de néant à l'état anéanti... », p. 156.

En résumé, si Malebranche maintient (comme bon nombre de ses contemporains) un usage récurrent du néant, il infléchit de plus en plus nettement sa pensée en une direction qui l'éloigne sans retour de l'anéantissement. En ce sens, les *Méditations sur l'humilité* appartiennent à une période de jeunesse, où la doctrine bérullienne exerce encore une influence résiduelle sur sa pensée. Cet abandon des thématiques néantistes a en outre valeur d'indice, et permet de poser à nouveaux frais la question d'une mystique de Malebranche. On sait que ce fut là l'interprétation d'A. Cuvillier, précédent éditeur des *Méditations sur l'humilité*, lesquelles représentaient selon lui un des accomplissements les plus manifestes de cette mystique malebranchiste.

Or nous voudrions suggérer que de puissants motifs philo-sophiques internes au malebranchisme peuvent expliquer cette évolution, et l'abandon de toute dimension proprement mystique de son discours[1].

Adoration et philosophie

La question de l'appartenance de Malebranche à la mystique a fait longuement débat[2], et a divisé toute une génération d'historiens.

---

1. Les limites de cette présentation interdisent de mener une étude complète des relations de la philosophie malebranchiste à la mystique du Grand Siècle, de Benoit de Canfeld à Fénelon. Nous nous limiterons donc à en esquisser ici les principales directions.

2. Certains contemporains, ont voulu voir dans la doctrine de la vision en Dieu, une union mystique, par opposition à une union réelle. C'est ce dont témoigne le bénédictin dom Robert Desgabets dans sa critique de Foucher, tout en s'opposant à cette inter-prétation mysticisante de la vision en Dieu (sur Foucher et Desgabets, voir notamment notre présentation des annexes du tome III de notre édition de la *Recherche de la vérité*, p. 411 *sq.*). On lit ainsi dans la *Critique de la critique de la Recherche de la vérité [...] pour servir de réponse à la lettre d'un Académicien*, Paris, Jean Du Puis, que Desgabets oppose à Foucher dès 1675, 2ᵉ partie, p. 199 : « On dira d'abord que cette pensée semble être très propre à nous inspirer en même temps du respect, de l'amour et de la reconnais-sance pour cet être souverain duquel nous empruntons nos plus secrètes pensées ; et l'on

Certains d'entre eux s'accordent, à la suite du célèbre article de Maurice Blondel de 1916, pour évoquer un « rationalisme mystique », ou un « mysticisme intellectualiste », selon les expressions recueillies par A. Cuvillier (*Essai*, p. 69)[1]. La question relève assez largement d'une indétermination initiale du concept de mystique. Nous voudrions ici brièvement la reprendre, en tenant compte d'autres travaux, tels ceux de Louis Cognet, qui ont contribué à fixer plus précisément le type et les caractères déterminants de la mystique de l'école française, dont Malebranche se trouve hériter, par sa formation oratorienne.

ne peut pas nier qu'il ne soit très vrai que nous dépendons de lui absolument ; mais on a raison de douter s'il faut recourir pour cela à d'autre principe qu'à ce que nous savons touchant notre création et cette production continuelle de nos pensées que Dieu nous donne par le corps en qualité de moteur universel, ou plutôt unique, ainsi que nous avons dit ci-dessus. C'est là proprement ce qui établit entre Dieu et nous un commerce admirable de lumières, et une union très physique et très étroite, et non pas une union mystique ». Cf. *ibid.*, p. 214 : « j'ai déjà dit que cette manière d'expliquer comment nous connaissons les objets de nos pensées paraît toute mystique, et qu'on a beaucoup de peine d'y trouver de la solidité ». Voir la réponse de Foucher : « (...) l'on doit encore moins se figurer que cette pensée que vous appelez mystique puisse résoudre les difficultés qui sont essentielles à la recherche de la vérité » (*Nouvelle dissertation sur la Recherche de la vérité, contenant la réponse à la Critique de la Critique de la Recherche de la vérité*, sur la 7e assertion, Paris, J.B. De la Caille, 1679, p. 65).

1. Cuvillier dresse la liste des adversaires (dont H. Gouhier) et des partisans du recours au qualificatif de « mystique » pour décrire la pensée religieuse (ou même la théorie de la connaissance) malebranchiste. Voir *Essai*, p. 43, n. 1. L'auteur enrôle un peu vite certains commentateurs sous sa bannière, ainsi du remarquable ouvrage de A. Le Moine (*Des vérités éternelles selon Malebranche*, Paris, Vrin, 1936) qu'il eût été opportun de lire jusqu'au bout. Si en effet, comme le rappelle Cuvillier, Le Moine consacre bien un chapitre au mysticisme de Malebranche (3e partie, chap. II, p. 205 *sq.*), et produit un certain nombre d'arguments en faveur d'une telle lecture, il n'en fait pas moins suivre ce chapitre d'un autre, consacré cette fois à son « rationalisme », et conclut sans ambiguïté à l'absence de tout mysticisme proprement dit (y compris philosophique), après avoir rappelé qu'on ne relève aucun phénomène d'ordre mystique dans la vie spirituelle de Malebranche, *ibid.*, p. 227. La démarche d'A. Le Moine est particulièrement intéressante, dans sa tentative de récapituler les arguments pro et contra du débat. Voir encore p. 236 et 240. Voir aussi le jugement nuancé et plutôt réservé de V. Delbos (*Étude de la philosophie de Malebranche*, p. 20-21).

Le refus malebranchiste de ce qui fait le fond de la théologie mystique (au sens que lui donne par exemple le père Bourgoing dans la célèbre préface qu'il place en tête de l'édition des *Œuvres* de Bérulle [1]), nous semble singulièrement visible dans ce lieu stratégique que constitue l'opuscule de l'*Adoration en esprit et en vérité* qu'il n'est pas nécessaire d'analyser en détail, dans la mesure où cet écrit de 1695 recoupe plusieurs thèmes présents dans les preuves métaphysiques du sixième Entretien des *Conversations*. Il est éclairant en revanche de le confronter à l'opuscule 167 de Bérulle (IV, p. 4-8) dans lequel le cardinal a défini l'adoration, afin de mesurer les inflexions que manifeste la reprise malebranchiste de ce thème [2].

1. Définissant, en un texte devenu classique et souvent cité, les trois sortes de théologie (positive, scolastique et mystique) qui organisent alors le champ de la discipline, le P. Bourgoing écrit : « Il faut remarquer que cette sorte de théologie [la mystique] tient plus de la sapience que de la science, car elle traite des choses hautes et divines, hautement et divinement, et par les plus profonds principes de la foi, sans s'appuyer sur la science humaine, ni sur les raisonnements de la philosophie ; mais s'élevant au-dessus, comme un aigle, qui par son vol s'approche du ciel, et par sa vue subtile contemple les vérités éternelles, en la propre splendeur et clarté de leur soleil, qui est Jésus-Christ notre Seigneur ». On sera sensible au caractère relativement intellectualiste de cette définition de la mystique. Par ses thèses (disqualification de la philosophie identifiée à une science purement humaine, contemplation des vérités éternelles en une lumière plus haute) comme par son vocabulaire, ce passage n'est pas dénué d'ambiguïtés, et explique que Malebranche ait pu considérer que sa conception de la philosophie (et notamment la thèse de la vision en Dieu) répondait assez exactement (ou du moins ne trahissait pas) le projet de la théologie mystique, du moins tel qu'il est exposé ici. Rappelons cependant que le terme même de mystique est pour ainsi dire absent du vocabulaire de Malebranche (qui en use très majoritairement dans le sens du « corps mystique » de l'Église). Voir *infra* notre remarque au sujet de l'usage du terme expérience. Une enquête lexicale sur l'ensemble du corpus confirmerait l'absence d'un vocabulaire ou de *modi loquendi* proprement mystique. Il est à cet égard hautement révélateur que le nom de Malebranche ne soit pas même évoqué par L. Cognet, ou M. de Certeau dans son étude classique « Mystique au XVIIe siècle : le problème du langage mystique », dans *L'homme devant Dieu*, Mélanges offerts au Père Henri de Lubac, Paris, Aubier, 1964, t. II, p. 267-291, notamment p. 280 *sq.*

2. On signalera la commune source d'inspiration que représente Jn 4, 24 dans les deux textes. Malebranche a pu lire l'opuscule dans l'édition Bourgoing (n° CLXIV).

La comparaison des deux textes qui, en apparence, parviennent à une conclusion semblable[1], fait cependant apparaître des écarts significatifs, non tant dans la manière de définir l'adoration de Dieu que dans sa mise en œuvre concrète.

1. Pour nos deux auteurs, l'adoration implique l'exercice de la pensée et de la volonté d'une part, la reconnaissance, par la pensée, de la distance infinie entre l'homme qui adore et l'objet adoré d'autre part[2]. Mais cette apparente proximité ne peut masquer des divergences, et, pour ainsi dire, un évident changement de climat. L'adoration bérullienne entend la conformité de la pensée à l'objet comme une reconnaissance de la démesure de Dieu devant la pensée finie. L'adoration malebranchiste (qui requiert de « penser comme Dieu pense ») suppose, à l'inverse, l'élévation de la pensée humaine jusqu'à Dieu. Avec Malebranche, l'adoration ne se définit plus comme la recherche de la plus haute pensée de Dieu (*OP* 167, § 3), mais comme la quête d'une adéquation maximale de la pensée finie à la pensée infinie, du savoir humain au savoir infini, à l'auto-connaissance divine qui le fonde et en garantit la pertinence. En d'autres termes, on passe d'une adoration par abaissement et humiliation de la pensée et de toutes les facultés de l'âme[3], à une adoration par élévation et par conformité des

---

1. Il s'agit notamment, chez les deux auteurs, de reconnaître que Jésus-Christ est le seul médiateur, l'unique véritable adorateur, l'adorateur infini qui, par lui seul, légitime le culte que les créatures peuvent rendre à Dieu. Voir sur ce point *G* II, p. 123, à comparer avec les p. 427-428 de l'opuscule de Malebranche. Le thème est aussi typique de Condren, comme y insiste H. Bremond, *Histoire littéraire du sentiment religieux*, t. III, p. 365-366.

2. Il y a une « une distance infinie entre Dieu et l'homme, entre l'être créé et incréé », note Bérulle (*G* IV, p. 182) en une formule qui anticipe assez clairement la préface de la *Recherche de la vérité* (*OC* I, 9) où est évoquée « la distance infinie, qui se trouve entre l'être souverain et l'esprit de l'homme », distance qui « n'empêche pas qu'il ne lui soit uni immédiatement, et d'une manière très intime ».

3. On trouve une belle définition de l'adoration sous la plume de l'oratorien Jacques-Joseph Duguet (1649-1733), donc à peu près contemporain de Malebranche : « L'adoration n'est pas un simple aveu que Dieu est tout et que la créature n'est que ce qu'il lui a plu qu'elle fût. Ce n'est point une simple admiration de ses perfections infinies, ni même un

pensées, qui se déploient sur la base de l'identité (ou plus exactement l'unicité) des idées divines et humaines.

Le refus malebranchiste de tout intermédiaire entre la pensée finie et Dieu a pu accréditer un rapprochement avec la mystique [1]. Mais ces refus revêtent, dans les deux contextes, un sens assez différent. Alors que le refus mystique des intermédiaires conduit à privilégier (au moins à titre d'idéal) un dépassement des fonctions intellectuelles au bénéfice d'une sorte de fusion des volontés, le déni malebranchiste de l'interposition d'une créature (*nulla creatura interposita*) s'entend d'abord dans le champ même de l'activité intellectuelle. C'est entre l'entendement fini et la lumière illuminante, c'est-à-dire l'idée divine qui agit efficacement sur l'esprit, que nul intermédiaire (tel un intellect agent convertissant progressivement des données originairement sensibles en intelligible) ne peut venir prendre place [2].

---

simple respectueux tremblement devant la suprême majesté. Tout cela fait partie de l'adoration, mais n'en remplit pas toute l'idée ni tous les devoirs. Son essence consiste principalement à assujettir à Dieu la créature intelligente, comme à son Dieu, comme à son bien souverain, comme à son unique fin, comme au principe dont elle dépend en tout, et comme au centre vers lequel tout ce qu'elle a reçu doit retourner » (*Traité des principes de la foi chrétienne*, Paris, 1737, I, p. 2, 3, cité par H. Bremond, *Histoire littéraire du sentiment religieux...*, t. III, p. 119 (n. 1)). Si Malebranche reprend à son tour la notion d'assujettissement à Dieu, celui-ci n'en passe plus par l'anéantissement, ou la dépossession de la volonté, mais par la recherche de la conformité parfaite des pensées, qui commande celle (non moins essentielle) des volontés.

1. On sait quel usage Malebranche fait, dès la préface de la *Recherche* (*OC* I, 10 et 18) puis dans le livre III (II, chap. VII, *OC* I, 449) et plus tard dans sa polémique avec Arnauld, des formules augustiniennes du *De vera religione* ou du *Liber imperfectus de Genesi ad litteram* (XVI, 59, 5-60, 1, B A L, 498-500). Nous avons précisé les références aux textes augustiniens réellement cités (il arrive à Malebranche de commettre quelques erreurs de référence), dans notre édition de la *Recherche*, ad loc.

2. À la question que pose V. Carraud, « De l'état de néant à l'état anéanti... », p. 141, n. 6 (savoir s'il est un bérullisme de Malebranche à partir de leur commun refus des intermédiaires), ces quelques remarques invitent à donner une réponse plutôt réservée : la formule augustinienne donnant congé à toute créature nous semble jouer, chez Malebranche, un rôle précis et spécifique, profondément lié à la structure de l'activité cognitive que met en place la vision en Dieu des idées.

2. On trouverait confirmation de cet écart dans le traitement du concept de lumière. Pour Bérulle, si la pensée est accompagnée de lumière, l'adoration intérieure est parfaite. Notons toutefois que cette lumière n'est pas nécessairement requise, et qu'elle se définit comme un don du Saint-Esprit (don de sapience et de piété). La lumière malebranchiste est à l'inverse absolument requise : Toute adoration parfaite réclame une claire intelligence de la perfection divine, mais surtout, elle implique la possibilité de déchiffrer le dessein créateur et le plan divin sur le monde à même cette lumière qui est devenue universelle, dans la mesure où elle est donnée à tout esprit fini selon son attention aux idées claires et distinctes. Si la lumière devient une condition sine qua non de la pensée, l'adoration ne peut s'en dispenser en aucun cas.

Ajoutons que l'élaboration malebranchiste de la thèse dite de la vision en Dieu rend possible le dépassement de la conception bérullienne des rapports entre connaissance et amour. Après avoir rappelé que « la connaissance met l'objet en nous et ne nous met pas en l'objet », et que l'amour, à l'inverse, « nous met en l'objet et nous transporte en lui », les *Grandeurs* concluent à la supériorité de l'amour (qui nous unit immédiatement à Dieu) sur la connaissance, toujours marquée au sceau de la finitude de l'entendement : « par la connaissance, l'âme en la terre possède Dieu, non pas tel qu'il est en lui-même mais tel qu'il est en elle ; et par l'amour, l'âme possède Dieu dès la terre tel qu'il est en lui-même et non pas tel qu'il est en elle » (*G* IX, p. 346)[1]. Or en affirmant que nous devons, autant que possible, « connaître comme Dieu connaît » (*RV* V, chap. v), Malebranche infléchit profondément la noétique (d'ailleurs assez sommaire) de

---

1. Ce qui fait la supériorité de l'entendement sur la volonté touchant le rapport aux choses créées, en fait l'infériorité dès lors qu'il s'agit de notre relation à Dieu, comme le rappellent les lignes qui précèdent ce passage : « Et c'est une des excellences qu'on remarque en l'entendement, par-dessus la volonté, que l'entendement transforme son objet en soi-même, et la volonté se transforme en son objet » (*G* IX, p. 345).

Bérulle[1]. En distinguant radicalement la connaissance sensible et intellectuelle, la noétique Malebranchiste représente un effort sans précédent pour arracher l'entendement humain à sa propre finitude[2].

3. Le primat intellectualiste de l'adoration malebranchiste se confirme par la différence de traitement réservée au corps. Pour Bérulle, le corps intervient dans l'acte d'adoration (§ 5). Le corps et sa posture contribuent à exprimer notre humiliation, notre abaissement devant Dieu. Pour Malebranche, l'adoration réside d'abord dans la conformité de la pensée à la pensée divine. Le corps ne joue donc qu'un rôle très extérieur et limité[3]. L'abandon malebranchiste du néantisme explique cette divergence, dans la mesure où, selon l'oratorien, l'adoration n'exige plus l'anéantissement existentiel de la créature.

4. La noétique de Malebranche implique en outre, comme la plupart des grandes philosophies modernes, une « perte » relative du

---

1. Les pages 345-346 que nous évoquons trahissent l'influence d'une noétique vaguement péripatéticienne, en ce qu'elle conçoit le processus cognitif comme assimilation du connu au connaissant par dématérialisation de son être.

2. N'oublions pas que le traité de l'*Adoration* bénéficie des élaborations qui, avec le Xe *Éclaircissement* puis les *Entretiens sur la métaphysique* de 1688 ont encore accusé le surcroît d'« indépendance » de la raison, et insisté sur notre participation à la Raison universelle (Xe *Écl.*, *OC* III, 131 notamment). Ce faisant, Malebranche recueillait les indications bérulliennes relatives à la dépendance de l'esprit créé envers l'incréé, mais pour en faire un tout autre usage : le Dieu de Bérulle est ainsi : « le souverain des esprits et des sciences [...]; nos pensées sont disposées par lui et pour lui. [...] Il faut que notre esprit reconnaisse un autre Esprit, Esprit incréé, Esprit éternel, Esprit des esprits, lequel ils adorent et au conseil duquel ils se rendent, n'agissant qu'en sa dépendance et en sa conduite » (*OP* 296, IV, p. 345). On pourrait montrer que, dans la conception malebranchienne du rapport de Dieu aux vérités éternelles, le modèle bérullien de l'inclusion et de l'immanence des vérités au Verbe divin est tempéré (sinon rectifié) par le modèle de l'auto-suffisance scolastique (auquel renvoie implicitement la notion d'indépendance de la raison et des vérités). Si Bérulle pense le Verbe émané comme indépendant (*G* VI, p. 240), le supplément d'indépendance que Malebranche consent à la raison tempère son identification au Verbe. À terme, l'indépendance de la raison impliquera celle de la philosophie.

3. Cf. *MCM* XV, § XVI, *OC* X, 172; *CC* VI, p. 132.

sens et de la portée de la contemplation. Alors que, pour Bérulle[1], adorer signifie notamment contempler Dieu en ses œuvres, le monde créé, pour s'élever jusqu'à lui à la faible mesure de notre intelligence[2], la vision en Dieu malebranchiste nous dispense de cette médiation : l'intellection de l'infini, fût-elle imparfaite, rend inutile ce détour par le fini[3]. Disposant de tout autres instruments, la méditation malebranchiste s'installe immédiatement dans l'infini.

Si la mystique privilégie le concept d'union et de vie unitive[4], cette union n'en reste pas moins radicalement différente de la vision en Dieu malebranchiste, dont on a voulu cependant la rapprocher[5]. Or, deux traits nous semblent éloigner sans retour le malebranchisme de la mystique : en premier lieu, l'union malebranchiste de l'esprit à Dieu

---

1. « Ainsi en la terre nous devons voir le ciel, Dieu en nous et le Créateur dedans les créatures » (*OP* 7, III, p. 38).

2. Dieu est tout autre chose que ce qu'on en peut penser, rappelle Bérulle (*ibid.*, § 9).

3. Cette appréhension immédiate et directe de l'infini a suscité, comme on sait, des interprétations opposées. Voir les deux paragraphes également titrés « L'expérience de Dieu » dans les deux chapitres déjà cités du livre d'A. Le Moine (respectivement p. 219-224 et p. 236-240). Quoiqu'on en ait dit, voir en Dieu ses idées, montre-t-il, n'est pas voir Dieu ; l'union de l'esprit à Dieu constitue le régime normal et « naturel » de la connaissance, et ne présuppose aucune fusion amoureuse. La vision en Dieu, serait-on tenté d'ajouter, fixe le régime de l'intersubjectivité, et ne consigne en rien le contenu d'une expérience privée et supra-rationnelle.

4. La mystique moderne rompt en cela avec les théories médiévales de la contemplation. Pour les médiévaux, celle-ci considère en un même acte Dieu et le monde créé, où elle retrouve, à différents niveaux, les marques indélébiles (vestiges et images) de son créateur. Voir sur ce point V. Carraud, « De l'état de néant à l'état anéanti... », p. 137 *sq.*

5. Si la vision en Dieu semble autoriser l'esquisse d'un rapprochement avec les tendances de certains mystiques du Grand Siècle (tout comme les mystiques, Malebranche donnerait congé au monde créé), on ne saurait méconnaître que la vision en Dieu reste, en tout premier lieu, une doctrine métaphysique de la connaissance du monde, censée en fonder une appréhension rigoureuse et scientifique. On mesure l'écart qui sépare une telle théorie de la connaissance de toute contemplation authentique (terme dont l'oratorien use d'ailleurs fort peu) comme de toute fusion de nature mystique.

passe par l'activité de l'entendement[1], à l'inverse des mystiques qui privilégient une union de nature prioritairement volontariste[2]. En second lieu, l'union malebranchienne de l'esprit au Verbe ne tend à aucune fusion déiforme ou déifiante. Jusqu'en sa plus radicale hétéronomie, l'entendement humain, via la notion d'attention comme cause occasionnelle de la connaissance intellectuelle, reste en même temps tout à fait autonome, et garde pour ainsi dire, le contrôle et la maîtrise de soi et de son activité. En un mot, ce qu'on peut, pour faire simple, appeler « l'anti-intellectualisme » de nombreux mystiques[3], semble difficilement compatible avec les intentions profondes du malebranchisme[4]. Si la vision en Dieu nous « unit » à Dieu, voire nous « tire »

---

1. A. Le Moine rappelle que la passivité de l'esprit requise par la vision en Dieu (*Des vérités éternelles selon Malebranche*, p. 215-219) ne peut faire oublier son activité, dans la constitution de la vérité, définie comme rapports entre les idées qui, seules, sont vues en Dieu (p. 230-236).

2. Voir sur ce point L. Cognet, *Crépuscule des mystiques*, Paris, DDB, 2e éd. 1991 (1re éd. 1958), chap. 1, p. 23 *sq*. On ne peut « vouloir comme Dieu veut », que parce que, peut-être plus essentiellement, on « pense comme Dieu pense ». N'oublions pas que c'est bien l'entendement, et non la volonté, qui constitue l'essence de l'esprit (*RV* I, chap. I). Voir comment, selon M. De Certeau (« Mystique au XVIIe siècle… », p. 290, n. 147), certains auteurs tels Antoine du Saint-Esprit (dans le troisième quart du XVIIe siècle) intellectualisent l'union mysti-que en la pensant prioritairement comme union intellectuelle. Or précisément, comme le note opportunément M. De Certeau, ce geste s'inscrit dans le cadre d'une recherche de conciliation (de nature défensive) entre la mystique et la voie scolastique en théologie.

3. Voir à ce sujet L. Cognet, *Crépuscule…*, p. 24-25, et notamment les textes fort nets de Benoit de Canfeld, dont l'anti-intellectualisme en ce qui touche les plus hauts états de la vie spirituelle, est très accusé, en comparaison des positions ultérieures d'un Bérulle ou d'un François de Sales. Voir Benoit de Canfield, *La règle de perfection* (1609), édition critique J. Orcibal, Paris, PUF, 1982, 3e partie, chap. I, p. 333, chap. II, p. 339-340, et chap. III, p. 343-344.

4. Nous ne pouvons donc que souscrire ici au propos d'Henri Gouhier qui jugeait plus honnête d'éviter le qualificatif de « mystique » pour Malebranche. Voir *La philosophie de Malebranche et son expérience religieuse*, Paris, Vrin, 1926, 2e éd. 1948, p. 409, n. 7. Les ajouts à la seconde édition insérés à la fin du volume (p. 440) reprennent brièvement la question, pour faire droit (mais non pour le partager) au point de vue de

à lui, elle ne nous conduit pas à nous « abîmer en lui » pour reprendre les termes mêmes de Bérulle lorsqu'il définit la théologie mystique (*OP* 12, III, p. 57)[1].

Il s'est donc produit une sorte d'inversion : alors que l'adoration bérullienne « recherche beaucoup plus d'entrer par révérence et par amour en ses lumières, que par lumière en son amour » (*G* II, p. 83), l'adoration malebranchiste entend fonder l'amour lui-même dans la vraie philosophie, qui nous fait participant de la sagesse divine. Sans pouvoir ici développer davantage, on soulignera à quel point le projet de penser comme Dieu pense[2] peut apparaître aux antipodes de la suspension des facultés intellectuelles de l'âme, souvent recommandée par les grands noms de la théologie mystique contemporaine, y compris à l'Oratoire[3].

Cuvillier, dont l'*Essai* a paru quatre ans plus tôt, et pour noter que, si l'on y tient, on doit employer le terme avec beaucoup de précaution.

1. Ajoutons, à titre de complément, que Malebranche semble ignorer délibérément l'usage mystique de la notion d'expérience, comme « expérience » de Dieu ou du divin, laquelle ne s'est, de son propre aveu pas (ou rarement) présenté à lui : « Je ne prétends pas approuver ou réfuter tout ce qu'il y a de vrai et de faux dans ces propositions et de semblables, ni traiter à fond du quiétisme bon ou mauvais. Le respect que j'ai pour ceux qui ont entrepris d'éclaircir cette matière ne me le permet pas, et le peu de connaissance et d'expérience que j'ai des voies extraordinaires me le défend », *TAD*, *OC* XIV, 12. « Je ne veux point, mon fils, te parler des communications toutes extraordinaires et toutes divines, que je fais de mon esprit à ces âmes épurées qui ne vivent que d'oraison », *MCM* XV, § XVII, *OC* X, 172. Nous n'accorderons pas à A. Cuvillier (*Essai*, p. 38), que ce texte constitue l'indice et « le témoignage discret » d'une connaissance et d'une expérience personnelle des voies mystiques ; l'auteur note d'ailleurs assez prudemment qu'il y a là une « expérience intime de quelque chose de plus que le sentiment religieux sous sa forme ordinaire », dont le contenu exact resterait à déterminer.

2. Il ne s'agit pas seulement de penser ce que Dieu pense, en proclamant son infinité et notre néant ; il s'agit bien de penser « comme » Dieu, source unique et directe de toute connaissance.

3. Voir ainsi les formules du père Amelote à propos de Condren, citées par H. Bremond, *Histoire littéraire du sentiment religieux...*, t. III, p. 383 : « Il disait que la conception humaine, quoiqu'elle s'appliquât aux vérités que Dieu nous propose, et qu'elle fût bien éclairée en quelques-uns, si est-ce qu'elle abaisse les choses divines, et

On pourrait poursuivre la confrontation du malebranchisme à la tradition bérullienne sur d'autres points. Deux thèmes, en particulier, mériteraient une attention spéciale.

En premier lieu, il conviendrait d'interroger le rapport exact de la noétique malebranchiste (et notamment du concept d'idée-archétype) à ce qu'on a pris l'habitude d'appeler l'exemplarisme bérullien. Il s'agirait alors de mesurer le sens d'un écart : alors que Bérulle distingue trois mondes (archétype, intelligible, et visible[1]), Malebranche n'en distingue plus que deux, repliant le monde archétype (qui renvoie pour Bérulle au mystère de la vie intratrinitaire), sur le monde intelligible, siège des idées, objets de tout entendement. Faut-il voir là l'indice d'une transition d'un questionnement et d'un vocabulaire théologique à sa reprise métaphysique[2] ?

qu'elle les fait dégénérer de leur propre dignité. Il faut nécessairement que leur grandeur soit diminuée pour être comprise par notre âme, et que leur éclat soit obscurci, afin que nos yeux les puissent apercevoir. Il s'élevait donc toujours au-dessus de sa science… et, pénétrant par la foi dans le cœur de Dieu, il rendait ses devoirs de respect et de charité aux choses considérées en elles-mêmes, et non dans la bassesse de son imagination ». Voir L. Cognet, qui évoque une dimension clairement anti-intellectualiste de la spiritualité condrenienne (*Histoire de la spiritualité*, p 389, et les n. 96 et 97). On notera en particulier l'opposition, chez Ch. de Condren (voir les lettres citées par Cognet) entre l'incompréhensible lumière de Dieu et la lumière de notre esprit. Il est clair que l'identification malebranchiste de la seconde à la première opère une fusion aux conséquences incalculables, en un temps où, pour reprendre le titre du célèbre ouvrage du même Louis Cognet, la mystique entre en son crépuscule.

1. *G* IV, p. 167, VIII, p. 292, et IX, p. 361.

2. Nous sommes en présence d'une mutation du concept d'archétype ; Malebranche le déplace en abandonnant son horizon cosmique, pour en faire, sous la figure de l'idée archétype (à notre connaissance absente du vocabulaire bérullien), un élément-clé de sa théorie de la connaissance. Plus largement, il convient de rester attentif à l'écart que creuse, entre Bérulle et Malebranche, le déclin de la causalité exemplaire et le maintien du primat de la causalité efficiente pour penser adéquatement l'opération créatrice. Le repli de l'archétype sur l'intelligible (ou, si l'on veut, la reformulation prioritairement cognitive de la fonction d'archétype) la réduction (fréquente chez Malebranche) du monde intelligible à l'étendue intelligible, entendue comme idée universelle permettant de représenter l'essence de tout étant matériel créé, sont autant d'indices de mutations

En second lieu, la théologie de l'Incarnation et le christocentrisme constituent un lieu décisif pour mesurer la transformation et, pour ainsi dire, la reformulation philosophique des thèses bérulliennes. Si l'insertion du Christ au cœur de la philosophie prend acte d'une centralité que Bérulle ne cessa de proclamer, le Christ de Malebranche présente indéniablement des traits profondément originaux, et assurément non bérulliens. Alors que l'apôtre du Verbe incarné se plaît en la contemplation des mystères de la vie de Jésus (à laquelle il consacre un ouvrage), Malebranche déploie une christologie dans laquelle le Verbe incarné en la personne humaine de Jésus a notamment pour fonction, par le sacrifice même de sa chair sensible, de nous reconduire au Verbe intelligible, qui se donne à contempler au plus intime de notre raison [1].

Nous nous contenterons de signaler une autre thèse fondamentale qui marque à la fois l'originalité de Malebranche, et les limites de toute interprétation mysticisante de notre texte. Notre désir invincible d'être heureux (*Adoration*, p. 434) rend à la fois contradictoire et impraticable l'oubli de soi, et toute véritable doctrine de l'abnégation. La radicalité du plaisir [2], reconnue et maintenue constamment, impose certes d'en bien reconnaître la vraie cause, mais, dans le même temps, de penser l'âme comme le lieu où s'expérimentent les divers

---

que la reprise partielle d'un vocabulaire bérullien ne saurait masquer. Malebranche est et demeure un post-cartésien. S'agissant de l'exemplarisme bérullien (et du contre-modèle que représente Malebranche, brièvement évoqué), voir J.-L. Marion, *Sur la théologie blanche de Descartes*, Paris, PUF, 2e éd. 1991, p. 150 *sq.*

1. On sait que, pour Bérulle, la personne humaine du Christ est dépourvue de subsistance propre. (*OP* 189, IV, p. 58; *G* II, p. 113). Cette absence de subsistance commande, en particulier, la conception bérullienne de l'abnégation et de l'exinanition. Il conviendrait d'interroger la christologie malebranchiste pour clarifier sa conception de l'union hypostatique et de la subsistance, afin de mesurer, *a contrario*, si le déclin de l'anéantissement ne relève pas (outre les hypothèses esquissées plus haut) d'un motif christologique.

2. Pour notre propos, voir les formules très claires du *TAD*, *OC* XIV, 9-12 en particulier.

sentiments de plaisir. On ne peut s'oublier, et encore moins s'anéantir, alors qu'on veut être heureux, et que cette quête du bonheur, fait l'essence de notre volonté.

Dans le prolongement logique de cette affirmation, la grâce reçoit une double détermination, comme lumière (elle s'apparente alors à la connaissance rationnelle elle-même, qui est pensée comme un don naturel de Dieu) ou comme un sentiment de plaisir, une délectation prévenante, très éloignée de la grâce d'anéantissement bérullienne [1].

Bérulle, Malebranche et la philosophie

En élaborant sa philosophie, spécialement les *Conversations chrétiennes* et les *Méditations sur l'humilité*, Malebranche eut peut-être le sentiment de donner au bérullisme la philosophie qui lui faisait défaut [2]. En prolongeant et en rectifiant le cartésianisme, l'oratorien perfectionnait une philosophie que le fondateur de sa congrégation lui-même appelait de ses vœux, lorsqu'il avait, en 1627, probablement incité Descartes à rénover la philosophie, en rupture avec la vieille scolastique. La mise en œuvre malebranchienne d'une vraie philo-

1. Voir *OP* 234, IV, p. 156. La conception malebranchiste de la grâce la rend impensable en termes de « néant de grâce » : elle est bien plutôt la modification d'une substance.

2. Que l'oratorien Malebranche se soit voulu fidèle à l'intention fondamentale du bérullisme, qu'il ait toute sa vie respiré pour son plus grand bonheur une atmosphère bérullienne (H. Bremond, *Histoire littéraire du sentiment religieux...*, t. III, p. 219) ne fait aucun doute. Mais une philosophie ne produit pas toujours des actes conformes aux intentions (d'un autre ordre) qui président au mouvement intérieur de l'esprit. Il ne suffit pas à une philosophie d'être théocentrique pour être bérullienne. L'*Essai* d'Armand Cuvillier ne nous semble pas indemne de telles approximations, lorsqu'il écrit, par exemple (p. 19-20) que les thèmes de la mystique bérullienne sont « ceux de l'immensité divine et du néant de la créature, de l'absorption de l'âme chrétienne en Dieu et de l'adhérence au Christ », pour déclarer aussitôt : « Or ce seront là aussi les thèmes fondamentaux de la pensée malebranchienne ». Mais Malebranche a-t-il construit une doctrine de l'adhé-rence pour penser notre relation au Christ ? A-t-il décrit la vision en Dieu comme une absorption ? Le traitement réservé à l'immensité divine (notamment dans l'*EMR* VIII) présente-t-il des caractères proprement mystiques ?

sophie, entendons d'une philosophie chrétienne, prend en compte, pour sauver la philosophie, les griefs que Bérulle, à la suite d'une longue tradition de spirituels, adressent aux philosophes anciens, tout comme aux scolastiques ses contemporains. Dans cette perspective, la conception que Malebranche se fait de la philosophie n'abandonne la lettre du bérullisme (et sa méfiance envers les philosophes), que pour mieux le consolider, et en reprendre, dans une sorte d'esprit filial, l'inspiration profonde. Au regard de la pensée du Cardinal (tout comme, pour d'autres motifs) du cartésianisme, le geste malebranchiste tient donc indissolublement de la répétition, de la transposition, mais aussi de l'abandon explicite. Malebranche répète le fondateur de l'Oratoire en son diagnostic relatif aux philosophies du passé. Il transpose en philosophie, plus exactement, il use de catégories philosophiques pour asseoir sur de nouvelles bases la conception bérullienne du créé et de sa dépendance radicale envers son principe créateur. Le philosophe se saisit ainsi de l'humilité pour en faire l'objet de sa méditation. Mais il n'en abandonne pas moins les instruments forgés par Bérulle pour penser à fond la condition chrétienne (singulièrement la thématique multiforme du néant), et engage la philosophie sur une voie résolument non mystique. En guise de conclusion, nous proposerons quelques remarques, pour tenter d'étayer ces hypothèses.

1. Malebranche neutralise pour ainsi dire les griefs qui commandaient la disqualification bérullienne de la philosophie. Avant Malebranche et les célèbres critiques qu'il adresse aux philosophies antiques (Aristote puis les stoïciens)[1] Bérulle reproche aux

---

1. Voir le très beau texte de Bérulle, *OP* 235, IV, p. 159-160 et Malebranche, notamment *RV* II, III, chap. IV, et V, chap. II. Pour la critique bérullienne de Platon et d'Aristote, qui représentent le type achevé des philosophes, voir notamment l'important opuscule 296 (sur le bon usage des sciences), IV, p. 346. Les *Grandeurs* toutefois (III, p. 138-139) reconnaîtront aux platoniciens (« hommes vraiment divins entre les naturalistes et théologiens entre les philosophes ») d'avoir bien appréhendé la question fondamentale de l'unité divine.

philosophes d'avoir méconnu l'homme et sa véritable situation[1], en lui désapprenant d'aimer Dieu par-dessus toutes choses[2]. Ce faisant, les philosophes anciens ont indûment et même injustement surévalué la nature et les puissances de l'homme[3]. Focalisée sur une prétendue connaissance de soi mais ignorante du dessein de Dieu et de notre dépendance, la philosophie s'avère constitutivement incapable d'accéder à l'humilité[4]. Plus largement, les plus grands philosophes ont méconnu l'Incarnation, tel Sénèque, dont Bérulle se plaît à imaginer l'étonnement qu'il en aurait conçu[5].

Or on a vu comment, dès la *Recherche de la vérité* puis dans les *Conversations*, Malebranche entend promouvoir une philosophie qui (sans perdre son essence), sache se mettre à l'école du Christ, et, plus largement, du Verbe, seule source de savoir authentique. Conscient, comme son illustre devancier, des carences désormais irrémédiables de la philosophie antique et de ses sectateurs modernes, Malebranche entend bien mettre en œuvre une « plus haute philosophie », pour reprendre une expression des *Grandeurs de Jésus* à propos de la doctrine du Christ[6]. L'intégration du Christ au centre du discours

---

1. Voir *OP* 168, IV, p. 9. La philosophie et la raison humaine s'opposent ainsi à la lumière de la piété. Voir aussi *OP* 169, IV, p. 12, qui oppose les vérités que nous apprend Jésus-Christ et non les philosophes.

2. Voir *OP* 235, IV, p. 158. Si les philosophes n'ont pas su enseigner à l'homme l'amour de Dieu, ils ont tout autant ignoré l'amour de Dieu pour le monde et l'homme en particulier (*G* IX, p. 349).

3. Voir *OP* 289, IV, p. 320, où Bérulle oppose perfection philosophique et perfection chrétienne. Cf. *OP* 209, IV, p. 104.

4. Seul le Christ enseigne l'humilité (*OP* 228, IV, p. 144; *OP* 296, IV, p. 333; *OP* 324, IV, p. 435).

5. *G* VII, p. 253-254.

6. *G* VIII, p. 289. Cette expression, et quelques autres assez semblables (la philosophie chrétienne est mentionnée en *OP* 235, IV, p. 159, et 296, IV, p. 333) laisse assez deviner que Bérulle ne condamne pas tant la philosophie comme telle, que des réalisations historiques imparfaites de celle-ci. On peut conjoindre « les discours élevés de la philosophie avec les contemplations sublimes de la théologie » (*G* VI, p. 234).

philosophique d'une part[1] et l'explicitation de la vertu d'humilité constituent peut-être les deux gestes malebranchistes les plus spectaculaires à cet égard. Ce faisant, Malebranche inverse la perspective bérullienne (le philosophe devient maître d'humilité) tout en réassumant son diagnostic. On voit ainsi tomber l'accusation (portée contre la philosophie) d'avoir ignoré le péché originel et le besoin du Réparateur. Celui-ci n'est pas seulement admis d'une manière qui pouvait paraître encore extrinsèque (Descartes), mais se trouve démontrée en philosophie même. En résumé, Malebranche consomme la rupture cartésienne avec la scolastique encore teintée de paganisme[2], et propose la première occurrence d'une philosophie vraiment christianisée, c'est-à-dire acceptable en bérullisme, si l'on peut dire.

On a tenté de montrer plus haut (à propos des concepts de néant et d'adoration notamment) comment le malebranchisme travaille à nouveaux frais des thèmes hérités de la tradition mystique, et de mettre en évidence les infléchissements qu'il leur impose. La doctrine de la vision en Dieu pourrait nous fournir un dernier exemple. On sait à quel point Bérulle insiste sur la totale dépendance de l'esprit envers Dieu. Le long opuscule n° 296 offre à cet égard maintes formules signifiantes.

1. Il est inutile de rappeler la détermination proprement christologique de la pensée malebranchiste, le Christ étant à la fois objet de spéculation pour le philosophe – le Christ devient un philosophème à part entière – et maître intérieur, entendons qu'il est source de ce même savoir.

2. Dans la préface aux *Œuvres* de Bérulle, Malebranche pouvait lire : « [...] nous n'avons que trop d'expérience de ceux qui censurent ce qu'ils ne sont pas capables d'entendre : *Quae ignorant blasphemant* (Jud., 10), et qui veulent assujettir la science de Jésus-Christ à celle d'Aristote, et la philosophie chrétienne, laquelle a pour fondement l'abnégation de soi-même, à celle des païens, qui est toute en la plénitude et en la complaisance de soi-même » (*Œuvres complètes*, rééd. Migne, Petit-Montrouge, 1856, col. 85-86) ; il dénonce à son tour cet assujettissement de la philosophie chrétienne au paganisme dès la préface de la *Recherche de la vérité* (*OC* I, 9-10) en des termes fort proches : « [...] mais je suis surpris que des philosophes chrétiens, qui doivent préférer l'esprit de Dieu à l'esprit humain, Moïse à Aristote, s. Augustin à quelque misérable commentateur d'un philosophe païen, regardent plutôt l'âme comme la forme du corps, que comme faite à l'image et pour l'image de Dieu [...] ».

Ailleurs (*OP* 233, IV, p. 153), il montre que la vie chrétienne est une mort perpétuelle aux sens et à l'esprit humain. Il recourt ainsi à une conceptualité d'origine vaguement péripatéticienne, pour montrer que notre esprit est une pure puissance, voire une matière, qui doit être informée par l'esprit de Dieu [1]. Il convenait donc, pour faire droit à cette situation, de mettre en œuvre une noétique qui tînt compte de ses requêtes. C'est précisément le programme que remplit la philosophie malebranchiste, en faisant du Verbe l'authentique Père des lumières [2]. Mais, par une inversion de perspective dont l'histoire de la philosophie offre bien des exemples, la reprise apparente d'une thématique antérieure par des moyens nouveaux conduit parfois (comme c'est ici le cas), à une toute nouvelle configuration théorique. Certains lecteurs ne se feront pas faute de noter que la proclamation de l'universelle dépendance de notre esprit en toutes ses connaissances ne saurait contrebalancer son exaltation au niveau du savoir divin [3].

Jean-Christophe BARDOUT

1. Voir *OP* 301, IV, p. 361.

2. On sait quelle importance Malebranche accorde à ce verset de l'épître de Jacques 1, 17 (cité notamment dans ce lieu stratégique que constitue *RV* III, II, chap. VI, premier exposé de la vision en Dieu, *OC* I, 440). Voir Bérulle, qui en fait un usage assez semblable (*G* XI, p. 414 ; *OP* 296, IV, p. 338).

3. On comparera sur ce point les indications des *Grandeurs* (IX, p. 348), qui limitent très nettement la manière dont nous participons ici-bas à la connaissance que Dieu a de lui-même, aux affirmations malebranchistes qui, sur ce point, rendent nous semble-t-il, un son fort différent.

MÉDITATIONS POUR SE DISPOSER À L'HUMILITÉ ET À LA PÉNITENCE, AVEC QUELQUES CONSIDÉRATIONS DE PIÉTÉ POUR TOUS LES JOURS DE LA SEMAINE

|*Au lecteur*[1]

Le lieu propre et naturel des méditations suivantes est d'accompagner le livre des *Conversations chrétiennes*. Elles ont été composées dans le dessein d'être jointes à cet ouvrage, et ceux qui savent juger des choses voient bien qu'elles ont rapport aux principes qui y sont établis. Cependant, comme plusieurs personnes ont souhaité de les avoir à part, à cause qu'elles exposent simplement certaines vérités essentielles, et qu'elles touchent le cœur sans appliquer beaucoup l'esprit, on a cru devoir satisfaire à leur piété, en les imprimant en petit volume. Mais, parce qu'elles sont extrêmement courtes, on y a joint des considérations pour chaque jour de la semaine, dans lesquelles on propose les vérités les plus solides de la religion et de la morale de Jésus-Christ, une élévation à Dieu pour l'adorer en esprit et en vérité, et des prières pour dire devant et après la sainte messe.

---

1. Ce texte ne figure que dans les éditions séparées des *MHP*.

AVERTISSEMENT

Le dessein des méditations suivantes est d'abattre l'orgueil de l'esprit, et de le disposer à l'humilité et à la pénitence.

L'homme est si peu de chose, qu'il suffit de le connaître pour le mépriser, et il est si déréglé et si corrompu, qu'on se sent obligé de le haïr lorsqu'on le considère en lui-même[1], je veux dire sans rapport à Jésus-Christ, qui a rétabli toutes choses. On ne fait donc que le représenter dans les considérations suivantes comme créature, comme fils d'un père pécheur, et comme pécheur lui même; et on croit que cela suffira pour nous donner les sentiments que nous devons avoir de nous-mêmes.

Si les hommes, après avoir senti vivement leurs misères, et reconnu sérieusement leurs obligations, demeuraient pour toujours[2] insensibles aux plaisirs, incapables de vanité, et fort pénétrés de[3]

---

1. Les *OC* (suivant l'édition de 1702, p. 383) portent : « lorsqu'on ne le considère qu'en lui-même »; nous corrigeons d'après l'édition de 1715 (avertissement non paginé), qui suit l'édition de 1701 (1695, p. 237, porte : « lorsqu'on le considère dans lui-même »).

2. *OC* (et 1702, p. 384; = 1695, p. 238) : « demeuraient toujours » (« demeuraient pour toujours » apparaît comme une variante des trois premières éditions des *CC*); nous corrigeons d'après 1715 (= 1701).

3. Il s'agit peut-être d'une coquille de 1715, les autres éditions portant : « des »; voir 1695, p. 238; 1701; 1702, p. 384, et la variante c des *OC*.

vérités essentielles, ces méditations ne seraient propres que pour ceux qui commencent leur conversion. Mais on croit pouvoir dire qu'elles seront utiles à tous ceux qui voudront s'en bien servir [1], non tant parce qu'elles leur apprendront ce qu'ils ne savaient pas, que parce qu'elles feront [2] penser à des choses auxquelles ils ne pensent jamais assez.

---

1. *OC* (et 1702, p. 384 ; = 1695, p. 238) : « bien s'en servir » ; nous corrigeons d'après 1715 (= 1701).

2. *OC* (et 1702, p. 384 ; = 1695, p. 238) : « les feront » ; nous corrigeons d'après 1715 (= 1701).

I. *Considération*

L'homme n'est qu'un pur néant par lui-même : il n'est que parce que Dieu veut qu'il soit, et si Dieu cessait seulement de vouloir que l'homme fût, l'homme ne serait plus. Car, si Dieu peut anéantir ses créatures, ce n'est pas en voulant positivement qu'elles ne soient pas*, puisque Dieu ne peut pas aimer, ou vouloir positivement le néant qui n'a rien de bon. Mais il peut les détruire en cessant[1] de vouloir qu'elles soient, parce que les créatures ne renfermant pas[2] toute la bonté, elles ne sont point invinciblement ni nécessairement aimables, outre que Dieu se suffit à lui-même, et possède tout ce que les créatures ont de réalité et de perfection.

Élévation à Dieu.

Mon Dieu, faites moi continuellement sentir la dépendance où je suis de votre volonté toute-puissante. Mon être est à vous, | et la durée **392** de mon être ou mon temps est aussi à vous. Que je suis injuste ! Mon

---

*Ce n'est pas que Dieu puisse cesser de vouloir ce qu'il a voulu, puisque ses volontés sont éternelles et immuables. Mais il a pu, de toute éternité et par une volonté immuable, vouloir que ce qui est fût jusqu'à ce moment, et non davantage.

1. *OC* (et 1702, p. 386) : « parce qu'il peut cesser » (notre leçon est présentée comme une variante des cinq premières éditions) ; nous corrigeons d'après 1715, p. 2 (= 1701).

2. *OC* (et 1702, p. 386) : « qu'elles soient. Car, comme les créatures ne renferment pas » (notre leçon apparaît comme une variante des cinq premières éditions) ; nous corrigeons d'après 1715, p. 2 (= 1701).

être est, pour ainsi dire, l'être de Dieu : mon temps est véritablement le temps de Dieu, car je suis plus à Dieu qu'à moi, ou plutôt je ne suis point du tout à moi ; je ne subsiste point par moi ; et cependant je ne vis, et je n'emploie le temps de Dieu que pour moi. Hélas, que je me trompe ! Tout le temps que je n'emploie point pour vous, ô mon Dieu, je ne l'emploie point pour moi, je le perds ; et je ne me cherche, et je ne me trouve, que lorsque je vous cherche, et que je vous trouve.

II. *Considération*

L'homme n'est que faiblesse et qu'impuissance par lui-même. Il ne peut vouloir le bien en général que par l'impression continuelle de Dieu, qui le tourne et qui le pousse sans cesse vers lui, car Dieu est le bien indéterminé ou infini, le bien universel qui comprend tous les biens. L'homme ne peut aussi par lui-même vouloir aucun bien en particulier : il ne le peut que parce qu'il est capable de déterminer[1] l'impression que Dieu lui donne pour lui.

L'homme ne peut ni vouloir ni faire le bien que par un nouveau secours de la grâce qui l'éclaire par sa lumière, et qui l'attire par sa douceur : il ne peut par lui-même que pécher.

L'homme ne pourrait pas même remuer le bras, si Dieu ne communiquait à son sang, et aux aliments dont il se nourrit, une partie du mouvement qu'il a comme répandu dans toute la matière, et s'il ne déterminait ensuite, selon les différentes volontés de l'homme impuissant, le mouvement des esprits, en les conduisant vers les tuyaux des nerfs, que l'homme même ne connaît pas.

Ainsi, c'est l'homme qui veut remuer son bras, mais c'est Dieu seul qui peut et qui sait le remuer. Car enfin, si l'homme ne mangeait pas, et si ce qu'il mange ne se digérait, et ne s'agitait pas dans ses **393** entrailles et dans son cœur pour se changer en sang | et en esprits, sans attendre les ordres de sa volonté, et si ces esprits n'étaient conduits par

---

1. Les *OC* (et 1702, p. 387) ajoutent : « vers tel bien » (notre leçon apparaît comme une variante des cinq premières éditions) ; nous corrigeons d'après 1715, p. 7 (= 1701).

une main savante dans un million de différents tuyaux, ce serait en vain que l'homme, qui ne connaît pas son corps [1], le voudrait remuer.

Élévation à Dieu.

Mon Dieu, que je sache toujours que sans vous je ne puis rien vouloir, que sans vous je ne puis rien faire, et que je ne puis pas même sans vous remuer la moindre partie de mon corps. Vous êtes toute ma force, ô mon Dieu; je mets en vous toute ma confiance et toute mon espérance. Couvrez-moi de confusion et de honte, et faites-moi intérieurement de sanglants reproches, lorsque je suis si ingrat et si téméraire que de me servir de mon bras pour vous offenser, puisque c'est uniquement par l'efficace de votre volonté, et non par l'effort impuissant de la mienne, qu'il se remue, lorsque c'est moi qui le remue.

III. *Considération*

L'homme n'est que ténèbres par lui-même. Ce n'est point l'homme qui produit en lui les idées par lesquelles il aperçoit toutes choses, car il n'est pas à lui-même sa lumière. Et, la philosophie m'apprenant que les objets ne peuvent pas former dans l'esprit les idées qui les représentent, il faut reconnaître qu'il n'y a que Dieu qui puisse nous éclairer. C'est le grand Soleil qui pénètre tout, et qui remplit tout de sa lumière; c'est le grand maître qui instruit tous ceux qui viennent en ce monde; c'est dans lui que nous voyons tout ce que nous voyons, et que nous pouvons voir tout ce que nous sommes capables de voir, parce que, Dieu renfermant les idées ou les ressemblances de tous les êtres, et étant en lui comme nous sommes, *in ipso enim vivimus, movemur, et sumus* [2], nous y voyons, ou nous y pouvons

---

1. *OC* (et 1702, p. 388) : « qui ne connaît pas les organes secrets de son corps » (notre leçon est présentée comme une variante des cinq premières éditions); nous corrigeons d'après 1715, p. 10 (= 1701).

2. Ac 17, 28 : « Car c'est en lui que nous avons la vie, le mouvement et l'être » (Bible de Sacy).

voir successivement tous les êtres. Enfin c'est le monde intelligible **394** dans | lequel sont les esprits, et dans lequel ils aperçoivent le monde matériel qui n'est ni visible, ni intelligible par lui-même.

Élévation à Dieu.

Mon Dieu, de qui je tiens toutes mes pensées, lumière de mon esprit et de mes yeux, sans laquelle le soleil même, tout éclatant qu'il est, ne me serait pas visible, faites-moi toujours sentir votre puissance et ma faiblesse, votre grandeur et ma bassesse, votre clarté et mes ténèbres, en un mot, ce que je suis et ce que vous êtes.

IV. *Considération*

L'homme par lui-même est insensible et comme mort; les corps qui l'environnent ne peuvent agir sur son esprit. Peut-être qu'une épée peut me percer, et faire ainsi quelque changement dans les fibres de ma chair; mais certainement elle ne peut me faire souffrir de douleur. Une musique peut-être peut ébranler l'air, et ensuite les fibres de mon cerveau; mais certainement mon esprit n'en peut être ébranlé. Mon âme est bien au dessus de mon corps, et il n'y a aucun rapport néces- saire entre l'une et l'autre de ces deux parties de moi-même[1]. Je sens d'un autre côté que le plaisir, la douleur, et tous les autres sentiments que j'ai, se font en moi indépendamment de moi, et même souvent malgré tous les efforts que je fais au contraire. Ainsi je ne puis douter que ce ne soit quelque autre chose que mon âme qui donne la vie et le sentiment à mon âme. Et je ne connais point d'autre puissance que celle de Dieu, pour agir ainsi sur l'esprit de ses créatures. Il faut être le souverain de l'âme pour la punir et pour la récompenser, pour la réjouir et pour l'affliger.

---

1. Voir *RV*, préface, *OC* I, 10 : « Ainsi le rapport que les esprits ont à Dieu est naturel, nécessaire, et absolument indispensable, mais le rapport de notre esprit à notre corps, quoique naturel à notre esprit, n'est point absolument nécessaire, ni indispensable ».

Élévation à Dieu.

Mon Dieu, puisque je ne vis que par vous, que je ne vive que pour vous, que je sois insensible à tout, hormis à votre amour. Mon Dieu, faites moi bien connaître que toutes les créatures ne | peuvent me faire **395** ni bien ni mal, qu'elles ne peuvent me faire sentir ni plaisir ni douleur, que je ne dois ni les craindre ni les aimer, qu'il n'y a que vous, ô mon Dieu, que je doive craindre et que je doive aimer, puisqu'il n'y a que vous qui puissiez me récompenser en me comblant de plaisirs comme vos élus, et qui puissiez me punir en m'accablant de douleurs comme les réprouvés.

Ô mes chastes délices, puisqu'il n'y a que vous, comme auteur de la nature, qui soyez la cause des plaisirs que je sens, et que ces plaisirs m'attachent misérablement à la terre, au lieu de m'unir à vous qui me les faites goûter, je vous prie que je ne les sente plus si violents dans l'usage des choses que vous me défendez. Répandez une sainte horreur et une amertume salutaire sur les objets de mes sens, afin que je puisse m'en détacher ; et faites-moi sentir dans votre amour la délectation de votre grâce, afin que je m'attache à vous. Que la douceur que je goûte en vous aimant augmente mon amour, que mon amour renouvelle le sentiment de votre douceur, que je croisse ainsi en charité, jusqu'à ce qu'étant enfin plein de vous, et entièrement vide de moi-même et de toute autre chose, je rentre et je me perde en vous, ô mon Tout, comme dans la source de tous les êtres, et que, cette parole[1] : *Deus erit omnia in omnibus*[2], s'accomplissant entièrement en moi, je me trouve moi et toutes choses en vous.

---

1. *OC* (et 1702, p. 393) portent : « cette parole de votre apôtre » (en variante, notre leçon est attribuée aux cinq premières éditions) ; nous corrigeons d'après 1715, p. 23 (= 1701).

2. 1 Co 15, 28 : « ut sit Deus omnia in omnibus », « afin que Dieu soit tout en tous » (Bible de Sacy). Le verset de Col 3, 11, auquel renvoient les *OC*, dit : « omnia et in omnibus Christus ».

L'homme, comme nous avons reconnu dans les considérations précédentes, n'est par lui-même qu'un pur néant : il n'est que faiblesse, qu'impuissance, que ténèbres ; il reçoit continuellement de Dieu la vie, le sentiment, le mouvement, enfin tout son être et toutes ses puissances. Il est sans doute dans une obligation fort étroite de reconnaissance et d'amour envers Dieu, puisqu'il est dans une si grande dépendance de lui, si on le considère seulement comme créature. Mais, si on le considère comme fils d'un père pêcheur, et comme pêcheur lui-même, on trouve une si grande multiplicité de devoirs essentiels et indispensables qu'il doit rendre à Dieu, et en même temps une telle impuissance et une telle indignité à le faire, que tant s'en faut qu'il puisse rendre ces devoirs, que même il n'y serait pas reçu, si notre médiateur Jésus-Christ[1] ne lui en avait mérité la grâce par sa mort. Et c'est pour cela qu'il ne faut pas considérer l'homme seulement comme fils d'un père pêcheur et comme pêcheur lui-même ; il faut sans cesse le regarder en Jésus-Christ, car c'est seulement en Jésus-Christ que nous pouvons plaire à Dieu.

V. *Considération*

L'homme, considéré comme fils d'un père pêcheur, est un réprouvé, c'est un ennemi de Dieu ; c'est un enfant de colère, que son père ne veut point voir, et qui ne verra jamais son père, car c'est un

---

1. Le Christ est « médiateur » de la nouvelle alliance (Hé 8, 6 ; 9, 15).

enfant que son père n'aime point, et dont le père ne veut pas même être aimé.

Dieu aimait Adam avant son péché, et il voulait en être aimé : il voulait bien se communiquer à lui, et comme se familiariser | avec lui. **397** Il lui disait comme à nous, mais d'une voix bien plus claire et bien plus intelligible : Je suis ton bien, ne t'attache qu'à moi, et ne mets ton espérance qu'en moi. Ses sens et ses passions se taisaient à cette parole, et il n'entendait point ce bruit confus et flatteur qui s'élève en nous malgré nous, et qui s'oppose sans respect à la vérité qui nous parle. Dieu lui parlait, et point de murmure ; Dieu l'éclairait, et point de ténèbres ; Dieu lui commandait, et point de résistance ni d'opposition de sa part. La douceur et la joie qu'il sentait de se voir ainsi dans la faveur, et sous la protection d'un Dieu qui ne devait jamais l'abandonner, s'il ne le quittait le premier, le tenaient attaché à lui par des liens qui semblaient ne se devoir jamais rompre.

Si Dieu ne portait point Adam par des plaisirs prévenants à l'aimer, c'était afin qu'il méritât plus promptement sa récompense. Il lui avait laissé son libre arbitre, afin qu'il pût faire choix par lui-même ; et il lui avait donné toutes les lumières nécessaires, afin qu'il fît un bon choix ; il voyait clairement ce qu'il devait faire pour être solidement et parfaitement heureux, et rien ne l'empêchait de le faire tant qu'il le voulait.

Mais il n'était pas séparé de lui-même, et il goûtait, en se considérant, une joie ou une douceur intérieure, qui lui faisait comme sentir que sa perfection naturelle était la cause de sa félicité présente, car la joie semble suivre de la vue de ses[1] propres perfections naturellement et indépendamment de toute autre chose, à cause que nous ne pensons pas sans cesse à celui qui opère sans cesse en nous.

Ou bien, Adam ayant un corps, il goûtait, lorsqu'il le voulait ainsi, dans l'usage actuel des choses sensibles, des plaisirs qui lui faisaient sentir (je dis sentir) que les corps étaient son bien. Il connaissait sans

---

1. *OC* (et 1702, p. 397) : « nos » (« ses » apparaît comme une variante des cinq premières éditions) ; nous corrigeons d'après 1715, p. 34 (= 1701).

doute que Dieu était son bien, mais il ne le sentait pas, car il ne goûtait pas de plaisir prévenant dans son devoir. Il sentait aussi que les objets sensibles étaient son bien, mais il ne le connaissait pas, car on ne peut pas connaître ce qui n'est pas.

398 | Lorsque Adam sentait que les objets sensibles étaient son bien, ou lorsqu'il s'imaginait avoir en lui-même la cause de son bonheur, en un mot, lorsqu'il goûtait du plaisir dans l'usage des corps, ou lorsqu'il sentait de la joie dans la vue de ses perfections, son sentiment diminuait la vue claire de son esprit, par laquelle il connaissait que Dieu était son bien, car le sentiment confond la connaissance parce qu'il modifie l'esprit, et qu'il en partage la capacité qui est finie. Ainsi Adam, qui connaissait clairement toutes ces choses, devait incessamment être sur ses gardes. Il devait ne point s'arrêter au plaisir qu'il goûtait, de peur de se laisser distraire, et de se perdre en se laissant corrompre. Il devait demeurer ferme dans la présence de Dieu, ne s'arrêter qu'à sa lumière, et faire taire ses sens. Mais, se fiant trop à soi-même, sa lumière s'étant dissipée par le goût des plaisirs sensibles, ou par un sentiment confus d'une joie présomptueuse, et s'étant ainsi distrait insensiblement de celui qui faisait véritablement toute sa force et toute sa félicité, un sentiment vif de complaisance pour sa[1] femme l'a fait tomber dans la désobéissance ; et il a été justement puni par la rébellion de ses sens, auxquels il s'était volontairement soumis. Il semble par cette punition que Dieu l'ait tout à fait quitté, que Dieu n'ait plus voulu en être aimé, et qu'il lui ait abandonné les choses sensibles pour être l'objet de sa connaissance et de son amour.

La malédiction de Dieu contre Adam est tombée sur tous les enfants de ce père rebelle. Dieu s'est retiré du monde, il ne se communique plus au monde, il le repousse au contraire incessamment de lui. On souffre de la douleur lorsqu'on court après Dieu, et l'on goûte de plusieurs sortes de plaisirs, lorsque, étant lassé de le suivre par des

---

1. 1701, p. 38 : « la ». Cette proposition est un ajout de 1701, repris, très légèrement modifié, par 1702, p. 398 et 1715 (« sa » au lieu de « la »). 1695, p. 248, ajoutait après « des plaisirs sensibles, ou » : « par complaisance pour sa chère épouse, ou enfin… ».

voies dures et pénibles, l'on s'attache à ses créatures. Le monde ne connaît point clairement qu'il faut aimer Dieu, ou qu'il ne faut aimer véritablement que Dieu, et il sent au contraire, d'une manière très vive et très engageante, qu'il faut aimer autre chose que Dieu, et par conséquent le monde n'aime point Dieu[1] : il s'éloigne sans cesse de lui, et il est même dans l'impuissance de se tourner vers lui. Il a été honteusement chassé du paradis terrestre en Adam : il n'y a plus de Ciel, plus de Dieu, plus de félicité pour lui ; il est anathème, et anathème | éternel. **399** C'est un crime que de lui vouloir du bien ; Dieu ne lui en veut point, et ne lui en voudra jamais. Il ne peut même sans se faire tort s'en vouloir à soi-même, car il ne peut se vouloir du bien sans blesser l'ordre, sans irriter celui dont la volonté essentielle et nécessaire est l'ordre, et sans augmenter l'aversion et la haine d'un Dieu vengeur. Que faire dans cet état malheureux ? Enrager et se désespérer, chercher le néant, puisqu'on n'a point Dieu. Mais le néant même est peut-être une faveur, et l'on n'en mérite point : on ne le trouvera donc point. On peut bien se faire mourir ; mais on ne peut s'anéantir ; et, si la mort était le néant, certainement l'homme ne pourrait se donner la mort. Que faire donc à tout ceci ? Le voici : s'humilier profondément, et se haïr mortellement comme enfant d'Adam, et ne s'aimer et ne se considérer, ni soi ni les autres, qu'en Jésus-Christ et que selon Jésus-Christ, en qui toutes choses subsistent, et par qui nous sommes réconciliés avec Dieu.

Élévation à Dieu.

Mon Dieu, que je me souvienne toujours de la malheureuse qualité que je porte d'enfant d'Adam ; que, comme tel, je ne mérite pas seulement de penser à vous, de vous adorer et de vous aimer ; que je dois être continuellement dans des ténèbres épaisses, et dans des sécheresses effroyables, éloigné de vous, méprisé et rebuté de vous comme un anathème éternel, et sans aucun droit de me plaindre de votre juste rigueur, ni à vous, ni même à vos créatures. Que je m'humilie, et que je me haïsse selon cet état, puisque selon cet état je suis incapable de

---

1. Voir Jn 1, 10 (« et le monde ne l'a pas reconnu ») et 1 Jn 3, 1.

vous aimer, et qu'avec une foi humble j'aie recours à votre Fils, qui nous a rendu la paix, et par qui nous avons un accès libre auprès de vous, pour vous rendre ce que nous vous devons, et pour vous demander ce qu'il semble que vous devez à notre misère. Ô Jésus mon libérateur, achevez votre ouvrage : dépouillez-moi du vieil homme, et me revêtez du nouveau [1]. Je ne veux plus aimer en moi que ce que vous y avez mis, ou plutôt | je ne veux plus aimer que vous en moi. Vous êtes toute ma sagesse et toute ma force, vous faites aussi toute ma gloire et toute ma félicité.

VI. *Considération*

L'homme considéré comme fils d'un père rebelle à Dieu est un malheureux enfant, faible et délicat, dépouillé de ses habits et de ses armes, exposé aux injures de l'air, et abandonné à la fureur des bêtes sauvages.

Adam avant son péché était fort et robuste, dans un lieu inaccessible, et sous la protection de Dieu : il n'y avait rien qui osât l'attaquer, et il pouvait résister à tout. Après sa chute, toutes choses lui font la guerre, et il ne peut résister à rien. Tous les enfants de ce père rebelle ne participent pas seulement à son péché, mais encore à toutes ses disgrâces. Expliquons ces choses par des idées distinctes.

C'est le plaisir qui est le maître du cœur de l'homme, principalement lorsque sa raison est distraite, car le plaisir est le caractère naturel du bien, et l'homme ne peut s'empêcher d'aimer le bien. Le plaisir est donc comme le poids de l'âme : il la fait pencher peu à peu, et il l'entraîne enfin vers l'objet qui le cause ou qui semble le causer, quoique la raison s'y puisse opposer pour quelque temps.

Adam avant son péché ne sentait point de plaisirs prévenants, qui le portassent malgré lui à l'amour des objets sensibles. Il était dans une parfaite liberté ; il disposait entièrement de lui-même. Il n'était point porté, mais il se portait lui-même, selon sa lumière, à l'amour de son

---

1. Vocabulaire et antithèse pauliniens fréquents (Col 3, 9-10 ; Ep 4, 22-24).

vrai bien. Mais, après son péché, il a perdu cette parfaite liberté. N'étant plus le maître du plaisir et n'en pouvant plus arrêter le sentiment, le plaisir s'est rendu maître de lui, et il a tyranniquement assujetti son esprit et son cœur à toutes les choses de la terre. Il est devenu tout terrestre[1], esclave du péché[2], sujet à la mort et à tant d'autres misères qu'il est inutile de décrire.

Nous naissons tous, comme notre premier père, attachés à la | terre, **401** parce que nous sentons tous naturellement[3] du plaisir dans l'usage des choses sensibles qui sont le bien du corps, et que nous n'en sentons point naturellement dans celles qui contribuent à la perfection de notre esprit, car c'est ce dérèglement de nos plaisirs qui dérègle notre cœur, et qui est la source la plus féconde de nos maux.

Dans l'état misérable où nous sommes, nous ne saurions par nous-mêmes nous rapprocher de Dieu, et nous ne pouvons pas même trouver dans l'ordre des choses[4] une créature assez noble et assez pure, assez élevée par la dignité de sa personne et par la grandeur de ses mérites, pour nous réconcilier avec Dieu ; mais nous trouvons dans la religion chrétienne tout ce qui nous manque.

Elle nous prêche sans cesse la privation, le renoncement, la circoncision du cœur, la diminution du poids du péché ; et elle nous donne aussi un médiateur par les mérites duquel nous recevons le poids de la grâce, cette délectation victorieuse *qui passe tout sentiment*, *quae exuperat omnem sensum*[5], et qui nous attire à Dieu nonobstant même le poids incommode de nos passions et des plaisirs de nos

---

1. L'image de l'homme terrestre, opposé à celui qui vient du ciel se rencontre en 1 Co 15, 47 notamment (*cf.* Jn 3, 31).

2. Pour cette expression, voir Rm 6, 17 et Jn 8, 34.

3. Les *OC* (et 1702, p. 403) ajoutent : « et malgré nous » (tout en mentionnant notre leçon comme une variante des cinq premières éditions) ; nous corrigeons conformément à 1715, p. 53 (= 1701).

4. Les *OC* (et 1702, p. 404) : « dans tout l'univers » (notre leçon apparaît comme une variante des cinq premières éditions) ; nous suivons 1715, p. 54 (= 1701).

5. Ph 4, 7. 1695, p. 252, 1701, p. 56, et 1702, p. 404 indiquent le latin avant la traduction.

sens. Car ces deux choses, la privation des plaisirs et la délectation de la grâce nous sont absolument nécessaires après le péché. Il faut, par une mortification continuelle de nos sens et de nos passions, diminuer le poids de la concupiscence qui nous porte vers la terre, et demander à Dieu par notre médiateur Jésus-Christ, la délectation de la grâce, sans laquelle nous avons beau diminuer le poids du péché, il pèsera toujours beaucoup. Mais, si peu qu'il pesât, il nous entraînerait infailliblement, et nous tiendrait comme collés à la terre et sous la domination de nos ennemis.

Élévation à Dieu.

Mon Dieu, faites-moi toujours connaître que je suis chassé hors de **402** mon pays, que je suis parmi des ennemis qui ne songent | qu'à me donner la mort, que l'air du monde est un air empesté qui achève de m'empoisonner, qu'il n'y a point de créature qui ne m'applique à elle, et qui ne me détourne de vous. Mais, mon Dieu, faites-moi bien connaître que les plus dangereux ennemis que j'aie sont mes ennemis domestiques, que je me dois plus craindre moi-même que je ne dois craindre le monde, et que je dois plus craindre le monde que je ne dois craindre le démon, que, parmi tant d'ennemis, je n'ai point de force pour me défendre, je n'ai point d'armes pour les combattre, je n'ai pas même assez de lumière pour les connaître[1]. Faites-moi sentir toutes mes faiblesses, toutes mes blessures, toutes mes misères, dont[2] je n'ai encore qu'une connaissance fort imparfaite.

Ô Jésus, je ne vois que faiblesse en moi, lorsque je me regarde sans vous ; mais, lorsque je vous sens avec moi, je me sens une force invincible : *In te inimicos nostros ventilabimus cornu, et in nomine tuo spernemus insurgentes in nobis ; non enim in arcu meo sperabo et*

---

1. *OC* (comme 1695, p. 253) : « les reconnaître » ; nous corrigeons d'après 1715, p. 60 (= 1701). 1702, p. 406 : « les bien connaître et leurs artifices »

2. *OC* (suivant 1695, p. 253) : « desquelles », nous suivons 1715, p. 60 (= 1701 ; 1702, p. 406).

gladius meus non salvabit me [1]. Ô Jésus moqué, souffleté, flagellé, couvert de crachats et de sang, humilié jusqu'à la mort, confondez mon orgueil et ma délicatesse. Chassez de mon cœur, par la vertu de vos souffrances [2], et par le mérite de vos dispositions intérieures, tous mes ennemis domestiques. Habillez-vous de pourpre, ô mon Roi; venez couronné d'épines, et le roseau à la main, venez les combattre et les juger. Montez [3] au trône de votre Croix [4]; faites y [5] mourir la mort même, et anéantissez pour jamais l'orgueil du péché. Enfin, mon Dieu [6], élevez-moi avec vous, attachez-moi avec vous, crucifiez-moi, sacrifiez-moi avec vous, afin que j'aie part à cette puissance si terrible à mes ennemis domestiques, si terrible au monde, et si terrible à l'enfer.

---

1. Ps 43, 6-7 (v. 7-8 dans la Bible de Sacy : « Ce sera en vous que nous trouverons la force de renverser nos ennemis; et, en invoquant votre nom, nous mépriserons tous ceux qui s'élèvent contre nous. Car je ne mettrai point mon espérance dans mon arc, et ce ne sera point mon épée qui me sauvera »).

2. *OC* (et 1702, p. 406) : « de vos humiliations et de vos souffrances » (notre leçon est présentée comme une variante des cinq premières éditions); nous corrigeons d'après 1715, p. 62 (= 1701).

3. 1701, p. 62 (comme 1695, p. 253) : « Faites trembler la terre devant vous; montez… ».

4. L'expression est singulière : l'Écriture use d'ordinaire de l'image du trône pour exprimer la gloire de Dieu plutôt que pour traduire la misère de sa mort en croix.

5. 1701, p. 62 (comme 1685, p. 253) omettent « y ». 1702, p. 407 : « Montez sur le trône de votre Croix, et faites mourir tous les tyrans de mon cœur par votre seule présence, à la vue de l'état où votre charité vous a réduit. Anéantissez… ».

6. 1702, p. 407 : « Que l'homme n'ait plus de honte d'être semblable au Dieu qu'il adore. Ô mon Dieu, élevez-moi… ».

VII. *Considération*

Il est extrêmement difficile de représenter les dispositions intérieures dans lesquelles un pécheur doit entrer, car il n'y a point d'état d'humiliation, de haine de soi-même, ni d'anéantissement, qui convienne à sa bassesse, à sa malice, et à son néant. Si le pécheur était anéanti, il serait trop heureux ; il faut qu'il soit, pour être puni, et il ne peut se haïr comme il devrait se haïr ; il n'y a qu'un Dieu qui puisse le haïr autant qu'il est digne de haine, qui puisse peser au juste l'énormité du péché[1].

L'homme comme enfant d'Adam est bien réprouvé, mais il n'est pas puni de la peine des damnés ; il est bien digne d'être dans une extrême tristesse, comme une suite nécessaire de ce qu'il se voit privé du souverain bien, mais il ne mérite pas d'être accablé de douleurs, de cette espèce de peine qui est due au mauvais usage de sa propre liberté. Les enfants d'un criminel méritent bien d'être privés de toutes les grâces que leur père recevait, et qu'il pouvait espérer ; mais ils ne méritent pas d'être punis de la même manière que des criminels. Il est juste que Dieu se retire des enfants d'Adam, qu'il ne leur fasse aucune faveur particulière, qu'il n'en fasse point ses héritiers, et ne soit pas leur récompense, et enfin qu'il les anéantisse, s'il le veut : ils sont

---

1. Cette dernière proposition relative est un ajout de 1715 ; elle est absente de 1695, p. 254, de 1701, p. 65, comme de 1702, p. 408.

ses créatures. Mais, en ne les considérant que comme des enfants malheureux d'un père rebelle, il ne semble pas juste que Dieu emploie la rigueur de sa justice pour s'en venger.

| Il n'en est pas ainsi de l'homme considéré comme pécheur lui- **404** même : il serait très juste que Dieu employât toute sa puissance pour satisfaire à sa justice, si le pécheur était un sujet capable de porter toute la colère d'un Dieu, parce que, l'offense croissant à proportion de la dignité de la personne offensée, l'offense faite à Dieu est infinie, et mérite une peine infinie dont l'homme n'est pas capable.

Ainsi un pécheur considéré sans Jésus-Christ est encore quelque chose de pire qu'un damné considéré avec les satisfactions de Jésus-Christ, puisqu'il n'est pas nécessaire qu'un damné considéré avec les satisfactions de Jésus-Christ souffre selon toute la capacité qu'il a de souffrir. Aussi les damnés ne souffrent pas selon toute la capacité qu'ils ont de souffrir ; leurs peines sont inégales aussi bien que leurs crimes, quoique leur capacité de souffrir soit égale, et qu'ils méritent de souffrir selon toute la capacité qu'ils en ont. L'état d'un pécheur considéré sans Jésus-Christ est donc plus déplorable que celui d'un damné, puisqu'il fait honte à la beauté de l'univers, et qu'il renverse l'ordre des choses autant qu'il en est capable.

Un tel pécheur est même plus digne de haine que tous les damnés et que tous les démons ensemble, parce que, la mort de Jésus-Christ étant suffisante pour ajouter ce qui manque à la satisfaction que les damnés font à la justice de Dieu, cette sainte justice en est pleinement satisfaite : les supplices des damnés y rendent honneur malgré leur malice ; et leur malice même, comme une peine due à leurs péchés, y rend honneur. Mais un pécheur sans Jésus-Christ est un monstre que Dieu ne peut ni vouloir ni permettre. Il ne peut être d'aucun ordre, ni de celui de la miséricorde, ni de celui de la justice. Il n'y a rien de bon dans un tel pécheur, il fait horreur ; et ceux qui savent que la volonté essentielle et nécessaire de Dieu est l'ordre ne voient rien de plus digne de leur haine et de leur aversion qu'une telle créature.

Je ne puis donc assez me haïr comme pécheur, je ne puis assez
405 | m'humilier. Je suis indigne d'être reçu à faire pénitence, mes gémis-
sements et mes larmes ne font que renouveler le souvenir de mes
offenses. C'est en vain que je crie vers le Ciel, Dieu n'écoute point les
pécheurs ; il se moque d'eux dans leurs misères, il se plaît à les
accabler. Comme créature, Dieu m'écoute ; comme enfant d'Adam, il
me méprise ; mais, comme pécheur, il ne peut songer à moi sans me
punir de toute la force de sa rigueur, ou selon toute la capacité que je
puis avoir de souffrir. Que l'état d'un pécheur est un état misérable ;
mais n'y pensons pas davantage sans Jésus-Christ.

Élévation à Dieu.

Ô Jésus qui êtes venu au monde pour appeler non les justes, mais
les pécheurs, qui avez pris toutes les marques des pécheurs, qui avez
bien voulu être regardé comme pécheur[1], comme l'ami des pécheurs,
et enfin qui avez ardemment désiré de souffrir pour des pécheurs, de la
main même des pécheurs, une mort qui n'était destinée que pour les
plus infâmes pécheurs. Ô Jésus le sauveur des pécheurs[2], servez-moi
de bouclier contre les traits de la colère de Dieu[3] ; arrêtez le bras de
votre Père prêt à s'appesantir sur moi. Joignez vos gémissements aux
miens, mêlez vos larmes avec les miennes, afin qu'elles ne soient plus
le sujet de la moquerie et de la haine de mon Dieu. Je ne demande pas
que vous me releviez de terre, que vous essuyiez mes yeux, que vous
me rendiez ma première robe ; je ne suis plus dans l'état d'innocence,
et je ne veux plus vivre que dans les douleurs et les humiliations. Oui,
Seigneur, je veux demeurer prosterné contre terre, le visage plein de
poussière et de larmes, et porter ainsi avec vous une partie de la honte
et de la confusion que je mérite pour mes crimes.

---

1. Les *OC* (suivant 1702, p. 411) ajoutent : « et » ; nous corrigeons, conformément à
1715, p. 76 (= 1701). 1695, p. 257, porte : « comme pécheur, comme l'ami des publicains
et des pécheurs, et enfin… ».
2. 1 Tm 1, 15.
3. Voir Ps 7, 11-12.

VIII. *Considération*

La condition de l'homme comme enfant d'Adam, quoique racheté par Jésus-Christ, demande nécessairement une séparation | et une **406** privation de tous les plaisirs des sens, et de tous les objets de la concupiscence, car un enfant d'Adam, quelque saint et juste qu'on le veuille supposer, sent toujours un poids qui le porte vers la terre, et qui contrebalance l'effort que le poids de la grâce fait sur son esprit. Or, comme le poids de la grâce ne dépend pas de nous, et que ce poids agit d'autant plus que le poids de la concupiscence est plus léger, il est visible que tout homme est dans une obligation très étroite de diminuer ce dernier poids, en évitant avec soin les plaisirs sensibles, puisque ces plaisirs nous portent naturellement à l'amour des objets qui semblent les causer, et qu'ainsi ils irritent et fortifient extrêmement la concupiscence.

Mais la privation ou la pénitence n'est pas seulement utile pour coopérer à la grâce, ou pour n'en pas empêcher l'effet; elle est même assez souvent nécessaire pour la mériter. C'est apparemment la voie la plus courte pour l'obtenir, et elle ne manque jamais de l'obtenir, lorsqu'elle est pratiquée par un mouvement de l'esprit de Dieu.

Quand on considère que l'ordre immuable de la justice est la règle inviolable et nécessaire de la volonté de Dieu, on comprend parfaitement que les pécheurs sont indispensablement obligés à la privation et à la pénitence, car il est évident que l'ordre demande que le pécheur soit puni.

Tout homme doit désirer, aussi bien que sainte Thérèse, ou de souffrir ou de mourir[1], ou plutôt, comme sainte Magdelaine | de Pazzi, **407** de souffrir et de ne point si tôt mourir[2]. Car tout homme qui aime l'ordre, qui préfère la volonté de Dieu à la sienne, qui respecte la

---

1. Thérèse d'Avila (1515-1582), *Vie écrite par elle-même*, chap. XL : « [...] en lui disant quelquefois de tout mon cœur : Seigneur, ou mourir ou souffrir ! C'est la seule chose que je vous demande » (*Œuvres de sainte Thérèse, divisées en 3 parties*, trad. fr. M. Arnauld d'Andilly, nouvelle édition, Anvers, H. Van Dunewaldt, 1688, t. I, p. 377).

2. Marie-Madeleine de Pazzi (1566-1607).

beauté de l'univers, non cette beauté visible qui est l'objet de nos sens, mais la beauté intelligible qui est l'objet de notre esprit, tout homme qui ne se considère que comme partie des ouvrages de Dieu, et qui ne met pas sa dernière fin dans soi-même, enfin tout homme qui ne s'imagine pas devoir s'aimer plus que Dieu même, doit se conformer à la volonté de son Tout. Il doit prendre le parti de Dieu, et, animé du zèle de sa justice, exercer contre soi-même une rigueur nécessaire, mais une rigueur qui le mettra[1] dans l'ordre d'autant plus promptement qu'il l'exercera plus volontairement, car, si la punition du péché n'était point volontaire, elle serait nécessairement éternelle.

Si l'on considère que le plaisir est une récompense, qu'il n'y a que Dieu qui soit capable de le produire en nous, et qu'il s'est[2] obligé par l'ordre de la nature, qui n'est rien autre chose que ses volontés éternelles, à nous en faire sentir, lorsque les corps qui nous environnent produisent dans le nôtre des mouvements utiles à sa conservation, certainement on ne doutera pas que c'est une impudence, et une effronterie abominable, que de se servir de l'immutabilité des volontés d'un Dieu juste, pour se faire récompenser, dans le temps qu'on mérite comme pécheur d'être puni, et même pour des crimes que l'on commet actuellement contre Dieu. Car enfin c'est une chose horrible à penser que d'obliger la bonté de Dieu à favoriser nos passions, et que de forcer, pour ainsi dire, celui qui ne veut que l'ordre à récompenser, pour ainsi dire, le désordre.

Mais, si l'on considère, d'un autre côté, que la douleur est une peine, qu'il n'y a que Dieu qui soit capable de la causer en nous, et qu'il s'est obligé par le même ordre de la nature à nous en faire sentir, lorsque les corps qui nous environnent produisent dans le nôtre des mouvements contraires à sa conservation, on ne doutera pas non plus **408** qu'un pécheur qui se conforme volontairement | à l'ordre de la justice,

---

1. 1701, p. 85 : « remettra » (de même que 1695, p. 259, et 1702, p. 415).

2. Les *OC* portent par erreur : « soit » ; nous corrigeons, conformément à 1715, p. 86 (= 1701, ainsi que 1695, p. 259 et 1702, p. 415).

qui[1] se sert de l'immutabilité des volontés de Dieu pour se remettre dans l'ordre, qui accorde, pour ainsi dire, Dieu avec Dieu même, l'ordre naturel avec l'ordre essentiel et nécessaire, et qui, se reconnaissant pécheur, oblige Dieu en conséquence de ses volontés à le traiter comme il mérite de l'être ; on ne doutera pas, dis-je, qu'un tel pécheur n'attire sur lui la miséricorde d'un Dieu aussi bon qu'est celui que nous adorons. Car enfin un tel pécheur est aimable, il augmente la beauté de l'univers, il rentre dans l'ordre autant qu'il lui est possible, et même il y rentre parfaitement, ses souffrances étant confondues avec celles de Jésus-Christ, qui seul est une victime capable de rétablir toutes choses.

Qu'il y a de différence entre un voluptueux et un pénitent ! Tâchons encore une fois de la bien connaître. Un voluptueux est un monstre qui blesse l'ordre, et qui corrompt la beauté de l'univers ; un vrai pénitent rétablit l'ordre, et rend à l'univers ce qu'il lui avait ôté. Un voluptueux est un traître qui abuse de la bonté de son souverain, et qui se sert malicieusement de la connaissance qu'il a de ses desseins, pour l'obliger à des actions indignes de lui ; un pénitent est un serviteur fidèle, qui étudie les volontés de son maître, qui les exécute à ses propres dépens, et qui se sert adroitement de la connaissance qu'il a de ses inclinations pour mériter légitimement ses bonnes grâces. Enfin, un voluptueux est un criminel qui commet incessamment de nouveaux crimes, c'est un pécheur endurci qui boit le péché comme l'eau, et qui ne se réjouit que du mal, c'est un démon condamné dont l'arrêt n'est point encore prononcé ; enfin c'est une victime qui s'engraisse pour le jour de la vengeance du Seigneur[2], et pour être la nourriture d'un feu qui ne s'éteindra jamais. Le vrai pénitent au contraire est un homme juste, qui craint plus le péché qu'il n'aime le plaisir : c'est un cœur contrit et humilié, qui se purifie sans cesse dans l'amertume et dans la

---

1. *OC* (suivant l'édition de 1702, p. 416) : « et qui se sert… » (notre leçon est donnée comme une variante des cinq premières éditions) ; nous corrigeons d'après 1715, p. 89 (= 1701).

2. Voir *CC* II, p. 42.

douleur. C'est une victime qui brûle par amour, victime trop aimable pour demeurer dans l'ordre de la justice ; elle doit entrer dans celui de la miséricorde, car, sa peine étant volontaire, elle ne peut pas durer toujours.

409   Il ne faut donc pas se persuader, comme bien des gens, que | Jésus-Christ soit venu dispenser les pécheurs de faire pénitence. Jésus-Christ n'est pas venu renverser l'ordre des choses ; il est venu, pour ainsi dire, faire pénitence, ou plutôt il est venu souffrir avec les pécheurs, afin de sanctifier leur pénitence, et de la rendre agréable à Dieu. Il est venu porter, par la grandeur de sa qualité, ce que les hommes ne pouvaient porter, à cause de la faiblesse de leur nature, à cause de la limitation de leur être, à cause de l'indignité de leur personne. Mais il n'est pas venu les dispenser de faire pénitence. Il les encourage au contraire par son exemple, il les fortifie par sa grâce, il les enseigne par ses paroles à souffrir, car il n'y a que ceux qui le suivront à la mort qui doivent prétendre à la vie qu'il nous a méritée par sa mort. Si quelqu'un, dit-il, veut ressusciter avec moi, qu'il renonce à sa propre vie, qu'il se charge de l'instrument de son supplice, qu'il porte sa croix et qu'il me suive, car celui qui voudra conserver sa vie la perdra. Il reprend même sévèrement le plus grand de ses apôtres, à cause qu'il voulait le détourner de souffrir ; il l'appelle Satan ; il lui commande de se retirer de devant lui, et il lui reproche qu'il n'a point de goût pour les choses de Dieu : *Mais Jésus, se retournant et regardant ses disciples, reprit rudement Pierre, et lui dit : Retirez-vous de moi, Satan, parce que vous n'avez point de goût pour les choses de Dieu, mais seulement pour les choses de la terre. Et, appelant à soi le peuple avec ses disciples, il leur dit : Si quelqu'un veut venir après moi, qu'il renonce à soi-même, qu'il se charge de sa croix, et me suive. Car celui qui se voudra sauver se perdra, et celui qui se perdra pour l'amour de moi et de l'Évangile se sauvera, etc.*. Voilà quels sont les sentiments de la Sagesse éternelle, sentiments qui

---

* Mc 8 [33-35] [= Mt 16, 23-25].

ne regardent pas seulement les apôtres, mais tous les hommes en général : *et, ayant appelé le peuple avec ses disciples, il leur dit : Si quelqu'un veut me suivre, qu'il renonce à soi-même, etc.*

Élévation à Dieu.

Seigneur, dont toutes les volontés sont efficaces, et les décrets immuables, vous avez voulu que l'homme goûtât du plaisir dans l'usage des biens sensibles; mais l'homme ingrat aime ces faux **410** biens, et méprise la véritable cause de son bonheur actuel, ou plutôt il ne vous reconnaît pas, Seigneur, comme seul capable d'agir en lui. Vous aviez sagement établi que l'homme reconnût par des preuves courtes et incontestables s'il devait s'unir aux corps qui l'environnent ou s'en séparer, afin qu'il ne fût point obligé de se détourner de vous, ni de s'appliquer longtemps à eux. Et voici au contraire que les hommes ne pensent plus à vous. S'imaginant que les corps causent en eux les plaisirs qu'ils sentent, ils se donnent tout à eux, ils ne pensent qu'à eux, ils n'aiment qu'eux; et ce que vous aviez ordonné pour conserver l'homme juste dans la justice arrête maintenant le pécheur dans le péché. Seigneur, feriez-vous un miracle pour des pécheurs? Non, non, Seigneur. Que vos décrets subsistent. Malheur à ceux qui vous tentent. Que les hommes fuient le poison, s'ils veulent éviter la mort. Ils reconnaissent bien ce poison, vous les en avez avertis.

Mais, ô Dieu plein d'équité pour vos créatures, pouvons-nous haïr le plaisir? Pouvons-nous haïr ce que vous nous faites aimer? Il est juste que nous souffrions comme pécheurs; mais pouvons-nous aimer la douleur, que vous nous faites, ce me semble, haïr par une impression invincible? Ô Seigneur dont la sagesse n'a point de bornes, faites-nous parfaitement comprendre que vous n'êtes pas contraire à vous-même, et que vos volontés ne sont pas contradictoires, que le plaisir en lui-même n'est point mauvais, et que la véritable cause qui le produit mérite véritablement de l'amour et du respect, que nous devons aimer cette cause de toute l'étendue de notre cœur, mais que nous devons avoir ce respect pour elle, de ne la pas contraindre en conséquence de ses volontés à nous récompenser, lorsque, absolument parlant, elle devrait nous punir.

Seigneur, qui vous cachez à nos yeux, faites paraître votre force et l'efficace de vos volontés, et montrez-nous clairement et incessamment que les corps qui nous environnent sont absolument incapables de nous faire ni bien ni mal. Peut-être que les hommes n'aimeront que vous, lorsqu'ils sauront qu'ils n'y | a que vous qui soyez capable de leur faire du bien; et peut-être qu'ils ne craindront que vous, lorsqu'ils auront bien compris qu'il n'y a que vous d'assez fort et d'assez puissant pour leur faire souffrir du mal.

Mais, ô mon Dieu, agissez avec plus de sûreté et plus de miséricorde envers moi. Je sais que vos créatures ne sont point mon bien, et je les aime. Je suis convaincu que tout ce qui m'environne ne peut me pénétrer, et mon cœur s'ouvre sans que j'y pense; il s'attend de recevoir des plus viles de vos créatures ce qu'il n'y a que vous qui me puissiez donner. Ô mon Dieu, agissez donc avec moi plus sûrement qu'avec ceux qui suivent leur lumière dans les mouvements de leur amour. Séparez-moi de vos créatures, puisqu'elles me détournent de vous. Détournez mes yeux de dessus les objets sensibles, puisque je les prends pour vous, ou plutôt, puisque je les aime au lieu de vous. C'est là le plus sûr moyen de remédier aux dérèglements de mon cœur.

Ma philosophie n'est pas suffisante pour régler mon amour[1]; elle n'est bonne qu'à me rendre inexcusable devant vous. Elle m'apprend que je me sers de l'ordre de la nature contre l'ordre de la justice[2], que j'abuse de vos bontés pour favoriser le mal, que je me sers de l'immutabilité de vos décrets pour récompenser la rébellion et le crime; elle me fait voir clairement mon impiété et mon injustice, mais elle m'y laisse plongé. J'ai horreur de moi-même, mais je ne puis m'empêcher de m'aimer. Ainsi je me procure les plaisirs qui me rendent heureux,

---

1. L'opposition de la philosophie (païenne) et de l'amour chrétien est fréquente dans l'Écriture, même lorsqu'elle reste implicite, en se bornant à dénoncer la « sagesse », comme en Rm 1, 20-22. Elle est explicite en Col 2, 8.

2. Leçon propre à 1715; les éditions précédentes portent en effet: « je me sers de l'ordre pour renverser l'ordre », voir 1701, p. 111, 1695, p. 265 et 1702, p. 423, ainsi que la variante c des *OC*.

du moins pour le temps que je les goûte. Ô Dieu, que je suis stupide et insensé ! Je m'aime pour un moment, et je me perds pour une éternité. Mais je goûte ce moment, et je ne goûte point l'éternité. J'y pense, il est vrai, et ma pensée trouble ma joie ; mais le plaisir tout affaibli qu'il est par mes réflexions entraîne facilement un cœur qu'il a déjà mis en mouvement. Privez-moi donc, ô mon Dieu, de tous les objets qui flattent mes sens, et qui troublent ma raison. Si, comme auteur de la nature, vous me faites sentir du plaisir dans leur usage, comme auteur de la grâce, donnez m'en du dégoût et de l'horreur. Et ajoutez à vos grandes miséricordes sur moi, dans le temps auquel les | peines sont **412** volontaires, de me faire souffrir celles que je mérite pour mes crimes. Ô Dieu, qui ne pouvez laisser le péché impuni, faites-moi rentrer incessamment dans l'ordre. Formez-moi sur votre Fils, crucifiez-moi avec lui, et que sa croix qui n'est que folie et que faiblesse aux yeux des hommes [1] soit toute ma force, toute ma sagesse, et toute ma joie.

Ô Jésus attaché en croix pour mes péchés, je suis à vous. Attachez-moi avec vous ; crucifiez ma chair avec ses passions et ses désirs déréglés ; détruisez ce corps de péché, ou délivrez-moi, par votre grâce, de l'effort qu'il fait sans cesse sur mon esprit. *Nous sommes baptisés en votre mort ; nous sommes morts à toutes les choses sensibles ; nous sommes même ensevelis avec vous par le baptême* [2]. *Notre vieil homme*, dit votre grand apôtre [3], *a été attaché avec vous à la croix, afin que le corps du péché fût détruit.* Souffrirez-vous, ô Jésus, que ce vieil homme revive, et que ce corps du péché subsiste ? Ô Sauveur du monde, achevez l'ouvrage que vous avez commencé ; continuez de souffrir dans vos membres ; achevez dans notre chair le sacrifice que vous avez commencé en Abel, que vous avez continué dans les patriarches et dans les prophètes, et que vous ne finirez que par la mort du dernier membre de votre corps, qui sera le dernier saint que vous donnerez à votre Église.

---

1. Voir 1 Co 1, 18 *sq.*
2. Cette expression se retrouve en Col 2, 12.
3. Rm 6, 3-6.

Ô Esprit de Jésus, amour du Père et du Fils, répandez votre charité dans nos cœurs, chassez de nos esprits la crainte servile des esclaves, et remplissez-nous de cette crainte des enfants qui donne droit à l'héritage de notre Père. Venez, Esprit consolateur, adoucir par la délectation de la grâce, l'amertume et le dégoût que nous trouvons dans la pénitence. Faites-nous part des souffrances de Jésus, afin que nous ayons aussi part à sa gloire; mais rendez-nous plus léger le poids de la croix; il est insupportable à la nature. Réveillez notre foi aux promesses divines; représentez-nous vivement la grandeur de nos espérances; et donnez-nous de ce feu que vous fîtes pleuvoir sur les apôtres[1], de ce feu qui les embrasa de zèle et d'ardeur pour prêcher sans crainte la croix de Jésus, et pour souffrir avec joie l'ignominie des fouets, la rigueur des tourments, et la mort même pour Jésus-Christ.

---

1. Voir Ac 2, 3-4.

CONSIDÉRATIONS DE PIÉTÉ
POUR TOUS LES JOURS DE LA SEMAINE

Il ne suffit pas de lire avec une légère attention les considérations qui suivent, si l'on veut s'en nourrir et s'en fortifier l'esprit; il faut les graver profondément dans sa mémoire, et se les rendre si familières qu'elles se présentent à nous à tous moments. C'est pour cela qu'on ne les a pas étendues davantage. Les grands discours partagent l'esprit; il ne faut souvent qu'un mot pour lui représenter beaucoup de choses, et, pourvu qu'une parole soit pleine de sens et de vérité, elle dit davantage que des livres entiers. Car c'est notre attention qui nous parle, c'est notre cœur qui nous convainc; et ceux qui rentrent dans eux-mêmes, pour y écouter la vérité intérieure et pour y étudier[1] les lois éternelles, comprennent à demi-mot des choses qui paraissent incompréhensibles aux autres hommes. Comme on ne dit dans ces considérations que des vérités incontestables pour des chrétiens, on les expose sans preuve, souvent avec les paroles mêmes de l'Écriture, et seulement dans le dessein d'exciter ceux qui les liront à y penser continuellement, à s'en entretenir, et à s'en nourrir. On a mis à la fin de chaque considération un mystère que nous pouvons choisir pour honorer. Car nous devons comme chrétiens adorer Jésus-Christ dans tous ses états[2],

---

1. Les *OC* omettent : « y » ; nous corrigeons, conformément à 1715, p. 123 (= 1701).

2. L'expression est ici typiquement bérullienne, les *Grandeurs de Jésus* développant précisément un tel projet.

le remercier de tous ses mystères, lui demander la grâce de tout ce qu'il a été et de tout ce qu'il a fait, et tâcher de nous conformer à lui selon toutes les manières possibles, car nous ne pouvons être agréables à Dieu qu'autant que nous sommes des expressions de son Fils.

414 | *Pour le dimanche*

Ne voyons que Dieu en toutes choses[1]; c'est lui qui fait tout, n'adorons que lui. Il n'y a que lui d'assez fort pour agir en nous; n'aimons donc et ne craignons que lui.

Si nous souffrons quelque douleur, c'est la main de Dieu qui nous frappe; tournons-nous donc vers lui, et non vers l'objet qui semble la causer. Humilions-nous en sa présence, car il ne punit que le désordre. Haïssons, craignons, fuyons le péché qui oblige la source de tous les biens à devenir la cause de tous nos maux.

Si nous jouissons au contraire de quelque plaisir sensible, souvenons-nous que nous sommes pécheurs, et qu'ainsi l'amour de l'ordre nous doit faire haïr le plaisir. N'oublions pas que la volonté essentielle et nécessaire de Dieu, c'est l'ordre, et qu'ainsi Dieu punit indispensablement tout désordre. Surtout[2], prenons bien garde à ne pas commettre cette injustice, que d'obliger, en conséquence des lois que Dieu s'est imposées, celui qui ne veut que l'ordre, non seulement à permettre le désordre, mais même à le récompenser. Ainsi ne souffrons le plaisir qu'avec peine; ce n'est plus le caractère du bien; il ne porte qu'au mal, car tout est renversé.

Elevons notre esprit à la considération des plaisirs futurs. Ils seront éternels, car ils seront justes et dans l'ordre. Considérons combien sera

---

1. Formule qui inverse (mais aussi bien complète) la vision en Dieu (voir toutes choses en Dieu). La *Recherche* soulignait déjà que la doctrine des causes occasionnelles nous apprend à « voir Dieu en toutes choses, craindre et aimer Dieu en toutes choses » (*RV* VI, II, chap. III, *OC* II, 320). La formule est cependant susceptible d'un sens usuel. Voir Dieu en toutes choses constituait en un sens le fond de la contemplation médiévale. L'inversion typiquement malebranchiste qu'opère la vision en Dieu n'en est que plus significative, et accuse une nette rupture au regard de cette tradition.

2. 1701, p. 128, omet : « Surtout ».

grande la félicité de ceux qui posséderont Dieu même, puisque l'ordre veut que les plaisirs soient proportionnés aux biens dont on jouit. Vivons maintenant par la foi ; que la fermeté de notre espérance excite en nous l'avant-goût des biens à venir, en nous les rendant comme présents. Cette espèce de jouissance nous est permise : *Gustate et videte quoniam suavis est Dominus : beatus vir qui sperat in eo. Goûtez | et voyez que le Seigneur est doux ; qu'heureux est l'homme* **415** *qui met en lui son espérance* [1].

Dieu est bon, juste, puissant ; il a promis, il a juré, il a déjà donné son Fils, il a répandu son esprit ; faut-il d'autres arrhes ? Faut-il même des arrhes pour nous assurer que Dieu tiendra sa promesse ? Réjouissons-nous donc dans le Seigneur, et méprisons tout le reste. *Gaudete in Domino semper : Iterum dico, gaudete. Modestia vestra nota sit omnibus hominibus : Dominus propè est* (Ph 4, 4) [2]. *Réjouissez-vous toujours dans le Seigneur, je vous le redis encore, réjouissez-vous. Que votre modestie se fasse connaître de tous les hommes. Le Seigneur est proche.*

Averte oculos meos ne videant vanitatem. In via tua vivifica me (Ps 118, 37 [3]). *Détournez mes yeux, ô mon Dieu, de peur qu'ils ne voient la vanité de ce monde ; donnez-moi la force et le courage de marcher dans vos voies.*

Mystère.
Le Mystère de la sainte Trinité.

Pour le lundi

N'estimons rien que par rapport à Jésus-Christ ; ne nous regardons qu'en Jésus-Christ ; n'agissons, et ne souffrons que dans l'esprit de Jésus-Christ.

---

1. Ps 33, 9 (v. 8, Bible de Sacy).
2. Ph 4, 4-5.
3. L'édition de 1715 (p. 133) porte par erreur Ps 108, 37.

Considérons que Jésus-Christ est le commencement et la fin de toutes choses[1], que c'est le premier-né des créatures[2], et qu'elles subsistent toutes en lui; que c'est notre chef, notre roi, notre sauveur, notre médiateur, notre législateur, notre docteur, notre lumière, notre modèle, notre souverain prêtre, notre victime, notre nourriture, notre tout. Ne demandons rien que par Jésus-Christ; ne rendons grâces à Dieu que par Jésus-Christ; n'approchons de Dieu que par Jésus-Christ, car nous n'avons accès auprès de Dieu que par Jésus-Christ.

416   Souvenons-nous que Dieu n'aime que Jésus-Christ, et ce qui | a rapport à Jésus-Christ, et qu'il nous a prédestinés pour être conformes à l'image de son Fils[3]. Ainsi formons-nous sur Jésus-Christ comme sur notre modèle et notre exemplaire[4]; dépouillons-nous du vieil homme, pour nous revêtir du nouveau; et n'aimons en nous et dans les autres que Jésus-Christ. Anathème à celui qui n'aime pas Jésus-Christ, *qui nous a été donné de Dieu pour être notre sagesse, notre justice, notre sanctification, et notre rédemption, afin que celui qui se glorifie ne se glorifie que dans le Seigneur* (1 Co 1, 30[5]).

Respice in faciem Christi tui[6]. *Jetez les yeux sur la face de votre Christ.*

Mystère.
Jésus-Christ naissant[7].

1. La formule provient de Ap 1, 8 et 22, 13, et se trouve reprise, par exemple, dans la vigile de Pâques.

2. Col 1, 15.

3. Rm 8, 29.

4. Voir les références pauliniennes données *supra* (*MHP*, p. 412).

5. 1 Co 1, 30-31.

6. Ps 83, 10 (v. 9, Bible de Sacy).

7. La contemplation de la naissance de Jésus est chère à Bérulle : voir notamment *G* XI, p. 450, et surtout *OP* 39, III, p. 130-131.

Pour le mardi

Ne faisons aucune chose sans l'offrir actuellement à Dieu, et sans nous unir pour cela à Jésus-Christ[1]. Ou pour le moins ne faisons aucune chose qui soit indigne de Dieu, en la force de qui nous agissons, ou de Jésus-Christ, à qui nous appartenons.

Souvenons-nous toujours que c'est Dieu qui nous donne et qui nous conserve l'être, que c'est de lui que nous recevons la lumière qui éclaire notre esprit[2], l'impression qui anime notre cœur, et la vie même qui donne le mouvement à notre corps, et n'employons que pour Dieu l'être et les forces que Dieu ne nous donne que pour lui.

N'oublions pas non plus que nous sommes à Jésus-Christ, qu'il nous a acquis par son sang, et qu'ainsi, quand nous aurions par nous-mêmes toutes les forces que nous ne recevons que de Dieu, étant rachetés par le sang de Jésus-Christ, nous et toutes nos forces lui appartiennent. Ainsi ne faisons rien qui soit contraire à de telles obligations.

Et, afin que nous ayons encore une plus grande idée de la perfection où nous devons tendre, pensons que Jésus-Christ est notre Frère[3], et que Dieu est notre Père, que nous devons être éternellement les héritiers de Dieu même, et les cohéritiers de Jésus-Christ[4]; et jugeons par là quelle doit être notre vie pour être digne de nos qualités. *Soyez parfaits*, disait notre adorable | Frère pour exciter ses disciples à **417** aimer leurs ennemis, *soyez parfaits comme votre Père céleste est parfait* (Mt 5, 48).

Omne quodcunque facitis in verbo aut in opere, omnia in nomine Domini Jesu Christi, gratias agentes Deo et Patri per ipsum (Col 3, 17). *Quoi que vous fassiez en parlant ou en agissant, faites tout au nom du Seigneur Jésus-Christ, rendant grâces par lui à Dieu le Père.*

---

1. 1701, p. 140, porte : « sans nous donner pour cela Jésus-Christ ».
2. On voit ici le philosophe Malebranche poindre sous le pieux oratorien.
3. Mt 12, 49 ; Rm 8, 29 ; He 2, 11-12.
4. Rm 8, 17.

Domine ante te omne desiderium meum; et gemitus meus a te non est absconditus (Ps. 37, 10[1]) *Seigneur, vous voyez où tendent tous mes désirs, et les gémissements de mon cœur ne vous sont point cachés.*

Mystère.
Jésus-Christ enfant[2] et se cachant au monde[3].

Pour le mercredi

Puisque nous ne vivons pas selon nos obligations essentielles, ni d'une manière conforme à la qualité que nous portons, vivons du moins dans une profonde humilité. Ne souffrons jamais volontairement que l'esprit des autres hommes se tourne vers nous, ni que leur cœur s'arrête sur nous. Nous ne sommes ni leur lumière, ni leur bien. Que c'est un grand crime, que de se mettre à la place de Dieu, pour recevoir l'adoration intérieure qui n'est due qu'à lui !

---

1. v. 9, Bible de Sacy.

2. La méditation du Christ en son état d'enfance est un thème cher à Bérulle qui lui a consacré de nombreuses pages. Afin d'assumer la nature humaine en sa totalité, Dieu a choisi de s'assujettir à l'humble et obscure condition de l'enfance (*G* IX, p. 355 *sq.*). La contemplation de l'état d'enfance est ainsi liée à la vie cachée de Jésus pendant les trente premières années de sa vie terrestre.

3. « Et votre vie est cachée doublement, c'est-à-dire, elle est cachée en sa propre grandeur et sublimité, et en son admirable abaissement et humilité. Vie cachée en la divinité, vie cachée en l'humanité, vie cachée encore en l'humilité d'une vie voyagère et souffrante sur la terre » (*G* II, p. 125). Cf. *ibid.*, p. 127 ; au sujet de la naissance première du Christ engendré du Père et des grandeurs qui y sont liées, on lit encore en conclusion du discours X (p. 397) : « Que je les grave en ma pensée d'autant plus vivement qu'il semble que vous voulez les oublier pour notre amour et les cacher au monde, sous le voile de notre humanité et dans les ténèbres de votre mortalité ! Je dois percer ces ombres et ces voiles, et je veux reconnaître et adorer Dieu en l'homme, la vie en la mort, et la gloire en la croix (…) » ; « En Jésus il y a mort et vie. Mais la mort est manifeste et la vie est cachée. Jésus caché en sa Mère, en la pauvreté de sa naissance, en l'humilité de sa conversation où il ne parle point de lui et ne se fait pas connaître, de sorte que ses parents lui disent : "Manifeste-toi au monde". Il est caché en l'ignominie de sa croix, il est caché en Dieu en la résurrection » (*OP* 221, IV, p. 128).

Dieu a-t-il fait les esprits capables de connaissance et d'amour, afin qu'ils s'occupent de nous, afin qu'ils nous estiment et qu'ils nous aiment?

N'ôtons donc pas à Dieu ce qu'il aime le plus dans ses créatures, et ne séduisons pas les simples, en leur parlant comme si nous étions capables de les instruire et de les rendre heureux. Si nous ne rendons pas à Dieu ce que nous lui devons, ne recevons pas des autres ce qu'ils lui doivent. Tournons-les vers celui qui est leur bien et leur lumière, en leur disant en mille manières ce que l'ange disait à saint Jean qui le voulait adorer : *Conservus tuus sum, Deum adora. Je ne suis que serviteur comme vous;* | *c'est Dieu qu'il faut adorer*[1]. Et celui qui résiste **418** aux superbes, et qui donne sa grâce aux humbles, nous fera marcher à grands pas dans les voies de la vertu, qui conduisent à la véritable et solide gloire. Il nous donnera son esprit et sa force, et nous vaincrons sans peine les difficultés qui nous paraissent insurmontables.

Venite ad me omnes qui laboratis, et onerati estis, et ego reficiam vos. Tollite jugum meum super vos, et discite a me quia mitis sum et humilis corde; et invenietis requiem animabus vestris, jugum enim meum suave est, et onus meum leve (Mt 11, 28; 29, etc.)[2]. *Venez à moi, vous tous qui êtes fatigués et qui êtes chargés, et je vous soulagerai. Prenez mon joug sur vous, et apprenez de moi que je suis doux et humble de cœur; et vous trouverez le repos de vos âmes. Car mon joug est doux, et mon fardeau est léger.*

Vide humilitatem meam et laborem meum; et dimitte omnia peccata mea (Ps 24, 18[3]). *Jetez les yeux sur mon humiliation et sur ma peine, et pardonnez-moi tous mes péchés.*

Mystère.
Jésus-Christ exerçant sa mission.

---

1. Ap 19, 10; 22, 9.
2. Mt 11, 28-30. L'édition de 1715 (p. 151), de même que 1701, p. 152, porte par erreur : « Mt 11, 2; 28; 29; etc. ».
3. v. 19, Bible de Sacy, qui traduit : « Regardez l'état si humilié et si pénible où je me trouve; et remettez-moi tous mes péchés ».

Pour le jeudi

Considérons aujourd'hui qu'il n'y a qu'un sacrifice agréable à Dieu, qui est celui de Jésus-Christ[1], car c'est le même sacrifice qui est offert dans le Ciel et sur la terre, dans nos Églises et dans le temple des juifs, à présent et dans l'éternité. Jésus était offert en figure dans les sacrifices des juifs; il s'offre selon la vérité, mais d'une manière invisible[2], dans le sacrifice des chrétiens[3]; il s'offre selon la vérité, et sans aucun voile dans le sacrifice des saints[4]. Les boucs et les veaux ne **419** furent jamais[5] des victimes | dignes de Dieu; ce n'étaient que des ombres et des figures de notre sacrifice : on a commencé, et l'on a cessé de les offrir; mais le sacrifice de Jésus est aussi ancien que le monde, et il ne finira jamais.

1. Sur le sacrifice offert par le Christ lui-même, voir notamment Hé 10, 12.

2. Voir Condren, *L'idée du sacrifice et du sacerdoce*, seconde partie, chap. V, p. 81 : « Ce grand sacrifice que Jésus-Christ fait à Dieu dans le Ciel avec ses saints, en s'offrant lui-même avec eux, est le même sacrifice qu'offrent les prêtres, et que toute l'Église offre par eux sur la terre dans la sainte messe [...]. La seule différence qu'il y a, c'est qu'encore qu'elle [l'hostie] y soit aussi réellement présente que dans le Ciel, ce n'est pas toutefois d'une manière visible ».

3. Cette tripartition des sacrifices, et, pour ainsi dire, ce triple niveau de réalité du sacrifice est nettement formulé par Condren dans la deuxième partie de *L'idée du sacrifice et du sacerdoce*, dont Malebranche s'avère ici très proche : « Dans l'unité de l'Église il y a comme trois Églises différentes. 1. L'Église des juifs, qui n'a eu que les figures et ne connaissait les mystères de la religion que par énigmes. 2. L'Église des saints, qui ne voit que des vérités, et qui connaît les choses en elles-mêmes. 3. L'Église des chrétiens; et celle-ci a les vérités, mais sous les figures » (IIe partie, chap. V, p. 79). Voir encore *ibid.*, chap. II : « Le sacrifice de Jésus-Christ, substitué à la place des anciens, en contient toutes les espèces, les conditions et les parties » (p. 44); voir encore chap. IV, p. 61.

4. L'idée que Dieu se donnera au ciel sans voile figure au chap. VIII (session XIII) du Concile de Trente, Dz 1649, cité par Condren, *L'idée du sacrifice et du sacerdoce*, IIe partie, chap. V, p. 79-80.

5. Les *OC* omettent par erreur : « ne »; nous corrigeons, conformément à 1715, p. 155 (= 1701).

Réjouissons-nous donc de la dignité de notre souverain prêtre[1], et de la sainteté de notre victime ; et n'oublions pas de prendre part à ce sacrifice, car ceux qui n'offrent point le sacrifice de Jésus, qui n'y communient point, et qui n'en font point partie, sont en abomination devant Dieu. Ceux qui ne sont point membres du corps dont Jésus-Christ est le chef[2], qui ne sont point animés et consacrés par l'esprit de Jésus, qui n'ont point de droit à Jésus pour l'offrir à son Père, et qui ne seront point compris dans le sacrifice de Jésus, lorsqu'il s'offrira à Dieu dans sa plénitude et dans son âge parfait ; en un mot, ceux qui n'ont point de part au sacrifice de Jésus ne seront jamais consommés en Dieu[3].

C'est par le sacrifice de Jésus que nous sommes purifiés[4], consacrés, offerts à Dieu, et reçus de lui comme des victimes de bonne odeur[5]. C'est par le sacrifice de Jésus que nous avons droit à l'être

---

1. Le thème de Jésus souverain prêtre est fréquent sous la plume des chefs de l'école française. Voir l'extrait des lettres de Condren cité par H. Bremond, *Histoire littéraire du sentiment religieux...*, t. III, p. 171, n. 1, qui développe l'idée selon laquelle nous sommes chrétiens par notre participation au sacrifice du Christ, à la fois prêtre et victime.

2. Col 1, 18.

3. L'idée selon laquelle tout chrétien doit participer au sacrifice du Christ, qui, cependant, demeure l'unique et parfait sacrifice se rencontre notamment chez Condren, comme en témoigne la page célèbre de son biographe, Amelote, dans laquelle il relate l'expérience dont Condren aurait été favorisé à l'âge de douze ans : « Car, comme il était dans l'abîme de son néant devant la divine sainteté et dans un ardent désir d'être sacrifié à sa gloire, il lui vint une joie particulière de voir que le Fils de Dieu fut toujours hostie de son Père [...] Il connut que le sacrifice de Jésus-Christ était l'accomplissement du zèle de tous ceux qui souhaitent eux-mêmes d'être immolés, mais qui se trouvent incapables d'honorer Dieu dignement par leur sacrifice. Que c'était louer infiniment la divine sainteté, justice, suffisance à soi-même, et en un mot toute l'infinité du Père éternel, que de lui présenter son fils mort, en lui confessant que, non seulement l'univers, mais lui-même avait dû être détruit en sa présence. Il voyait que rien n'était digne de Dieu que cet unique sacrifice de Jésus-Christ... » (H. Bremond, *Histoire du sentiment religieux...*, t. III, p. 342-343).

4. Voir Hé 9, 14.

5. Pour l'expression « victime de bonne odeur », voir Ep 5, 2 qui fait de Jésus (et non de nous-mêmes) une « victime d'agréable odeur » (Bible de Sacy).

divin, et à la félicité de Dieu même. C'est enfin par le sacrifice de Jésus que nous devenons enfants de Dieu, et que nous avons part à l'héritage de Jésus, car les biens de Jésus nous sont communs avec lui[1]. Il nous a fait prêtres et rois comme lui[2], et nous régnerons éternellement avec lui dans la terre des vivants et des immortels[3].

Offrons donc maintenant à Dieu le sacrifice de Jésus, dans un esprit d'anéantissement et de sacrifice[4]; et crucifions avec lui tout ce que nous sommes. Communions au sacrifice de Jésus, vides de nous-mêmes, et avec des désirs ardents de nous remplir de son esprit. Séparons-nous de tout ce qui peut corrompre la pureté des prêtres, lavés et consacrés dans le sang de Jésus. *Sacerdotes Dei incensum et panes offerunt Deo, et ideo sancti erunt**. *Les prêtres du Seigneur offrent à Dieu l'encens et les pains, c'est pourquoi ils seront saints.* Quelle sainteté doivent avoir ceux qui maintenant[5] offrent Jésus-Christ même!

Habentes ergo pontificem magnum qui penetravit caelos, Jesum Filium Dei, teneamus confessionem (Hé 4, 14). *Ayant donc pour grand pontife Jésus Fils de Dieu, qui est monté au plus haut des Cieux, demeurons fermes dans la foi, dont nous avons fait profession.*

420 | *Accipe sacrificium pro universo populo tuo Israël, et custodi partem tuam et sanctifica* (2 M 1, 26). *Recevez le Sacrifice pour tout votre peuple d'Israël. Conservez et sanctifiez ce peuple qui est votre partage.*

Mystère.
Jésus-Christ comme souverain prêtre.

---

* Lv 21 [6] [référence absente en 1701].

1. Idée assez proche en Rm 8, 16-17.

2. On sait que le Messie, et à sa suite le peuple chrétien, jouit de la triple qualité de prêtre et de roi (Za 6, 13), mais aussi de prophète (Lc 4, 16-24).

3. L'expression « terre des vivants » est fréquente dans l'Écriture, Is 52 8, Jb 28 13, etc. Le syntagme malebranchiste en revanche n'est pas proprement biblique.

4. Voir la *Vie de Condren* par Amelote (Bremond, *op. cit.*, p. 418).

5. 1701, p. 161, omet « maintenant ».

Pour le vendredi

Un pécheur ne rentre point dans l'ordre, s'il ne souffre ; un chrétien ne ressemble point à Jésus-Christ, s'il ne souffre ; et par conséquent celui qui est pécheur et chrétien tout ensemble ne peut être aimé de Dieu, s'il ne souffre et s'il ne souhaite de souffrir. Est-ce que Dieu aime le désordre et l'impunité du péché ? Est-ce que Dieu aime ceux qui ne se conforment point au modèle qu'il nous a donné en son Fils ? Aurons-nous part à la gloire de notre chef, sans avoir part à ses souffrances ? Pensons-y sérieusement. Le plus grand mystère de notre religion, c'est un Dieu déchiré de coups, couronné d'épines, attaché nu sur une croix, percé de clous, couvert de confusion et de honte, et élevé en cet état à la vue de tout un peuple. Voilà quel est l'objet de notre religion ; voilà ce qui paraît dans le lieu le plus éminent de nos églises ; voilà notre modèle et notre exemplaire ; voilà celui que nous adorons.

Mettons donc toute notre consolation dans les souffrances ; glorifions-nous d'être semblables à celui que nous adorons ; prions Jésus-Christ, qu'il nous attache à sa Croix, qu'il sanctifie notre péni-tence, et qu'il nous fasse clairement comprendre qu'il n'y a point d'autre voie pour nous remettre dans l'ordre que celle qu'il nous [1] a montrée par son exemple.

Mihi autem absit gloriari nisi in cruce Domini nostri Jesu Christi, per quem mihi mundus crucifixus est, et ego mundo (Ga 6, 14). *Pour moi, à Dieu ne plaise que je me glorifie en autre chose qu'en la Croix de notre Seigneur Jésus-Christ, par qui le monde est mort et crucifié pour moi, comme je suis mort et crucifié pour le monde.*

| *Confige timore tuo carnes meas, a judiciis enim tuis timui* **421** (Ps 118, 120). *Percez ma chair de votre crainte, car je suis saisi de frayeur à la vue de vos jugements.*

Mystère.
Jésus-Christ, comme victime, immolé sur la Croix.

---

1. Les *OC* omettent par erreur « nous » ; nous corrigeons d'après 1715, p. 167 (= 1701).

Pour le samedi

La figure de ce monde passe[1]; tout ce qu'on y voit n'est qu'un bagage d'hôtellerie. Malheur aux voyageurs qui s'arrêtent, la nuit les surprendra. Mais que cette nuit sera horrible, car c'est une chose terrible que de tomber entre les mains du Dieu vivant[2]!

Heureux, au contraire, les voyageurs qui arrivent au lieu du repos, ils en jouiront éternellement; mais que ce repos sera doux! Il n'y a que ceux qui en jouissent qui le sachent, car *l'œil n'a point vu, l'oreille n'a point entendu, et le cœur de l'homme n'a jamais conçu ce que Dieu a préparé pour ceux qui l'aiment*[3]... *Ils boiront*, dit l'Écriture, *du torrent de la volupté de Dieu*[4], *ils brilleront comme les étoiles*[5]; *ils seront comblés éternellement*[6] *de joie, et Dieu habitera au milieu d'eux*[7], en un mot, *ils jouiront du repos même de Dieu*[8].

Hâtons-nous donc d'entrer dans ce repos éternel, sous la conduite de notre véritable Josué. Les Cieux nous sont maintenant ouverts; notre précurseur y est déjà entré[9]; efforçons-nous de le suivre. Avançons courageusement dans le chemin qu'il nous a montré, *donec hodie cognominatur*, comme parle l'apôtre[10].

Non habemus hic permanentem civitatem, sed futuram inquirimus[11]... *quae non eget sole, neque luna; nam claritas Dei* **422** *illuminavit eam, et lucerna ejus est agnus*[12] (Hé 13, 14). | *Nous*

---

1. 1Co 7, 31.

2. Voir Hé 10, 31.

3. Is 64, 4; 1 Co 2, 9.

4. Ps 35, 9.

5. Dn 12, 3; Sa 3, 7; Mt 13, 43.

6. 1701, p. 172, porte : « éternellement comblés ».

7. Ps 5, 12 (v. 13, Bible de Sacy).

8. Voir Hé 4.

9. Hé 6, 20. Jésus est un grand prêtre souverain qui a traversé les cieux, Hé 4, 14.

10. Hé 3, 13 (« pendant que dure ce temps que l'Écriture appelle aujourd'hui », Bible de Sacy).

11. Hé 13, 14.

12. Ap 21, 23.

n'avons point ici de ville permanente, mais nous cherchons celle où nous devons habiter un jour. Cette[1] *ville n'a point besoin d'être éclairée par le soleil et par la lune, parce que c'est la gloire de Dieu qui l'éclaire, et que l'agneau en est la lampe.*

Amen! *Veni Domine Jesu* (Ap 21, 23[2]). Amen. *Venez Seigneur Jésus.*

Mystère.

Jésus-Christ comme chef de son Église, répandant son esprit sur sa sainte mère, et sur tous les saints.

Règle générale à l'égard du prochain.

Omnia quaecumque vultis, ut faciant vobis homines, et vos facite illis : haec est enim lex et prophetae (Mt 7, 12)[3].

---

1. 1701, p. 174 : « un jour ; et cette… ».

2. Les deux dernières références (Hé 13, 14 ; Ap 21, 23) sont visiblement mal placées dans l'édition de 1715 comme dans celle de 1701 (p. 173-174) ; voir les notes précédentes.

3. « Faites donc aux hommes tout ce que vous voulez qu'ils vous fassent, car c'est là la loi et les prophètes » (Bible de Sacy).

Sur ces paroles de Jésus-Christ :

Venit hora, et nunc est, quando veri adoratores adorabunt Patrem in spiritu et veritate; nam et Pater tales quaerit, qui adorent eum. Spiritus est Deus, et eos qui adorant eum, in spiritu et veritate oportet adorare*.

Le temps va venir, et même il est venu, que les vrais adorateurs adoreront le Père en esprit et en vérité. Car ce sont là les adorateurs que cherche le Père. Dieu est esprit, et ceux qui l'adorent le doivent adorer en esprit et en vérité[1].

| Celui qui pense et qui veut, comme Dieu pense et comme il veut, **424** celui dont les jugements et les mouvements sont semblables à ceux de Dieu, est de ces *vrais adorateurs que Dieu veut avoir, qui l'adorent en esprit et en vérité***. Car, Dieu étant esprit, son culte doit être spirituel ; le culte extérieur et sensible ne peut lui être agréable sans le culte intérieur. Et, comme les esprits ne sont capables que de penser et de vouloir, ce culte ne peut consister que dans des jugements et des mouvements de l'âme semblables à ceux de Dieu, conformes à la vérité et à l'ordre immuable de la justice.

* Jn 4 [23-24].
** Jn 4, 23-24.

1. Cette longue citation de saint Jean (ainsi que sa traduction) ne se trouve pas en 1695 ; mais elle est ajoutée dès 1701 (p. 176-177), et se retrouve en 1702.

425 | Première partie. *Par la foi nous pensons comme Dieu pense* [1]

Seigneur, du fini à l'infini la distance est infinie. La créature, quelque noble et excellente qu'elle puisse être, comparée à votre infinie majesté, elle s'anéantit entièrement [2]. Comment donc, Seigneur, pouvez-vous mettre votre complaisance dans vos créatures? Comment pouvez-vous, sans démentir votre infinité, cet attribut essentiel à votre essence, vous plaire dans le culte qu'elles pourraient vous rendre, dans un culte fini, un culte profane, ou qui n'aurait [3] rien de divin ou d'infini?

Votre volonté, Seigneur, n'est certainement que l'amour que vous vous portez à vous-même. Ce n'est point, comme en nous, une impression qui vous vienne d'ailleurs, et qui vous porte ailleurs; vous en êtes le principe et la fin. Vous n'avez point aussi de loi étrangère, ou d'autre règle de vos desseins, que cette loi éternelle que vous trouvez en vous-même, dans l'ordre immuable de vos attributs. Vous ne pouvez donc vous résoudre à rien produire au dehors qui n'en porte le caractère. Car enfin vous agissez toujours pour votre gloire, c'est là

1. Ce sous-titre, présent en 1715, est absent de 1701 (p. 180), et ajouté en 1702 (p. 428).

2. L'édition de 1695 (1re éd. du traité *De l'adoration...*) ajoutait: « L'exposant le plus juste [1701 ajoute: , l'expression la plus exacte] du rapport qu'elle a avec vous, c'est le zéro. C'est qu'effectivement ce rapport est nul. Un million de créatures, dont chacune serait un million de fois plus noble que tout l'univers, si on les compare toutes ensemble avec l'infini, l'exposant de leur rapport ne peut être encore que [1701 ajoute: le] zéro. C'est que toute grandeur [1701 ajoute: , toute réalité] s'éclipse devant l'infini, et ne lui peut être comparée [1701 ajoute: du moins si l'infini l'est en tout sens et en tout genre de perfections, s'il est infiniment infini]. Un grain de sable a un rapport très réel avec l'univers [1701 : avec toute la terre]. Il ne faudrait pas cent [1701 : cinquante] chiffres pour exprimer ce rapport. Mais mille millions de millions de chiffres qui diviseraient l'unité feraient encore une fraction trop grande [1701 ajoute: que dis-je? infiniment trop grande] pour exprimer le rapport de tout l'univers avec vous » (p. 268); voir variante b des *OC*, et 1701, p. 180-183. Ce texte est absent des *MHP* dans l'édition de 1702, qui l'insère toutefois dans les *CC*, p. 67-68 (*CC* II, p. 47 des *OC*).

3. *OC* (et 1702, p. 428): « n'a » (« n'aurait » est indiqué comme une variante de 1695); nous corrigeons, conformément à 1715, p. 182 (= 1701, p. 184).

votre fin; | j'entends cette gloire que vous ne tirez que de vous-même, **426** cette gloire d'agir en Dieu, d'agir selon ce que vous êtes, et non une gloire étrangère, les louanges des créatures, qui blasphèment sans cesse contre ce qu'il y a de plus majestueux et de plus divin dans la Providence.

Afin que vous puissiez donc vouloir un ouvrage, et vous complaire dans votre ouvrage, il faut qu'il soit digne de votre action, et que vous prononciez par la création le jugement éternel que vous portez de votre divinité. Car vous ne pouvez démentir votre infinité, rien vouloir qui la déshonore, et qui vous fasse, pour ainsi dire, de la confusion et de la honte.

Grand Dieu, quand vous avez formé le dessein de créer l'univers, vous avez nécessairement comparé votre ouvrage avec vous-même, et vous n'y avez point trouvé de rapport : comment donc avez-vous prononcé, par la création d'un monde fini, le jugement que vous portez de votre infinité ?

Ah! Seigneur, je le comprends, ce me semble. C'est que vous pensiez alors à ce Fils bien-aimé, en qui vous avez mis votre complaisance*, à ce Fils qui, vous étant consubstantiel, fait que vous ne tirez votre gloire, une gloire digne de vous, que de vous-même, que [1] de votre propre substance. Vous aviez en vue cet Homme Dieu qui divinise votre ouvrage**, qui le tire de son état profane, et qui le consacre à votre gloire, qui délivre les anges*** mêmes de l'incapacité naturelle aux plus excellentes créatures d'avoir avec vous quelque rapport.

---

* Mt 3, 17 et 17, 5 [l'édition de 1715 porte 18, 5 ; nous corrigeons conformément à 1701, p. 189 et 1702, p. 430] ; Ps. 71, 17 [l'édition de 1715 ajoute cette référence, absente en 1701 et 1702].

** 2 Tm 1, 9 ; Ps 71 [référence ajoutée en 1715 ; 1701 : Ps 70, 17] ; Rm 8, 15-16 [référence absente en 1701 ; 1702 : Rm 8, 15].

*** Préface de la Messe [note propre à 1715].

1. Les *OC* omettent par erreur « que » ; nous rectifions, conformément à 1715, p. 188 (= 1701, p. 190 ; 1702, p. 430).

Lorsque vous sortez, pour ainsi dire, hors de vous-même par la
427 production de l'univers, l'Homme-Dieu, le premier-né* de | toute
créature, vous précède partout dans vos voies**, et justifie tous vos
desseins.

Si vous pensez à vous former un temple, il en sera la pierre
fondamentale***, et, plus sage et plus saint que Salomon, il vous
construira un édifice plus magnifique et plus divin.

Si vous voulez un culte digne de vous, il en sera la victime et le
souverain prêtre†; et, par la grandeur de ses mérites et la dignité de sa
personne, il vous fera rendre des honneurs divins, non seulement par
vos saints anges, mais par des pécheurs sanctifiés et divinisés en lui.
Car c'est en lui et par lui que tout subsiste devant vous††. Il est le
chef††† des anges et des hommes. Nous recevons tous de la plénitude
de la divinité qui habite en lui, et qui, se répandant, pour ainsi dire, sur
tous ses membres‡, nous élève à la qualité de vos enfants, nous donne
droit à son héritage‡‡, et met entre vous et votre ouvrage un rapport tel
que vous y pouvez mettre votre complaisance sans démentir votre
infinité, sans abaisser indignement votre majesté.

Mais, si du fini à l'infini la distance est infinie, celle du pécheur,
d'une créature pire que le néant même, est, pour ainsi dire, infiniment
infinie. Vous ne pouvez, Seigneur, mettre votre complaisance dans les
plus nobles de vos créatures; pourriez-vous aimer des pécheurs, avoir
avec eux quelque société et quelque rapport? Les anges par eux-

---

* Col 1, 15s.

** Pr 8, 22; Ep 1, 4.

*** 1 P 2 [en particulier, 4-8]; Ep 2, 20.

† Hé 7 et 10.

†† Col 1, 16 et suiv.

††† Ep 1, 10; 21; 22; 23 [les *OC* portent: « Ep 1, 20, 21, 22, 23 »; nous corrigeons
conformément à 1715, p. 191 = 1701, p. 193; voir également 1702, p. 431 et 1695,
p. 269]; Col 2, 9[-10] [l'édition de 1715 porte par erreur: « 11, 9 »; nous corrigeons,
conformément à 1701, p. 193 et 1702, p. 431, qui portent: « Col 2, 9-10 »].

‡ Ep 4, 15-16.

‡‡ Rm 8, 17.

mêmes, sans Jésus-Christ leur chef, ne peuvent vous adorer divine-ment; leur culte n'est pas digne de votre infinie majesté; vous ne pouvez vous y complaire sans démentir votre attribut essentiel. Quelle horreur n'auriez-vous donc point pour des pécheurs, qui prétendraient s'approcher | de vous, et, par un culte indiscret et téméraire, par un **428** culte méprisable et même offensant, mériter votre bienveillance et vos faveurs?

Cependant, Seigneur, vous avez et prévu et permis la chute des anges, et le péché du premier homme, ce funeste péché qui a corrompu tout votre ouvrage, qui rend tous les enfants d'Adam esclaves du démon, et dignes de votre colère.

Ah! Seigneur, je le comprends encore. Vous agissez toujours en Dieu. Votre conduite porte toujours le caractère de vos attributs, et lorsque vous permettez la corruption de la nature, vous prononcez admirablement le jugement que vous portez de votre infinité. C'est que vous comptez pour rien, par rapport à vous, la plus noble et la plus excellente des créatures. C'est que tout culte fini, et qui n'a rien de divin, ne mérite point votre attention. Vous demeurez immobile, lorsque votre ouvrage va périr; et par là vous soutenez dignement le caractère de la divinité. Vous marquez par là, à ceux qui savent que vous ne vous démentez jamais, et que vous ne pouvez vouloir ni par conséquent agir que selon ce que vous êtes, à ceux qui sont bien convaincus que votre loi, la règle inviolable de vos desseins et de votre conduite, ne peut être que l'ordre immuable de vos attributs, vous leur marquez, dis-je, bien nettement par là que votre grand dessein n'est point l'homme terrestre, mais cet homme céleste et divin en qui vous avez mis votre complaisance.

En effet, vous vous êtes repenti d'avoir fait l'homme*, et vous l'avez noyé dans le déluge. Vous avez établi et abrogé la loi des juifs et leur sacerdoce. Ce ne fut donc jamais là votre véritable dessein, car tous vos desseins sont irrévocables, et vous êtes absolument incapable

---

* Gn 6, 7 [lire sans doute : Gn 6, 6].

de repentir. Mais, vous en avez juré par vous-même, vous ne vous repentirez jamais d'avoir établi Jésus-Christ votre souverain prêtre*; **429** son sacerdoce subsistera éternellement. | Vous avez laissé envelopper tous les hommes dans le péché**, mais c'était pour leur faire à tous miséricorde en Jésus-Christ. C'est que vous avez voulu nous lier tous à notre chef, à celui seul par qui nous pouvons vous rendre des honneurs divins. Vous avez voulu que votre Fils incarné eût encore la gloire de travailler comme vous sur le néant, non de l'être, mais de la sainteté et de la justice; et que par une grâce qui ne suppose point en nous de mérites, il formât d'un monde corrompu le saint temple que vous habiterez éternellement***. Ah! Seigneur, que votre ouvrage réparé par Jésus-Christ sera au-dessus de ce même ouvrage dans sa première construction! Que votre conduite est pleine de sagesse et de dignité, et qu'elle exprime noblement le jugement éternel que vous portez de votre divinité!

Grand Dieu, je crois que ma foi en Jésus-Christ me justifie devant vous†, ou¹ qu'elle met mon esprit dans une situation respectueuse en présence de votre infinie majesté. Oui, Seigneur, je crois que par cette foi je prononce, d'accord avec vous-même, le jugement que vous portez de votre divinité et de ma bassesse, et que toute autre religion, tout autre culte vous déshonore et vous offense††. Car enfin les sociniens et tous ceux qui prétendent sans le médiateur homme-Dieu avoir avec vous quelque rapport blessent votre attribut essentiel. Par

---

* Ps 109 [Ps 109, 4 (v. 5, Bible de Sacy); l'édition de 1715 porte par erreur Ps 10, 9; nous corrigeons, conformément à 1701, p. 202 et 1702, p. 435; les *OC* complètent la référence]; Hé 5 [v. 6] et 7 [v. 17] [1701 (comme 1695): Hé 5, 6, 7 et 8; 1702: Hé 7 et 8].

** Ga 3, 22; Rm 3, 9 [nous modifions, conformément au texte original (1715, p. 201; = 1701, p. 203) et conformément au sens, le texte donné dans les *OC*, qui divisent cette note].

*** Ep 2, 9-10.

† Rm 3, 28; 5, 1; Ga 2 [v. 16] et 3 [v. 8 et 24 en particulier] [référence absente en 1701 (comme en 1695), mais présente dès 1702].

†† Ac 4, 12 etc.

1. 1701, p. 206 : « et qu'elle met... », de même que 1695, p. 271 et 1702, p. 436.

leur culte téméraire ou plutôt impie, ils comptent le fini pour quelque chose par rapport à vous, et, voulant peut-être vous honorer, ils ne sentent pas qu'ils vous déshonorent en effet, et que, par la religion qu'ils | professent, ils vous disent sans cesse que vous n'êtes point **430** véritablement Dieu.

Ô mon Dieu, vous êtes véritablement Dieu, vous êtes infini, et je ne suis rien par rapport à vous, moins que rien depuis le péché. Voilà le jugement que je porte et de vous et de moi, en faisant profession de la religion divinement établie. Oui, Seigneur, lorsque je proteste, comme je fais maintenant, que je ne puis avoir de société et de rapport avec vous que par Jésus-Christ*, je crois en cela penser comme vous pensez. Mais, pour vous adorer en esprit et en vérité, il ne suffit pas de penser comme vous pensez, il faut encore aimer comme vous aimez. Il ne suffit pas que l'esprit soit dans une situation respectueuse par des jugements dignes de vous, il faut aussi que le cœur soit rempli de mouvements semblables aux vôtres, car la foi ne suffit pas si elle n'est animée de la charité**. Au nom de votre cher Fils donnez-moi votre Saint-Esprit, afin qu'il répande cette charité dans mon cœur***, et qu'il achève de me justifier devant vous.

| II. Partie. *Par la charité, nous voulons comme Dieu veut*[1]   **431**

Seigneur, vous aimez toutes choses à proportion qu'elles sont aimables, à proportion qu'elles sont parfaites, selon l'ordre immuable de la justice. Vous vous aimez infiniment pour rendre ce que vous devez à vos perfections infinies, et vous aimez vos créatures à proportion de la noblesse de leur nature, de la grandeur de leurs mérites, et surtout de l'excellence de leur sainteté. Vous les aimez, en un mot,

---

* Rm 5, 2 ; Ep 2, 18 ; Ga 2 et 3 [1701 : Rm 5, 1 et 2 ; Ga 2, 12 ; 3, 14 ; 1702 : Rm 5, 2 ; Ep 2, 18 et 3, 12].

** 1 Co 13, 2 ; Jc 2, 24.

*** Rm 5, 5.

1. Ce sous-titre, absent en 1701, est ajouté en 1702.

selon cet ordre immuable de la justice, qui ne consiste que dans les rapports éternels et nécessaires des perfections divines.

Je ne puis trop me le dire, car j'humanise toujours la divinité, je juge de Dieu par moi-même. Non, non, Seigneur, le juste et l'injuste est nécessairement tel; votre loi est immuable; la règle de votre conduite n'est point arbitraire : elle est écrite dans votre substance en caractères éternels. Vous ne la tirez point aussi d'ailleurs, comme les intelligences finies : vous êtes à vous-même votre lumière, votre sagesse, et votre inviolable loi, et personne ne peut penser comme vous pensez, ni aimer comme vous aimez, s'il n'est intérieurement éclairé de votre lumière, s'il n'est vivement touché de la beauté de votre loi.

Seigneur, pour aimer comme vous aimez, il faut donc vous aimer infiniment plus que vos créatures, et toutes vos créatures à proportion de la perfection de leur nature, et de la grandeur de leurs mérites et de **432** leur sainteté. C'est ainsi qu'il les faut | aimer, j'entends aimer d'un amour d'estime et de bienveillance, car assurément il ne faut aimer que vous de cette espèce d'amour qui se rapporte à la puissance véritable : vous seul la possédez. Vous seul, par l'efficace de vos volontés, pouvez nous rendre heureux ou malheureux. Toutes les créatures, par elles-mêmes, sont absolument impuissantes à notre égard.

Grand Dieu, vous vous suffisez pleinement à vous même; vous trouvez en vous seul votre souverain bonheur. Vous ne pouvez donc, et ne devez même aimer que vous comme votre bien; vous ne devez jouir que de vous comme de votre fin. Nous aimerons donc aussi ce que vous aimez, et, autant que cela se peut, comme vous aimez; tous les mouvements de notre âme seront semblables aux vôtres, si nous n'aimons aussi que vous comme notre bien, comme notre dernière fin, si nous ne cherchons que par vous et qu'en vous notre perfection et notre bonheur, la parfaite consommation de notre être.

En effet, comme nous ne sommes pas à nous-mêmes la cause de notre propre félicité, ce désir invincible pour le bonheur que vous formez sans cesse en nous doit sans cesse nous porter vers vous. Je vous prie, Seigneur, par votre souverain prêtre, votre [1] Fils bien-aimé, de répandre la charité dans mon cœur, et d'en régler tous les mouvements sur l'ordre immuable de la justice, car je ne puis les retenir ni les régler sans le secours de votre grâce ; je ne puis suivre constamment ma lumière dans la recherche du vrai bien.

Je veux invinciblement être heureux. Mais lorsque, charmé par la beauté de votre loi[*], je fais des efforts pour la suivre et pour m'y conformer, je me trouve actuellement malheureux. Mille dégoûts, mille chagrins, mille et mille sentiments pénibles me fatiguent et me rebutent. Je sens au contraire en moi une | autre loi qui me sollicite sans **433** cesse, et je n'en suis jamais les mouvements, que je n'en sois payé comptant. C'est une loi honteuse et brutale, je l'avoue, mais elle me charme par mes sens, elle m'ébranle par mes passions, elle me console et me réjouit par mille et mille fantômes agréables. Lorsque je la suis, je me trouve en quelque manière heureux ; et j'en serais peut-être tout à fait content, sans ces reproches secrets et ces menaces terribles qui troublent ma joie et qui me remplissent de frayeurs.

Je le comprends, Seigneur, c'est que ma nature est corrompue, et qu'il lui faut un réparateur[**]. Je tire du premier Adam, de l'homme terrestre, et ma naissance et cette concupiscence criminelle qui m'attache à la terre, et je dois recevoir du second Adam, de l'homme céleste, une nouvelle naissance et une sainte concupiscence qui m'élève vers le Ciel.

Vous laissez en nous la première concupiscence, afin que la seconde la combatte et qu'elle en triomphe, pour augmenter le mérite de vos saints[***], et la gloire de votre Fils[†].

---

[*] Rm 7, 22 [1701, comme 1695, n'indique que Rm 7 ; la précision du verset est ajoutée en 1702].

[**] Rm 3 et 5 [1701(comme 1695) : Rm 3, 22-23 et 5, 17, etc. ; 1702 : Rm 3, 23, 9 et 5, 12, etc.].

[***] [2 Tm 4, 5. Nous corrigeons la référence indiquée par erreur par 1715 (2 Co 12, 9), à partir de l'ensemble des autres éditions (1695, p. 274 ; 1701, p. 225 et 1702, p. 441).]

[†] Ep 1, 6 [1701 comme 1695 indiquent Ep 1, 16 ; 1702 donne déjà Ep 1, 6].

1. 1701, p. 220 : « et votre… », de même que 1695, p. 273, et 1702, p. 440.

Vous voulez que l'homme nouveau sente toujours sa faiblesse et sa misère intérieure*, pour l'humilier devant vous, pour le lier plus étroitement à Jésus-Christ, au sauveur des pécheurs, à celui dont il doit recevoir toute sa force et sa sainteté.

Vous voulez que le juste ici-bas vive de sa foi**, content de ses espérances, et qu'il vous fasse cet honneur de se fier à vos promesses***. Que, ferme sur votre parole, il souffre constamment la privation des plaisirs, et quelquefois même les douleurs les plus vives et les plus sensibles, dans l'attente des biens éternels que vous avez préparés à ceux qui vous aiment †.

Vous voulez que l'homme soit pour ainsi dire actuellement malheureux, et heureux seulement en espérance, qu'il renonce à
434 toutes choses, et à lui-même, qu'il porte sa croix tous les jours | de sa vie jusqu'à ce qu'il y soit attaché, et qu'il suive Jésus-Christ ce parfait modèle que vous lui avez donné ††. Mais quoi, Seigneur, je veux invinciblement être heureux, et puis-je attendre à le devenir lorsqu'il me semble que je ne serai plus ? Le plaisir présent me séduit et m'entraîne.

Ô Jésus, victime sacrifiée pour mes péchés, et maintenant clarifiée pour ma justification †††, rendez-moi plus léger le poids de la croix, ce poids insupportable à la nature, et que je dois porter avec vous. Répandez en moi la délectation de votre grâce pour satisfaire en partie à ce désir invincible que j'ai d'être heureux ; et, pour contenter un jour

---

* 2 Co 12, 9 [l'édition de 1715, p. 224, place cette note quelques lignes auparavant (face à « augmenter le mérite de vos saints ») ; nous la déplaçons, conformément au sens, ainsi qu'aux éditions précédentes (1695, p. 274 ; 1701, p. 225 et 1702, p. 441). Les *OC* répètent cette référence.]

** Ga 3, 11.

*** Hé 10, 36 ; Rm 5, 1, 2 et 3 [les *OC* intègrent la référence précédente à cette note ; nous la divisons conformément à l'édition de 1715, p. 225-226. 1701 (comme 1695) : Rm 5, 2 ; 12, 12. 1702 : Hé 10, 38].

† Hé 6, 18 [1701 (comme 1695) : Hé 6 ; la précision du verset est ajoutée en 1702].

†† Mt 16, 24.

††† Rm 4, 25.

pleinement cet ardent désir que le souverain bien produit dans mon cœur, faites-moi marcher avec joie par les voies dures et pénibles de la vertu, par ce chemin étroit qui conduit à la vie*. Ô Jésus, je ne puis rien sans vous, je mets en vous toute ma confiance. Je ne puis, sans vous, rendre à Dieu mes devoirs, ni mériter sa bienveillance et ses faveurs. Ce n'est que par vous que les créatures peuvent avoir avec le Créateur quelque société et quelque rapport. Vous nous avez été donné pour être notre sagesse, notre justice, notre sanctification et notre rédemption**. *Anathème donc à quiconque n'aime pas le Seigneur Jésus***, mais anathème éternel. Il n'aura jamais de part à l'héritage du Seigneur, point de communion avec Dieu, point d'entrée dans la céleste Jérusalem†. Chassé dehors, et précipité dans les enfers, dans ces ténèbres extérieures†† qui font horreur à tous ceux qui savent que votre lumière est la vie des intelligences[1], là il sentira éternellement les effets terribles de la vengeance divine.

Ô Jésus, je me donne à vous; sauveur des pécheurs†††, ne m'abandonnez pas. Je vous aime, oui, Seigneur, je vous aime. | Je vous **435** dois tout ce que je suis, tout ce que je possède, tous les biens que j'espère. Que n'avez-vous point fait pour moi, mais que n'avez-vous point souffert pour me réconcilier avec votre Père, et me faire entrer dans l'adoption de ses enfants? Ne vous point aimer, quelle ingratitude! Mais quelle stupidité! Vous êtes le Fils bien-aimé de mon Dieu. Vous êtes seul digne de son amour et de sa complaisance. Il n'y a

---

* Mt 7, 14.

** 1 Co 1, 30 [la variante f des *OC* présente cette référence comme propre aux 5ᵉ et 6ᵉ éditions des *CC*; elle est cependant bien présente en 1715, comme en 1701].

*** 1 Co 16, 22.

† Jn 3, 18 [1701 : 1 Jn 3, 18].

†† Mt 8, 12 [l'édition de 1715, p. 232 (comme 1701), répète Jn 3, 18; nous corrigeons, conformément à la référence donnée dans l'édition de 1702, p. 444, suivie par les *OC*].

††† Mt 1, 21.

1. Ajout de 1702, p. 444, suivi (légèrement modifié) par 1715. 1701, p. 233 (comme 1695, p. 276) : « dans les enfers, il sentira… ».

proprement que vous qui soyez aimable à ses yeux. Car Dieu n'aime rien dans le Ciel et sur la terre que par rapport à vous, et je ne vous jugerais pas digne de mon amour ! Ô Jésus, je vous aime de toutes mes forces, de toute l'étendue de mon cœur, et je ne veux plus aimer que ce que vous aimez, que comme vous aimez. Rendez tous les mouvements de mon cœur semblables aux vôtres [1].

Ô mon sauveur, votre Père est aussi le nôtre, mais en vous et par [2] vous *. Il nous a créés à son image et à sa ressemblance **, et il nous a prédestinés pour être semblables à vous ***, qui êtes l'image visible du Dieu invisible [†]. Vous nous commandez vous-même d'être parfaits comme notre Père céleste est parfait [††]. C'est que le *Père cherche de ces vrais adorateurs qui l'adorent en esprit et en vérité* [3], qui pensent par conséquent, et qui veulent, comme il pense, et comme il veut, des enfants qui soient saints comme il est saint [†††], des enfants qui lui ressemblent autant que cela est possible, et qui ne peuvent lui ressembler que par des jugements semblables à ceux qu'il porte de lui-même, et par des mouvements conformes à l'ordre immuable de ses divines perfections.

Ô Jésus, je veux vivre et mourir dans la religion que vous nous avez enseignée. Car il n'y a qu'elle qui s'accorde avec le jugement éternel que Dieu porte nécessairement de lui-même, qu'elle seule qui 436 dise véritablement à Dieu qu'il est Dieu, ou | qui exprime nettement l'attribut essentiel de la divinité et le néant de la créature. Oui, je ne

* Ep 1, 5.
** Gn 1, 27.
*** Rm 8, 29.
† Col 1, 15.
†† Mt 5, 48.
††† 1 Jn 3 [en particulier v. 1 à 3].

1. L'édition de 1695, p. 276, s'arrêtait ici en ajoutant « Ainsi soit-il ». La suite de l'*Adoration* est ajoutée dès 1701.
2. 1701, p. 236 : « pour ». 1702, p. 445, porte déjà « par ».
3. Jn 4, 23.

suis rien devant Dieu ; je ne puis rien auprès de lui que par votre médiation. Souverain prêtre du Très-haut, toujours vivant pour intercéder
pour nous[*], animez ma foi et mon espérance ; faites que je ne perde
point de vue la grandeur et l'éternité des biens futurs, et que je n'aie
que de l'horreur et un souverain mépris pour tout le reste. Faites que,
ferme dans la confiance qui est due aux promesses d'un Dieu qui ne
peut mentir, promesses néanmoins qu'il a bien voulu, pour dissiper
mon injuste défiance, confirmer par un serment solennel[**], et que
vous avez vous-même ratifiées par votre sang, faites, dis-je, que ferme
et inébranlable sur la parole du Père de tous ceux qui croient en vous,
je vive de ma foi, content de la solidité de mes espérances, heureux
uniquement par l'avant-goût des biens futurs.

Sainte et adorable Trinité, je vous adore par Jésus-Christ ; mais
faites en moi que je vous aime de toutes les puissances de mon âme.
Faites que, malgré les caresses trompeuses et les vaines frayeurs, que
me font sans cesse les biens et les maux qui passent, mon esprit
immortel ne s'attache qu'à vous, être immuable et éternel, source
inépuisable de biens, cause unique de tout bonheur, la lumière, la vie,
la nourriture, le lieu de repos, en un mot la fin délicieuse et parfaite de
tous les esprits que vous avez créés à votre image et à votre ressemblance, que vous n'avez créés que pour jouir de vous, que pour ne
vivre que de vous, et que pour vous.

Ô Ciel ! Je suis saisi d'étonnement et de frayeur, quand je pense
que des chrétiens appelés à être les héritiers de Dieu, et les cohéritiers
de Jésus-Christ[***], négligent pour des biens passagers le droit, qu'il
leur a acquis par son sang, à la jouissance éternelle de la divinité
même. Que les hommes sont corrompus[1], qu'ils sont insensés ! *Ils
vous abandonnent, mon Dieu, source féconde d'eaux vives, et ils se*

---

[*] Hé 7, 25.
[**] Hé 6, 17-18.
[***] Rm 8, 17.

1. 1701, p. 245, et 1702, p. 447, ajoutent : « qu'ils sont stupides ».

creusent des citernes, mais des citernes pleines de crevasses, et dont
437 *l'eau s'échappe sans cesse.* | *Obstupescite Caeli super hoc, et portae*
ejus desolamini vehementer, dicit Dominus. Duo enim mala fecit
populus meus; me dereliquerunt fontem aquae vivae; et foderunt
sibi cisternas, cisternas dissipatas quae continere non valent aquas
(Jr 2, 12) [1].

---

1. Jr 2, 12-13 : « Ô Cieux, frémissez d'étonnement; pleurez, portes du ciel, et soyez
inconsolables, dit le Seigneur. Car mon peuple a fait deux maux : ils m'ont abandonné,
moi qui suis une source d'eau vive, et ils se sont creusé des citernes entrouvertes, des
citernes qui ne peuvent retenir l'eau » (Bible de Sacy).

Grand Dieu, Trinité sainte, je me présente à vous pour vous rendre, par le sacrifice de Jésus-Christ, une adoration proportionnée à votre souveraine majesté, une action de grâces digne des biens que vous avez faits à votre Église, et à toutes vos créatures, une satisfaction entière de l'injure[1] que vous recevez de tous les péchés du monde, et la prière qui seule est digne d'être écoutée de vous, et de nous mériter le pardon de nos péchés et le secours de votre grâce.

Père de Jésus, qui en engendrant votre Fils dans la chair, l'avez appelé au sacerdoce éternel[2], et l'avez oint et consacré de votre Esprit[3], pour en faire votre prêtre et votre victime[4], vous avez seul autorité sur cette vie divinement humaine de Jésus[5]; et je n'ai droit de vous sacrifier cette sacrée victime, qu'à cause de la part que vous m'avez faite de cette autorité, dans ma consécration au sacerdoce. Je

1. Les *OC* portent par erreur: « injustice »; nous corrigeons d'après 1715, p. 249 (= 1701).

2. Hé 7, 24.

3. Concernant l'onction de Jésus par l'Esprit, voir Ac 10, 38; sur la consécration de Jésus par le Père, voir Lc 4, 18.

4. Voir notamment 1 Jn 2, 2 et 4, 10.

5. L'expression vie « divinement humaine » se rencontre très fréquemment sous la plume de Bérulle: « Or en ce dénuement que nous venons de considérer, Jésus entre en une vie divinement humaine et humainement divine, par l'union intime de ses deux natures subsistantes en l'unité de sa personne » (*G* II, p. 120; *OP* 2, III, p. 17; *OP* 15, p. 66, etc.).

m'offre donc et je m'abandonne absolument à vous, pour être dans cette action tout anéanti sous votre autorité, tout rempli de votre puissance, et tout possédé et pénétré de votre vertu, comme votre instrument, votre ministre, et votre prêtre [1].

Jésus Verbe éternel, qui vous êtes anéanti vous-même pour être le prêtre et la victime de votre Père, je vous adore comme le fondateur de la vraie religion, l'instituteur du sacerdoce chrétien, l'auteur du sacrifice nouveau et éternel, et comme la plénitude et la source de la sainteté sacerdotale. Je vous rends grâces de la part que vous m'avez donnée à votre divin sacerdoce, et je me présente maintenant à vous, afin de faire en votre personne ici-bas ce que vous faites à découvert dans le Ciel. Mais, souverain prêtre du Très Haut, sacrifiez-moi avec vous à la gloire de votre Père, crucifiez-moi avec vous, et anéantissez mon orgueil et mon amour-propre, qui sont les plus | grands ennemis de l'esprit du sacrifice. Que je sois, ô Jésus, comme vous, victime aussi bien que prêtre, revêtu de vous, et vide de moi-même, pénétré de votre esprit et purifié dans votre sang, afin que je fasse une action si sainte non seulement en votre personne, mais selon les dispositions de votre esprit [2].

---

1. Le prêtre est l'instrument qui confère à Jésus un nouvel état; l'exaltation de la puissance des prêtres (et donc l'urgente nécessité de la réforme et de la sainteté de l'état de prêtrise) est un thème constitutif de la spiritualité oratorienne : « L'état de Jésus en l'Eucharistie est principalement nôtre en ce que non seulement il est institué pour nous et à notre usage, mais aussi il est établi par nous et dépend de la puissance et opération des prêtres » (*OP* 280, IV, p. 299); « C'est donc nous qui conférons nouvel état à Jésus-Christ et il veut dépendre en icelui de notre ministère et opération » (*ibid.*, p. 300).

2. Voir les recommandations que fait Bérulle au sujet de la préparation à la messe, dans un court fragment (*OP* 357, IV, p. 488) : « Pour se préparer à la sainte messe, l'on pourrait prendre trois dispositions : la première, s'humilier grandement, considérant que cette action est la plus noble de toutes les actions que nous puissions produire au ciel et en la terre, étant une manière de reproduction de Jésus. La deuxième, que l'âme doit être beaucoup élevée en grâce et en vertu pour faire une action si haute, qui approche si près de Dieu. La troisième, se disposer à l'union que Jésus-Christ veut avoir avec nous en ce sacrifice que nous allons célébrer et prendre bien garde de n'y mettre empêchement aucun ».

Esprit saint du Père et du Fils, Esprit sanctificateur, qui êtes l'onction divine dont notre souverain prêtre a été consacré, qui avez formé et sanctifié la victime de son corps, et par qui il l'a offert en sacrifice sur la Croix : c'est par vous-même que nous avons été faits ses membres[1], associés à son sacerdoce, et reçu puissance sur cette victime ; c'est à vous aussi à nous remplir de votre vertu, de votre grâce, et de votre sainteté pour offrir ce sacrifice à Dieu, et pour nous offrir en même temps, comme faisant partie de la victime qui y est offerte. Consumez donc tout ce qui est en moi de contraire à la qualité de prêtre et de victime, que j'ai en Jésus-Christ ; embrasez-moi du feu de l'autel divin ; et me consommez en Dieu avec toute l'Église, qui est la perfection et la plénitude du corps de l'Hostie vivante que je suis prêt d'offrir[2].

Église sainte qui brûlez sans cesse dans le Ciel par le feu divin de la charité à la gloire de la bonté infinie de Dieu, victimes entièrement anéanties, parfaitement consommées, et toutes remplies de l'être divin, prêtres en Jésus-Christ pour l'éternité selon l'ordre de Melchisedech[3], qui offrez avec le souverain prêtre le grand sacrifice, qui seul est digne de Dieu, et qui l'offrez avec des dispositions toutes saintes, souvenez-vous de l'Église d'ici-bas, qui combat encore contre ses ennemis domestiques, qui est incessamment troublée dans le sacrifice qu'elle offre avec vous, et qui sacrifie encore, du moins en partie, avec ce feu étranger que Dieu a en horreur, la victime la plus sainte qui fut jamais.

Vierge sainte, mère de notre souverain prêtre, et de notre sainte victime, faites-moi part de cet esprit de sacrifice, dans lequel vous avez sacrifié au pied de la Croix tout ce que vous aviez[4] de plus cher, votre Fils et vous-même ; et faites que cette grande puissance que j'ai

---

1. Ep 5, 30 ; 1 Co 6, 15, et surtout 1Co 12, 12-28.

2. Le Christ est l'hostie éternelle offerte au Père, selon des formules déjà bérulliennes (*OP* 280, IV, p. 299).

3. Hé 5, 6 et 10 ; 7, 11-21 notamment.

4. 1701, p. 258, porte : « avez ».

de rendre Jésus-Christ présent à l'autel, laquelle a tant de rapport[1] à la plus grande de vos qualités, soit par vos prières accompagnée des dispositions saintes de votre esprit, et de votre cœur.

441 | Saints anges, qui adorez la souveraineté de Dieu par Jésus-Christ, dont le sacrifice vous a mérité comme à nous tous les biens dont vous êtes comblés, offrez pour nous et avec nous la victime de paix, qui réunit toutes choses en Dieu, et joignez-nous avec vous, pour nous offrir à Dieu tous ensemble par la charité, dans l'unité du sacrifice de Jésus-Christ.

Saint Michel, ange de Jésus, vainqueur et triomphant, saint Gabriel, ange de Jésus, souffrant et mourant, anges ministres de l'autel divin, sanctifiez les prêtres, et préparez les victimes qui sont sous votre conduite, afin que nous offrions avec vous, dans l'esprit d'anéantissement et de sacrifice, Jésus-Christ et son corps mystique, comme un holocauste parfait qui doit être reçu de Dieu selon toutes ses parties.

Saints apôtres, généreux martyrs, vierges compagnes de l'Agneau sans tache[2], saints et saintes qui avez reçu les prémices de l'esprit de sacrifice, vous qui, étant étroitement unis à notre souverain prêtre, recevez abondamment de lui le feu sacré de la charité, qui vous consomme parfaitement en Dieu, faites-nous part de ce feu qui vous dévore et qui vous transforme, afin que nous entrions avec vous en communion de l'être divin par Jésus-Christ, souverain prêtre des biens futurs[3].

Ô Jésus, c'est en l'honneur de votre Père, en mémoire de vos mystères, pour le bien de votre Église, pour la rémission de mes péchés, et pour la sanctification de mon âme, que je vous offre à votre Père. Vous êtes son Fils bien-aimé, en qui il a mis toute sa complai-

---

1. Les *OC* portent « rapports » ; nous corrigeons, conformément à l'édition de 1715, p. 259.

2. Voir 1 P 1 19.

3. Voir Hé 9, 11.

sance [1] : je lui rends par vous tout ce que je lui dois, et j'espère aussi par vous toutes les grâces qui me sont nécessaires.

Averte faciem tuam a peccatis meis, et omnes iniquitates meas dele.

Cor mundum crea in me, Deus, et spiritum rectum innova in visceribus meis.

Ne projicias me a facie tua, et Spiritum sanctum tuum ne auferas a me.

Redde mihi laetitiam salutaris tui, et spiritu principali confirma me [2].

Intentions particulières.

---

1. Voir Mt 3, 17 et 17, 5.
2. Ps 50, 11-14 : « Détournez votre face de dessus mes péchés, et effacez toutes mes iniquités. Créez en moi, ô mon Dieu, un cœur pur, et rétablissez de nouveau un esprit droit dans le fond de mes entrailles. Ne me rejetez pas de devant votre face, et ne retirez pas de moi votre Saint-Esprit. Rendez-moi la joie qui naît de la grâce de votre salut, et affermissez-moi en me donnant un esprit de force » (v. 10-13, Bible de Sacy).

Père éternel, je ne me présente point devant vous les mains vides, je vous offre ce que vous aimez le plus, je vous offre votre Fils. Ô bonté infinie, je n'avais rien à vous offrir pour apaiser votre colère, et pour implorer votre miséricorde; mais je n'ai plus maintenant sujet de rien craindre, et j'ai sujet de tout espérer. Que craindrais-je, ô mon Dieu, vous ayant offert une victime de si agréable odeur, y ayant participé par votre ordre, et étant encore tout rempli de cette nourriture céleste, et tout pénétré de la divine odeur qu'elle exhale? Mais que ne dois-je point espérer de vous, puisque vous m'avez donné votre Fils, afin que je puisse[1] vous obliger, par ce que vous avez de plus cher, à me combler de vos grâces? Ô Dieu, quel excès de charité envers un pécheur! Il semble[2] que vous vous trompiez vous-même en ma faveur, et qu'oubliant ce que je suis en moi-même, et par moi-même, vous ne me regardiez que selon ce que vous avez voulu de toute éternité que je fusse en Jésus-Christ. J'entre, mon Dieu, dans ce dessein de votre amour pour moi; je vous demande par celui que vous ne sauriez refuser, et en qui vous voulez me considérer, que vous oubliez mes péchés, et que vous me remplissiez de telle manière de l'esprit de sacrifice, que je puisse désormais vous offrir votre Fils avec les dispositions intérieures que vous désirez de moi. Faites, ô mon Dieu, cette même

---

1. 1701, p. 267 : « pusse ».
2. *OC* : « il me semble »; nous corrigeons, conformément à 1715, p. 268 (= 1701).

grâce à tous les fidèles, et principalement aux prêtres, auxquels vous avez donné une puissance particulière de vous sacrifier Jésus-Christ.

Ô Jésus, je ne veux rien demander par vous qui soit indigne de vous; je n'ai garde d'abuser de vous, et de vous offrir à Dieu pour recevoir de lui ce que vous ne souhaitez point en moi. Père du siècle à venir[1], pontife des biens futurs[2], je ne veux rien des choses présentes; que j'en use puisqu'il le faut, mais que je n'en jouisse jamais. Je vous **443** offre à Dieu pour sa gloire, car | je ne puis le glorifier que par vous. Je vous offre à Dieu pour me réconcilier avec lui, car il n'y a que vous qui puissiez faire ma paix. Je vous offre à Dieu pour être reçu de lui, uni avec lui, consommé et transformé en lui, car il vous a donné à nous pour nous recevoir, et nous retrouver heureusement en vous et avec vous. Enfin, je vous offre à Dieu selon vos désirs, et dans les desseins qu'il a eus en vous donnant aux hommes; et je vous offre même à Dieu en action de grâces de ce grand don qu'il nous a fait de vous donner à nous, puisque son dessein est que vous nous soyez toutes choses, et que nous n'ayons rapport à lui que par vous.

Accomplissez donc en moi, ô Jésus, vos désirs et les desseins de votre Père : formez-moi sur vous, puisque Dieu vous a donné à nous pour être notre modèle et notre exemplaire; exprimez-vous en moi, puisque rien ne peut être agréable à Dieu qui ne soit à votre image. Vous êtes notre roi, régnez sur nous; vous êtes notre chef, influez en nous; vous êtes notre sauveur, sauvez-nous. Vous êtes notre souverain prêtre, et notre victime, notre vie, et notre nourriture, notre lumière et notre sagesse; vous nous êtes toutes choses, et nous n'avons rien sans vous.

Vous êtes, ô Jésus, ce pain céleste[3], figuré par la manne du désert, car, comme vous renfermez toutes sortes de biens, vous causez toutes sortes de plaisirs. Que je ne pense donc plus aux poireaux, et aux

---

1. Is 9, 6.
2. Jésus est le grand prêtre des biens à venir, Hé 9, 12.
3. Voir Jn 6, 31-33.

oignons de l'Égypte[1]. Vous avez en vous tous les trésors de la sagesse, et de la science de Dieu[2]; donnez-moi donc du dégoût pour la sagesse du siècle, et pour la science du monde. Enfin toute la plénitude de la divinité habite en vous réellement, corporellement[3], substantiellement. Soyez donc, ô Jésus, l'accomplissement de mes désirs, l'objet de mes pensées, le terme de mon amour, et la fin générale de toutes mes actions.

Ô Jésus, quand je compare les obligations que je vous ai, avec les devoirs que je vous rends, j'ai horreur de moi-même; le trouble et la confusion s'emparent de mon esprit, et je perds quasi tout sentiment. Je vous dois mille fois tout ce que je suis; je vous dois ce que je serai; je vous dois ce que je possède et ce que je posséderai, et même ce que j'ai possédé, et que je n'ai plus par ma faute : mon être, mes droits, mes espérances, ne subsistent qu'en vous. Vous m'avez acquis tous les biens; mais comment me les avez-vous acquis? Par des douleurs excessives, | et des humiliations profondes, par l'effusion de votre **444** sang, et l'anéantissement de votre être comme parle votre apôtre[4]. Que je vous ai coûté, mon charitable sauveur! Je vous dois mille fois plus que moi-même, puisque je vous dois vous-même, que vous vous êtes sacrifié vous-même pour moi, que je viens de vous offrir en sacrifice pour moi, que je vous ai reçu au-dedans de moi-même comme ma vie, ma nourriture, ma défense, et ma force. Que vous rendrai-je donc, ô Jésus, pour moi mille fois sauvé, et pour vous mille fois donné? Je vous aimerai; oui, je vous aimerai : anathème à celui qui ne vous aime pas; que je meure présentement si je dois cesser de vous aimer. Ô Jésus, pourrais-je ne vous point aimer, pourrais-je vous oublier, pourrais-je vous trahir? Je vous conjure par votre ardente charité, par

1. Voir Nb 11, 5.
2. Voir Col 2, 3.
3. Voir Col 2, 9.
4. Référence probable à Ph 2, 7.

cet amour pour des pécheurs plus fort en vous que la mort même[1], je vous conjure que je vous aime ! Que je n'oublie jamais vos bienfaits, et puisque je ne puis rien vous offrir qui ne soit à vous, que je vous aime selon toute la capacité que j'ai d'aimer.

Benedicite, omnia opera Domini, etc.[2].
Laudate Dominum, omnes gentes, etc.[3].

Faire quelques réflexions sur soi-même, et prendre des résolutions pour l'avenir.

---

1. 1701, p. 279, porte : « … ardente charité, car je ne vois rien de plus fort en vous que votre amour, je vous… ».
2. Dn 3, 57 : « Ouvrages du Seigneur, bénissez le Seigneur » (Bible de Sacy).
3. Ps 116, 1 : « Nations, louez toutes le Seigneur » (Bible de Sacy).

LETTRE DE VAUGELADE

PRÉSENTATION

On trouve, en tête de la 4ᵉ édition des *Conversations chrétiennes* de 1693, une lettre de quarante pages (non numérotées) signée d'un certain Vaugelade[1]. La lettre est rédigée à l'intention d'un ami, auquel l'auteur adresse un exemplaire d'une édition des *Conversations chrétiennes*, édition présentée comme nouvelle puisque son auteur « a pris la peine de la retoucher » et de « l'augmenter de plusieurs additions considérables », ce qui ne va pas sans poser quelques questions comme nous y revenons plus bas.

Nous avons repris le texte de la lettre de Vaugelade tel qu'il figure dans l'appendice I du tome IV des *Œuvres complètes* (dont nous indiquons en marge la pagination) en le révisant sur l'exemplaire de l'édition de 1693 conservé à la bibliothèque Sainte-Geneviève de

---

1. Nous ne disposons d'aucune information fiable au sujet de ce personnage, qui n'apparaît, semble-t-il, dans aucune bibliographie ou dictionnaire des auteurs de cette période. Les recherches menées à la bibliothèque municipale de Lyon, en particulier, sont restées infructueuses Nous le verrons, cet anonymat peut alimenter diverses hypothèses, entre lesquelles il n'est guère aisé de trancher nettement. Pour des données complémentaires relatives à cet auteur et une nette mise au point concernant les invraisemblances du récit du Père André dans la *Vie de Malebranche* (le Père André faisant passer Vaugelade pour un faussaire ayant tenté de s'approprier les *Conversations chrétiennes* au temps de leurs toutes premières éditions de 1677 et 1678), voir l'introduction du tome IV des *OC*, p. XII-XIV.

Paris (cote D4622sup). Pour des motifs qu'il reste difficile d'élucider complètement, la lettre de Vaugelade ne figure pas dans tous les exemplaires connus de la 4ᵉ édition, tel celui de la Bibliothèque nationale de France[1]. Outre la date (24 septembre 1692) qui figure au bas de la lettre, plusieurs éléments permettent de dater cette lettre des années 1690. On repère à l'évidence plusieurs quasi citations ou développements inspirés des *Entretiens sur la métaphysique* de 1688 (dont les plus notoires sont signalés dans nos notes). La lettre se présente en outre comme une brève justification des positions malebranchistes, dans la querelle qui opposa l'oratorien à Antoine Arnauld à partir de 1684.

Vaugelade signale enfin à son correspondant l'intérêt des « additions considérables » qui enrichissent l'exemplaire envoyé. Or cette allusion aux additions (qui vise manifestement la 4ᵉ édition) fait question, dans la mesure où, à la date du 24 septembre 1692, cette 4ᵉ édition, effectivement augmentée de plusieurs additions, n'a pas encore vu le jour. Peut-on dès lors affirmer avec certitude que l'exemplaire envoyé par Vaugelade à son ami est un exemplaire de la 4ᵉ édition ? Si tel n'est pas le cas, il faudrait considérer qu'il s'agit d'un exemplaire de la troisième (1685), qui ne présente pas d'additions notables au regard des deux premières éditions, ce qui rend la mention des enrichissements du texte peu compréhensible.

Faut-il plutôt conjecturer que cette lettre fut écrite pour être imprimée en tête du volume de 1693 (dont Vaugelade aurait eu connaissance avant sa publication) et que l'adresse à un ami ne représenterait qu'une sorte d'artifice littéraire ? Dans cette perspective, l'énigmatique Vaugelade pourrait n'être qu'un nom d'emprunt, derrière lequel aurait pu se cacher Malebranche lui-même. Il nous semble en l'état actuel, difficile de trancher.

---

1. Elle figure en revanche dans celui de la bibliothèque municipale de Bourg-en-Bresse (cote FA103472). Il convient donc de rectifier la note 1 de la p. 222 du tome IV des *OC*.

Le début de la lettre résume tout d'abord le projet des *Conversations*, puis reprend brièvement les principales articulations des cinq premiers Entretiens. L'auteur insiste notamment sur l'intérêt de mettre en œuvre des preuves de l'existence de Dieu adaptées au cœur humain (plus sensible que raisonnable). Le projet métaphysique est ainsi inscrit dans une perspective plus large, qui donne implicitement acte à la *Recherche de la vérité* de bon nombre de ses acquis anthropologiques.

Viennent ensuite une série d'objections à la philosophie malebranchiste auxquelles l'auteur de la lettre propose une réponse très largement inspirée des propres réponses de Malebranche dans les différents ouvrages liés à sa polémique avec Arnauld. L'auteur de la lettre entend surtout montrer que Malebranche a répondu efficacement aux objections d'Arnauld, et prend pour exemple les objections présentées au début du second livre des *Réflexions philosophiques et théologiques* d'Arnauld, qui concernent directement les *Conversations chrétiennes*.

Les objections tournent autour des motifs de la création, et de la fin de l'Incarnation du Verbe : Dieu s'est-il incarné pour racheter l'homme, ou, comme le pense Malebranche, pour sanctifier le monde en sa totalité, indépendamment même du péché du premier homme ? En ce sens, notre lettre présente un indéniable intérêt pour l'étude de la christologie malebranchiste, dont elle offre un clair aperçu.

On relèvera en particulier la réponse à la 4ᵉ objection, qui précise la double fonction médiatrice et les deux sens du concept malebranchiste de médiateur.

La deuxième partie de la réponse à la sixième et dernière objection revient quant à elle sur la question des causes secondes et de leur efficace, maintenue par Arnauld contre l'occasionnalisme.

Jean-Christophe BARDOUT

| LETTRE DE MONSIEUR DE VAUGELADE
À UN DE SES AMIS

Puisque le solide bonheur de l'homme est de connaître le seul vrai Dieu et notre Seigneur Jésus-Christ qu'il a envoyé sur la terre*, il me paraît évident, Monsieur, que le meilleur usage que nous puissions faire de notre esprit, c'est de tâcher d'acquérir l'intelligence de ces grandes vérités, qui sont les fondements de la religion, de cette sainte religion, qui seule peut être agréable à Dieu, parce qu'il n'y a qu'elle qui lui offre un culte digne de sa grandeur, et proportionné à son infinie majesté. Les *Conversations chrétiennes*, que je vous envoie, et que l'auteur a pris la peine de retoucher, et d'augmenter de plusieurs additions considérables, vous donneront, Monsieur, une connaissance claire et démonstrative, non seulement de l'existence de Dieu et de la nécessité d'un Médiateur, mais même, elles vous développeront des principes si solides, si féconds et si généraux, que, par leur moyen, vous justifierez à M. de M. la vérité de la religion de Jésus-Christ, et la solidité de la morale, dont il a instruit les hommes, lorsqu'il se faisait un plaisir de converser avec eux.

Ce livre contient dix Entretiens. Comme l'auteur connaît très bien le cœur de l'homme, qui est bien plus sensible que raisonnable, et qui aime beaucoup mieux sentir les vérités qui le frappent, que de s'appliquer à des idées abstraites qui ne le touchent point, cet auteur, dis-je,

* Jn 17, 3.

démontre dans le premier Entretien d'une manière très sensible l'existence de Dieu ; le principe sur lequel il appuie sa démonstration (démonstration qui me paraît aussi exacte qu'une démonstration géométrique) est si général, qu'il peut être appliqué à toutes les choses qui frappent nos sens. Vous en serez pleinement convaincu, Monsieur, lorsque vous l'aurez examiné avec l'attention qui vous est ordinaire.

Le second Entretien contient des réponses solides à des objections qu'on pourrait former, tant contre la démonstration, dont je viens de vous parler, que contre l'usage que nous devons faire des sensations, dont Dieu nous touche, à l'occasion des divers ébranlements | que les objets de dehors produisent sur notre corps. Le désir que j'ai d'être court dans cette lettre ne me permet pas, Monsieur, de m'expliquer davantage.

Vous verrez dans le troisième l'ordre de la nature dans la création de l'homme, c'est-à-dire les fins que Dieu s'est proposées dans la création et la conservation de notre être ; comme Dieu aime davantage ce qui est le plus aimable, il s'aime plus que toutes choses, il faut donc qu'il soit la fin de toutes ses actions, et par conséquent de la création et de la conservation de notre être ; tel est l'ordre de la nature. Comme je vous ai souvent entretenu de cette importante vérité, et que vous en êtes entièrement persuadé, je ne m'arrêterai pas à vous la prouver plus au long, outre que l'auteur n'a rien oublié touchant cette matière. Dans le troisième Entretien, dont je vous parle, il répond même à une des plus fortes objections qu'on puisse faire contre la sagesse et la bonté de Dieu, touchant la chute du premier homme, et que vous avez lu, sans réponse dans le livre du P.... Je ne sais, Monsieur, si on peut éclaircir cette difficulté et beaucoup d'autres, par des principes différents de ceux de l'auteur ; je suis au moins certain que vous serez satisfait de la réponse que ce philosophe donne pour justifier contre les ennemis de la religion la conduite de Dieu dans l'ordre de la nature.

Quoique Dieu soit l'objet immédiat de toutes nos connaissances claires et évidentes, quoiqu'il soit le terme de notre amour, et que tout le mouvement que nous avons pour le bien, doive tendre vers lui, il est certain néanmoins que nous sentons une peine effroyable à nous élever au-dessus de nos sens pour écouter la raison qui nous porte[1] dans le plus secret de nous-mêmes, et que nous trouvons l'exercice du pur amour dur et pénible, et celui du vice doux et agréable. En un mot, nous expérimentons souvent que Dieu nous repousse, pour ainsi dire, lorsque nous voulons aller vers lui, quoiqu'il nous ordonne de l'aimer de toutes nos forces; d'où vient cela, Monsieur, l'auteur des *Conversations chrétiennes* nous développe cette énigme dans son quatrième Entretien; c'est que l'homme n'est plus tel que Dieu l'a fait; il est déchu de sa première grandeur, il s'est corrompu lui avec toute sa postérité, puisque sa faute s'est répandue sur tout le genre-humain. On a eu toujours beaucoup de peine à comprendre comme cette plaie dont Adam fut frappé au moment de sa révolte est passée dans ses enfants, et ensuite dans tous ses descendants, et cependant nous voyons tous les jours qu'il y a des maladies héréditaires, qui passent des pères aux enfants, qu'il y en a même, comme la lèpre, qui sont attachées à des familles entières, sans que la transfusion de cette maladie originelle soit interrompue par le cours et le nombre des années; je sais bien qu'on a coutume de répondre qu'il est aisé de concevoir que des maladies corporelles passent d'un corps | dans un **224** autre, mais qu'il n'est pas de même pour le péché originel, qu'il s'agit de faire voir comment ce qui est attaché à l'âme peut passer des pères aux enfants, eux qui n'influent tout au plus que sur leurs corps, sans agir en aucune manière sur leur âme: assurément c'est là ce qui est le plus difficile à comprendre dans la transfusion du péché originel; cependant c'est cela même que l'auteur des *Conversations chrétiennes* éclaircit dans cet Entretien, et plus au long dans la *Recherche de la vérité**, par des preuves si claires et si convaincantes, qu'il est

---

* *Recherche de la vérité* touchant l'éclaircissement du péché originel [*RV* II, I, chap. VII, *Écl.* VIII, *OC* III, 71 *sq.*].

1. Expression étonnante, qui peut provenir d'une erreur de lecture du manuscrit de l'éditeur de 1693; nous proposons de lire « parle ».

impossible à quiconque comprend ses pensées de ne pas demeurer d'accord de tout ce qu'il en dit.

Supposé donc, que l'ordre des choses soit renversé, que l'homme ne soit plus tel que Dieu l'a fait, vous voyez bien, Monsieur, qu'il faut ou qu'il soit anéanti avec toute sa postérité (car Dieu ne saurait aimer ce qui n'est pas aimable), ou que la justice divine soit satisfaite pour le rétablir dans son premier état. Mais comme la satisfaction qui est nécessaire pour réconcilier l'homme avec Dieu doit avoir quelque rapport avec son infinie majesté, et que rien n'en est digne que Dieu même, Dieu ne pouvait être pleinement satisfait, que par le sacrifice d'une personne divine. Il faut donc que ce soit lui, puisque c'est lui qui paye pour nous, qui nous réconcilie avec Dieu, en un mot, que Jésus-Christ, notre médiateur, soit véritablement Dieu, puisqu'il n'y a qu'un Dieu qui puisse nous justifier, nous sauver et nous retirer de ce malheureux état dans lequel le péché nous a jetés. Vous trouverez, Monsieur, cette grande vérité solidement démontrée dans le cinquième Entretien. Pour les autres, ils ne contiennent que des principes généraux qui renferment les plus belles maximes du christianisme, et démontrent aux chrétiens la nécessité qu'il y a d'observer les conseils de l'Évangile, à moins qu'ils ne prétendent se sauver par des voies miraculeuses ; ainsi je ne vous en parlerai pas en particulier pour abréger mon discours, et pour venir promptement à ce que vous espérez voir dans cette lettre.

N'attendez pas de moi que je justifie le raisonnement de l'auteur de la *Recherche de la vérité**** contre ce qu'en dit M. Arn. dans le second volume des *Réflexions philosophiques*[1] ; ayez la bonté de confronter les syllogismes de ce Docteur, avec le texte de l'auteur du traité ; vous découvrirez lequel des deux a raison, et de quel côté se

---

* Ce raisonnement est dans le troisième éclaircissement du *Traité de la nature et de la grâce* [*OC* V, 179 *sq.*].

1. Antoine Arnauld, *Réflexions philosophiques et théologiques sur le nouveau système de la nature et de la grâce* (1685 et 1686).

trouvent les sophismes et les paralogismes. Mon dessein dans cette lettre est de vous montrer, et à tous ceux qui voudront prendre la peine d'examiner les pièces du procès, qui est entre M. Arn. et le P. M., qu'on trouve suffisamment dans les ouvrages de ce philosophe de quoi répondre à toutes les objections que ce Docteur a formées contre ce qu'enseigne le P. M. touchant la nature des idées et la matière de la grâce. Cela étant, vos amis ne | doivent pas être surpris si les réponses **225** de l'auteur de la *Recherche de la vérité* aux livres de M. Arn. sont si précises. Je suis même convaincu qu'elles n'étaient pas nécessaires pour les personnes qui ont bien médité sur ses ouvrages, et puisque vous souhaitez que je fasse un essai de ce que je vous dis, et que je l'applique aux objections qui sont au commencement du second volume des *Réflexions philosophiques*, auxquelles personne ne touche, parce que cette matière a rapport aux *Conversations chrétiennes*, je vais tâcher de vous satisfaire; je marquerai à la marge les endroits des livres dont les réponses seront extraites; je vous assure, Monsieur, que si le travail n'était fort ennuyant et peu utile, je parcourrais tous les livres de M. Arn. sans en excepter ceux qui ont rapport aux idées, et je donnerais des réponses à toutes les objections qu'ils contiennent que je prendrais des livres du P. M. qui ont précédé ceux de M. Arn. et par là on verrait que si ce Docteur eût examiné avec plus de soin les livres qu'il a critiqués, il nous aurait donc peut-être proposé des plus grandes difficultés à résoudre.

Je viens donc aux objections dont il est question, et, pour donner quelque intelligence à ce que je dois dire, il est bon de marquer en peu de mots de quoi il s'agit. Le P. M. prétend que Dieu faisant tout ce qu'il fait par sa volonté, et sa volonté n'étant que l'amour qu'il se porte à lui-même, supposé qu'il produise quelque chose au dehors, il ne la peut produire que pour lui-même, non qu'il ait besoin de ses créatures, mais parce qu'il doit être la fin et l'unique fin de tout ce qu'il opère au dehors. Or les créatures qui sont finies ne sont rien par rapport à Dieu qui est infini, car le rapport du fini à l'infini s'exprime par zéro; donc il faut dire que Dieu en faisant le monde, les êtres intelligents, n'a rien fait pour lui-même, ou qu'il a eu en vue quelque chose digne de lui, quelque être qui lui rendît un honneur qui eût rapport à sa majesté infinie ; or il n'y a que Dieu qui soit digne de lui-même, et on ne s'honore pas soi-même ; donc il y a en Dieu pluralité des personnes ; et une de ses personnes s'est unie à l'ouvrage de Dieu pour le sanctifier, pour le tirer de son état profane, et le rendre digne de ses attributs infinis. Vous voyez, Monsieur, que, supposée la vérité de cette démonstration, l'Incarnation de la seconde personne n'a pas été uniquement par rapport au péché de l'homme, et que, quand même il n'aurait pas péché, une personne divine se serait toujours unie à l'ouvrage de Dieu pour mettre quelque proportion entre son action infinie et le monde fini. Voici maintenant les objections de M. Arn. qui sont tirées du second volume des *Réflexions philosophiques*.

I. *Objection*

Il est manifeste, dit M. Arn., *que cette proposition : Dieu ne peut* 226 | *rien créer que ce qui peut lui rendre un honneur digne de lui, est très fausse, puisque Dieu a créé une infinité de choses qui sont incapables de lui rendre aucun honneur* [1].

Réponse.

Il est vrai qu'il y a une infinité de choses dans le monde, qui ne peuvent rendre à Dieu aucun honneur, aussi elles n'auraient jamais été créées, si une personne divine n'avait divinisé l'ouvrage de Dieu. Toutes choses ont été créées pour nous, et nous pour Jésus-Christ, et Jésus-Christ pour Dieu : ainsi, c'est en Jésus-Christ que toutes choses subsistent, *omnia per ipsum*, dit s. Paul, *et in ipso creata sunt* [2] ; c'est à cause de la gloire que Dieu retire de son Église en Jésus-Christ qu'il se

---

1. Voir *Réflexions philosophiques et théologiques*, II, II-III, *Œuvres de Messire Antoine Arnauld...*, t. XXXIX, à Paris, et se vend à Lausanne, chez Sigismond d'Arnay et Compagnie, 1781, p. 428 *sq.*

2. Col 1, 16 : « tout a été créé par lui et pour lui » (Bible de Sacy).

complaît dans son ouvrage*; Dieu a tout rapporté en Jésus-Christ en mille manières différentes; et non seulement les créatures expriment les perfections divines, mais elles sont aussi, autant que cela se peut, dit l'auteur des *Conversations chrétiennes*[1], des emblèmes de son Fils bien-aimé. Comme Dieu l'a eu en vue dans la formation de l'univers, je pense que ce qu'il y a de plus admirable, c'est le rapport qui se trouve entre ce qui se passe dans le monde, et ce qui arrive à l'Église de Jésus-Christ; assurément il n'y a rien jusques au moindre insecte, un ver, qui ne figure Jésus-Christ[2], et il n'y a que notre ignorance qui nous cache les rapports admirables que toutes les créatures ont avec lui.

II. *Objection*

S'il était si clairement enfermé dans l'idée de Dieu qu'il n'aurait pu se déterminer à créer le monde, s'il n'avait eu en vue de se faire rendre un honneur digne de lui par la personne de son Fils revêtu de notre nature, ce serait une conséquence nécessaire que, quand même l'homme n'aurait pas péché, une personne divine se serait jointe à l'ouvrage de Dieu pour le tirer de son état profane; or les Saints Pères disent que, si Adam n'eût pas péché, le Verbe divin ne se serait point fait homme. Donc, etc.[3]

---

* Voyez le commencement du *Traité de la nature et de la grâce*, de l'impression de Rotterdam, 1684 [Ier Discours, Ire partie, art. I et II, *OC* V, 12-15].

1. *EMR* XI, § XIII, *OC* XII, 273.

2. Si les *CC* évoquent l'idée que Dieu a de toutes les choses, y compris les plus humbles, telles les insectes, le présent thème fait plutôt songer aux *EMR*, qui développeront une grandiose théorie du monde comme figure du Christ : on connaît les célèbres développements où Malebranche compare le développement des papillons à la mort et à la résurrection du Christ. « Tout exprime et figure Jésus-Christ. Tout a rapport à lui à sa manière depuis la plus noble des intelligences jusqu'aux insectes les plus méprisés » (*EMR* XIV, § X, *OC* XII, 346).

3. Voir *Réflexions...*, II, IV, p. 440 *sq.*

Réponse.

Que les Saints Pères disent que, si Adam n'eût pas péché, le Verbe
227 divin ne se serait pas revêtu de notre nature *, je le veux ; mais | que fait
cela au sentiment du P. M. ? Rien du tout ; une des personnes divines
pouvait s'unir à l'ouvrage de Dieu pour le rendre digne de sa grandeur
sans se revêtir de la nature humaine ; ainsi l'argument précédent ne
conclut rien contre ce qui vient d'être expliqué.

III. *Objection*

*L'Écriture sainte n'a pas seulement condamné l'opinion du P. M.
par son silence, mais elle l'a assez rejetée, en nous faisant entendre
par tout que Dieu a d'autant plus fait paraître sa charité envers les
hommes en nous envoyant son Fils qu'il a fait cette grâce à des
pécheurs, que, si le Verbe se devait incarner, quoique les hommes
n'eussent point péché, on ne voit pas que cette raison subsiste, puisque
Dieu devait faire la même grâce s'ils fussent demeurés innocents,
mais, s'il n'est venu que pour les pécheurs, et que sans cela il ne fut pas
venu, c'est alors qu'on voit clairement la vérité de ce que dit l'Écriture
sainte, et on a sujet d'admirer l'amour de Dieu envers nous* [1].

Réponse.

Mais, comme Dieu pouvait faire aux anges rebelles la grâce qu'il a
fait aux hommes, il est vrai qu'il a fait d'autant plus paraître sa charité
envers nous, en nous donnant son Fils qu'il a fait cette grâce à des
pécheurs. Au reste le discours de M. Arn. prouve trop ; il prouve que
l'Incarnation du Verbe n'a été que par rapport au péché de l'homme,
et c'est ce qui est contraire à l'Écriture sainte et à la raison **,
car l'Écriture nous apprend que toutes choses ont été faites pour

---

* *Traité de la nature et de la grâce*, III e éclaircissement, art. 8 [art. 18, *OC* V, 182].

** Seconde partie du premier *Discours*, page 79 [*TNG* I, II, art. XXV et XXVI,
OC V, 39-40].

1. *Réflexions...*, II, IV, p. 444.

Jésus-Christ et Jésus-Christ pour Dieu, *omnia vestra sunt, vos autem Christi, Christus autem Dei*[1], et la raison nous démontre que les membres sont faits pour le chef, et non le chef pour les membres; donc l'Incarnation n'a pas été uniquement par rapport au péché de l'homme, cela est évident après ce que je viens de dire.

IV. *Objection*

C'est en vain que quelques théologiens pensent éluder les passages de l'Écriture sainte en disant qu'ils prouvent seulement que ce n'est qu'à cause du péché que Jésus-Christ est venu dans une chair mortelle[2], mais que cela n'empêche qu'il ne fut venu dans une chair immortelle, quand les hommes seraient demeurés dans leur première innocence, car, cela étant ainsi, s. Augustin, n'aurait | rien pu prouver **228** *contre les pélagiens en disant que, si les enfants étaient sans péché, ils ne recevraient aucun avantage de la venue de Jésus-Christ, parce qu'il n'est venu, selon l'Écriture, que pour racheter les pécheurs, puisque, selon les hypothèses de ces théologiens, quelques innocents que fussent les enfants, Jésus-Christ aurait pu leur communiquer les mêmes grâces qu'il devait communiquer aux hommes innocents, pour lesquels il n'aurait pas, selon eux, laissé de venir[3].*

Réponse.

Je n'examine pas si la distinction qu'apportent les théologiens dont parle M. Arn. est bonne; je dirai seulement que s. Augustin était très bien fondé contre les pélagiens lorsqu'il soutenait que, si les enfants avaient été sans péché, ils n'auraient reçu aucun avantage de la venue de Jésus-Christ[4], car il faut remarquer que, si l'homme fut

1. 1 Co 3, 22-23 : « Tout est à vous. Et vous êtes à Jésus-Christ, et Jésus-Christ est à Dieu » (Bible de Sacy).
2. Voir Col 1, 22.
3. *Réflexions...*, II, IV, p. 443. Arnauld reprend ici les réflexions du père Thomassin.
4. Voir ainsi *Sermons*, XXVII (contre les pélagiens), II, 2, PL XXXVIII, 179 : « si enim sub captivitate non teneremur, redemptore non indigeremus ». Malebranche cite ce

demeuré dans l'innocence, il n'aurait pas eu besoin de la grâce de sentiment, qui n'est nécessaire que pour contrebalancer les sentiments de la concupiscence ; par conséquent, il se serait pu passer de la grâce de Jésus-Christ, puisque les volontés auraient été non seulement méritoires de la grâce, mais même elles auraient été les causes occasionnelles ; la loi inviolable de l'ordre l'aurait demandé ainsi. De sorte que Jésus-Christ n'aurait pas été le chef de ces enfants innocents, ou bien il aurait été un chef des influences duquel ils auraient pu se passer* ; et comme l'Écriture nous enseigne que Jésus-Christ forme son Église, et qu'il lui donne l'accroissement[1], s. Augustin est bien fondé, lorsqu'il dit aux pélagiens que, s'il y avait des enfants innocents, Jésus-Christ ne serait pas leur chef, puisqu'ils n'auraient pas reçu par sa médiation la délivrance de leurs péchés, pour laquelle l'Écriture Sainte dit qu'il est venu.

Pour mieux comprendre ceci, remarquez, Monsieur, qu'on peut considérer la médiation de Jésus-Christ en deux manières : la première par rapport aux péchés des hommes, et la seconde par rapport à la dignité qu'elle donne aux actions de toutes les intelligences, sans laquelle les créatures les plus pures n'auraient point d'accès auprès de Dieu ; l'Écriture Sainte enseigne formellement, que Jésus-Christ est le sauveur des hommes, dans le premier sens, *in quo habemus redemptionem, per sanguinem ejus remissionem peccatorum*[2] ; et c'est de cette sorte de médiation, dont parle s. Augustin, lorsqu'il dit que, si les enfants étaient innocents, l'Incarnation leur serait inutile ; cependant
229 on ne peut pas | dire qu'une personne divine ne se serait pas unie à l'ouvrage de Dieu ; car comme les créatures intelligentes ne peuvent

---

* Deuxième discours du *Traité de la nature et de la grâce*, art. 9 [*OC* V, 70].

même sermon dans sa réponse aux *Réflexions philosophiques et théologiques*, deux lettres (*OC* VIII, 811).

1. Voir Ep 4, 15-16.

2. Ep 1, 7 : « Dans lequel nous trouvons la rédemption par son sang, et la rémission des péchés ».

par elles-mêmes avoir de rapport de société avec l'être infini, il n'aurait toujours fallu qu'une personne divine eût, pour ainsi dire, réconcilié toutes choses avec Dieu, qu'elle eût délivré les intelligences de l'incapacité naturelle à la créature d'avoir avec Dieu quelque rapport, et de pouvoir l'honorer divinement. C'est en ce sens que Jésus-Christ est le chef des anges aussi-bien que le nôtre[1], il est leur sauveur et leur médiateur, puisque ce n'est que par lui qu'ils subsistent, et qu'ils s'approchent de la majesté infinie. Les anges, qui sont dans le Ciel, n'ont jamais offensé Dieu; cependant s. Paul nous apprend que Jésus-Christ pacifie ce qui est dans le Ciel aussi bien que ce qui est sur la terre, *participans per sanguinem Crucis ejus sive quae in terris sunt sive quae in Caelis**.

Vous voyez donc, Monsieur, que Jésus-Christ est venu dans le monde pour deux motifs, pour délivrer les hommes de leurs péchés, et pour rendre à Dieu un honneur digne de lui. Ces deux motifs ne sont pas contraires l'un à l'autre, quoique le dernier soit le principal, car, si Jésus-Christ nous délivre de nos infirmités, ce n'est qu'afin que Dieu puisse avoir en nous un temple digne de sa grandeur, et que nous puissions lui rendre des honneurs divins.

V. *Objection*

Dieu ne saurait vouloir agir au dehors que pour se procurer un honneur digne de lui, l'on voit bien que l'auteur entend par là un honneur infini, c'est-à-dire, par lequel Dieu serait infiniment honoré, comme Dieu est infini; et c'est pourquoi il conclut aussitôt, que cet honneur ne lui peut être rendu par aucune créature. Nulle créature, dit-il, ne peut rendre à Dieu un honneur digne de lui, mais qui l'a

---

* Col 1 [20. Il convient de lire, conformément à la Vulgate, « pacificans »; « Ayant pacifié par le sang qu'il a répandu sur sa croix, tant ce qui est sur la terre que ce qui est au ciel »].

1. Cf. *TNG*, Ier éclaircissement, § XIII, *OC* V, 158.

obligé de croire qu'on ne peut appeler un honneur digne de lui que celui par lequel il serait infiniment honoré ? S. Paul exhorte tous les Chrétiens de se conduire d'une manière digne de Dieu, ut ambuletis dignè coram Deo *[1].

Réponse.

S. Paul dit aux Colossiens dans le premier chapitre de l'épître qui leur est adressée qu'il ne cesse de prier pour eux et de demander à Dieu qu'ils soient remplis de la connaissance de la volonté, afin qu'ils marchent d'une façon digne de Dieu [2], mais il ajoute dans le 12e article : rendons des actions de grâces à Dieu le Père, qui nous a rendus dignes de l'héritage de lumière promis aux saints, qui nous a arrachés à la puissance des ténèbres, et nous a transférés | au Royaume de son Fils bien-aimé **, qui nous a rachetés et mérité par son Sang la rémission de nos péchés, en qui toutes choses ont été créées dans les Cieux et sur la terre visibles et invisibles [3]. Tout a été créé pour lui et par lui [4] ; ainsi, si nos actions sont dignes de Dieu, ce n'est qu'en tant qu'elles sont jointes à celles de Jésus-Christ, qui lui donne un prix digne de Dieu, aussi bien qu'à celles des saints anges, car Jésus-Christ a pacifié par son sang versé sur la Croix, dit l'apôtre dans le même chapitre ***, tout ce qui est dans la terre et au Ciel, c'est-à-dire qu'il a rendu digne de Dieu les anges, les hommes et le reste des créatures, car ce n'est qu'en lui que tout subsiste.

230

---

* Col 1, 10 [la vulgate dit : « ut ambuletis digne Deo »; « Afin que vous vous conduisiez d'une manière digne de Dieu »].

** Le *Traité de la nature et de la grâce* est rempli de ces grandes vérités.

*** [Col 1] 20.

1. *Réflexions…*, II, III, p. 435-436 (le texte porte bien ici « digne Deo »).
2. Col 1, 3 et 9-10.
3. Col 1, 12-16.
4. Col 1, 12-16.

VI. *Objection*

Je sais que j'ai offensé Dieu*, et que je ne puis satisfaire à Dieu pour mes offenses. Or Dieu ne veut point être offensé, et il veut être pleinement satisfait, je ne suis donc point l'ouvrage de Dieu; c'est le raisonnement que l'auteur de la Recherche de la vérité *fait tenir à un homme qui n'aurait pas la connaissance de l'Incarnation; et il prétend que, pour reconnaître la fausseté de sa conséquence, il doit avoir recours à l'Incarnation du Verbe, autrement il ne pourrait jamais se retirer de cet embarras. Voici la réflexion que fait M. Arn. pour reconnaître combien cette conséquence est fausse : on n'a qu'à considérer que l'on pourrait conclure par un semblable discours que les manichéens avaient raison de nier que les démons fussent l'ouvrage de Dieu; je sais, dira-t-on, que les démons ont offensé Dieu, et qu'ils n'ont pu et ne peuvent encore satisfaire à Dieu pour leurs offenses; or Dieu ne veut point être offensé, et il veut pleinement être satisfait; les démons ne sont donc point l'ouvrage de Dieu, car Dieu n'agissant que pour sa gloire, il aurait été trompé dans ses desseins* [1].

Réponse.

L'Incarnation du Verbe dissipe cette difficulté**; il est vrai, les damnés et les démons ne peuvent pas satisfaire à Dieu; cependant ils sont l'ouvrage de Dieu, et, quoiqu'ils l'aient offensé, il ne les anéantit pas; mais il ne les aurait pas faits ou il ne les conserverait pas sans Jésus-Christ, car leurs peines, quoiqu'éternelles, sont encore trop légères pour satisfaire à la justice d'un Dieu vengeur; les démons et les damnés devraient au moins souffrir selon toute la capacité qu'ils ont de souffrir, et néanmoins cela n'est pas, car il y a inégalité des peines parmi les damnés, quoique, leurs | âmes étant égales, leur capacité de **231**

---

* Ce raisonnement est pris du *Traité de la nature et de la grâce*, éclaircissement III, art. 4 [art. 14, *OC* V, 181].

** *Conversations chrétiennes*, Entretien 5.

1. *Réflexions...*, II, III, p. 438.

souffrir soit égale, mais Jésus-Christ porte par sa qualité ce qui leur manque (ce que je dis des damnés je le dis des démons) pour honorer parfaitement la justice divine ; et dans la déformité que ces misérables créatures causent dans la beauté de l'univers, il y a au moins cet ordre que l'inégalité de leurs peines est proportionnée à l'inégalité de leurs offenses. Cependant, comme il serait meilleur pour eux de n'être point que d'être aussi mal qu'ils sont, Jésus-Christ, qui a mérité la conservation de leur être, et qui les soutient dans l'ordre de la justice, est plutôt leur juge que leur sauveur. Cela est encore plus vrai à l'égard des démons ; ainsi toutes choses subsistent en Jésus-Christ ; il a réconcilié par son sang avec Dieu toutes les créatures, quant à la conservation de leur être [1].

Je ne puis me résoudre, Monsieur, à vous décrire les objections qui favorisent le parti des causes secondes et les réponses que je vous communiquai il y a quelque temps ; tout ce que je trouve de plus fort dans les raisonnements de M. Arn. ne consiste que dans certaines comparaisons prises de la conduite des hommes, qui s'entraident les uns les autres, et qui, en qualité de causes occasionnelles, comme le dit ce Docteur, nous procurent auprès de leurs amis certains biens, dont nous ne jouirions pas sans leurs secours [*] ; il n'y a personne, dit M. Arn. qui n'aime plus le surintendant qui lui donne une ordonnance pour recevoir du trésorier de l'argent, que le trésorier qui le lui donne réellement ; or Dieu est semblable aux trésoriers ; donc nous devrions moins aimer Dieu, selon l'auteur du système ; donc les créatures ont en elles-mêmes quelque efficace, et il n'est pas vrai qu'elle réside toute en Dieu. Je réponds que toutes ces comparaisons, dont se sert M. Arn. pour soutenir en partie l'efficace des causes secondes, ne prouvent pas ce qu'il prétend prouver, car les ministres qui nous procurent auprès de

---

[*] Pour bien comprendre ceci, il faut avoir lu, dans le premier volume des *Réflexions philosophiques* de M. Arn., les raisons par lesquelles ce Docteur soutient l'efficace des causes secondes.

1. Col 1, 17 et 20.

leurs maîtres certains bienfaits, dont nous ne jouirions pas sans leur entremise, méritent qu'on aie de la gratitude pour eux, puisqu'ils agissent réellement pour nous par rapport à leur maître, et qu'ils leur inspirent très souvent des nouveaux desseins qui nous sont favorables, je veux dire, qu'ils ne tiennent pas d'eux l'efficace de leurs bons désirs ; mais il n'en est pas ainsi des causes occasionnelles : elles tiennent tout ce qu'elles sont, toute leur efficace et leur force de la cause première qui seule peut agir sur nous, nous rendre heureux ou malheureux, et qui par conséquent mérite que nous l'aimions uniquement, et que nous tournions vers elle tous les mouvements de notre esprit. Pour[1] les causes occasionnelles intelligentes, nous devons les aimer en leur procurant autant que nous en sommes capables les vrais biens. Je ne vous explique pas ceci davantage, vous pouvez voir cette matière solidement traitée dans la morale de l'auteur de la *Recherche de la vérité*[2]. Au reste la comparaison | de surintendant qui donne une **232** ordonnance pour recevoir de l'argent d'un trésorier, prouve tout le contraire de ce que M. Arn. prétend ; car il me semble que le surintendant est la cause réelle dans ces rencontres de ce que tel, par exemple, reçoit de l'argent, et non pas l'occasionnelle, puisque la cause réelle de ce qu'on reçoit est celle qui a droit sur la chose donnée ; or le surintendant y a plus dc droit que le trésorier ; donc ce raisonnement ne prouve rien aussi bien que quelques autres qui sont de ce caractère. Je suis, etc.

Dans le lieu de ma retraite, le 24 septembre 1692.

---

1. Nous modifions, conformément au sens, la ponctuation du texte de 1693 (suivi par les *OC*).

2. Voir le *Traité de morale*.

TABLE DES MATIÈRES

NICOLAS MALEBRANCHE
CONVERSATIONS CHRÉTIENNES

MÉDITATIONS SUR L'HUMILITÉ ET LA PÉNITENCE

LETTRE DE VAUGELADE

Imprimerie de la Manutention à Mayenne (France) – Avril 2010 – N° 102-10
Dépôt légal : 2ᵉ trimestre 2010